Fremde Freunde

Fremde Freunde

*Deutsche und Franzosen
vor dem 21. Jahrhundert*

Herausgegeben von Robert Picht,
Vincent Hoffmann-Martinot,
René Lasserre und Peter Theiner

Piper München Zürich

Wir danken unseren Übersetzern für die Übertragung folgender
Texte:
Barbara Heuckenkamp: *Dupuy*, Recht; *Leenhardt*, Kulturpolitik;
Ménudier, Fernsehen; *Pateau*, Management; *Rovan*, Bismarck;
Safran, Bürgerrechte.

Erika Mursa: *Ardagh*, Großbritannien; *Delsol*, Subsidiarität;
Lequesne, Europäische Union; *Mastropaolo*, Politische Klasse;
Moreau, Rechtsextremer Populismus; *Safran*, Vereinigte Staaten.

Sabine Scheidemann: *Lasserre*, Währung; *Leveau*, Mittelmeer.

Joachim Schild: *Hoffmann-Martinot*, Dezentralisierung;
Seiler, Parteien.

Das Deutsch-Französische Institut dankt der Robert Bosch Stiftung
für finanzielle Unterstützung

ISBN 3-492-03956-1
2. Auflage 2002
© Piper Verlag GmbH, München 1997
Umschlaggestaltung: Federico Luci
Fotos: Süddeutscher Bilderdienst, München,
und Bilderberg, Hamburg
Gesamtherstellung: Ebner & Spiegel, Ulm
Gesetzt aus der Times-Antiqua
Printed in Germany

Inhalt

Vorwort

»Geschichte zweier Völker« nannte Jacques Bainville 1927 sein Grundbuch deutsch-französischer Abgrenzung aus der Betonung historischer Unterschiede und Konflikte. *Zwei Völker, eine Zukunft* lautet seit 1945 Joseph Rovans Gegenprogramm. Am Ende des Jahrhunderts nimmt der Band *Fremde Freunde* beide Perspektiven wieder auf. Aus der Erfahrung mit deutsch-französischer Verflechtung und Zusammenarbeit seit dem Krieg wird beides deutlich: die Unterschiedlichkeit, oft sogar Gegensätzlichkeit historischer Entwicklungen seit dem Mittelalter, die sich bis heute überall auswirken können und Verständigung erschweren, und die zunehmende Gemeinsamkeit der Interessen und Aufgaben, die Zusammenarbeit unerläßlich macht.

Die Idee, dieses Wechselverhältnis mit Hilfe einer Sammlung kurzer vergleichender Beiträge zu Schlüsselbegriffen durchschaubarer zu machen, geht auf die Zusammenarbeit der Goethe-Institute in Frankreich und der Instituts Français in Deutschland zurück. In ihrer Kulturarbeit erfuhren sie besonders deutlich, wie scheinbar gleichlautende Wörter in beiden Kulturen mit ganz unterschiedlichen Bedeutungsfeldern und Assoziationen verbunden sind. Wird nicht begriffen, was dahinter steht, entstehen Mißverständnisse und Irritationen. Werden sie dagegen transparent, erschließt sich der ganze Reichtum deutsch-französischer Komplementarität. Erstes Ergebnis dieses gemeinsamen deutsch-französischen Projektes waren zwei 1989 erschienene Bücher *Esprit/Geist. 100 Schlüsselbegriffe für Deutsche und Franzosen* und *Au jardin des malentendus. Le commerce franco-allemand des idées.*

Seit dem Fall der Mauer hat sich nicht nur Deutschland grundlegend verändert. In einer anderen internationalen Konstellation muß auch Frankreich ein neues Selbstverständnis finden. In der Europäischen Union spielen beide Länder eine Schlüsselrolle. Ihre Übereinkunft ist die Voraussetzung erfolgreicher europäischer Integration. Wie schwierig dies unter wachsendem internationalen Konkurrenzdruck sein kann, zeigen die Auseinandersetzungen um den Euro und die Möglichkeiten und Grenzen europäischer Sozialpolitik. In allen Bereichen bestätigt sich die einfache Regel: Je größer Nähe und Verflechtung, desto höher damit die Ansprüche an Verständigung und eine verläßliche Partnerschaft.

Fremde Freunde konzentriert sich deshalb auf politische, wirtschaftliche und gesellschaftliche Themen und ihre historischen und kulturellen Hintergründe. Viele der – immer vergleichenden – Beiträge erschließen nicht nur Strukturen, Verhaltensweisen und Mentalitäten aus ihren historischen und kulturellen Hintergründen, sondern sie versuchen, aus den Problemlagen der Gegenwart in die Zukunft zu blicken. Diese Dimension verändert die Perspektive: Sie zeigt nicht nur entsprechend der Logik des Vergleichs deutsch-französische Unterschiede und Konvergenzen, sondern die beides in Frage stellende Wirkung tiefgreifender wirtschaftlicher und gesellschaftlicher Veränderungen. Für beide Länder ist ungewiß, wie tragfähig der bisherige institutionelle und politische Rahmen der Nationalstaaten, aber auch der europäischen Institutionen bleiben kann. Aber beide Länder können aus ihrer Geschichte nicht herausspringen. Wachsende Verflechtung erfordert vertiefte Verständigung über Fragen, die bisher dem nationalen Innenbereich vorbehalten blieben.

Für die Erschließung solcher Schlüsselbegriffe und Themen wurde bewußt nicht die Form lexikalischer Aufarbeitung nach den Regeln der Semantik, sondern die des persönlichen Essays aus der immer subjektiven und zugleich oft durchaus sehr pointierten Sicht von 54 deutschen und französischen, aber auch amerikanischen, britischen und italienischen Autoren mit ihrer jeweiligen Erfahrung im deutsch-französischen Dialog gewählt. Diese Multiperspektivität ist selbst Teil dessen, was unser Buch zu erschließen versucht. Sie zeigt, wie in der Folge der Generationen und im Wechsel der Blickpunkte unterschiedliche Aspekte in den Vordergrund treten und verschieden gewichtet werden. Hierbei offenbaren sich sowohl Konstanten wie auch Veränderungen – musikalisch gesprochen hat *Fremde Freunde* die Form »Thema mit Variationen«, die die Vielfalt der Potentiale einer Themenkonstellation erschließt, aber doch für weitere Entwicklungen offenbleibt. So ist ein Lesebuch entstanden, dessen Beiträge man einzeln, aber auch in vielfältiger Kombinatorik zur Kenntnis nehmen kann. Viele von ihnen werden auch in die gleichzeitig erscheinende Neufassung des französischen *Jardin des malentendus* übernommen werden.

Wir danken den Autoren für ihre bereitwillige Mitarbeit an diesem anspruchsvollen Projekt. Wir danken den Übersetzern, die sich ihrerseits mit der Bedeutungsvielfalt von Schlüsselbegriffen auseinanderzusetzen hatten. Wir danken unseren Mitarbeitern für viel Geduld und aktives Mitdenken.

Im Juni 1997

Robert Picht, Vincent Hoffmann-Martinot, René Lasserre, Peter Theiner.

I. GEGENWART DER GESCHICHTE

Etienne François
Die Einstellung zur Geschichte

Die französische und die deutsche Gesellschaft unterscheiden sich in der Beziehung zu ihrer jeweiligen Geschichte immer noch in zwei wesentlichen Punkten, in der Einstellung zur Zeit und in der Haltung gegenüber der Nation. Die »Geschichtsbesessenheit« der Franzosen ist zu bekannt, als daß man länger dabei verweilen müßte. »Ich bin zunehmend davon überzeugt«, notierte kürzlich Jacques Le Goff, »daß die Franzosen nicht nur eine besonders intensive, fast neurotische Beziehung zur Geschichte unterhalten, sondern daß das historische Bewußtsein auch der wichtigste Baumeister des französischen Staates und der französischen Nation war. Frankreich ist mehr als andere Staaten und Nationen auf der Grundlage seines Geschichtsbewußtseins entstanden.« Diese Haltung ist sehr alt – einige sehen sie bereits im Mittelalter am Werk – und knüpft an eine Tradition an, die wenn auch nicht bis zu den Galliern, so doch zumindest mehrere Jahrhunderte zurückreicht. Oftmals geht sie mit einem selbstverherrlichenden und selbstgefälligen Blick einher, der sich bemüht, den Konsens über die nationale Geschichte zu betonen. Dies zeigt bereits die enge Verbundenheit vieler Franzosen mit den verschiedenen »Erinnerungssorten« ihrer nationalen Vergangenheit, wie etwa der spektakulären städtebaulichen Achse, die Paris vom Louvre zum »Triumphbogen der Zweihundertjahrfeier« in dem modernen Büroviertel »La Défense« durchzieht und eine riesige Synthese der königlichen, kaiserlichen und republikanischen Geschichte präsentiert. Ähnliches demonstriert ebenfalls die zentrale Stellung, welche die drei Ikonen der Einheit und des Ruhms der Nation, de Gaulle, Napoléon und Ludwig XIV., im »historischen Pantheon« Frankreichs einnehmen. Damit erweist sich das moderne Frankreich als Erbin der durch die Schule der Dritten Republik konstruierten »historischen Mythologie« Frankreichs, welche die unterschiedlichen Facetten des historischen Erbes im Zeichen einer großzügigen

Republik versöhnt. Marc Bloch sagte von ihr, sie sei fähig, der Königskrönungen und der revolutionären »Fête de la Fédération« am 14. Juli 1790 mit der gleichen emotionalen Intensität zu gedenken.

In Deutschland reduziert sich die Geschichte dagegen in vielen Augen auf eine kurze Periode der Vergangenheit: die zwölf Jahre des Nationalsozialismus und ihre Vorgeschichte. Die Auseinandersetzung mit der Vergangenheit vollzieht sich daher auch in einer zutiefst kritischen bis selbstkritischen Haltung. Denn es ist die Geschichte selbst, die Probleme bereitet, indem sie ihre Betrachter zwischen dem Wunsch nach Normalität und dem Bewußtsein um die Einzigartigkeit des Nationalsozialismus als einer »Vergangenheit, die nicht vergehen will«, hin und her schwanken läßt. Sind Auschwitz und seine Rampe nicht der eindringlichste Erinnerungsort der Deutschen? fragte Jürgen Habermas zu Recht. Anders als vielleicht erwartet, haben der Zusammenbruch der DDR und die zweite deutsche Einigung diesen Tatbestand nicht wesentlich verändert. Sicherlich ist die heute zur Debatte stehende »deutsche Geschichte« nicht mehr nur die des Nationalsozialismus, sondern eben die der »zweiten deutschen Diktatur«. Die Geschichte der DDR wird jedoch weitgehend unter dem gleichen Vorzeichen wie die nationalsozialistische Vergangenheit betrachtet: als ein zu erhellendes Rätsel, als eine zurückzuweisende, aber dennoch anzunehmende Geschichte. Obgleich sich damit die Aufmerksamkeit verlagert hat, bleibt doch die Einstellung gegenüber der »eigenen« Geschichte erstaunlich konstant: oberste Forderungen sind und bleiben Kritik und Selbstkritik. Das paradoxe Ergebnis der teilweisen Verlagerung des Objekts ist daher eine neugewonnene Aktualität des Themas »Vergangenheitsbewältigung«. Die öffentlichen Debatten des Sommers 1996 haben diesen dauerhaften deutsch-französischen Unterschied anschaulich vor Augen geführt. Während in Deutschland die Aufmerksamkeit mit seltener emotionaler Intensität dem Buch des Amerikaners Daniel Goldhagen und dessen These des »eliminatorischen« Antisemitismus der Deutschen galt, schwelgte die französische Öffentlichkeit in Diskussionen über die Gedenkfeiern zur Taufe Chlodwigs.

Der zweite Kontrast zu Frankreich betrifft die Haltung gegenüber der Nation. In Frankreich bleibt auch heute das Geschichtsbewußtsein »ganz natürlich« an den nationalen Rahmen gebunden, da es auf der Vorstellung beruht, daß das Nationale selbstverständlich sei. Dies bezeugt bereits ein oberflächlicher Vergleich des Aufbaus der Geschichtsbücher für die französischen Grundschulen, der *Memoiren* General de Gaulles und des siebenbändigen Werkes über die französischen »Erinnerungsorte« von Pierre Nora. Demgegenüber ist es gerade das nationale Faktum, das in Deutschland Probleme bereitet. Seine ständige Thematisierung bzw. Beschwörung dient daher auch dazu, das Rätsel der deutschen Identität aufzuhellen. Diese Dimension der Erinnerung, die in den großen Gedenkveranstaltungen der achtziger Jahre oder auch in dem Projekt der Gründung eines neuen »Deutschen Historischen Museums« in West-Berlin zutage tritt, hat auch seit 1990 nichts von ihrer Aktualität eingebüßt. Seit dem 3. Oktober ist freilich Deutschland, wie der Berliner Historiker Hagen Schulze bemerkt, »tatsächlich zum ersten Mal in der überraschenden Situation, daß Staatsnation und Verfassungsnation eins sind und sich selbst nicht als Transitstation auf dem Weg in irgendein anderes Deutschland sieht. Das hat es noch nie in der deutschen Geschichte gegeben.«

Aber diese Nation ist zur Zeit mehr Rahmen als Realität und muß insbesondere in den Vorstellungen und Mentalitäten weitgehend erst noch »gebaut« werden. Obgleich begrifflich verändert, stellt die Nation daher weiterhin für viele Deutsche ein Problem dar, das sie ebenso sehr trennt, wie sie sie vereint. Diese Situation stellt auch das Gedenken vor neue Herausforderungen. Wie soll man zum Beispiel in Buchenwald oder Sachsenhausen die Erinnerung an die Zehntausende Opfer des NKWD begehen, die zwischen 1945 und 1949 in Haft starben und anonym in Massengräbern bestattet wurden, ohne gleichzeitig die grausame Einzigartigkeit der nationalsozialistischen Verbrechen zu relativieren? Eine ähnliche Problematik gilt auch für den Geschichtsunterricht in der Grund- und Sekundarstufe, auf deren gemeinsame Richtlinien sich die Kultusminister der Länder bis heute nicht haben einigen können, und für den Bau bzw. den

Wiederaufbau von Berlin. Was tun etwa mit dem leerstehenden »Palast der Republik«, der in der Mitte Berlins anstelle des alten Stadtschlosses der Hohenzollern von der DDR erbaut und nach dem Zusammenbruch angeblich wegen Asbestverseuchung geschlossen wurde? All diese geschichtspolitischen Entscheidungen sind Zukunftsentscheidungen, deren mangelnde Selbstverständlichkeit viel über die Schwierigkeiten aussagt, die das vereinigte Deutschland damit hat, sich als solches und als Nation zu akzeptieren. Als »Nation wider Willen«, so der Münchner Historiker Christian Meier, haben die Deutschen »in bezug auf ihre jüngste Geschichte die Möglichkeit verloren, zu ihrer eigenen Vergangenheit dieses einfache und natürliche Verhältnis zu haben, wie es die anderen Nationen haben«.

Die bleibenden deutsch-französischen Unterschiede offenbaren sich bereits in den Begriffen, in denen beiderseits des Rheins die Debatte um die historische Erinnerung geführt wird. In Frankreich wird die Rede über das Gedenken völlig von der Trilogie »Gedächtnis, Identität, nationales Erbe (*patrimoine*)« dominiert, während in Deutschland zwar der Begriff der Identität ebenso inflationär gebraucht wird wie in Frankreich, dem relativ seltenen Begriff »Gedächtnis« aber in der Regel das viel geläufigere, rein deskriptive Wort »Erinnerung« vorgezogen wird. Die Bezeichnung »nationales Erbe« schließlich taucht – sei es als Vorstellung oder als Realität – praktisch nie auf, was vermutlich auf ihre tiefe Diskreditierung durch den maßlosen Gebrauch zurückzuführen ist, den sie in der Zeit des Nationalsozialismus und in der DDR erlebte.

Muß man also aus dieser Feststellung, die sich im übrigen durch den unterschiedlichen Bezug zur in Deutschland seit jeher sehr intensiv wahrgenommenen regionalen Vergangenheit mit ihren eigenen, Kontinuität schaffenden Geschichtsbildern erweitern ließe, schließen, daß Deutsche und Franzosen verschiedene, ja entgegengesetzte Haltungen zur Geschichte einnehmen? Eine solche Behauptung, unbestreitbar zutreffend vor zwanzig oder dreißig Jahren, entspricht sicherlich nicht mehr der heutigen Realität. Die französische ebenso wie die deutsche Gesellschaft haben in den letzten Jahrzehnten tatsächlich eine ganze Reihe konvergenter Entwicklungen und Veränderungen erlebt, die sie in ihrer Einstellung zur Geschichte auf einzigartige Weise näher gebracht haben. Umgekehrt wurden auch die vorher benannten Unterschiede deutlich relativiert.

Nichts ist in dieser Hinsicht frappierender als die Gleichzeitigkeit und die Ähnlichkeit, mit der Frankreich und (vor allem West-)Deutschland seit etwa zwanzig Jahren in das »Zeitalter des Gedenkens« eingetreten sind. Zwei Beispiele sollen hier auf diese deutsch-französische Konvergenz hinweisen, die eng mit der zunehmenden zeitlichen Entfernung vom Zweiten Weltkrieg, mit den gleichen Unsicherheiten im Blick auf die Zukunft und den europäischen Aufbau, der fortdauernden wirtschaftlichen Krise und dem Rückzug der Ideologien zusammenhängt. Das erste ist die zunehmende Bedeutung von Gedenkveranstaltungen, die eben nicht nur – wie von Pierre Nora dargestellt – in Frankreich seit den späten siebziger Jahren florieren. Dies zeigt sich etwa in den durch die deutsch-deutsche Rivalität geförderten Gedenkfeiern des »Lutherjahres« 1983, im Übermaß des Gedenkens am fünfzigsten Jahrestag des Kriegsendes, in dem auffälligen Kontrast zwischen der friedlichen und manchmal sogar selbstgefälligen Atmosphäre der Veranstaltungen von 1995 und den noch sehr konfliktgeladenen Gedenkfeiern von 1985. Überdies stieg ebenso wie in Frankreich etwa zur gleichen Zeit nicht nur die Beliebtheit der historischen Ausstellungen seit dem überraschenden Erfolg der Stauferausstellung in Stuttgart im Jahre 1977, sondern auch die Zahl der historischen Museen, insbesondere mit der Gründung des »Deutschen Historischen Museums« 1982 in Berlin (das nun seit dem Fall der Mauer als eine erstaunliche Ironie der Geschichte im preußischen Zeughaus, d. h. in den Räumlichkeiten seines früheren Konkurrenten, des »Museums für deutsche Geschichte« der DDR, untergebracht ist) und mit der Eröffnung 1994 des »Hauses der Geschichte« der Bundesrepublik Deutschland in Bonn, das geschickt die Erfolge der (west-)deutschen Demokratie rühmt.

Begleitet werden diese Entwicklungen von einem neuen Interesse der Historiker, der großen Verlage und des Publikums an der deutschen Geschichte, was sich in mehreren anspruchsvol-

len, sorgfältig aufgemachten und den besten Vertretern des
Fachs anvertrauten Buchreihen manifestiert. Seit kurzem flo-
riert daher auch der Markt für historische Studien über das kollektive Gedächtnis und seine Erscheinungsformen, die oft direkt
von den französischen Beispielen und Ansätzen inspiriert sind.
In einem wiedervereinigten Deutschland, das sich auf der Suche
nach nationalen Symbolen befindet, so stellt die Konstanzer Li-
teraturwissenschaftlerin Aleida Assmann fest, ist das Nachdenken über die Geschichte dringlicher als je zuvor: »Der deutsche
Sonderweg, der durch Hitler und die Folgen bestimmt ist, macht
die Frage nach dem nationalen Gedächtnis in Deutschland
ebenso unerquicklich wie notwendig. Auschwitz ist die nationale
Katastrophe, die das kulturelle Gedächtnis der Deutschen ge-
sprengt hat und sprengt – ein Phänomen, das sich bis heute fort-
setzt. Die Konsequenz dieser Katastrophe kann aber nicht Ge-
dächtnis-Apathie sein, sondern ein kritisch geschärftes Interesse
für die komplexe Funktion, die das kulturelle Gedächtnis in der
deutschen Geschichte gehabt hat und die es weiterhin hat.«
    Wenn also die oben benannten Entwicklungen dazu beigetra-
gen haben, das »deutsche Modell« der Einstellung zur Geschichte dem französischen anzunähern, so haben andere gegenläufige Entwicklungen ihrerseits dazu beigetragen, das
»französische Modell« dem deutschen anzugleichen. Ein erster
wesentlicher Faktor ist dabei auf französischer Seite, glaubt man
den Meinungsumfragen über das allgemeine Geschichtsbild der
Franzosen, der Rückzug, den das kollektive Gedächtnis in den
letzten zwanzig Jahren aus dem vormals weiten chronologischen
Feld genommen hat, und seine zunehmende Konzentration auf
die Ereignisse der jüngsten Vergangenheit und des 20. Jahrhunderts. Ein zweiter ist die Krise, ja das Verschwinden der großen
»Gedächtniskulturen«, die über Generationen hinweg die Einstellung der meisten Franzosen zur Vergangenheit und zur Nation strukturiert hatten, von dem aus der Dritten Republik
ererbten republikanischen Gedächtnis bis hin zu der kommunistischen und der gaullistischen Erinnerung. Diese Entwicklung
hatte ein Wiederauftauchen von kritischen Fragen über die
dunklen Flecken der nationalen Vergangenheit zur Folge, die

bisher »amnestiert« bzw. verdrängt worden waren. Die wachsende Intensität der Diskussionen über Vichy und die Tatsache, daß diese Zeit in der französischen Öffentlichkeit nun mehr und mehr als eine »Vergangenheit, die nicht vergehen will«, angesehen wird, wie der Pariser Historiker Henri Rousso feststellt, ist der beste Beweis dafür. Der dritte Faktor ist schließlich die »radikale Veränderung des traditionellen Nationalgefühls«, von der die letzten Jahrzehnte geprägt waren. Hervorgerufen wurde dieser Wandel zugleich durch den Vertrauensverlust in einen »Sinn der Geschichte« und die Krise der nationalen Identität, eine Entwicklung, die auch den Ausgangspunkt für das von Pierre Nora geleitete Unternehmen eines großen Inventars der »Erinnerungsorte« der Republik, der Nation und »der Frankreich« bildete.

Es gibt keinen besseren Ausdruck dieser deutsch-französischen Konvergenz als das wachsende Interesse, das die Historiker wie auch die Öffentlichkeit beiderseits des Rheins für die Geschichte der Wechselwirkungen, des Transfers und der strukturellen Verflechtungen – in der Vergangenheit wie auch in der Gegenwart – der beiden Völker und Kulturen zeigt, welche – bis in die mörderischsten Auseinandersetzungen hinein – nie aufgehört haben, sich jeweils in bezug auf den anderen zu definieren. Sollten Franzosen und Deutsche nun endlich in der Lage sein, die »Erinnerungsorte einer gemeinsamen Geschichte« gemeinsam zu erforschen und damit der Aufforderung Marc Blochs zu folgen, daß es »keine Geschichte Frankreichs« (oder »Deutschlands«) gibt, sondern nur »eine Geschichte Europas«?

Rudolf von Thadden
Kirche – Staat – Reformation

Franzosen, die nach Deutschland kommen, sind in der Regel erstaunt über die starke Präsenz kirchlicher Wirksamkeit im dortigen öffentlichen Leben. Bei der Einfahrt in Ortschaften stellen sie Hinweisschilder auf sonntägliche Gottesdienste fest, in

Rundfunk- und Fernsehsendungen erleben sie wöchentlich ein
geistliches »Wort zum Sonntag« und jedes Jahr finden sie mindestens eine Briefmarke mit kirchlichen Motiven in den Postäm-
tern. Vor allem aber sehen sie mit Erstaunen, daß eine Partei,
die sich als »christlich« bezeichnet, stattliche Mehrheiten bei
Wahlen im Lande erzielt und entsprechend kirchlichen Vorstellungen in der Schulpolitik zur Geltung verhilft. Hat sich in
Deutschland, so fragen sie häufig, keine Säkularisierung vollzogen?

In der Tat spielen die Kirchen in Deutschland – übrigens auch
in der ehemaligen DDR – eine größere politische und gesellschaftliche Rolle als in Frankreich. Während die Franzosen seit
1905 eine strenge Trennung von Staat und Kirche kennen und
keinen Religionsunterricht mehr in öffentlichen Schulen haben,
praktizieren die Deutschen nach wie vor in Abwandlungen
Modelle einer Volkskirche, denen zufolge der Staat die Kir-
chensteuern einzieht (von über 90% der Bevölkerung!), Religionsunterricht in allen öffentlichen Schulen garantiert und die
theologischen Fakultäten an den Universitäten finanziert, dies
letztere sogar in der prinzipiell atheistischen DDR. Dem Augen-
schein nach zerfällt Frankreich in eine »laizistische« Mehrheit
und eine »konfessionelle« Minderheit, Deutschland dagegen in
Protestanten und Katholiken.

Dieser Sachverhalt erklärt sich aus der unterschiedlichen Geschichte der beiden Länder. Während in Frankreich der Einfluß
der Kirchen auf das öffentliche Leben im Laufe der Jahrhunderte kontinuierlich zurückgedrängt worden ist, haben in
Deutschland Theologie und Geistlichkeit immer einen herausra-
genden Platz in den politischen Strukturen und kulturellen Traditionen gehabt. Dort ein konsequenter Prozeß der Stärkung des
Staates, der keine anderen Götter neben sich duldete, hier in der
Folge des Zerfalls des Reiches eine Aufsplitterung staatlicher
Macht und Behauptung kirchlicher Positionen – von den geist-
lichen Kurfürsten und Fürstbischöfen des Mittelalters über die
Universitätstheologen der frühen Neuzeit bis zu den Verfechtern christlicher Politik im 19. und 20. Jahrhundert. Der Weg in
die moderne Welt war in beiden Ländern verschieden.

Einen wichtigen Markstein bildete auf diesem Wege der je verschiedene Ausgang aus dem Mittelalter. Während Frankreich mit einem Prozeß der Säkularisierung seiner Staatsräson in die Moderne hineinwuchs, erfüllte Deutschland in der Reformation seine christlichen Bindungen mit neuem Leben und erfuhr den Anbruch der Neuzeit im Zeichen vertiefter theologischer Auseinandersetzungen. Bis in die Sprachen hinein wirkten sich diese Unterschiede der Entwicklung aus. So verkümmerte im Französischen der Begriff der Schuld (im mittelalterlichen Sprachgebrauch »coulp«) zu dem rationalen des Fehlers (»faute«), während im Deutschen die Kategorie der Schuld ihre volle Bedeutung sowohl im privaten als auch im öffentlichen Bereich behielt. (Es ist nicht meine Schuld = ce n'est pas de ma faute.)

In der Konsequenz dieser Entwicklung vollzog sich auch der für die Konstituierung der modernen Welt zweite wichtige Schritt, die Aufklärung, in beiden Ländern auf verschiedene Weise. In Frankreich setzten sich die »lumières« im Kampf gegen die (katholische) Kirche durch; Voltaires viel zitierter Satz »écrasez l'infâme« brachte mit Schärfe diesen Abgrenzungswillen zum Ausdruck. In Deutschland dagegen bewahrte die Aufklärung eine Verbindung von Glaube und Vernunft, die – jedenfalls auf dem Boden der protestantischen Kultur – einer Dominanz des Rationalismus entgegenwirkte. Der deutsche Weg zwang nicht zum Bruch mit den zentralen Wertvorstellungen des Christentums (Schleiermacher).

Entsprechend ließ sich das Verhältnis von Kirche und Staat bzw. Gesellschaft auch im 19. Jahrhundert in den beiden Ländern verschieden an. Während die französische Entwicklung im Zeichen der Impulse und Wirkungen der großen Revolution von 1789 stand und von der Herausbildung eines starken Spannungsverhältnisses zwischen laizistischen und klerikalen Kräften geprägt war, verstärkten die deutschen Staaten, allen voran Preußen, in Abwehr der Auswirkungen der Französischen Revolution ihre Strukturen eines Bündnisses von Thron und Altar und rückten den Säkularismus in die Nähe von Staatsfeindschaft. Am Ende stand in Frankreich eine radikale Trennung von Staat

und Kirche (1905), während in Deutschland Formen des Staats-
kirchentums am Leben blieben und die säkulare Auseinandersetzung mit der katholischen Kirche im sogenannten Kultur-
kampf mit einem Kompromiß zwischen beiden Konfliktpartnern
endete.

Schließlich sollten die beiden Länder auch im 20. Jahrhundert
verschiedene Wege gehen. Frankreich erhielt allen politischen
Erschütterungen und Wandlungen zum Trotz seine laizistischen
Strukturen (vor allem im Schulwesen) aufrecht. Deutschland
dagegen nahm in Reaktion auf die Verkehrtheiten der nationalsozialistischen Kirchenpolitik die Abwehr gegen die Kräfte der
Säkularisierung erneut auf, so daß »christliche Politik« als eine
demokratische Alternative zur kirchenfeindlichen Linie des Hit-
ler-Staates, jedenfalls in der Bundesrepublik, Auftrieb erhielt.
Diese Entwicklung wurde auch noch durch die Teilung des Landes verstärkt: in dem Maße, in dem sich der östliche Teil
Deutschlands, die DDR, als atheistischer Staat etablierte, ge-
wannen im westlichen Teilstaat die säkularisationsfeindlichen
Kräfte an politischem Gewicht, auch wenn der Prozeß der Säkularisierung im geistigen und gesellschaftlichen Leben weitere
Fortschritte machte. Der Laizismus hat folglich auf dem deutschen Feld einen schwereren Stand als auf dem französischen.

Für die politische Kultur der beiden Länder ergeben sich aus
dieser geschichtlichen Entwicklung mehrere Folgen. Zum einen
werden auf absehbare Zeit politische Diskurse in Deutschland in
größerer Nähe zur Vorstellungswelt der christlichen Kirchen geführt werden als in Frankreich. Diskussionen über Fragen des
Friedens werden dort mit innerer Notwendigkeit mehr sein als
Debatten über Konturen der Abrüstung; Auseinandersetzungen über die Zukunft unserer Umwelt werden unbeirrbar das
gesamte Verhältnis des Menschen zur Natur als Schöpfung Gottes mit einbeziehen.

Zum andern werden in der Austragung machtpolitischer Konflikte moralische und moralisierende Argumente im Bereich der
deutschen politischen Welt weiterhin eine größere Rolle spielen
als in der französischen. Man wird auch in kommenden Zeiten
wachsender europäischer Integration Macht und Einfluß dies-

seits von Rhein und Saar anders gewinnen oder verlieren als jenseits. Das historische Erbe des Verhältnisses von Staat und Kirche wird dabei immer Gewicht haben.

Horst Günther
Revolution

»Revolution« und »revolutionär« sind für die meisten Franzosen
positive Wörter, die sich mit der Vorstellung von freudiger Begeisterung, dem Abschaffen längst überfälliger Mißstände, mit
republikanischen Rechten und bürgerlicher Freiheit verbinden.
Sagt einer in Deutschland »Revolution«, so wird er bei den meisten auf bedenkliche Mienen stoßen: das bedeutet ja Unruhe
und Unsicherheit, gar Bürgerkrieg und blutigen Schrecken. Und
keiner weiß, ob es hinterher besser ist.

Mit der verschiedenen Auffassung von »Revolution« ist man
mittendrin in den deutsch-französischen Verständnisschwierig-
keiten, in unterschiedlichen Mentalitäten. Und in diesem Falle
kann man sie historisch erklären. Lange Jahrhunderte war »Revolution« für Franzosen wie Deutsche ein ziemlich gleichgültiges
Wort, das man einmal für astronomische Gestirnumläufe und
ein anderes Mal für politische Umwälzungen verschiedenster
Art gebrauchte. Und mit einem Schlag haben sich die Franzosen
dieses Wort angeeignet.

Das war am 14. Juli 1789, als nach dem Sturm auf die Bastille
ein Kammerherr zu seinem König nach Versailles eilte. Auf die
Frage, ob das nicht eine schreckliche Revolte sei, antwortete der
Herzog von Liancourt: »Nein, Sire, das ist eine große Revolution!« Damals wußte noch keiner, wie die Sache weitergehen
und was bei ihr herauskommen würde, aber man hatte ein Wort
festgelegt, dessen Bedeutung und Inhalt noch gar nicht abzuse-
hen waren. Die glücklichen und unglücklichen Ereignisse der
nächsten zehn Jahre und viele langfristige Änderungen, die sich
seit Menschengedenken anbahnten, galten als Wirkung und
Folge der Französischen Revolution.

Die Engländer hatten hundert Jahre früher, 1688, ihre »Glo-

rious Revolution« gehabt, manche nannten den amerikanischen
Unabhängigkeitskrieg, Unruhen und Aufstände in anderen Ländern eine Revolution. Aber das hielt sich nicht, während die erst
spät für die Änderungen der technischen Arbeitsbedingungen
gefundene Bezeichnung »industrielle Revolution« sich durchsetzte und der politischen Revolution auch Züge von Allgemeinheit und Notwendigkeit verlieh.

Langsam bildete sich die Fragestellung heraus, ob eine Revolution, und vielleicht sogar eine gewaltsame, wie die Franzosen
sie veranstaltet hatten, ein notwendiger Prozeß in der Geschichte einer Nation sei. Und wenn man schon solche Fragen
stellt, folgte weiter, ob sie beinahe von selber kommt, ob man sie
machen kann oder muß, und wann es dafür an der Zeit ist. Meist
sind ja eher Antworten falsch als Fragen, aber hier waren in die
Fragen schon Voraussetzungen eingedrungen, die nicht aus der
politischen Analyse historischer Situationen stammen, sondern
aus Konkurrenzdenken, Nachholbedürfnis, unglücklichem na-
tionalem Selbstbewußtsein, das es zu Beginn der Französischen
Revolution bei ihren deutschen Beobachtern nicht gegeben hat.

Die deutschen Augenzeugen der Französischen Revolution
bilden eine großartige Folge von Berichterstattern. Man hatte
ein weltgeschichtliches Ereignis erwartet, nun reisten einige ihm
entgegen, um es aus der Nähe zu sehen und denen, die zu Hause
bleiben mußten, die fehlende Anschauung zu liefern. Und als
Schreibende versuchten sie, sich dem gewaltigen Geschehen gewachsen zu zeigen. Erstaunlich ist, daß sie nicht als Deutsche
auftreten und daß sie kaum über Franzosen urteilen. Sie fühlten
sich als Abgeordnete der Menschheit, und sie sehen in den Franzosen die Ausführenden eines fällig gewordenen Ereignisses der
Weltgeschichte.

In keinem anderen Land Europas hat die Französische Revolution so viel Anteilnahme erregt wie in Deutschland, und nicht
nur bei Schriftstellern, sondern in breiten Schichten der Bevölkerung. Der Philosoph Kant sah in dieser, nicht von der Hoffnung auf eigenen Vorteil motivierten »Teilnehmung dem Wun-
sche nach« einen gültigen Beweis für das Gute im Menschen.
Und verrückterweise waren am Anfang nicht nur edle Men-

schenfreunde und Aufklärer und junge Brauseköpfe wie die
19jährigen Tübinger Studenten Hölderlin und Hegel für die Revolution. Auch viel weniger aufgeklärte Regierungen in Berlin
und in Wien freuten sich aus nicht sehr edlen Beweggründen
über eine Schwächung der französischen Monarchie und ver-
sprachen sich einen unangefochtenen Landgewinn bei der nächsten polnischen Teilung.

Man denkt es sich gern so, daß am Anfang viel Sympathie für
die Revolution da war und erst später durch Übergriffe, Greuel
und schließlich die Guillotine die Wohlgesonnenen sich abwen-
deten. Es war aber ganz anders. Viele waren gleich dagegen, und
glaubten den geflohenen Adeligen, die alles an Edelmetall und
Pferden mitgenommen hatten, was greifbar war, jedes Schauer-
märchen und auch, daß es ein leichtes sei, die alte Herrschaft
zurückzuerobern. Und andere verzweifelten auch dann nicht an
der gesetzmäßigen Notwendigkeit dieser Revolution, als das
durch offensichtliche Gewalt und Grausamkeit sehr schwer gemacht wurde.

Die Erfahrungen im Für und Wider polarisierten sich in einem
ersten Gang schon bis zum Herbst des Jahres 1789. Alle Argumente gegen die Revolution, die später lautstark wiederholt
wurden, fanden sich bis dahin in den deutschen Zeitschriften. In
einem zweiten Gange, nach Mirabeaus Tod, der Flucht und Ge-
fangennahme des Königs (1791), dem Tuileriensturm, den Sep-
tembermorden in Paris (1792) und den ersten republikanischen
Siegen in den Revolutionskriegen, verfestigten sich die gegneri-
schen Meinungen.

Schon die schlichte Beobachtung der Sachverhalte war nicht
einfach. Die Deutschen kamen aus kleinen Residenzen oder
winzigen Universitätsstädten mit völlig agrarischem Umland.
Eine Hauptstadt, und gar eine von der Größe (ca. 700 000 Einwohner) und quirligen Lebendigkeit von Paris war ihnen fremd.
Ein Parlament, verwirrende Reden und Zwischenrufe in einem
überfüllten Saal, daß Grundrechte und Gesetze sichtbar be-
schlossen werden oder fallen, wenn ein paar Abgeordnete mehr
die Hand aufheben, mußte ihnen wunderbar erscheinen. Politische Debatten wurden nicht nur in den Café-Häusern des Palais-

Royal geführt, sondern überall, wo ein paar Menschen zusammenstanden. Selbst die Wasserträger saßen auf ihren Eimern und ließen sich die Zeitungsblätter vorlesen, um gewandter als ein damaliger deutscher Student darüber zu reden. Die Erregung und Begeisterung riß mit und ließ über manche Realität hinwegsehen, die man erst später in das Bild einzeichnete. Aber Campe, Reinhard, Kerner, Archenholtz, Oelsner und Georg Forster haben trotzdem hervorragende Arbeit geleistet.

Die Publizisten zu Hause nahmen die Nachrichten auf und knüpften daran die Erörterung wichtiger politischer Fragen. Philosophen und Historiker gaben dem Ereignis die weltgeschichtliche Deutung. Man kann sagen, daß die deutsche Geschichtsphilosophie sich erst unter dem Eindruck der Französischen Revolution ausgebildet hat. Das vorhandene theoretische Schema idealistischer Spekulation bedurfte der weltgeschichtlichen Begebenheiten zu seiner Ausfüllung und Verwirklichung. Und das konnte Deutschland selber nicht leisten, zerteilt in viele Länder und Herrschaften, wie es vor Napoleon war.

Was not tat, leisteten die Franzosen, fast ohne es zu wissen. Später merkten sie, daß die Deutschen inzwischen »im Saale«, in ihrer Literatur, Philosophie und Musik, eine andere »Revolution« vollbracht hatten. Und erst Napoleon erweckte in den Deutschen den Widerstand und das Gefühl ihrer Stärke und möglichen Einheit. Für die deutschen politischen Denker und für die Historiker des 19. Jahrhunderts war deshalb die Französische Revolution der Beginn auch ihrer Zeitgeschichte, unabhängig davon, ob sie Republikaner oder Konservative waren. Auch der späte Hegel noch erblickt in ihr die wichtigste Phase des »Fortschritts im Bewußtsein der Freiheit«, Lorenz von Stein die beispielhafte Konsequenz in der Entwicklung der industriellen Gesellschaft, Heinrich von Sybel eine Folge meist vermeidbarer politischer Mißgriffe, Ranke das Wirken höherer Mächte und Burckhardt das Ende aller Herrlichkeit und den Beginn militärischer Massenstaaten...

Ausgezeichnete Quellenstudien und geistreiche Deutungen überboten sich geradezu in diesen Zeiten. Und mit einem Male verlor die große Revolution im öffentlichen Deutschland diese

Rolle – nicht zufällig nach dem Deutsch-Französischen Krieg 1870/71 und der Reichsgründung in Versailles – und blieb als Vogelscheuche im Fundus linker Publizistik. In der Folge der Französischen Revolution erst hatten sich die Deutschen zur Nation gebildet. Aber ihre Konservativen wollten das jetzt verdrängen und datierten den Beginn der Zeitgeschichte um auf 1871. Deshalb drohte die äußerste Linke ihnen und dem Kaiser ab und zu mit der historischen Gesetzlichkeit einer Revolution.

Die Deutschen haben es schwer mit der Revolution und im Blick auf Frankreich kein gutes Gewissen. Anfangs machte man es sich leicht und dachte, die Franzosen holten endlich nach, was die Deutschen schon mit der Reformation und andere mit den Freiheitsbewegungen des 17. und 18. Jahrhunderts geschafft hatten. Aber der Weg in die Moderne ist schmerzhaft und schwierig, und den Deutschen sollte keine Revolution glücken, 1848 nicht, nicht nach dem Ersten Weltkrieg, wo es Unruhen und eine kurze Republik gab, und 1945 schon gar nicht.

Dazwischen irrten Phantasien von »konservativer Revolution« herum, die Nationalsozialisten wollten gar mit ihrer Revolte »gegen die Ideen von 1789« kämpfen, und dann entwickelte sich die demokratische Bundesrepublik zu einem modernen Staatswesen, aber ihr Verhältnis zur Revolution blieb einigermaßen atavistisch. Man beschwieg sie oder interpretierte sie weg, allenfalls warnte man vor Gefahren und Irrtümern, während ein paar alte Linke und junge böse Buben von ihr schwärmten und auch einmal meinten, man könne sie herbeireden und ihre historische Unausweichlichkeit demonstrieren.

Die Französische Revolution blieb einmalig. Sie läßt sich nicht nachahmen, und sie kommt auch nicht von selbst. Mit dem Dramatisieren und Dämonisieren ist es auch nicht getan. Aber kein Fehler wäre es, wenn man sie begreifen würde, womit Lorenz von Stein und Tocqueville begonnen haben. Sie kommt von weither und vollzieht gewaltsam einen lange angebahnten Schritt in dem Prozeß gesellschaftlicher und staatlicher Erneuerung, der die europäische Neuzeit bestimmt. Andere Völker vollziehen ihn in anderen Rhythmen.

Manches hat sie verändert, unsere Maße und Gewichte sind revolutionär, die Menschenrechte, einige unserer politischen Begriffe, Rechte und Denkweisen... Aber so viel auch wieder nicht. Oder unbeabsichtigt, wie ein langes Zeitalter europäischer Restauration aus Revolutionsfurcht, das immer noch nicht überall vorüber ist. Für die neuere deutsche Geschichte ist die Französische Revolution das wichtigste und anregendste Ereignis. Und das kann heute Franzosen und Deutsche im politischen Gespräch mit dem Blick auf die Zukunft verbinden.

Joseph Rovan
Bismarck – von Frankreich aus gesehen

Nach dem Krieg von 1870/1871 nannten manche Franzosen ihren Hund »Bismarck«. Mir ist diese Namensgebung immer seltsam zweideutig erschienen, denn die meisten Hundebesitzer mögen ja ihren Hund. Und nach 1945 nannte niemand seinen Hund »Hitler«. Wenn Bismarck in Frankreich auch verhaßt war, weil er Frankreich besiegt und gedemütigt – und dann auch noch Elsaß-Lothringen geraubt hatte, so umgab seinen Namen doch eine Aura von Respekt und unwilliger Bewunderung. Zwar hatte er der französischen Politik 1870 eine Falle gestellt, aber Napoleon III. und seine Minister waren prompt hineingelaufen. Ohne die militärischen und politischen Niederlagen, die ihm Bismarck bereitet hatte, wäre es kaum zum Sturz des Kaiserreiches und zum Triumph der Republik gekommen. Erfahrene Politiker und Historiker, selbst wenn sie für Frankreich die »Revanche« wollten, konnten sich der Einsicht nicht verschließen, daß Bismarck mit ungewöhnlicher Staatsmannskunst und gleichzeitig mit Selbstbeherrschung und einer gewissen Mäßigung in kurzer Zeit für sein Land eine Serie von fast atemberaubenden Erfolgen erzielt hatte. Im Verlauf von sieben Jahren, mittels dreier großer siegreicher Kriege hatte er das gedemütigte und innerlich zerrissene Preußen, zu dessen Regierungschef ihn ein König berufen hatte, der bereits halb zur Abdankung entschlossen war, zur

Vormacht im wiederhergestellten deutschen Reich und damit zur Vormacht in Europa erhoben. Bismarck hatte ein *neues* Gleichgewicht der Mächte hergestellt, aber von dem Willen zur Hegemonialherrschaft war er weit entfernt. Das neue Deutschland hatte im neuen Gleichgewicht eine neue, bedeutende Rolle, aber es gab eben doch ein Gleichgewicht, wenn auch ein verändertes, ein »Konzert« der Großmächte, denen das von Bismarck besiegte Frankreich ebenso weiter und wieder angehörte wie das vorher besiegte Österreich. Die Donaumonarchie wollte sich Bismarck als Verbündeten gegen die wachsende Macht Rußlands erhalten. Frankreich als Großmacht jedoch auszuschalten wäre ihm gegen den Widerstand der anderen Mächte auch dann nicht gelungen, wenn er es gewollt hätte. Er hat es aber nicht gewollt, weil er im Grunde ein konservativer Staatsmann war, der das Bestehende nur soweit verändern wollte, wie die Veränderung zum Erhalt des Bestehenden und Überkommenen unerläßlich war.

Aber Bismarck war klüger und umsichtiger als die meisten anderen Konservativen, seine Standesgenossen. Wenn man etwas an der alten Ordnung retten wollte, das alte Preußen und die alte patriarchalische-patrimoniale Sozial- und Wirtschaftsverfassung (schließlich war Bismarck ja ein aus Uradel stammender Gutsherr), so mußte man diese mit den neuen heraufkommenden Kräften kombinieren, und hier war es für den »Junker« selbstverständlich, daß er sich nicht mit der Arbeiterbewegung, sondern mit Bankiers und Fabrikherren zusammentat, zur Allianz des alten Adels mit den neuen Besitz»eliten«. Seine großen innenpolitischen Kämpfe nach 1871, gegen den politischen Katholizismus und gegen die Sozialdemokratie, hat er nur dem äußeren Anschein nach und auf kürzere Zeit gewonnen. Über die Zukunft der deutschen Gesellschaft und der internationalen Mächteordnung dachte er zutiefst pessimistisch, und darum plagten ihn unaufhörlich Zweifel über die Zukunft seines Werkes. Österreich hatte er zwar bewahrt, aber in so geschwächtem Zustand, daß seine Zukunft zweifelhaft war. Frankreich war zu tief gekränkt und gleichzeitig nicht geschwächt genug, um nicht auf Rache lauernd ein mächtiger Gegner zu sein und zu bleiben,

und die von ihm im Grunde abgelehnte Kolonialpolitik führte
zum immer wieder aufbrechenden Konflikt mit Großbritannien, den Bismarck fast um jeden Preis vermeiden wollte. Lei-
denschaftlich, von Wutanfällen geschüttelt, einer der größten
politischen Schriftsteller der europäischen Geschichte seit dem
Altertum, war Bismarck eine tragische Figur, weil er sein Werk
errichten mußte in der Überzeugung, daß es nicht von Bestand
sein würde. Willensstark und von unvergleichlicher Intelligenz
fühlte er sich letzthin mehr als ein Getriebener denn als ein
Herr über die Geschichte. Sein Werk brachte Europa fünfzig
Jahre Frieden und danach den großen allgemeinen Krieg, mit
dem die Selbstzerstörung unserer Zivilisation begonnen hat.

Im Zentrum von Bismarcks persönlicher und öffentlicher
Existenz steht der christliche Glaube in lutherischer Prägung.
Aus diesem Glauben heraus fühlte und wußte er sich gerechtfertigt, wenn er seinen »Beruf«, den des führenden und be-
wegenden Staatsmanns mit den in diesem Zusammenhang »gerechten« Mitteln ausführte. Und aus eben diesem Glauben heraus wußte er, daß alles Menschenwerk und eben auch – und
vielleicht besonders – das des großen Staatsmanns nicht von
Dauer und Bestand sein kann. Bismarck ist ein christlicher Stoi-
ker, der seine Widersprüche mit lautem Zorn und auch mit De-
mut durchsteht. Darin, weil er sein nationales Werk tat und an
dessen Bestand nicht glauben konnte, weil er gleichzeitig ein
Staatsmann und ein großer Schriftsteller war, ähnelt er de
Gaulle. Bismarck steht am Anfang des deutschen Nationalstaates, de Gaulle am Ende des französischen. Wir sind bereits in
eine andere Phase der Geschichte eingetreten, aber von beiden,
von Bismarck wie von de Gaulle bleibt das »Wie?« – wenn das
»Was?« auch überholt ist. Von Perikles, von Marc Aurel be-
richtet die Geistesgeschichte, obschon deren Reiche längst verschwunden sind. Mit ihnen gehört Bismarck zu den großen Gestalten der »Deutschen Regenten«. Erst ihr Denken macht das
Regieren berichtenswert.

Seit der ersten Fassung dieses Textes, die vor 1989 entstand, nötigt die glückliche Wendung der Geschichte zu einem weiteren

Vergleich: die zweite deutsche Vereinigung wird unweigerlich
der ersten gegenübergestellt.

Bismarck hat sein »Deutsches Reich« als Ergebnis dreier siegreicher Kriege geschaffen, mußte dafür aber einen hohen und
mit schlimmen historischen Folgen verbundenen Preis zahlen:
den Ausschluß von Millionen von Deutschen. Er beließ sie im
Habsburgerreich von Kaiser Franz-Joseph, dessen Erhaltung
ihm im Interesse des europäischen Gleichgewichts (des einzigen,
das damals in der Welt zählte) für unverzichtbar galt.

In dieser Hinsicht besteht Ähnlichkeit: die unter Führung
Helmut Kohls vollzogene Vereinigung zieht einen Schlußstrich
unter die Anerkennung des Verlustes von einem Viertel des Territoriums, das einst zu Bismarcks Deutschland gehörte (darunter
ein großer Teil Pommerns, das der Herr des Kriegshofs besonders liebte). Aber Kohls Deutschland ist keine große Weltmacht
mehr, während zu Bismarcks Zeiten weder die USA noch China
im damaligen Spiel der Mächte eine Rolle spielten. Das historische Verdienst jener, die es möglich machten, daß aus dem
Deutschland von 1945 das Deutschland von 1990 wurde, hält jedem Vergleich stand: statt drei neue Kriege zu gewinnen, beho-
ben sie die Verwüstungen einer beispiellosen Niederlage.

Gerd Krumeich
Die Weltkriege

Der Erste Weltkrieg war zwar kein deutsch-französischer Krieg,
wie der von 1870/71, aber er war doch zutiefst geprägt vom
deutsch-französischen Gegensatz, weshalb hier ganz auf diesen
Aspekt abgehoben wird. Verdun, die Somme, die Marne, wenige andere Orts- und Flußnamen haben sich so tief in das historische Gedächtnis eingeprägt wie diese. An der Marne gelang
den Franzosen das »Wunder«, den Siegeszug der Deutschen
»nach Paris« aufzuhalten, und in Verdun, 1916, verteidigten sie
ihren Boden mit ungeheurer Hingabe. Der General Pétain war
der Organisator der Verteidigung von Verdun, und seine ebenso

emphatischen wie mitreißenden Tagesbefehle:»Ils ne passeront
pas« und»Courage, on les aura«, bleiben emblematisch für nationale Einigkeit (»union sacrée«) trotz aller politischen Streitigkeiten im entscheidenden Moment. Das»No pasaran« der Republikaner im Spanischen Bürgerkrieg gegen die Franco-Mili-
zen, von der europäischen Intelligenz der Zwischenkriegszeit
begeistert aufgenommen, klang gerade in Frankreich wie ein
Echo auf»Verdun«. Die Marne und Verdun – weniger die
»Somme« – symbolisieren bis heute den Verteidigungswillen
und die Verteidigungsfähigkeit einer Nation, der solchen Elan
die wenigsten Zeitgenossen im In- und Ausland zugetraut hätten. Das Frankreich des Boulangismus, des Panama-Skandals,
der Dreyfus-Affäre und der von innenpolitischen und sozialen
Krisen gebeutelten Republik galt vielerorts als politisch kaum
noch zurechnungsfähig, der deutsche Reichskanzler Fürst Bü-
low sprach verächtlich von»dieser Republik gottverdammter Zi-
vilisten«. Auch der berühmt-berüchtigte deutsche Aufmarsch-
plan von 1905/6, der sogenannte Schlieffen-Plan, ist letztlich
Ausdruck dieser Arroganz und (Fehl-)Einschätzung. Frankreich
in vier bis sechs Wochen auszuschalten bedeutete konkret, daß
den deutschen Armeen Tagesmärsche von mehr als 40 Kilome-
tern zugeplant waren, was natürlich nur anging, wenn der Gegner wie ein Hase vor den vorrückenden Truppen davonrannte.
Dies war aber nicht der Fall, weshalb eben heute noch die Mar-
neschlacht vielen Historikern als»Wunder« erscheint.

Im Grunde geschah in diesem Krieg, der nach der kurzen Ein-
gangsphase der – äußerst blutigen – »Grenzschlachten« zum
Graben- und Durchhaltekrieg wurde, etwas höchst Erstaun-
liches. Entgegen aller Prognosen hielt das politische System der
Republik dem Kriegsschock durchaus stand. Sicherlich gab es
Probleme mit der Verteilung von ziviler und militärischer Gewalt, sicherlich war die parlamentarische »contrôle aux armées«
lange Zeit heiß umstritten. Aber die deutsche Erwartung, daß
dieses 30-Millionen-Volk doch irgendwann einmal quasi körper-
lich »ausgeblutet« sein würde, erfüllte sich nicht – zumindest
noch nicht während der Zeit des Weltkrieges selber. Die Solda-
tenstreiks des Jahres 1917 führten keineswegs zur Auflösung der

Armee, wie die Deutschen eigentlich fest erwarteten, sie bestärkten die Entscheidungskraft der zivilen Gewalt. Clémen-
ceaus »Je fais la guerre« von 1917, die jederzeitige Fähigkeit der
Republik, die Tonart von Valmy anzuschlagen, war und bleibt
verblüffend. Dazu verhalf auch eine schon seit Beginn des Krieges sich massiv ausbildende »Kriegskultur«, deren Dimensionen
wir erst heute gewahr werden. Die äußerst ausgefeilte, bildrei-
che und mitreißende Propaganda, an der sich nahezu alle Intellektuellen beteiligten, die Ausrichtung der gesamten Nation auf
den Krieg der nationalen Verteidigung, hatte in Deutschland
kein Äquivalent. Man kann dies wohl als Konsequenz eines – in
Deutschland so nicht vorhandenen – jahrzehntealten Marktes
des antagonistischen Austauschs der politischen Kräfte werten.
Journalisten und Intellektuelle, deren Feder sich schon in den
langen Jahren einer liberalisierten Pressegesetzgebung (seit
1881) innenpolitisch hatte zuspitzen und härten können, waren
im Zeichen der »union sacrée« fähig, ihre gesamte Einbildungs-
und Gestaltungskraft in den Dienst des Vaterlands zu stellen.
Der deutsche Einmarsch in Belgien und Frankreich, diese tatsächlich grobe Verletzung des Völkerrechts, die in der Eile des
Vormarsches begangenen Kriegsverbrechen der Deutschen, von
den Geiselerschießungen in Belgien bis zum Brand von Löwen,
beflügelten die Phantasie und den Elan. So wurde der »boche«,
dessen Feldzug im Frankreich des Jahres 1870 bereits als »barba-
risch« erinnert wurde, endgültig zum »Hunnen«. Und die bis
heute kaum wiederhergestellte Mondlandschaft von Verdun und
der Somme waren wie Visitenkarten dieses unfreundlichen Be-
suchs in Frankreich. Der deutsche Rückzug auf die »Siegfriedli-
nie« im Jahre 1917 war eine kalt geplante und durchgeführte sy-
stematische Verwüstung – ohne Kampfhandlungen!! – eines Ge-
biets von ca. 1500 Quadratkilometern, inklusive des Unbrauch-
bar-Machens (nicht unbedingt des »Vergiftens«) aller Brunnen,
des Abholzens aller Bäume, der Zerstörung aller Baulichkeiten
– der Abschiebung (der Alten, Frauen und Kinder) oder Ver-
schleppung (der arbeitsfähigen Männer). Insgesamt haben hier
nahezu 200000 Menschen Haus und Habe verloren. Kein Wunder also, daß in Frankreich der Slogan »le boche payera« so ver-

breitet war und daß der Vertrag von Versailles für die Franzosen
eher einen Akt der gerechten Strafe als ein Schritt zum wirklichen Frieden darstellte.

Für die Deutschen hingegen war der Versailler Vertrag wie
eine Bestätigung aller alten Annahmen und Phobien. Sie fühlten
sich ganz überwiegend schuldlos an einem Krieg, den sie zwar
sicherlich den Franzosen und den Russen erklärt hatten, zu dem
sie sich gleichwohl allein aus Gründen der nationalen Verteidigung gezwungen sahen. So argumentierten sogar diejenigen, die
späterhin einsahen, daß die Eskalation der Juli-Krise von 1914
zum größten Teil der deutschen Regierung anzulasten war.
Hatte man denn kein Recht – so wurde ganz allgemein gefragt –,
als bald 80-Millionen-Volk an der Verteilung der Welt teilzuha-
ben, nicht systematisch ausgegrenzt zu werden von einer Koalition selbstsüchtig imperialistischer Mächte, die den »Ring der
Einkreisung« immer stärker konzentrierten? Es drohte der Er-
stickungstod. Not – so sagte man – kennt kein Gebot, und im von
Frankreich und Rußland aufgezwungenen Zwei-Fronten-Krieg
war die belgische Neutralität nurmehr ein »Fetzen Papier«. Die
Emphase der nationalen Verteidigung und des (gar nicht einmal
so sehr »begeisterten«) »August-Erlebnisses«, die die deutsche
Gesellschaft unwiderstehlich und zur Gänze ergriff, ist mit Ideologie und Hysterie nicht hinwegzuerklären. Das Mißverhältnis
zwischen dynamischem Wachstum einerseits und pessimistischer
Zukunftserwartung andererseits wurde in dem Maße unerträg-
lich, als zum Axiom auch der internationalen Politik das darwini-
stische »Survival of the Fittest« geronnen war. Wenn nur der
Stärkste überleben kann, dann ist Kampf ums Leben das Gesetz
der Stunde, und es war diese Überzeugung, die auch für die
Deutschen aus dem Krieg einen Verteidigungskrieg, nämlich
einen wirklichen Lebenskampf machten. Wenn man von Kriegsschuld 1914 spricht, sind die politischen Verantwortlichkeiten an
diesem Kernbestand von – wie auch immer selbstgeschaffenen –
Zwangsvorstellungen zu messen, denen die Gesellschaft in ihren
wesentlichen Gruppierungen unterlag. So stark war ja diese
Überzeugung, daß eigentlich niemand während des gesamten
Krieges daran Anstoß nahm, daß sich die »Verteidigung« zur

Gänze (Ausnahme ist Ostpreußen 1914) auf fremdem Boden vollzog. Auch wenn die deutschen Stimmen im »Krieg der Geister« heute einen so merkwürdig faden Klang haben, wenn die deutsche Kriegspropaganda in ihren Druckerzeugnissen weit hinter der Farbkraft und wüsten Anschaulichkeit der alliierten Propaganda (insbesondere der französischen) zurückbleibt: Der Grundkonsens über den Charakter des Krieges als eines aus Überlebensgründen notwendigen, wirklichen Verteidigungskrieges blieb in der deutschen Bevölkerung durchweg bis 1918 erhalten. Deshalb auch die mächtige, jeden konkreten politischen Revisionismus und Revanchismus unterfütternde kollektive Empörung über »Versailles«, insbesondere den »Schandparagraphen« 231 bezüglich der alleinigen deutschen Kriegsschuld.

Wenn aus Gründen quasi körperlicher Ermattung der Krieg im Jahre 1918 zu Ende war, so kann von Frieden gleichwohl keine Rede sein. Die Zwischenkriegszeit war nicht mehr als eben ein »Zwischen«-zustand, auch wenn es an deutsch-französischen Ausgleichsbemühungen nicht mangelte. Der »Geist von Locarno« war mehr als ein Schemen, aber er ergriff nicht die Massen. Hinter ihm stand ja auch nicht so sehr das unbedingte Friedenswollen als vielmehr eine Eingrenzung möglicher Brandherde. Nach Osten blieb der deutsche Revisionismus auch Stresemannscher Prägung offen.

Anders als für die Deutschen war für die Franzosen nach 1918 die Vorstellung eines baldigen weiteren Krieges aus den Köpfen gebannt. Man hatte diesen Krieg unter Aufbietung aller Kräfte geführt: 1,5 Millionen Tote bei einer Bevölkerung von ca. 33 Millionen. »La der(nière)-des-der(nières)« blieb auch in ironischer Variante eine magische Formel des Nachkriegsfrankreichs. Im Unterschied zu Deutschland waren die mächtigen Organisationen der »anciens combattants« ganz überwiegend pazifistisch eingestellt – irgendwie war die französische Gesellschaft rückwärtsgewandt, auf der Suche nach dem doch verlorenen goldenen Zeitalter (S. Berstein). Daß man schließlich versuchte, das Land mittels der Maginot-Linie wie mit einer chinesischen Mauer zu schützen, war nur ein weiteres Zeichen dafür, daß die französische Gesellschaft aufgehört hatte, sich wirklich als welt-

oder europapolitische Gestaltungsmacht zu sehen. Ob sie deshalb »dekadent« war, wie J. B. Duroselle gesagt hat, mag dahingestellt bleiben. Was zählt, ist, daß der Aggressivität des Faschismus nichts als behäbig-angstvolle Gutwilligkeit entgegengesetzt werden konnte bzw. sogar dessen »futuristische« Dimension französische Intellektuelle der Linken wie der Rechten erheblich zu faszinieren begann. »Mourir pour Danzig?« ist nur die Frageform der Anerkenntnis, daß republikanisches Selbstgefühl genauso wie der traditionell damit verbundene Großmachtanspruch verlorengegeben worden waren. Deshalb wurde die eigene Kriegserklärung an Hitlerdeutschland nach dessen Überfall auf Polen nicht recht ernst genommen: die »drôle de guerre«, der »Sitzkrieg« von 1940, erschien bereits aufmerksamen und sensiblen Zeitgenossen wie Marc Bloch oder Leon Werth als eine Art Satyrspiel bzw. als reine Satire. Dazu gehörte auch die tatsächliche Abdankung der Nationalversammlung, die Beauftragung Pétains, dessen Charisma als Retter von Verdun 1916 nun dazu herhalten sollte, Frankreich von seinen vorgeblichen Sünden – wie vor allem der Volksfront – zu reinigen. Vichy, die Kollaboration, die unter dem Druck der deutschen Besatzer erfolgende willfährig-beflissene Auslieferung der Juden, bleiben eine dunkle Seite der Geschichte Frankreichs im 20. Jahrhundert. Symbolisch aber ist diese Schande durch die Tat de Gaulles getilgt worden, dieses zunächst nur selbsternannten Repräsentanten Frankreichs, dessen unvergleichliche persönliche Obstination und Sinn für symbolische Aktion (Appel du 18 juin) tatsächlich dann in einen Akt kollektiver Selbstbefreiung mündete, nämlich Schaffung einer wirklichen Streitmacht und einer effektiven *Résistance* gegen die deutsche Besatzung. So konnte die Republik den »Etat français« des Vichy-Regimes überdauern und aus den Ruinen von 1945 wiederauferstehen.

Das »Debakel« (J. B. Duroselle) Frankreichs von 1940 war die Konsequenz einer traditionellen – seit 1870 bestehenden – Fixierung des französischen Denkens und Handelns auf Deutschland, einer wirklichen »crise allemande de la pensée française« (Cl. Digeon). Für Deutschland hingegen war und blieb Frankreich Nebenkriegsschauplatz. Ansatzweise war dies schon 1914 der

Fall gewesen. Hitlers Frankreichbild und seine auf Frankreich
zielenden Projekte sind geprägt von der auch sonst in Deutschland latenten Überzeugung, daß Frankreich der eigentliche Verlierer des Krieges sei und sich nur momentan in einer Siegerpose
gefallen könne. Der extreme Revisionismus und der Kampf gegen den »Schandfrieden« galt als Ehrensache, die Friedenspro-
paganda insbesondere gegenüber den französischen »anciens
combattants« – bis hin zum »Friedensschwur« der deutsch-französischen Verdun-Kämpfer im Berliner Olympiastadion 1936 –
waren zynische Schalmeien. Ihre Wirksamkeit verfehlten sie
nicht. Der Westfeldzug von 1940 war wie ein Nachholen des ver-
paßten Sieges von 1918, eine Ehrenrettung der Verdun-Kämpfer
durch die nachfolgende Generation. Wenn der Militärbefehlsha-
ber von Frankreich, K. O. v. Stülpnagel, nach dem gescheiterten
Attentat vom 20. Juli als Mitverschwörer nach Berlin zurückbe-
ordert, im Angesicht des sicheren Todes einen Umweg nach
Verdun machen ließ, um sich dort selbst zu erschießen, so zeigt
dieser isolierte Akt soldatischer Ehre deutlich, wie sehr doch der
Zweite Weltkrieg auch Fortsetzung des Ersten war. Die deutschen Armeen, Polizei- und Verwaltungseinheiten begingen indessen ihre größten Taten und Verbrechen im Osten. Frankreich
war im wesentlichen Reservoir von Arbeitskräften, Rohmaterial
und Industrieprodukten sowie auch für die Beschaffung von (jüdischen) Kunstwerken und Hausrat.

Erst mit der totalen Niederlage von 1945 wurde in Deutschland auch die ebenso schmerzliche wie anspruchsvolle Erinnerung an den Ersten Weltkrieg ausgelöscht. Insoweit war 1945 für
Deutschland eine wirkliche »Stunde Null« – und die Möglichkeit, Beziehungen mit Frankreich einzugehen, ohne wieder
im Schatten der Vergangenheit stehenzubleiben.

Rita Thalmann
Antisemitismus

Franzosen und Deutsche verstehen unter diesem Terminus heutzutage gleichermaßen alle Erscheinungsformen der Feindseligkeit gegenüber den Juden. Dies entspricht dem gegenwärtigen Sprachgebrauch, unterschlägt jedoch den von Grund auf verschiedenen Sinn, den er seit seinem Auftauchen in der zweiten Hälfte des 19. Jahrhunderts in den beiden Ländern jeweils angenommen hat. Ein Unterschied, dessen Auswirkungen noch heute spürbar sind. Denn im gegenwärtigen Frankreich, in dem die jüdische Gemeinschaft über 650 000 Mitglieder zählt, steht der Antisemitismus – trotz bestimmter Formen, die im Zusammenhang mit dem israelisch-arabischen Konflikt und mit der Leugnung der »Endlösung« aufgetreten sind – in der Tradition eines antimodernistischen Nationalismus, einer Mischung aus Xenophobie und katholischem Integrismus, die nicht mit dem Rassismus gegenüber den Einwanderern und Gastarbeitern gleichzusetzen ist, obwohl beide gegen die »für den Niedergang Frankreichs verantwortlichen Kräfte« gerichtet sind. In den beiden deutschen Staaten, in denen lange nur mehr wenige Tausend aus dem Exil heimgekehrte oder nach 1945 aus anderen Ländern gekommene Juden lebten, rückte das Problem in die Nähe der Ionescoschen Geschichte von der Leiche des *Amédé ou comment s'en débarasser* (Amédé, oder wie werden wir ihn los). Insofern blockierte »der Schatten von Auschwitz« jedes ungebrochene Fortleben eines von der Rassenmystik des »Deutschtums« belasteten Nationalismus derart, daß man die von dem nationalsozialistischen Sinn entwürdigte Bezeichnung »Jude« vermeidet und beschwichtigende Umschreibungen verwendet wie: »unsere jüdischen Mitbürger«, »unsere jüdischen Freunde«.

Als Phänomen, das allen mit der »Krise der Modernität« konfrontierten europäischen Ländern gemeinsam ist, erscheint der Antisemitismus als eine säkularisierte Ideologie der christlichen und wirtschaftlichen Judenfeindschaft, wie sie seit dem Mittelalter üblich geworden war. Die alte Version des auf dem Volk der

»Christusmörder« lastenden Fluches wird von dieser Judenangst um die Vorstellung einer weltweiten Konspiration der Juden oder »Semiten« erweitert, jenes minderwertigen Volkes oder jener »Rasse«, die mit allen Mitteln versucht, die höherstehenden Völker oder »Rassen« der Arier zu schwächen und letztlich zu versklaven. Den wissenschaftlichen Theorien von der Hierarchie der Rassen entlehnt, der Gegenüberstellung von »arischen bzw. indoeuropäischen« und semitischen Kulturen, dem Sozialdarwinismus, der zu dieser Zeit sehr en vogue war, zielt diese Phobie darauf ab, die soziokulturellen und rechtlichen Schranken wieder aufzurichten, die zwischen Nichtjuden und Juden seit der Emanzipation dieser letzteren aufgehoben worden waren. Ausgehend von dieser gemeinsamen Basis, divergieren der deutsche und der französische Antisemitismus jedoch beträchtlich. Der erstere gründet die Antinomie auf eine »geographisch-rassische« Metaphysik des Deutschtums, während der zweite ihn in einer organischen Auffassung der Nation begründet sieht. Dieser Unterschied wird bereits greifbar, wenn man *Der Sieg des Judentums über das Deutschtum* (1879) von Wilhelm Marr (der übrigens im gleichen Jahr den Begriff »Antisemitismus« einführt und ihn der »Judenfeindschaft« entgegenstellt, die seiner Ansicht nach von einer eher konfessionellen als rassischen Auffassung der Juden bestimmt ist) mit *La France juive* (Das jüdische Frankreich) (1885) von Édouard Drumont, dem gehässigsten Pamphletisten der Zeit, vergleicht, der ohne weiteres die Begriffe Volk, Nation, Konfession und Rasse durcheinanderwirft. Dies hat er übrigens mit den meisten seiner französischen Zeitgenossen aller Parteien und Tendenzen gemein: im Gegensatz zu den deutschen Rassetheoretikern. Schon in einem Artikel aus dem Jahre 1867, der für die *Ligue internationale de la paix* (Internationale Liga für den Frieden) auf französisch verfaßt wurde, prangerte Wilhelm Marr die in dem »Asiatentum der Juden« liegende Gefahr für die »indoeuropäischen« Völker an und verkündete: »Die wahre Nation ist die Rasse.« Ernest Renan, der sich rühmte, schon 1855 den Begriff einer »jüdischen Rasse« eingeführt zu haben, deren semitischer Geist dem der indoeuropäischen Kultur unterlegen sei, führte kurz darauf in einem Brief an

Graf Gobineau den Mißerfolg des *Essai sur l'inégalité des races* (Versuch über die Ungleichheit der Menschenrassen) wie auch seiner eigenen vergleichenden Literaturwissenschaft auf »ein Frankreich (zurück), das sehr wenig an die Rasse glaubt, eben weil die Tatsache des Rassischen in diesem Land fast erloschen ist«. Eine Feststellung, die man 1932 in dem *Essai sur la France* (Versuch über Frankreich) des deutschen Romanisten Ernst Robert Curtius wiederfindet: »Der Franzose besitzt weder einen rassischen Instinkt noch ein rassisches Bewußtsein: der Begriff der Rasse steht bei ihm weit unter dem der Nation.« Was von den NS-Autoren und ihren französischen Bewunderern etwas später bedauert wurde.

Zu diesem ideologischen Unterschied kommt noch ein politischer Unterschied hinzu. Im wilhelminischen Deutschland, das aus dem militärischen Sieg des Jahres 1870 hervorgegangen ist, bleibt der Antisemitismus die Ausdrucksform der Frustrationen eines Volkes, das einem autoritären Staat unterworfen ist, während er in Frankreich, nach dem Untergang des zweiten Kaiserreichs, in dem restaurierten republikanischen System durch die *Dreyfus-Affäre* zum zentralen Thema einer Auseinandersetzung wurde zwischen den Traditionalisten zum einen und zum anderen den Verfechtern einer demokratischen Ordnung, welche auf den Prinzipien der Freiheit, der Gleichheit, der Gerechtigkeit beruht, wie sie seit 1789 in der Erklärung der Menschen- und Bürgerrechte verankert sind. Was Clémenceau als »unerhörten Augenblick der Unmenschlichkeit« bezeichnet, Péguy als »religiöse Krise«, Barrès als »Orgie von Metaphysikern«, obwohl seine ebenso flammenden wie nebelhaften Schmähschriften die ganze antidreyfusistische Presse angeregt hatten, ruft von dem »J'accuse« Zolas an eine regelrechte nationale Gewissensprüfung hervor, aus der nicht allein der Sieg der Republikaner und die Rehabilitierung des Hauptmanns Dreyfus hervorgeht, sondern ein dauerhafter Bruch zwischen Anhängern und Gegnern einer Auffassung der Staatsbürgerschaft, die auf die erworbenen Rechte gegründet ist. Ein Bruch, den man zumal in der Krise der dreißiger Jahre, im Sieg der Volksfront und in der heftigen antisemitischen und fremdenfeindlichen Kampagne gegen die »finsteren vaterlandslosen Kräfte« wiederfindet, welche für den Niedergang Frankreichs verantwortlich gemacht wurden; dann, später, zur Zeit der deutschen Besatzung mit einem ausgeprägt rassistischen Charakter in den kollaborationistischen Bewegungen, während der klerikale und reaktionäre Staat des Vichy-Regimes – ungeachtet des Status der Juden – einen Unterschied macht in der Behandlung der ausländischen oder staatenlosen Juden und der »französischen Israeliten«. Ein beachtenswertes Phänomen: Das Bewußtsein von dem unmenschlichen Schicksal der Juden während der deutschen Besatzung trug sogar in den Kreisen petainistischer Christen (manche Kirchenfürsten mit einbegriffen, die sich bemühten, sie vor der Deportation zu bewahren) unstreitig zur Demokratisierung des französischen Katholizismus nach 1945 bei.

In Deutschland hätte nach dem Zusammenbruch des wilhelminischen Reiches und der Niederlage des Jahres 1918 eine politische Klärung durch die Gründung der Weimarer Republik erfolgen können. Doch trotz ihrer demokratischen Verfassung gewann das Bündnis des Nationalkonservatismus mit der auf die Doktrin einer rassischen Gemeinschaft des Volkes beruhenden »völkischen« Bewegung die Oberhand über eine Republik, deren Verfechter marginalisiert oder verfolgt wurden. Ein Bündnis, das – muß man noch daran erinnern? – »den ersten Staatsmann an die Macht brachte, der aus den Grundlagen der Vererbungslehre und der Eugenik ein bestimmendes Prinzip der Staatspolitik gemacht hat«, wie Otmar von Verschür es formulierte. Die praktische Durchführung der »arisch-germanischen Herrschaft« über die »minderwertigen Rassen« – die Juden wurden als deren eigentlicher Prototyp angesehen – führte zu einem Krieg »im Namen der Rasse«, der die mörderischste Vernichtungsaktion der Menschheitsgeschichte, zumal an sechs Millionen Juden, zur Folge hatte. Für Deutschland ergab sich daraus nicht allein der Verlust, wahrscheinlich auf lange Zeit der zahlenmäßig stärksten und ohne Zweifel dynamischsten jüdischen Gemeinde Westeuropas, sondern auch die Teilung in zwei Staaten und die Diskreditierung des Nationalismus, der zu jener Katastrophe geführt hatte.

Um über diese Situation hinauszukommen, hatten die beiden
deutschen Staaten verschiedene Wege des Bruchs mit einer
»schwierigen Vergangenheit« eingeschlagen. Die DDR glaubte
diese bewältigen zu können, indem sie sich unter das Banner des
Antifaschismus stellte, was es ihr ermöglichte, jede Debatte über
die Natur des deutschen Antisemitismus zu umgehen und sogar
jede Entschädigung der jüdischen Opfer des Naziregimes abzu-
lehnen. Die BRD hatte sich fest mit den westlichen Demokratien
verbunden und sich für einen »Verfassungspatriotismus« und für
die »Wiedergutmachung« der Opfer des Dritten Reiches entschieden, als dessen Nachfolger sie sich ansah. Das Fortleben
eines von dem staatlichen Antizionismus verdeckten Antisemitismus und das Auftreten von antijüdischen und Neonazi-Pa-
rolen skandierenden »Skinheads« in der DDR und die »Wende«,
die sich seit Bitburg in der Bundesrepublik abzeichnete, stellten
die Anfälligkeit der politischen Kultur eines Volkes unter Beweis, das nicht »seiner Geschichte beraubt« ist, sondern einer
wirklichen »Trauerarbeit« ermangelt, die es ihm ermöglichen
würde, sich aus der unzweideutigen Anerkenntnis seiner Vergangenheit heraus auf die Zukunft hin zu entwerfen. Ob dies im
Bewußtsein der Gefahr geschah oder aus dem von den Umständen diktierten Wunsch heraus, ihren Platz in der Ost-West-An-
näherung einzunehmen, jedenfalls wohnte man in der DDR
einer Revision der offiziellen Haltung gegenüber dem bis dahin
ignorierten »Judenproblem« bei, die sich in politischen Initiativen niederschlug wie der Zurückstellung des Antizionismus, der
Anerkennung der Mitverantwortung jenes Teils von Deutschland bei der Vernichtung der Juden und von deren historischen
Besonderheit. In der BRD, wo dieser Weg schon im Jahre 1949
eingeschlagen wurde, schien die Revision – in den verschiedenen
Bemühungen eines Teils der leitenden Eliten, mit einer Vergangenheit abzuschließen, »die nicht vergehen will« – in die Gegen-
richtung zu verlaufen.

Dieser neokonservative Revisionismus ist nicht allein eine
deutsche Angelegenheit. Er betrifft die Gesamtheit der Demo-
kraten, insbesondere die europäischen Partner Deutschlands –
unter anderem Frankreich –, die in einer Welt der Krise über das

Entstehen einer übernationalen Strömung des Rassismus und Antisemitismus besorgt sind, die durch das Aufkommen eines neokonservativen Revisionismus in Deutschland ausgesprochen bestärkt werden könnte. Denn obwohl er nicht so weit geht, die Realität der »Endlösung« zu leugnen, so streitet er ihr doch ihre historische Besonderheit durch eine die Politik des Dritten Reiches und ihre kriminelle Eigenheit relativierende Interpretation ab, indem er manche Thesen, wie die vom defensiven Charakter des Dritten Reiches in Anbetracht der Bedrohung durch den »jüdischen Bolschewismus« und das »Weltjudentum«, übernimmt und seine Verbrechen mit denen aller anderen Tyranneien des 20. Jahrhunderts in eins setzt – zumal mit denen des Stalinismus. Daraus ergibt sich die reale Gefahr einer Übereinstimmung zwischen all denen, die den Rückfall in die nationalsozialistische Barbarei im Europa des 20. Jahrhunderts auf eine »Detailfrage der Geschichte des Zweiten Weltkrieges« reduzieren wollen.

Es steht den Franzosen, die dazu neigen, ihre eigene Geschichte mythisch zu verklären, nicht zu, sich zu Lehrmeistern aufzuschwingen. Aber die französisch-deutsche Zusammenarbeit, das Fundament und die treibende Kraft einer europäischen Gemeinschaft, die heute auf die Annäherung zwischen Ost und West und auf die Respektierung der Menschenrechte gegründet ist, darf dieses Problem nicht umgehen. Sie muß dazu beitragen, den jüngeren Generationen, die jene Zeit nicht erlebt haben, eine genaue Kenntnis der Tatsachen zu vermitteln, sowie das Bewußtsein entwickeln, daß die Bewahrung des historischen Gedenkens an diese Vergangenheit in Europa wie in der ganzen Welt die Zukunft der Demokratie bedingt, ohne die kein menschliches Zusammenleben möglich ist.

Marieluise Christadler
Résistance – Kollaboration

In Frankreich entwickelte sich der Widerstand in der Auseinandersetzung mit der deutschen Besatzungsmacht. Zwar hatte es

schon vor 1940 antifaschistische Vereinigungen und Aktivitäten
gegeben, aber erst Niederlage, Okkupation und Kollaboration
der »Vichy-Regierung« führten zur Résistance. Der deutsche
Widerstand richtete sich hingegen von Anfang an gegen die legal
zur Macht gelangte und zunächst politisch wie ökonomisch erfolgreiche eigene Regierung. Das erschwerte nicht nur sein Zu-
standekommen, sondern belastete seine Beurteilung durch die
Nachkriegsdeutschen, die in ihrer Mehrheit den Sieg der Alliierten nicht als Befreiung von der faschistischen Diktatur, sondern
als Niederlage Deutschlands empfanden.

Daß der deutsche Widerstand nach 1945 nur zögernde Anerkennung fand, während die Résistance zum exkulpatorischen
Mythos Nachkriegsfrankreichs wurde, hängt vor allem mit politischen Konstellationen, aber auch mit historischen Traditionen
zusammen. Die Résistance erlaubte es den Franzosen, sich in
den Kreis der Siegermächte einzureihen, während der deutsche
Widerstand bestenfalls einer langfristigen moralischen Rehabilitierung Deutschlands diente. Dazu trugen nicht nur der alliierte
Vorwurf der Kollektivschuld und die Diskreditierung der preu-
ßisch-deutschen Geschichte bei, sondern auch die geringe Verankerung des politischen Widerstandsrechts in der kollektiven
Mentalität der Deutschen. Die Feier der Befreiungskriege gegen
Napoleon und die »passive Resistenz« während des »Ruhrkamp-
fes« hatten die nationale Mobilisierung, nicht aber den bürgerlichen Freiheitswillen gefördert. Der französischen Populärlite-
ratur hingegen war es gelungen, nationale Unabhängigkeit und
individuelle Freiheit dramaturgisch zu verknüpfen und in be-
wußtseinsteuernde Parabeln umzusetzen. Daran konnten die
»maquisards« anknüpfen, als sie Daudets Novelle *Die Ziege des
Herrn Séguin* – nach Gaston Bonheur ein »Schlüsseltext der Résistance« – auf ihre eigene Situation anwandten: wie die kleine
weiße Ziege nahmen auch sie lieber das Todesrisiko des Frei-
heitskampfes gegen den NS-Wolf in Kauf, als sich mit dem Überleben in der Gefangenschaft des Herrn Séguin alias Pétain zu
begnügen.

In beiden Ländern war ein wesentliches Motiv des Widerstandes die Sorge um das moralische Ansehen des Vaterlandes. Die

Geschwister Scholl wollten Zeugnis ablegen für »das andere Deutschland«, und auch der Résistance ging es darum, daß Frankreich in den Augen der Welt nicht mit den »Vichy-Verrätern« identifiziert wurde. Aber während die Existenz des »anderen Deutschland« im Ausland lange Zeit bestritten wurde (in französischen Schulbüchern blieb der deutsche Widerstand bis in die achtziger Jahre unerwähnt), erreichte de Gaulle, daß Nachkriegsfrankreich mit der »France libre« und nicht mit dem »Etat français« gleichgesetzt wurde – obwohl dessen Oberhaupt Pétain von einer überwältigenden Parlamentsmehrheit unumschränkte Regierungsvollmacht erhalten hatte und sich bis mindestens 1943 auf die Masse der französischen Bevölkerung stützen konnte.

Es gibt inzwischen in beiden Ländern eine schier unermeßliche Fülle von Publikationen zum Phänomen Widerstand – von detaillierten Spezialuntersuchungen über autobiographische Berichte und fiktionale Vergegenwärtigungen bis zu polemischen Kontroversen über ideologische Hintergründe und persönliche Motive einzelner Widerstandskämpfer und -gruppen. Was indessen fehlt, ist ein umfassender systematischer Vergleich. Dabei könnte er, wie das soeben erschienene Buch von Florence Hervé über die Résistance französischer und deutscher Frauen zeigt, einen aufschlußreichen Einblick in die Unterschiedlichkeit der politischen Kulturen geben.

Ähnlich erhellend wäre auch eine komparative Analyse des retrospektiven Umgangs mit den dunklen Kapiteln der nationalen Geschichte. Nicht nur in Deutschland, auch in Frankreich tut man sich schwer mit der »Vergangenheitsbewältigung«. Diesseits und jenseits des Rheins wurden nach 1945 Mechanismen entwickelt, um das Trauma von Schuld und Mitschuld an den nationalsozialistischen Verbrechen zu verdrängen.

Die Franzosen hatten es aus naheliegenden Gründen leichter. Als überfallene und okkupierte Nation konnten sie die Verfolgung von Juden und Systemgegnern den Deutschen anlasten, obwohl die reibungslose Durchsetzung der nationalsozialistischen Politik ohne die massive Unterstützung französischer Stellen nicht möglich gewesen wäre. Nach einer kurzen, allerdings

virulenten Phase der »Säuberung«, der etwa 9000 Kollabora-
teure zum Opfer fielen, und nachdem den Galionsfiguren des
»Vichy-Régime« der Prozeß gemacht worden war, sorgte man
sich vor allem um die »nationale Aussöhnung«. Was Heinrich
Lübbe bezogen auf die Bundesrepublik das »kommunikative
Beschweigen« belasteter Vergangenheiten genannt hat, wurde
auch in Frankreich praktiziert. Mit dem Ergebnis, daß erst zu
Beginn der siebziger Jahre eine kritische Auseinandersetzung
mit den unliebsamen Fakten der Okkupationszeit begann, und
zwar infolge der Aufklärungsarbeit von zwei Nicht-Franzosen.
Auf den Résistance-Mythos und die Verdrängung des wahren
Ausmaßes der Kollaboration folgte nun die »kollektive Selbst-
bezichtigung« (Henri Rousso), die allerdings spätestens beim
Barbie-Prozeß wiederum einer öffentlich gesteuerten Selbstbe-
zichtigung wich. Die in ihrer Jugend von den Nazis nach Auschwitz verschleppte Politikerin Simone Veil befürchtete, wie
40 Jahre zuvor der Schriftsteller François Mauriac und 1972
Staatspräsident Pompidou, daß eine Grundsatzdebatte über die
Jahre 1940–44 den gesellschaftlichen Frieden gefährden könne.

Eine Weile schien es, als ob die Politik des Ausblendens erfolgreicher wäre als die von einigen Engagierten (etwa Serge
Klarsfeld) geforderte vollständige Aufklärung und gerichtliche
Verfolgung der Schuldigen. Einer Meinungsumfrage zufolge interessierte sich eine Mehrheit der französischen Bevölkerung
Ende der achtziger Jahre nicht mehr für die Kriegszeit. Zustimmung fanden Geschichts- und Politikwissenschaftler, die das
Ende der »franko-französischen Kriege« gekommen sahen, für
die Vichy als »Paradebeispiel« (Henri Rousso) gilt. Schon damals allerdings warnte der Historiker J. P. Azéma im Hinblick
auf die Erfolge des rechtsextremen Front National davor, »Waf-
fenstillstand mit Frieden zu verwechseln«; die dem Pétainismus
zugrundeliegenden politisch-kulturellen Traditionen wie Antisemitismus und Fremdenfeindlichkeit lebten fort und verlangten
eine Rückbesinnung auf den Geist der Résistance.

Tatsächlich wurden im März 1997 die öffentlichen Proteste gegen die immigrantenfeindlichen Debré-Gesetze mit dem Bekenntnis zur kollektiven Verantwortung einer Nation begründet,

die die staatlich verordneten Judenverfolgungen nicht verhindert habe. Vichy ist weit davon entfernt, eine tote Vergangenheit zu sein, sondern gewinnt seit Beginn der neunziger Jahre eine überraschende Aktualität und politische Brisanz. Lang verschleppte Prozesse werden aufgerollt und einem breiten Publikum durch die Medien vermittelt, Gedenkfeiern inauguriert, die (wie der 16. Juli, Jahrestag der jüdischen Massenverhaftung 1942 in Paris) an die schmerzliche Wahrheit der Komplizenschaft des französischen Staates beim Genozid erinnern; Enthüllungen führen zu Polemiken, die auch Staatspräsidenten nicht verschonen; Zeitzeugen entschließen sich, ihr jahrzehntelanges Schweigen zu brechen; die Öffnung der Archive wie die internationale Konkurrenz haben der französischen Zeitgeschichtsforschung ungeheuren Aufschwung verliehen, und nach Aussagen von Geschichtslehrern hat sich der Kenntnisstand der jungen Generation entscheidend verbessert.

Einen »Historikerstreit« hat es in Frankreich nicht gegeben, wohl aber mehrere Debatten über revisionistische Tendenzen und das Problem einer »Historisierung« der Vergangenheit. Die einen verlangen eine differenzierte, der historischen Wahrhaftigkeit verpflichtete Geschichtsschreibung, die anderen sehen darin die Neuauflage eines pseudoneutralen Positivismus. In Frankreich wie im wiedervereinigten Deutschland geht es um das »Gedächtnis«. Wie weit reicht das Recht auf Vergessen und wo wird es begrenzt durch die Pflicht zum Erinnern? Der Philosoph Paul Ricoeur hat darauf eine doppelte Antwort gegeben: »Wir haben eine Schuld gegenüber den Toten, das gibt uns eine dauerhafte Identität. Gleichzeitig sollten wir uns der unerfüllten Versprechen der Vergangenheit erinnern und sie als Zukunftsprojekt verstehen.«

Rainer Hudemann
Besatzung

Besatzungsherrschaft ist ein völkerrechtlich klar definierter Begriff. Als Schlüsselbegriff zwischen Deutschen und Franzosen ist er allerdings in der kollektiven Erinnerung und damit in seiner Wirkung auf die politische und kulturelle Verständigung oder »Mißverständigung« weit weniger präzise gefaßt. Vermengt werden Erfahrungen aus Besatzungssituationen, Annexionen und Kriegserfahrungen. Jede dieser Erfahrungen wurde auf beiden Seiten im Laufe der Jahrhunderte naturgemäß unterschiedlich gelebt. Solche Muster zeitgenössischer Überlieferung und Erinnerung haben auf den deutsch-französischen Dialog, bis in die Wissenschaft hinein, bisweilen eine stärkere Wirkung als die Ereignisse selbst und entfalten dadurch ihre eigene »Realität«. Diese Meta-Realität konnte zeitweise zu einem nicht unwesentlichen, möglicherweise gar zentralen Element im nationalen Selbstverständnis werden, so wenn in Frankreich die Annexion Elsaß-Lothringens 1871–1918 als reine Gewaltherrschaft gesehen und die Modernisierungswirkung ausgeblendet wurde oder wenn man die Kollaboration im Zweiten Weltkrieg tabuisierte.

Daher bleibt im politischen Dialog darüber, oder auch im auf Tabuisierung beruhenden Nicht-Dialog, bislang wenig Raum für die in der jüngeren Forschung zutage geförderten strukturellen Verflechtungen zwischen beiden Ländern, welche zwar nicht durchgehend, aber doch wiederholt gerade durch konfliktreiche Besatzungs- und Annexionssituationen gefördert wurden. Solche konstruktiveren Wirkungen konnten von den ursprünglichen politischen Zielen zudem recht unabhängig sein. Drei Ebenen ziehen sich also durch diesen Schlüsselbegriff: die in sich vielfältigen Besatzungs- und Annexionssituationen selbst, ihre Umformungen in Überlieferung und Tradition und schließlich die ihrerseits eine neue politische und kulturelle Realität formenden Wirkungen der Umformungen.

Aufgrund der jakobinischen Befreiungsideologie und der napoleonischen Reformen ist die in den Koalitionskriegen 1794 erfolgende Besetzung und die 1801/2 formal abgeschlossene An-

nexion der linksrheinischen deutschen Territorien im Verlauf
der beiden letzten Jahrhunderte auf deutscher Seite wohl noch
am ehesten in ihrer Verflechtung von zerstörerischen und refor-
mierenden Elementen in Rechnung gestellt worden. Die unter
dem Eindruck der Befreiungskriege nach 1814 vorherrschende
antinapoleonische, vor allem preußisch geprägte Ablehnung der
französischen Reformmaßnahmen ließ im Verlauf des 19. Jahrhunderts allmählich Raum für eine differenziertere Wertung der
»Franzosenzeit« am Rhein, beeinflußt beispielsweise durch die
langfristigen Wirkungen auf die Bürgermeisterverfassung in den
rheinischen Städteordnungen. Daß auf dem linken Rheinufer
nach 1794 zunächst weit mehr an Institutionen und materiellen
Werten zerstört worden war als in den Rheinbundstaaten, geriet
unter dem Eindruck der Rheinbund-Reformen dabei sogar eher
zu stark in den Hintergrund. In der Sozialpolitik, Kernbereich
der Herausbildung des modernen Staates, zeigte sich in den an-
nektierten Departements besonders deutlich das widerspruchs-
volle Ineinandergreifen von z. T. verheerender Blockierung bereits zuvor angelaufener modernisierender Ansätze durch die
französische Verwaltung einerseits und zukunftsträchtiger
Grundlegung neuer Institutionen auf der anderen Seite. Waren
die Ziele Napoleons kriegsbedingt primär finanzpolitischer Natur, so leiteten die dafür ergriffenen Maßnahmen dennoch eine
tiefgreifende gesellschaftliche Umgestaltung ein. Das gilt vor allem für die Nationalgüterverkäufe, welche die jahrhundertealte
ökonomische und politische Stellung von Kirche und Adel in den
linksrheinischen Gebieten auf Dauer zerstörte und nicht zuletzt
auch der Entwicklung des rheinischen Liberalismus den Weg eb-
nete.
     Die Annexion Elsaß-Lothringens nach dem Krieg 1870/71
wurde zu einem beherrschenden Trauma der französischen In-
nenpolitik bis 1918. Das Ziel der Rückeroberung des »blauen
Vogesenkamms« wirkte sich von der »deutschen Krise des französischen Denkens« (Claude Digeon) bis in die Bildung parami-
litärischer, den Ausgangspunkt der Formierung rechtsextremer
Ligen bildender Sportverbände aus. Im Reichsland Elsaß-Lothringen betrieb das Reich eine eigentümliche Mischung aus ziel-

gerichteter Germanisierungspolitik sowie – zumindest anfangs –
harter Unterdrückung von Repräsentationsrechten einerseits
und wohlkalkulierter Rücksichtnahme auf regionale, auch französisch geprägte Besonderheiten andererseits. In der Forschung
lange unterschätzt, bildeten sich damit – jetzt in umgekehrter
Richtung gegenüber 1794/1813 – erneut Interferenzen zwischen
beiden Ländern heraus, für welche beispielsweise der jeweils national unterschiedlich konnotierte Begriff des »Elsaß« eine Ver-
mittlungsfunktion u. a. auf der Ebene der Notabeln übernehmen
konnte.

In Frankreich aufgrund des nationalen Selbstverständnisses
lange wenig wahrgenommen, spiegeln sich solche Interferenzen
bis heute unter anderem in der äußeren Gestalt vieler Städte wider, beeinflußt durch die international eine Spitzenposition ein-
nehmenden deutschen Urbanisierungskonzepte der Zeit. Französische, mit dem Namen des Pariser Präfekten Haussmann in
der Jahrhundertmitte verbundene Stadtbauprinzipien wie
große, an historischen und technischen Bauwerken orientierte
Alleen und sternförmige Plätze gelangten z. B. nach Straßburg
teils durch einheimische Planungen, teils aber nach der Annexion auf dem »Umweg« über Berlin; Gartenstädte nahmen aus
England einen ähnlichen Umweg über Dresden-Hellerau. Vom
Reich geschlossene Konkordate gelten in beiden Regionen bis
heute fort. Die deutsche Sozialversicherung des Kaiserreiches
beeinflußte über Elsaß-Lothringen nachhaltig die französische
Sozialpolitik der Zwischenkriegszeit. Modernisierungsprozesse
wurden jedoch weithin als nationale Konflikte gelebt, wie schon
ein Jahrhundert zuvor. Trotz der vehementen französischen Ab-
wehrmechanismen gegen deutsche Einflüsse nach 1918 ist heute
deutlich, daß langfristige Strukturverflechtungen nicht immer,
aber gelegentlich wirkungsvoller bleiben konnten als gegenläufige politische Zielsetzungen, vor allem in Bereichen, in denen
Modernisierungseffekte stark waren.

In Frankreich wurde das Interesse an strukturellen, zukunfts-
trächtigen Verflechtungen zwischen beiden Ländern in industriellen Führungskreisen schon während des Ersten Weltkrieges artikuliert. Auf Regierungsebene wurden sie 1918/19 aber

noch nicht wirksam. Die erneute französische Herrschaft auf dem linken Rheinufer ging nach 1919 besonders herrisch vor und verspielte so auch Ansätze zu einer Kooperation, die vor Ort vor allem auf kulturpolitischer Ebene entwickelt wurden: noch hatten sie, im Gegensatz zu 1945, keinen breiteren Rückhalt auf Regierungsebene. Dazu bedurfte es einer neuen Besatzung und der Erfahrung eines neuen Weltkrieges.

Das deutsche Regime in Frankreich 1940–1944/45 stellte einen anderen Typus von Besatzung dar. Hier ging es nicht um langfristige Assimilation oder gar um Verständigung, sondern um machtpolitische Instrumentalisierung im Rahmen von Hitlers Europa. Dementsprechend gering waren die Wirkungschancen für illusionsvolle Kräfte, die aus der deutsch-französischen Verständigungsbewegung der Zwischenkriegszeit kamen und unter Besatzungsbedingungen Chancen für deutsch-französische Kooperation erhofften. Kurzfristig teilweise erfolgreich, wurden die Ansätze langfristig ebenso durch die Kollaboration diskreditiert wie – noch stärker – durch die weitgehende Übernahme innenpolitischer Gewalt in Frankreich durch Gestapo, Sicherheitsdienst und SS seit dem Frühjahr 1942. Zur deutschen Kriegswirtschaft leistete Frankreich einen der substantiellsten Beiträge unter den vom Großdeutschen Reich besetzten Ländern. Für eine spätere Verständigung besonders belastend wurde die mit der Ausweisung von etwa 100000 Franzosen verbundene faktische erneute Annexion des Elsaß und Lothringens. Wie im Osten wurden deren Agrargebiete Objekt einer ebenso massiven wie ökonomisch erfolglosen Ansiedlungspolitik für deutsche Bauern aus Ostmitteleuropa. Kulturell und ökonomisch setzte eine neue, jetzt aber weit gewaltsamer und undifferenzierter durchgeführte Germanisierungspolitik ein.

Im Gegenzug erwartete die deutsche Bevölkerung nach der Niederlage 1945 Vergeltung und die Wiederauflage einer antiquierten Sicherheits- und Reparationspolitik wie 1919. Das – nicht zuletzt durch nationalsozialistische Propaganda verstärkte – Erwartungsbild sollte langfristig die Muster kollektiver Erinnerung bis in die frühe wissenschaftliche Forschung hinein prägen. Es traf für Teile der oft autoritär auftretenden Besatzungstruppen und der einrückenden Militärverwaltung auch durchaus zu. Auf eine extensive ökonomische Nutzung Deutschlands war Frankreich zudem bitter angewiesen. Dies blieb, der Erwartungshaltung entsprechend, in der kollektiven Erinnerung besonders haften. Auf Spitzenebenen in der Pariser Regierung und der Militärregierung in der französischen Besatzungszone in Deutschland setzte sich aber ebenso wie auf manchen unteren Verwaltungsebenen teilweise rasch, bisweilen eher allmählich die Erkenntnis durch, daß man aus dem eklatanten Fehlschlag der harten Reparationspolitik nach dem Ersten Weltkrieg lernen und das Verhältnis zwischen beiden Ländern auf eine neue Grundlage stellen müsse. Die Erkenntnis wirkte zusammen mit der wachsenden Einsicht, daß die Wahrung der französischen Großmachtstellung in der Welt eine seit dem Ersten Weltkrieg überfällige Modernisierung der französischen Wirtschaft voraussetzte, diese aber in autarker Beschränkung nicht zu bewerkstelligen war, sondern kooperative, über die französischen Grenzen hinausreichende Strukturen erforderte. Die im Schuman-Plan 1950 proklamierte Europäische Gemeinschaft für Kohle und Stahl hatte ihre politischen und ökonomischen Grundlagen in Planungen französischer Regierungskreise insofern schon vor Kriegsende. Die Besatzungszone in Deutschland war zudem nicht lebens- und leistungsfähig, wenn man sie nur radikal ausbeutete – sehr schnell führten solche Sachzwänge 1945 zu einer Ausdifferenzierung ökonomischer Nutzungskonzepte: Nutzung bedingte zunächst Rekonstruktion. Gegenüber der durch Krieg, Besatzung und Kollaboration traumatisierten französischen Öffentlichkeit waren kooperative Konzepte 1945/46 politisch allerdings nicht vertretbar. So bildete sich früh eine »doppelte Deutschlandpolitik« (Dietmar Hüser) aus öffentlich proklamierten Maximalzielen und faktisch praktizierten pragmatischeren Konzepten heraus. Kernziele blieben eine wie auch immer zu gestaltende politische Dezentralisierung Deutschlands, eine internationale Nutzung der Ressourcen des Ruhrgebietes und eine zumindest ökonomische Nutzung der Saar.

Zu den konstruktiven Komponenten dieser Politik gehörte eine im interalliierten Vergleich besonders phantasievolle Kul-

tur- und Erziehungspolitik, welche der deutschen Gesellschaft –
durchaus im Sinne einer neuen Sicherheitspolitik – unter dem
Schlagwort der »Demokratisierung« ihre Aggressionspotentiale
nehmen sollte. Es gehörte ebenso eine auf Abbau von sozialen
Ungerechtigkeiten zielende Politik der Sozialreform dazu, welche insbesondere die fast alle Bevölkerungsteile direkt betref-
fende Sozialversicherung erfaßte, ebenso und auf Kosten der
Wirtschaftsinteressen der Besatzungsmacht die Kriegsopferver-
sorgung, die Wiedergutmachung für Opfer des Nationalsozialismus und die betriebliche Mitbestimmung. Gewerkschaften waren in der frühen Nachkriegszeit unter französischer Besatzung
einflußreicher als politische Parteien, sie wurden zur »Demokratisierung« wie als Ordnungsmacht in den Betrieben gebraucht.

Solche politischen Praktiken hatten ihren Ursprung durchaus
im französischen Sicherheitsinteresse, demokratische Strukturen in Deutschland zu fördern und destabilisierenden sozialen
Konflikten vorzubeugen. Einher ging dies mit einer strikten
Kontrollpolitik, welche auf deutscher Seite als Schikane im Gedächtnis besonders haften blieb und zu eben dieser Demokratisierung daher allmählich in immer größeren Widerspruch geriet.
Langfristig wirkten gerade solche Kontrollstrukturen aber auch
im Sinne einer Annäherung zwischen beiden Ländern: Besat-
zungsbeamte, deren Zahl in die Tausende ging, sahen sich mit
der Not der deutschen Nachkriegsbevölkerung nicht nur konfrontiert, sondern für ihre Linderung angesichts des Zusammenbruchs deutscher Verwaltungen auch persönlich zuständig; die
aus der Kontrolle resultierende enge Zusammenarbeit diente
allmählich nicht mehr nur der Ausbeutung, sondern führte zu
einem zunehmenden Verständnis für die Probleme des anderen.
Scharen von meist vergleichsweise jungen Besatzungsbeamten
erhielten damit faktisch eine eigentümliche Form von deutsch-
französischer »Sozialisation«, welche sie auch dann oft nachhaltig prägte, wenn sie später ganz andere Karrieren einschlugen.
Ein neues Verständnis französischer Sicherheitsinteressen auf
Regierungsebene wirkte mit solchen konkreten Erfahrungen
und Sachzwängen im Besatzungsalltag zusammen und stellte
Weichen für ein neues Verhältnis zwischen beiden Ländern, wel-

ches einer breiteren Öffentlichkeit erst Jahre später bewußt
wurde. Wortführer wie Alfred Grosser oder Joseph Rovan schufen den intellektuellen Rahmen dafür. Wesentliche Grundlagen
für ein solch neues Verhältnis wurden damit aber auch nicht erst
durch den Schuman-Plan 1950 oder gar den Elysée-Vertrag 1963
gelegt, sondern sie erwuchsen aus den vielfältigen Konsequenzen, welche man amtlich und in der persönlichen Erfahrung aus
dem traumatischen Erlebnis des Zweiten Weltkrieges, teilweise
auch aus der in der eigenen Familie erfahrenen nationalsozialistischen Vernichtungspolitik zog.

Überblickt man die Besatzungs- und Annexionssituationen
seit der Französischen Revolution, so waren sie – weitgehend mit
Ausnahme von Hitlers Herrschaft – durch vielfältige Wechselwirkungen von Konflikt und Kooperation, von Destruktion und
Neuordnung geprägt. Wahrgenommen wurden, in national jeweils unterschiedlicher Intensität, vor allem die Konflikte, und
diese Wahrnehmung wirkt bis heute immer wieder als vielfältige
Belastung des Dialogs. Konfrontation beherrschte aber kaum je
allein das Feld: Solche Epochen konnten paradoxerweise sowohl zu Weichenstellungen in der innergesellschaftlichen Modernisierung in Frankreich und Deutschland beitragen als auch
zur Grundlegung von Verständigungsstrukturen zwischen beiden Ländern.

Wilfried Loth
De Gaulle

Denkt man in Deutschland an de Gaulle, so assoziiert man in der
Regel den Verfechter der »grande nation«, eine erratische Füh-
rungspersönlichkeit, die Frankreich aus der Niederlage von 1940
wie aus dem Debakel des Algerienkrieges herausgeführt hat, um
dann in einer voluntaristischen Anstrengung ohnegleichen anzu-
streben, was doch nicht mehr durchzusetzen war: eine Groß-
machtrolle Frankreichs im Zeitalter der atomaren Supermächte.
Viele verbinden mit dem Kampf um die »grandeur« die Erinne-

rung an eine empfindliche Beschädigung des europäischen Eini-
gungswerkes, das mit den Römischen Verträgen gerade einen so
erfolgversprechenden Anlauf genommen hatte. Manche haben
de Gaulle auch in Verdacht, eine Führungsrolle Frankreichs in
Europa auf Kosten des westlichen Bündnisses angestrebt zu haben. Andere sehen in ihm einen Wegbereiter der Entspannung
und der deutsch-französischen Verständigung.

In Frankreich würde dagegen nur eine Minderheit de Gaulle
als Nationalisten charakterisieren wollen, als Gegner der europäischen Einigung oder gar als einen Totengräber der westlichen
Allianz. Im Mittelpunkt steht die Erinnerung an einen Staatsmann, dem in kritischen Momenten der republikanische Konsens wichtiger war als ideologische Differenzen, der dem Land
eine Verfassungsordnung gegeben hat, mit der sich gut leben
läßt, und der ihm dazu mit Hilfe der europäischen Integration
eine Stellung in der Welt verschafft hat, die angemessen ist.
Manche erinnern das mit dankbarer Verehrung, die große Mehrheit mit selbstverständlichem Respekt. De Gaulle ist in den Wir-
ren der Zeit eine der wenigen Größen, an die man sich noch
halten kann, ein Schutzheiliger jenseits des Parteienstreits.

Die konsensstiftende und legitimatorische Funktion, die die
Berufung auf de Gaulle in Frankreich hat, wird freilich mit vielen
Unschärfen des de Gaulle-Bildes bezahlt. Nur wenige erinnern
sich an seine Fähigkeit, zu polarisieren und zu dramatisieren, an
den Zyniker und Egozentriker de Gaulle. Die politischen Inhalte,
die man mit ihm verbindet, sind denkbar gegensätzlich: starker
Staat und stärkere Mitbestimmung, nationale Unabhängigkeit
und Schaffung Europas, Stärkung des Westens und Überwindung der Blöcke, Bewahrung der Tradition und Förderung des
Fortschritts. Die größere Nähe führt nicht notwendigerweise
zu einem schärferen Bild, nur zu einem weniger einseitigen.

Zum Teil beruhen die unterschiedlichen de Gaulle-Bilder auf
unterschiedlichen nationalen Blickwinkeln. Was in Frankreich
als selbstverständliche Wahrnehmung nationaler Interessen und
der »mission civilisatrice« verstanden wird, erscheint den Nachbarn oft als Ausdruck eines französischen Führungsanspruchs.
Atlantische Partnerschaft wurde von einer Siegermacht des

Zweiten Weltkriegs anders buchstabiert als von einer Bundesrepublik, die als Frontstaat des Kalten Krieges ins Leben getreten war. Und natürlich ist den Franzosen die Bedeutung de
Gaulles für die nationale Konsensbildung und die Festigung der
demokratischen Institutionen geläufiger als den Deutschen.

Manchmal ist es aber auch die größere Distanz, die den Blick
schärft: Deutsche können über de Gaulle weniger befangen urteilen, weil sie weniger betroffen sind. Folglich werden die
Schwächen des Generals, seine problematischen Seiten auf der
deutschen Seite (wie überhaupt außerhalb des Hexagons) stärker hervorgehoben, dabei aber auch oft überzeichnet.

Auf diese Weise geht der Blick für die grundlegende Stärke
des Führers des »Freien Frankreich« und Gründungsvaters der
Fünften Republik verloren: seine Fähigkeit, sich trotz nie be-
zweifelter Verwurzelung im Hergebrachten neuen Realitäten zu
stellen und Visionen zu entwickeln, die ihnen Rechnung trugen.
Im vorrepublikanischen Katholizismus groß geworden, arbeitete er ganz unbefangen mit Menschen jedweder Provenienz zusammen, wenn sie nur den Interessen Frankreichs dienten;
selbst die Vertreter der kommunistischen Partei waren ihm im
Befreiungskomitee und der Provisorischen Regierung von 1944
willkommen. Als Kind einer nationalistischen Epoche davon
überzeugt, daß »Frankreich an erster Stelle stehen« müsse, entwickelte er in den Nachkriegsjahren doch die Vision eines hand-
lungsfähigen Europa mit eigener Verteidigung, kultureller und
wirtschaftlicher Identität. Ursprünglich ein Verfechter Poinca-
réscher Deutschlandpolitik, die auf Schaffung eines Sicherheits-
glacis am Rhein und weitestgehende Dezentralisierung deutscher Staatlichkeit setzte, befand er gleichwohl schon bei Kriegsende, daß den Deutschen in dem neuen Europa eine Zukunft
geboten werden müsse, und ging, als sich die Schaffung eines
westdeutschen Staates 1948 als unvermeidlich erwies, entschlos-
sener als viele seiner Landsleute auf eine Partnerschaft mit der
Bundesrepublik zu. In der ersten Hochphase des Kalten Krieges
ein militanter Antikommunist, predigte er seit der Wende zu den
sechziger Jahren Entspannung als Voraussetzung zur Überwindung der Sowjetideologie.

Bei dieser außerordentlichen Wandlungsfähigkeit ist es kein Wunder, daß so viele unterschiedliche de Gaulle-Bilder im Umlauf sind: Jeder nahm sich eben das heraus, was ihm gerade paßte oder was ihn in der Erfahrung mit de Gaulle prägte. Im Reden über de Gaulle drücken sich immer unterschiedliche Wahrnehmungen der jüngsten Vergangenheit aus, in Frankreich wie zwischen Franzosen und Deutschen. Eine Verständigung über de Gaulle kommt einer Aufarbeitung dieser Vergangenheit gleich.

Soll sie gelingen, wird man zunächst zu beachten haben, daß de Gaulles Rolle bei der Selbstbehauptung der französischen Demokratie in der Mitte dieses Jahrhunderts zwar zentral, aber keineswegs unabdingbar war. Die Résistance im besetzten Frankreich formierte sich weitgehend unabhängig von den Aufrufen zum Weiterkämpfen, die der General, der die Legitimität der Regierung Pétain bestritt, von London aus über den Äther schickte. Die Schwächen der Vierten Republik, die de Gaulle so scharf geißelte, waren zum Teil auf ihn selbst zurückzuführen: Die Abgeordneten der Verfassunggebenden Versammlung schreckten vor einer Stärkung der Exekutive zurück, weil sie ein autoritäres Regime des Generals fürchteten. Als der Führer des »Freien Frankreich« im Juni 1958 wieder die Regierung übernahm, standen die Parteiführer durchaus im Begriff, die Krise, die zu dem Aufruhr in Algier geführt hatte, auch ohne ihn zu lösen. Beide Male, nach der Kompromittierung durch das Vichy-Regime wie bei dem Rückzug aus Algerien, wirkte de Gaulle mit der Beschwörung der »grandeur« stilbildend. Der republikanische Konsens, den er dabei festigte, war aber auch ohne ihn auf dem Weg.

Eigene Akzente setzte de Gaulle auch mit der gezielten Förderung der wirtschaftlichen Modernisierung, ansatzweise schon mit der Etablierung des Planungskommissariats 1945 und verstärkt nach seiner Rückkehr an die Macht 1958. Frankreichs Eintritt in die Wohlstandsgesellschaft bleibt mit seinem Namen ebenso verbunden wie die beschleunigte Verwirklichung des Gemeinsamen Marktes. Dabei betrieb er allerdings auch die Entmachtung der Zwischengewalten – all jener, die, wie er in ro-

mantischer Verkennung meinte, zwischen ihm und dem Volk
standen. Daß das fatale Folgen für die Steuerungsfähigkeit der
Gesellschaft hatte, wurde ihm, anders als den meisten Politikern
der Regierungsmehrheit, in der Krise des Mai 68 klar. Er fand
aber keinen Weg mehr, die hierarchische Organisation der Gesellschaft durch Dezentralisierung und Mitbestimmung aufzu-
brechen, und beendete seine Laufbahn darum mit einer einsa-
men Niederlage. Für die allgemeine Akzeptanz der von ihm geschaffenen Verfassungsordnung sorgten andere – vor allem seine
Gegner auf der Linken, die 1981 einen späten Sieg errangen.

Hinsichtlich des Verhältnisses zu Deutschland wird man vor
allem die außerordentliche Lernfähigkeit des Generals betonen
müssen. Gewiß trug er mit den Territorialforderungen traditioneller Prägung dazu bei, daß Chancen für eine einvernehmli-
che Regelung der deutschen Frage durch die vier Siegermächte
bei Kriegsende nicht wahrgenommen wurden. Gleichzeitig arbeitete er aber auch – und zunehmend intensiver – an der Reha-
bilitation der Deutschen und der Schaffung eines europäischen
Rahmens, der dazu benötigt wurde. Dabei war er nicht der erste
und auch nicht der erfolgreichste; sein tête-à-tête mit Adenauer
steht aber in der Kontinuität der Entwicklung der deutsch-französischen Partnerschaft. Daß er dabei über den Status quo der
Ost-West-Spaltung hinaus dachte und Entspannungspolitik
nicht zuletzt auch deswegen betrieb, weil er davon überzeugt
war, daß die Blockbildung in Ost und West noch keine dauerhafte Lösung der deutschen Frage darstellte, hebt ihn über das
Gros seiner Zeitgenossen hinaus und läßt ihn als einen Vorden-
ker der Gegenwart erscheinen.

Sein »Europa vom Atlantik bis zum Ural« blieb freilich eine
vage Formel. Wie es zum integrierten Westeuropa passen sollte,
wie zur Atlantischen Allianz und wie zu den Monstrositäten des
Sowjetimperiums vermochte er nicht zu sagen. Im Kern stellte es
einen Appell an den Selbstbehauptungswillen der Nationen dar,
der nach seiner Überzeugung auf Dauer stärker sein mußte als
alle ideologischen Projekte, und dazu eine Mobilisierung der gemeinsamen Wurzeln der europäischen Zivilisation. Mittelfristig
sollte dies zu einer Auflockerung der Blöcke führen, langfristig

zu einer Situation, in der ein handlungsfähiges westliches Europa Rußland wirtschaftliche Unterstützung und Rückendeckung bot und beide bei der Schaffung einer europäischen Ordnung kooperierten. Ohne Zweifel hat sich de Gaulle den Weg zu dieser europäischen Friedensordnung einfacher vorgestellt, als er tatsächlich war. Gleichwohl muß man ihn zu den Wegbereitern des neuen Europa zählen. Als einer der ersten, die die heute akut gewordenen Vorstellungen einer gesamteuropäischen Ordnung artikuliert haben, verdient er mehr denn je, gehört zu werden.

Weniger offenkundig ist de Gaulles Rolle im Prozeß der europäischen Integration. Sein Feldzug gegen die Europäische Verteidigungsgemeinschaft und seine Ausfälle gegen die angeblich vaterlandsvergessenen Europa-Idealisten in den sechziger Jahren haben weitgehend verdeckt, daß seine Europa-Vorstellungen durchaus auch auf die Zusammenlegung von Gewalten und die Schaffung einer unwiderruflichen Schicksalsgemeinschaft hinausliefen. Zu Beginn der fünfziger Jahre sprach er von einer »Delegation von Souveränität« zugunsten der Europäischen Konföderation, und Anfang der sechziger Jahre meinte er, der Ministerrat der Politischen Union könne mit Mehrheiten entscheiden, wenn man sich erst einmal inhaltlich einander angenähert hätte.

Voraussetzung für supranationale Verfahren war für ihn aber eine Verständigung auf die gemeinsame Verteidigungsidentität, die Schaffung eines autonomen Entscheidungszentrums der Europäer innerhalb der westlichen Allianz. Darauf zielten die Fouchet-Pläne von 1961/62 und auch der Deutsch-Französische Vertrag vom Januar 1963. Erst als er damit scheiterte, ging er zur Eindämmung der politischen Dimension der Europäischen Gemeinschaften über – und zu einer sicherheitspolitischen Sonderrolle, die sich auf den Austritt aus der militärischen Organisation der NATO und die Behauptung einer nationalen »force de frappe« stützte. Daß dies nur ein Notbehelf war, hat er geschickt zu vertuschen gewußt – so geschickt, daß ausgerechnet dieses wenig durchdachte Moment trotziger Selbstbehauptung bei Anhängern wie Gegnern zum Inbegriff gaullistischer Doktrin avancierte.

Angesichts der Einschränkung der Handlungsfähigkeit der

Europäer, die daraus folgte, tut die Entmythologisierung de
Gaulles in diesem Bereich besonders not. Sie mag Franzosen wie
Deutschen helfen, sich aus Befangenheiten zu befreien, die mit
dem Projekt der gemeinsamen europäischen Ordnung immer
noch verbunden sind. Und sie ermöglicht es auch, sich zunutze
zu machen, was Frankreichs barocker Staatsmann jenseits seiner
kontraproduktiven Polemiken an historisch fundierten Anre-
gungen zu bieten hat.

Frédéric Hartweg
*Das Elsaß: Stein des Anstoßes und Prüfstein
der deutsch-französischen Beziehungen*

»Das Elsaß ist ein See, an den Deutschland und Frankreich gekommen sind, um sich in einem Anfall von Narzißmus darüber-
zubeugen, verlangend, daß er ihr Bild schöner, als es von der
Natur aus ist, widerspiegelt. Nun hat aber die Erregung der An-
kommenden den Grund getrübt« (F. Bertaux).

Das zunächst keltisch besiedelte, dann z. T. römisch besetzte
Elsaß erfuhr im 5. Jahrhundert eine germanische Überflutung.
Die erstaunliche Stabilität der Sprachgrenze zur Romania läßt
auf die Gleichwertigkeit der zwei sich berührenden großen Kul-
turkreise schließen. Die bewaldeten Vogesen bildeten lange ein
größeres natürliches Hindernis als der als Nord-Süd-Verkehrs-
weg fungierende Rhein. Die 842 in den beiden Volkssprachen
ausgetauschten Straßburger Eide bilden das greifbare Zeichen
der beginnenden Sonderung der Nationen im fränkischen Reich.

Auf die durch die geographische Nähe bestimmte Präsenz des
Französischen ist das frühe Wirken kultureller Mittler im Elsaß
zurückzuführen. Im späten Mittelalter und im 16. Jahrhundert
erlebte die in der Frühphase des Buchdrucks führende Landschaft eine geistige Blütezeit, in die auch die ersten intellektuellen Fehden über die Zugehörigkeit des Elsaß zum deutschen
oder zum französischen Bereich fallen. In Straßburg wird das
Eindringen der als Vehikel des Katholizismus und des Calvinis-

mus betrachteten französischen Sprache durch das lutherische Stadtregiment stark gehemmt.

Die Eingliederung des Elsaß in den französischen Machtbereich nach 1648 ändert zunächst nur wenig an seinem deutschen Charakter, zumal die nach den Verwüstungen des Dreißigjährigen Krieges erfolgte Wiederbevölkerung vorwiegend von deutschsprachigen Gegenden ausging. Die alten Zollgrenzen und die wirtschaftlichen Beziehungen zum Reich werden aufrechterhalten. Von einer konsequenten Sprachpolitik zugunsten des Französischen kann nicht die Rede sein: Das Französische füllt aber langsam die Lücke der geschwundenen deutschsprachigen Staatlichkeit, und 1685 wird die Frage des Zusammenhangs zwischen Sprachgebrauch und politischem Loyalismus aufgeworfen. Der Bevölkerung wird nahegebracht, daß der »Gebrauch der deutschen Sprache im Widerspruch zur Zuneigung der Elsässer für den Dienst seiner Majestät« stehe, eine Logik, die der Straßburger Magistrat scharf zurückweist.

In kultureller Hinsicht versinkt das deutschsprachige Elsaß langsam in eine gewisse Abseitigkeit trotz der aktiven geistigen Brückenfunktion im 18. Jahrhundert, und die literarische Produktion verarmt. Eine gesellschaftliche Auseinanderentwicklung zeichnet sich ab: Das Französische wird zum sozial-distinktiven Merkmal, sein Erlernen ist Vorbedingung für den höheren Staatsdienst, für die Integration in die höhere Gesellschaft. Im Reich wird je nach den wechselnden Bündnissen die Zugehörigkeit des Elsaß zu Frankreich hingenommen oder in Frage gestellt.

Im Zuge der Verwaltungsvereinheitlichung der Revolution wird die Provinz in zwei Départements aufgeteilt und in den französischen Zoll- und Wirtschaftsraum integriert, was zum teilweisen Verlust ihrer herkömmlichen Handelsbeziehungen führt. Auf den ersten, begeisterten Elan der »deutschsprachigen Franken« – Frankreich wird zum Vorbild der Völker, und revolutionär gesinnte Deutsche eilen herbei – folgt mit den Maßnahmen gegen den Klerus und der Schreckensherrschaft die Ernüchterung. Die Revolution verlangt von den Elsässern als gleichgestellten Gliedern der Nation eine gesinnungsmäßige

Entscheidung für deren Werte; das bedeutet nicht nur das schnelle Erlernen der Sprache der Freiheit, sondern auch die Aufgabe der deutschen Art, d. h. auch der deutschen Sprache. Für den Straßburger Publizisten Ulrich war dagegen das Aufzwingen einer Sprache das Zeichen der Despotie des »ancien régime«, die den »Stumpfsinn des Volkes als Stützpfeiler ihrer Tyrannei« brauchte. Für ihn bestand kein Widerspruch zwischen deutscher Sprache und Verfassung. Der reine Patriotismus verlange sogar, daß man jeden, selbst Erfolg versprechenden Versuch unterlasse, die deutsche Sprache im Elsaß auszurotten!

Für die radikalen Revolutionäre ist das Deutsche eine Erinnerung an die Sklaverei des Feudalstaats, ein Hindernis für die effektive Einheit des Landes und die absolute Gleichheit der Bürger. Nur über das Französische als universal gültige Sprache ist der Zugang zu den befreienden Gesetzen möglich. Deutsch – ein »schwieriges, rauhes, barbarisches Idiom, das besonders geeignet erscheint, um Sklaven zu kommandieren, Drohungen auszustoßen und Stockhiebe zu zählen« (Rousseville, 1794) – ist auch die Sprache des »Aberglaubens« (d. h. der Religion), der den Weg zur Vernunft versperrt. Es ist die Sprache des Feindes, dessen Armeen die Grenzen überschritten hatten, so daß der Gebrauch des Dialekts zum Verdachtsmoment wurde. Sogar Umsiedlungspläne, die einen ausgedehnten Bevölkerungsaustausch vorsahen, wurden erwogen. Für L. Febvre liegt die Besonderheit des Elsaß darin, daß es an der Reformation auf deutscher und an der Revolution auf französischer Seite teilhatte.

Der Réfugié-Nachfahre J. F. P Ancillon konnte nach Napoléons Sturz im preußischen Außenministerium seine Überzeugung durchsetzen, »daß der Same zu neuen fortwährenden Kriegen ausgestreut würde«, wenn man Frankreich zwingen würde, Elsaß-Lothringen abzutreten. Die Hirngespinste des Turnvaters Jahn, der ein unüberwindbares Niemandsland zwischen Deutschland und Frankreich errichten wollte, blieben zwar ohne Folgen, doch der Rhein befand sich im Zentrum aller nationalistischen Fieberstöße des 19. Jahrhunderts. Die jakobinische Idee der einheitlichen Sprachnation wurde in Deutschland zur Legitimierung der deutschen Ansprüche auf das Elsaß aufgegriffen, allerdings umgekehrt: Aus »eine Nation, eine Sprache« wurde »eine Sprache, eine Nation«. Im Elsaß machte Französisch langsam Fortschritte im Zuge der wachsenden wirtschaftlichen und politischen Integration. Dies geschah trotz Widerstand der Kirchen, und der Straßburger Domherr Cazeaux plädierte 1867 für ein behutsames Vorgehen. Er erhob sich gegen die verleumderische Meinung, daß die Verteidigung des Deutschen mangelnden Patriotismus bedeute; wer das Deutsche verdrängen wolle, führe zu einem Zustand der Halbsprachigkeit im Elsaß und vergreife sich an seiner Moral und Gesittung.

Die nach der Niederlage von 1870/71 von Frankreich akzeptierte Annexion des Elsaß erfolgte trotz der feierlichen Protestaktion seiner Abgeordneten, die das »für immer unverletzliche Recht ihrer Landsleute, Mitglieder der französischen Nation zu bleiben«, beteuerten und diese Protesthaltung 1874 im Reichstag bekräftigten. Im Krieg aber war 1870 mit der Zerstörung der Straßburger Bibliothek ein beträchtlicher Teil des kulturellen Gedächtnisses des Elsaß untergegangen. In den Auseinandersetzungen zwischen Renan, Michelet, Fustel de Coulanges und D. F. Strauss, Mommsen und Treitschke stießen die Argumente der Rasse und der Sprache oder der Zustimmung des Volkes als ausschlaggebender Faktor der Nationbildung aufeinander.

Der Weggang derjenigen, die nach 1871 für Frankreich optierten, ein ununterbrochener Emigrationsfluß und ein starker Einwanderungsstrom von »Altdeutschen« stärkten die Stellung des zur Verwaltungs- und Schulsprache gewordenen Deutsch im Elsaß. Französisch avancierte zur vornehmen »Sonntagssprache«, zum Demonstrationsmittel französischer Gesinnung und Bildung, um dem »altdeutschen« Bürgertum gegenüber eine scharfe Trennungslinie zu markieren. Die Mundart, die auf der Bühne und in der Lyrik literarischen Rang erwarb, konnte ebenfalls als Ablehnung des Hochdeutschen und als Zeichen oppositioneller Haltung gelten bei denen, die des Französischen nicht mächtig waren.

Frankreich war nach 1918 kaum geneigt, den elsässischen Partikularismus und die Sonderentwicklung der mit so hohem Blutzoll wiedererkauften Provinz zu beachten. Auf das Versprechen von Joffre (1914), die elsässischen Traditionen und Besonderheiten zu respektieren, folgte die Überzeugung von E. Herriot (1924), daß die Elsässer den Tag herbeisehnten, an dem das letzte Element der regionalen Gesetzgebung verschwinden würde. Das Plädoyer eines R. Schickele für ein aus seiner doppelten Wurzel sich nährendes »geistiges Elsässertum« blieb ohne dauerhaftes Echo. Nach fast fünfzigjähriger Trennung zwischen dem verwaisten Elsaß und dem trauernden Mutterland entstand auf beiden Seiten der Vogesen ein eher dem Kult der frommen Erinnerung als der Wirklichkeit verpflichtetes Bild. Zwischen der sendungsbewußten laizistischen Republik und der seit 1911 mit begrenzter Autonomie ausgestatteten Provinz häuften sich nach dem Rausch der als Erlösung gefeierten Rückkehr an Frankreich die Mißverständnisse, die in ein allgemeines Mißbehagen und schließlich in die »autonomistische Krise« mündeten.

Selbst in Phasen relativer Entspannung hatte die elsässisch-lothringische Frage jede deutsch-französische Annäherung verhindert. Auch nach 1918 blieb dieses Problem ein Herzstück der Konfrontation. Während für Frankreich lediglich eine völkerrechtswidrige Annexion rückgängig gemacht wurde, weigerte sich Deutschland, definitiv auf jeden Anspruch zu verzichten, wenn auch ohne jede Illusion über ein Volksabstimmungsergebnis. Da die Ausweisung der »Altdeutschen« eine irredentistische Bewegung im Elsaß kaum ermöglichte, unterstützte Deutschland unter dem Deckmantel kultureller Hilfe für das gefährdete »deutsche Volkstum« autonomistische Strömungen, in der Hoffnung, das Auslandsdeutschtum als Hebel für eine allgemeine Revision der Grenzen von 1919 nutzen zu können. Dieser wenn auch in gemilderter Form kultivierte Revanchegeist förderte in Frankreich eine Glacis-Politik und den Versuch, eine illusorische sprachliche Maginot-Linie zu errichten. In Wirklichkeit ging die Französisierung nach 1918, wie auch die Germanisierung nach 1871, von der Vorstellung aus, man könne den Rechtsanspruch des potentiellen Gegners auf die Provinz dadurch entkräften.

Die stillschweigende De-facto-Einverleibung des Elsaß in das Dritte Reich (1940) wurde in der Tat mit dem »germanischen

Charakter« der Provinz begründet. Sie wurde »entwelscht« (»Raus mit dem welschen Plunder«), germanisiert und im Eilverfahren nazifiziert: Die Hakenkreuzfahne wehte symbolisch über dem Straßburger Münster. Ab 1942 wurden die Elsässer in die Wehrmacht bzw. in die SS zwangseingezogen; zugleich erhielten sie die deutsche Staatsangehörigkeit: »Der Unterdrückte mußte die Stiefel des Unterdrückers anziehen« (A. Weckmann). Während im übrigen Frankreich nach 1945 der Mythos des allgemeinen Widerstandes blühte, blieben im Elsaß dieses Trauma und die damit verbundenen Verdächtigungen wie ein Stachel im Fleisch lebendig. Die Nichtübereinstimmung des offiziellen kollektiven Gedächtnisses und der elsässischen Erinnerungen war stärker als die vordergründige patriotische Einhelligkeit. Der latente Verdacht, der auf den »Opfern/Komplizen« lastete, sowie die Müdigkeit der Generationen, die seit 1870 viermal die Staatsangehörigkeit gewechselt hatten, ebneten den Weg für die kulturelle Assimilierung. Deutsch, zunächst Feindes-, dann Fremdsprache, später »Sprache des Nachbarn« und sogar »Regionalsprache Frankreichs«, verlor seine soziale Existenz, während die Mundart verkümmerte und ihre Weitergabe in der Familie heute gefährdet ist. Erst spät artikulierten die Elsässer ihr Befremden darüber, daß ihnen das Verleugnen ihrer Sprache als Gradmesser ihres Patriotismus zugemutet wurde nach Art eines ungeschriebenen Pakts, in dem man die stillschweigende Aufgabe regionaler Besonderheiten gegen die Wiedereingliederung in den Nationalmythos eintauscht.

Die 1871, 1918, 1940 und 1945 in Kriegen gegen den »Erbfeind« in besiegten Armeen eingesetzten Elsässer befanden sich jedesmal nach Abschluß des Krieges im Lager der Sieger. Dieses Schicksal kann nur derjenige als glücklich begreifen, der die dadurch erlittenen seelischen Wunden nicht wahrnimmt. Die Logik von Verdrängung und Erzeugung von Schuldgefühl haben an der elsässischen Psyche, die eine Art Hologramm der deutschen und französischen darstellt, schweren Schaden angerichtet, und der Prozeß der sprachverschlingenden und akkulturierenden Normalisierung ist trotz einiger Anzeichen größerer Konvivialität der Sprachen weit fortgeschritten.

Dazu verurteilt, »mit dem (zu leben), was die drei Jahrhunderte
deutsch-französischen Neben- und Gegeneinanders zwischen
Rhein und Vogesen angeschwemmt haben« (A. Weckmann),
sind die Elsässer nun dazu aufgerufen, sich von dem Flitterwerk
des ewig unentschlossenen und unzufriedenen »Hans im Schno-
keloch« zu befreien, einem Stereotyp, der dem Elsässer von
außen her, von zwei Gesellschaften, die Gefangene ihrer eigenen
sprachlichen Abgeschlossenheit sind, aufgezwungen wurde,
selbst wenn dieser sie seitdem verinnerlicht hat. Da jegliche irredentistische Versuchung nunmehr beseitigt ist, kein deutscher
Anspruch auf das Elsaß mehr besteht und »die Liebe zu Frankreich nicht (mehr notwendigerweise) auf dem Haß der Deutschen« (J. Egen) beruht, können die Elsässer eine Identität fordern, die etwas anderes darstellt als die immerwährende Übersetzung, die darauf hinausläuft, das Original überflüssig zu machen.

Diese Forderung, die das Manifest *Identität und Freiheit*
(1995) als einen Entwurf zur Öffnung und eine Einladung zum
Teilen vorstellt, tritt der Unterstellung entgegen, das Elsaß ziehe
sich ängstlich und nostalgisch auf sich selbst zurück. Sie verwahrt
sich gegen eine unzulässige Verquickung, die darin eine ethnische Abschottung mit Tendenz zu extremistischem Wahlverhal-
ten erkennen will. Vielmehr gründet sie auf einer Zweisprachig-
keit, die den Zugang zu den beiden großen europäischen Kulturen ermöglicht, die im Elsaß verwurzelt sind – und welche von
Schule und Gebietskörperschaften allmählich mitgetragen wird.
Diese neue Identität kann auch, angesichts der europäischen
Einigung, das Gefühl des Verlustes des Nationalstaates auffan-
gen helfen.

Rudolf von Thadden
Bürgerlich

Unter den Begriffen, die Deutsch lernenden Franzosen Kopfzerbrechen bereiten, ist der des Adjektivs »bürgerlich« sicher einer
der schwierigsten. »Bürgerlich« ist im heutigen Deutschland fast

alles, was als »wohlanständig« gilt oder gelten möchte; von den sogenannten »bürgerlichen Parteien« über die »bürgerlichen Werte« bis hin zur »gut bürgerlichen Küche« reicht die Skala der Begriffsverwendungen, die im Deutschen meistens positive Assoziationen hervorrufen, im Französischen jedoch kaum übersetzbar sind. Wie soll sich ein französischer Journalist ausdrükken, wenn er nach einem Wahlgang vom Sieg oder Unterliegen der »bürgerlichen Kräfte« berichten muß, etwa in Konfrontation mit Sozialisten?

Wie häufig bei Übersetzungsschwierigkeiten liegt auch dieser ein semantisches Problem zugrunde. Im Französischen gibt es nämlich zwei verschiedene Worte, wo es im Deutschen nur eines gibt: die »bürgerliche Gesellschaft« kann sowohl die »société civile« als auch die »société bourgeoise« sein, so wie der Bürger sowohl für den »citoyen« als auch für den »bourgeois« stehen kann. Die Folge ist im Deutschen, daß der engere Standesbegriff des nichtadligen oder nichtproletarischen Mittelstandsbürgers von dem weiteren Rechtsbegriff des Staatsbürgers profitiert und mit dessen Hilfe seine eigenen sozialen Schwächen kompensieren kann. Wo sich die »bürgerlichen« Schichten der Gesellschaft in ihren Wertvorstellungen und sozialen Positionen bedroht fühlen, sind sie in der Lage und bestrebt, die höhere Legitimation des staatsbürgerlichen Ethos für sich in Anspruch zu nehmen.

Dieser Sachverhalt hat einen begriffsgeschichtlichen Hintergrund, der in die Zeit der Aufklärung zurückreicht. In seinem Kampf gegen die vom Adel beherrschte Ständegesellschaft (»société d'ordres«) entwickelte das aufstrebende Bürgertum bewußt einen umfassenden Begriff der bürgerlichen Gesellschaft (»société civile«), in der der Staatsbürger mehr als der Stadtbürger das Leitbild abgab. So sollte sich die bürgerliche Welt gegenüber der ständischen als überlegen erweisen.

Kaum hatten sich die bürgerlichen Schichten im 19. Jahrhundert halbwegs gegen den Adel durchgesetzt, gerieten sie jedoch in eine neue Front sozialer Auseinandersetzungen, diesmal gegen die Arbeiterbewegung. Bedeutete »bürgerlich« bis dahin vor allem »nicht adlig«, so hieß es nun »nicht proletarisch« und gewann damit eine neue Qualität. Dieser Bedeutungswandel ging so weit, daß aus der Sicht der Arbeiterparteien die »bürgerliche« Welt schließlich auch den Adel umfaßte; für die Marxisten schrumpften die Klassenkonflikte zum Gegensatz von Bürgerlichen und Sozialisten zusammen.

So geriet der Begriff des »Bürgerlichen« im 20. Jahrhundert zunächst in eine schwierige Lage. Ohne völlig von den Schlacken der Auseinandersetzung mit der ständischen Gesellschaft befreit zu sein, wurde er von dem Fortschrittsanspruch der Sozialisten herausgefordert, so daß in den zwanziger Jahren große Teile der bürgerlichen Schichten nichts mehr von »bürgerlichen Werten« wissen wollten. Die »société civile« wurde dabei in die Krise der »société bourgeoise« hineingezogen.

In dieser Situation konnte der Nationalsozialismus sein Doppelspiel mit der bürgerlichen Welt treiben. Auf der einen Seite beutete er deren soziale Ängste aus und bot sich an, ihr den Gegner, die Arbeiterbewegung, vom Halse zu schaffen. Auf der anderen Seite nahm er ihr die historische Substanz ihres ohnehin schwachen politischen Selbstbewußtseins, indem er den Bürger als »citoyen« vom Bürger als »bourgeois« ablöste und politisch diskreditierte. Von den Impulsen der Aufklärung sollte nichts mehr übrigbleiben.

Auf diesem Hintergrund ist die Aufwertung des »Bürgerlichen« nach dem Sturz des Nationalsozialismus zu sehen. Da Hitler als Verächter und Zerstörer der bürgerlichen Welt präsentiert werden konnte, ließ sich mit Gründen für deren Restauration streiten. Dabei lag es nahe, zunächst die staatsbürgerlichen Werte zu neuem Ansehen zu bringen und dann, in ihrem Gewande, ganz unscheinbar auch den standesbürgerlichen Ambitionen aufzuhelfen. Jetzt profitierte der »bourgeois« vom »citoyen«.

Nicht weniger stark kam der neuen Aufwertung des »Bürgerlichen« die Teilung Deutschlands mit ihrer Konfrontation von »bürgerlichem« Westen und »sozialistischem« Osten zugute. Als »bürgerlich« erschien nun die freiheitlich demokratische Ordnung der Bundesrepublik, während der volksdemokratische Staat der DDR als »unbürgerlich«-sozialistisch qualifiziert wurde. Bürgerliche Werte waren in dieser Konstellation gleichbedeutend mit Freiheitsliebe und Rechtsstaatlichkeit.

In den innenpolitischen Auseinandersetzungen der Bundesrepublik ging diese Begriffsentwicklung so weit, daß die Parteien der politischen Rechten und Mitte für sich mit zunehmender Ausschließlichkeit das Etikett des »Bürgerlichen« in Anspruch nahmen, während die Parteien der Linken ein »unbürgerliches« Image erhielten. Die Folge ist, daß den Begriffen kein wirklichkeitsgemäßer Inhalt mehr entspricht. Denn weder gehören den Parteien der Rechten bzw. Mitte nur Kräfte der bürgerlichen Schichten an, noch rekrutieren sich die Parteien der Linken nur aus dem Milieu der Arbeiter. Deswegen ist die politische Terminologie im Französischen klarer, die entweder von rechten und linken Parteien oder von Konservativen, Liberalen und Sozialisten spricht und dabei von sozialgeschichtlich bestimmten Begriffen absieht, die falsche Assoziationen wecken.

Seit Ende der achtziger Jahre gewinnt die Diskussion über die Perpektiven der Bürger- oder Zivilgesellschaft an Konturenschärfe. Während dabei im französischen Sprachraum jedoch der Gedanke der politischen »citoyenneté«, also der nicht ethnisch bestimmten Zugehörigkeit zur staatsbürgerlich verstandenen Nation dominiert, steht in Deutschland das gesellschaftliche Projekt der Entwicklung von Bürgersinn (»civisme«) stärker im Vordergrund. In den Ländern der ehemaligen DDR ist noch die Erinnerung an die Bürgerrechtsbewegung der Wendezeit lebendig, und in den westlichen Bundesländern wirken die Bürgerbewegungen für den Frieden und den Umweltschutz nach. In beiden Fällen spielt heute der Kampf gegen Gewalttätigkeit und Fremdenfeindlichkeit eine Rolle, der eng mit dem Verlangen nach mehr Teilhabe an Entscheidungsprozessen (Ausweitung der partizipatorischen Demokratie) verbunden ist. Eine Bürger- oder Zivilgesellschaft ist danach ein Gegenkonzept gegen autoritäre Ordnungen.

Hans Manfred Bock
Intellektuelle

Intellektuelle sind Persönlichkeiten, die aufgrund ihres wissenschaftlich oder künstlerisch erworbenen Bekanntheitsgrades in
der politischen Öffentlichkeit kritisch intervenieren und gehört
werden. Hält man sich an diese Minimaldefinition der Sozialfigur des Intellektuellen, so ist es offensichtlich, daß diese in allen
europäischen Nationen des 20. Jahrhunderts anzutreffen ist. Allerdings sind Habitus und Rolle, die die Intellektuellen in den
verschiedenen Nationen einnehmen, von deren politischer Geschichte und politischer Kultur stark unterschiedlich geprägt.
Vor allem im deutsch-französischen Vergleich treten diese Unterschiede des Selbstverständnisses trotz der Gemeinsamkeit
ihrer Funktion deutlich hervor. Und zwar nicht allein aufgrund
der unterschiedlichen nationalen Geschichte beider Länder,
sondern auch, weil in der Geschichte der deutsch-französischen
Beziehungen des 19. und 20. Jahrhunderts auf beiden Seiten
periodisch die Neigung bei den Intellektuellen vorherrschte, die
eigenen nationalen Wertvorstellungen in der Negation des anderen zu formulieren.

Gerade diese negatorische Bezugnahme auf die Nachbarna-
tion wird deutlich in der Wortgeschichte des Begriffs »Intellektueller«. Die Bezeichnung begann in Frankreich ab 1898 sich ein-
zubürgern, nachdem Emile Zola in der Dreyfus-Affäre sein
»J'accuse« veröffentlicht und Maurice Barrès daraufhin die revisionistischen Verteidiger des Hauptmanns Dreyfus als »intellectuels« verhöhnt hatte. Bereits in den folgenden Jahren wurde das
ursprünglich herabsetzend gemeinte Wort von den kulturellen
Protagonisten der Republik als »Fahnenwort« aufgegriffen, das
eine identitätsstiftende Funktion erhielt. In Deutschland wurde
der Begriff bis zum Ersten Weltkrieg überwiegend als französisches Lehnwort und Neologismus aufgefaßt und bekämpft; er
wurde in Frankreichberichten und Übersetzungen inadäquat
wiedergegeben mit »Gelehrte«, »Schriftsteller«, »Gebildete«,
»geistige Elite«. Wurde auf diese Weise also der Begriff mitsamt
dem gemeinten Sachverhalt (dem für die Republik Partei ergrei-

fenden Wissenschaftler oder Künstler) abgelehnt, so zeichnete
sich im Expressionismus während des zweiten Jahrzehnts des
20. Jahrhunderts eine positive Aufnahme von Wort und Sache in
Deutschland ab. Aufgrund einer elitär-apolitischen Rollenauf-
fassung der Expressionisten lancierten einige von ihnen jedoch
bald das Konzept des »Geistigen« als Gegenbegriff zum »Intellektuellen«. Andere Expressionisten steigerten ihre Verachtung
für den Opportunismus der Mehrzahl der kulturellen Repräsentanten im Ersten Weltkrieg bis zur allgemeinen Intellektuellen-
Feindschaft in der Weimarer Republik. Während in Frankreich
die Vorstellung vom Intellektuellen relativ eindeutig und positiv
war seit den ersten Jahrzehnten des 20. Jahrhunderts, behielt der
Begriff in Deutschland einen diffusen Charakter und eine überwiegend negative Konnotation. Er war in Frankreich zum »Fahnenwort« geworden, er blieb in Deutschland ein »Schimpfwort«
(Dietz Bering).

In der unterschiedlichen Begriffsgeschichte des Wortes »Intellektueller« bilden sich je besondere politisch-ideologische und
sozialstrukturelle Traditionen beider Nationen ab, die dort langfristig bestimmend blieben. Da die Intellektuellen über ein weit-
reichendes kritisches Interpretationsmonopol in der Öffentlichkeit verfügen, wirken sie nicht unmaßgeblich an der Veränderung oder Stabilisierung ideologischer und gesellschaftlicher
Traditionen mit.

In politisch-ideologischer Hinsicht waren sie im ersten Drittel
des 20. Jahrhunderts in Deutschland und Frankreich an der Formulierung und Tradierung gegensätzlicher dominanter Wertvorstellungen in der politischen Öffentlichkeit beteiligt. Man hat
diese dominanten nationalen Wertvorstellungen im deutsch-
französischen Vergleich mit diversen Begriffspaaren zu umrei-
ßen versucht: Holismus versus Individualismus (Louis Du-
mont), Feudalisierung des Bürgertums (Hans Rosenberg) versus
»republikanische Synthese« des Bürgertums (Berstein/Rudele)
oder die Leitidee des unpolitischen Besitz- und Bildungsbürger-
tums versus diejenige des politischen Bürgers, des »citoyen«
(Bernhard Groethuysen). Wolf Lepenies markiert in kräftigen
Strichen die divergierenden vorherrschenden Wertvorstellun-

gen in beiden Nationen während der ersten Hälfte des 20. Jahrhunderts, wenn er katalogförmig die deutschen Ordnungsvorstellungen aufzählt, die gegen die westlichen Werte ausgespielt worden und zur Konstruktion eines höherwertigen deutschen Wesens eingesetzt worden seien: die Romantik gegen die Aufklärung, der Ständestaat gegen die Industriegesellschaft, das Mittelalter gegen die Moderne, die Kultur gegen die Zivilisation, die Innerlichkeit gegen die Außenwelt, Gemeinschaft gegen Gesellschaft und das Gemüt gegen den Intellekt. Unabhängig von der Frage, ob diese Wertorientierungen tatsächlich die Politik beider Länder bestimmten, gruppieren die Stichwörter doch zweifellos zutreffend die dominanten politisch-ideologischen Fixierungen, an denen die Intellektuellen in Deutschland und Frankreich arbeiteten. Daß es sich hierbei nicht um gleichsam naturwüchsige Ergebnisse der jeweiligen Nationalkultur handelt, zeigt z. B. die Tatsache, daß die französischen Optionen als Minderheitsposition auch von deutschen Intellektuellen vertreten wurden. Die Kontroverse zwischen Heinrich und Thomas Mann in den Kriegs- und ersten Nachkriegsjahren ist ein Beleg dafür. Auch die deutliche Annäherung der Mehrheit der deutschen Intellektuellen an das maßgeblich in Frankreich formulierte Projekt der (politischen) Moderne in den sechziger und siebziger Jahren belegt, daß es für die politisch-ideologischen Modell- und Leitvorstellungen keine nationalkulturelle Standortgebundenheit gibt. Gleichwohl ist die Stellung und Funktion der Intellektuellen in der politischen Öffentlichkeit in Frankreich von der Dritten bis zur Fünften Republik dauerhaft stärker auf die konstruktiv-kritische Mitarbeit im republikanischen Staatswesen hin orientiert als in Deutschland. Hier erschwerten die antimodernistischen Vorbehalte der meisten Intellektuellen in der Weimarer Republik und ihre anschließende Kompromittierung oder Verfolgung im »Dritten Reich« eine solche kritische Identifizierung mit dem politischen Gemeinwesen.

Neben den politisch-ideologischen Prägungen der öffentlichen Funktion der Intellektuellen in beiden Ländern sind die sozialgeschichtlichen Gegebenheiten eine zweite wesentliche Ursache für die Entstehung nationaltypischer Erscheinungsformen derselben Sozialfigur. In Frankreich zeichnete sich seit der Dreyfus-Affäre zunehmend deutlich eine Bipolarisierung des sozio-kulturellen Lebens ab, die charakteristisch blieb bis in die Nachkriegszeit und von der einige Historiker sagen, sie sei erst in den achtziger Jahren endgültig aufgehoben worden (François Furet). Die Konfrontationen zwischen Revisionisten und Antirevisionisten in der Dreyfus-Affäre der Vorkriegsjahre sowie zwischen den Antifaschisten und den autoritär-faschismusfreundlichen Tendenzen nach dem 6. Februar 1934 bildeten ein Magnetfeld, in dem sich alle gesellschaftlichen und kulturellen Kräfte zum einen oder zum anderen Pol hin orientierten. Im Mittelpunkt der Kontroversen stand dabei immer die Verteidigung oder die Überwindung der Republik. Diese bipolare Grundstruktur der kulturellen Vergesellschaftung wurde in Frankreich allenfalls durch die »nonconformistes« der frühen dreißiger Jahre durchbrochen. Sie begünstigte die nationale Resonanz der Manifeste und Stellungnahmen der Intellektuellen, die überdies durch die beherrschende Stellung von Paris im französischen Kommunikationssystem verstärkt wurde. In Deutschland hatte Berlin niemals eine vergleichbare Funktion als nationaler Resonanzboden für die politische Intervention der Intellektuellen. Vor allem aber war deren Wirkung begrenzt aufgrund der soziokulturellen Fragmentierung der Nation. Diese Fragmentierung hatte zur Folge, daß die Intellektuellen in der Regel erst einmal nur in dem sozio-kulturellen Milieu gehört wurden, zu dem sie gehörten. Man hat als solche sozio-kulturelle Milieus im Kaiserreich identifiziert den staatstragend-konservativen Protestantismus, den Kulturprotestantismus, den Katholizismus und die Sozialdemokratie (Gangolf Hübinger), in der Weimarer Republik den humanistischen Intellektualismus, die Linksintellektuellen und die konservative Revolution (Jenö Kurucz). Für die Nachkriegszeit in Deutschland wäre zu klären, in welchem Maße die Teilung der Nation in zwei Staaten traditionelle Fragmentierungen fortsetzte oder substituierte. Die habituelle Gebundenheit der deutschen Intellektuellen an ein sozio-kulturelles Milieu dürfte bis heute ein Grund sein für ihre schwache Präsenz und Stellung in der nationalen politischen Öffentlichkeit.

Nimmt man alle hier erörterten Faktoren zusammen (gegensätzliche Konnotation des Intellektuellenbegriffs sowie unterschiedliche politisch-ideologische Affinität und sozialstrukturelle Einbindung), so vermag man zu erklären, warum es in Deutschland und in Frankreich zu nationaltypisch verschiedenen Erscheinungsformen der Sozialfigur des Intellektuellen gekommen ist. Die divergenten Erscheinungsformen derselben Sozialfigur hat man vereinfachend als Typus des Intellektuellen (à la française) und als Typus des Mandarins zusammengefaßt. Dieser Typisierung zufolge ist der (französische) Intellektuelle der geborene Kritiker der Mächtigen, der – dem Anspruch der Universalität und der Autonomie der Vernunft verpflichtet – seine spezifischen kulturellen Kompetenzen einsetzt für die Beförderung der politischen und sozialen Emanzipation der Menschen. Sein Gegenbild, der »Gegenintellektuelle« (Hauke Brunkhorst), ist der (deutsche) Mandarin. Er ist der Diener der Mächtigen, der mit ihnen im Verhältnis diskreten Einverständnisses steht und ihre Entscheidungen nicht-öffentlich vorzubereiten hilft und öffentlich verteidigt. In dieser typisierenden Sicht kam dem Intellektuellen in Deutschland, dem Land der Mandarine, bis in die sechziger Jahre bestenfalls Partisanenstatus zu, er war der innere Feind und der Verfolgung preisgegeben. Diese schematisierende Darstellung ist historisch nicht unzutreffend, aber sie ist nur stimmig um den Preis erheblicher faktischer Auslassungen: In Deutschland tauchten die potentiellen Intellektuellen nicht nur weg in den Arkanbereich der Macht, also in das Mandarinat, sondern – vom Expressionismus bis in die achtundsechziger Bewegung – mindestens ebenso oft in ästhetische und soziale Subkulturen, in denen sie sich von der Zivilgesellschaft abkapselten. In Frankreich waren die Intellektuellen niemals nur die zivilgesellschaftlichen Schrittmacher der Emanzipation, sondern – von der Action française bis zum Club de l'Horologe – oft auch Fürsprecher gesellschaftlicher und politischer Ungleichheit.

Vor allem in der Entwicklung der letzten zwanzig Jahre verwischen sich tendenziell die nationaltypischen Ausprägungen der Sozialfigur des Intellektuellen in Deutschland und Frankreich.

In Deutschland fand seit der Studentenrevolte Ende der sechziger Jahre die in Frankreich traditionell vorherrschende Auffassung vom Intellektuellen zunehmende Akzeptanz vor allem im Universitätsmilieu. In dieser Leitvorstellung finden sich Vertreter der nachachtundsechziger Linken mit Teilen der christdemokratischen Intelligenz. Die Kontroverse über die mangelnde Verwirklichung dieser Leitidee in der politischen Kultur Deutschlands geht darum, ob die Repräsentanten der politischen Klasse oder die Intellektuellen selbst deren praktische Umsetzung wirkungsvoll verhindern. Auf der einen Seite ist nicht zu verkennen, daß in den Rekrutierungsverfahren der politischen Klasse (der charakteristischen »Ochsentour« über die Gebietskörperschaften) die kulturelle Kompetenz eine geringe Rolle spielt und daß diese Rekrutierung folglich deren Mitgliedern den Umgang mit den Intellektuellen erschwert. Zum anderen ist die Neigung in der deutschen kulturschöpferischen Intelligenz noch immer verbreitet, gegenüber der pragmatischen Politik der »Macher« mit Verweigerung zu reagieren, »Widerstand statt Widerspruch« anzumelden (Paul Noack). In Frankreich ist seit der Kritik an den »Meisterdenkern« in den späten siebziger Jahren und seit dem »Schweigen der Intellektuellen« nach der Regierungsübernahme durch die Sozialisten 1981 die Debatte über den »Tod des großen Intellektuellen« der französischen Tradition entbrannt. Die Auffassung der Rolle der Intellektuellen wandelte sich im Sinne der Zielverlagerung von den großen Menschheitsaufgaben zu den Herausforderungen mittlerer Reichweite. Sartres »totaler Intellektueller« wurde abgelöst von Michel Foucaults »spezifischem Intellektuellen« und dem »Intellektuellen des dritten Typs« (Bernard-Henri Lévy). Zugleich ist seit den achtziger Jahren eine verstärkte Aktivierung der wissenschaftlichen im Vergleich zur künstlerischen Basis der öffentlichen Intervention der Intellektuellen zu bemerken. Die Verbindung zwischen der politischen Klasse und den Intellektuellen ist in Frankreich noch immer relativ stark. Sie wird typischerweise hergestellt durch die Lancierung von Absolventen der Grandes Ecoles in politische Karrieren über den Einstieg in einen der persönlichen Beraterstäbe der Minister (cabinet mini-

stériel) oder durch Kooptation. Ein in beiden Ländern gemeinsames gegenwärtiges Problem ist die Überflutung der politischen
Öffentlichkeit durch die Informationen und Interpretationen
der expandierenden neuen Mediensysteme, in denen die Stimme
der Vernunft, das Organ der Intellektuellen, zu ersticken droht.

Joseph Jurt
Identität

Beim nationalen Identitätsbewußtsein handelt es sich um eine
gemeinschaftliche und nicht um eine soziale Bindung. Die soziale Bindung ist nicht exklusiv (Individuen können sich auf
mehrere Zugehörigkeiten etwa familiärer, beruflicher, wirtschaftlicher Natur berufen). Die gemeinschaftliche Bindung jedoch – die nationale Identität – ist nicht teilbar. Das Nationalbewußtsein ist gleichzeitig ein Konstrukt, was nicht gleichbedeutend ist mit einer Fiktion. Bei der Konstitution einer nationalen
Identität werden gewisse Elemente hervorgehoben, die Kohä-
renz garantieren; andere werden ausgegrenzt oder verdrängt.
Das Identitätskonstrukt dient dazu, sich von anderen nationalen
Großverbänden abzugrenzen, aber bloß soweit, daß eine Inter-
aktion noch möglich ist.

Mit dem Übergang von der »Adelsnation« zur »Bürgernation«
und der Übertragung der Souveränität von der Person des Monarchen auf das Kollektiv der Nation bildete sich in Frankreich
das moderne Nationalbewußtsein aus. Die Nation wurde so weder durch ein Territorium noch durch eine Sprache oder eine
Rasse bestimmt, sondern artikulierte sich in politischer Form als
ein willentlicher Vertrag, der auf der freien Zustimmung der
Bürger beruhte.

Die einsetzende politische Bewußtwerdung der Deutschen artikulierte sich in der Auseinandersetzung mit der napoleonisch-
französischen Herrschaft. In der Besinnung auf das Eigene im
Widerspruch gegen das Fremde, das mit dem Frankreich Napoleons identifiziert wurde, konnte nicht auf einen Nationalstaat
verwiesen werden; man mußte an dem anknüpfen, was seit dem

18. Jahrhundert für die »Kultur«-Nation als bestimmend betrachtet wurde: an Sprache, Kultur und Geschichte. Die Idee der »Kultur«-Nation implizierte für die deutsche Klassik, wie Conrad Wiedemann betonte, die Vorstellung eines goldenen Zeitalters, das durch die deutsche Kultur angeregt würde, aber auch die Vorstellung einer Selbstauflösung des Staates zugunsten einer nationalen Repräsentation durch eine Gelehrtenrepublik, die sich an einer universellen und kosmopolitischen Ausrichtung orientieren würde.

Wenn der von Meinecke 1908 artikulierte Gegensatz von »Staatsnation« und »Kulturnation« das Fundament der *Konstitution* nationaler Identität in Frankreich und Deutschland beschreiben konnte, so läßt sich dieser historische Befund keineswegs idealtypisch verallgemeinern. Wenn die französische Nation sich zunächst in und durch politische Strukturen definierte, so wurde doch die Kultur zu einem ihrer eminenten Attribute. Die Institutionalisierung der Literatur und einer literarisch geprägten Nationalsprache durch die Académie française bedeutete so auch ihre Nobilitierung und die Zuerkennung einer eigenen normativen Funktion. Für das 19. und 20. Jahrhundert läßt sich eine gegenseitige Legitimierung der Literatur und der Republik feststellen. Literatur ist so zu einem »repräsentativen Ausdruck der Nation« (E. R. Curtius) geworden. Bedeutend ist auch die literarische Präsenz in der Alltagskultur. Von der spezifischen gesellschaftlichen Integration der Literatur in Frankreich zeugen auch die (akzeptierten) Stellungnahmen bedeutender Schriftsteller wie Voltaire und Hugo zu politischen Fragen oder die kollektiven Interventionen seit der Dreyfus-Affäre in der Gestalt der sozialen Gruppe der »intellectuels«. Frankreich konnte so zu Recht auch als »nation littéraire« (Priscilla Parkhurst) eingestuft werden. Wenn sich Dichtung in Deutschland vor allem durch ihre monologische Dimension definiert, so gab es hier, abgesehen von Heine, die Tradition der engagierten Literatur eigentlich erst nach 1945, eine Tradition, die nach 1989 wieder als obsolet erklärt wurde.

Wurden Literatur und Sprache in der Konstitutionsphase als das Spezifische der Kulturnation betrachtet, so wurden diese

Merkmale später ins Politische gewendet und zu Merkmalen einer potentiellen Staatsnation gemacht. Der deutsche Sprachraum sollte zum Raum der künftigen politischen Nation werden. Auf die Frage »Was ist des Deutschen Vaterland?« antwortete Ernst Moritz Arndt in seinem einst berühmten Gedicht mit: »Soweit die deutsche Zunge klingt«, und im »Lied der Deutschen« von August Heinrich Hoffmann von Fallersleben von 1841 wird das – künftige – Deutschland durch die Sprachgrenzen bestimmt: »Von der Maas bis an die Memel / Von der Etsch bis an den Belt«.

In Frankreich gab es zur Zeit der Konstituierung der Bürgernation keine sprachliche Einheit, die das Fundament einer nationalen Identität hätte werden können. Erst nachdem sich die Nation in ihrer republikanischen Form konstituiert hatte, schlug Abbé Grégoire 1794 die sprachliche Vereinheitlichung vor. Die sprachliche Einheit war nicht Quelle der nationalen Identität, sondern eine aus dem politischen Willen abgeleitete Notwendigkeit. Die aktive Teilnahme der Bürger am politischen Leben setzte die Kenntnis der Nationalsprache voraus, in der die Gesetze abgefaßt waren. Wenn die Sprache ein identitätsbestimmender Faktor wurde, dann war dies erst Folge, nicht Grund der Zugehörigkeit zur Nation.

Das Kriterium der Sprache spielte eine zentrale Rolle nach 1870, als Intellektuelle das antagonistische Nationalverständnis der beiden Länder zum Ausdruck brachten, das die Legitimität der Annexion von Elsaß-Lothringen unterstützen bzw. in Frage stellen sollte: ein objektiv-kultureller Begriff der politischen Nation deutscherseits (Mommsen u. a.), auf französischer Seite ein subjektives Nationalverständnis, das nicht auf Sprache und Kultur fußt, sondern auf dem Willen der Bürger (Fustel de Coulanges, Renan). Diese antagonistischen Selbstbestimmungen sind an eine konkrete historische Situation gebunden und sind somit nur partiell generalisierbar. So sah Fustel de Coulanges das Modell der Staats-Nation, die Fusion von Staat und Nation, eher in Preußen realisiert als in Frankreich. In seinem berühmten Vortrag von 1882 »Was ist eine Nation?« hatte Renan *zwei* konstitutive Elemente genannt, einerseits das Einvernehmen, den

Wunsch eines Volkes, in einer staatlichen Gemeinschaft zusammenzuleben, was er mit seiner berühmten Formel der Nation als einem »täglichen Plebiszit« bezeichnete, andererseits aber auch »der gemeinsame Besitz eines reichen Erbes an Erinnerungen« an eine »lange Vergangenheit von Anstrengungen, von Opfern und von Hingaben«.

Der politische Wille *und* eine kulturelle Tradition scheinen so letztlich auch in Frankreich konstitutiv für das nationale Selbstverständnis zu sein. Die Unterschiede zwischen den Konzeptionen der beiden Länder sind nicht prinzipieller, sondern gradueller Natur. Gerade aufgrund der aktiven Schul- und Sprachpolitik etwa im 19. Jahrhundert erscheint Frankreich ebensosehr als eine »Sprachnation« wie Deutschland. Das Kriterium der Sprache ist auch Grundlage des Begriffs der Francophonie, der 1880 nach dem Vertrag von Berlin von Onésime Reclus geprägt wurde, um die Weltbevölkerung nach sprachlichen und nicht nach rassischen und nationalen Kriterien zu klassifizieren.

Hier wird ein weiteres Merkmal der französischen Nationalidee sichtbar: ihre universalistische Dimension. Die Nation hatte ihre Identität in der Französischen Revolution gefunden, als sie sich zu einer politischen Ordnung bekannte, die in der Erklärung der Menschen- und Bürgerrechte ihren Ausdruck fand. Über diese Idee der »zivilisatorischen Mission« legitimierte Frankreich auch die napoleonischen Kriege und die Kolonialexpansion. Pierre Bourdieu sprach in bezug auf Frankreich und Amerika von zwei »Imperialismen des Universellen«. Die Identität der Nation dekliniert sich zugleich in einem Frankreich der Menschenrechte und einem Frankreich »der Erde und der Toten«, in einem offenen und einem geschlossenen Nationalismus (M. Winock).

Wenn in der amerikanischen und der Französischen Revolution das »Volk« den Platz des Königs einnahm, so führte das zu einer erheblichen Legitimitätssteigerung der Nation. In Deutschland blieb indes die Verbindung zwischen dynastischer und religiöser Legitimation zunächst bestehen. Die Idee einer nationalen Mission, die die französischen Revolutionäre erfüllt hatte, konnte in Deutschland nicht aufgenommen werden. Die erste deutsche nationale Bewegung hatte, wie Michael Jeismann aufgezeigt hat, um sich vom napoleonischen Frankreich abzusetzen, die partikuläre nationale Dimension – das Deutsche – zum spezifischen Merkmal erhoben. Da nur der Deutsche deutsch sein konnte, war diese Bestimmung auch ein Hindernis für eine Expansion, die dann erst über das Konstrukt einer rassistischen Biologie möglich wurde.

Die neue politische Ordnung, die sich durch die Französische Revolution konstituierte, beruhte nicht nur auf den universell konzipierten Menschenrechten, sie begründete auch die Form der Republik; diese konnte sich indes nicht durchsetzen; sie wurde schon bald abgelöst durch das Napoleonische Empire und die monarchistische Restauration. Die politischen Resultate der Französischen Revolution bildeten während des ganzen Jahrhunderts ein Objekt der Auseinandersetzung und stießen erst in der »union sacrée« des Ersten Weltkrieges auf ungeteilte Anerkennung. Die Republik etablierte sich nach 1870 definitiv, allerdings noch unterbrochen durch das Zwischenspiel des Etat français von Pétain. Trotz der zahlreichen Brüche im politischen System Frankreichs des 19. Jahrhunderts ist das geschichtliche Selbstverständnis der Franzosen geprägt durch die Idee der Kontinuität. Dieses Selbstverständnis wird dann oft auf andere Nationen projiziert, etwa auf Deutschland, wenn Helmut Kohl mit Bismarck verglichen oder das vereinte Deutschland als das Vierte Reich apostrophiert wird.

Das deutsche Geschichtsverständnis ist bestimmt durch die späte nationale Einigung, aber auch durch die Vorstellung der Diskontinuität. Das Deutsche Reich von 1870 bedeutete das Ende Preußens, die Weimarer Republik das Ende des Reiches, das Dritte Reich die Negation der Republik. Es waren dies nicht bloß Regierungswechsel, sondern die Negation der Prinzipien, die das jeweils vorhergehende System bestimmt hatten. Dem größten Einschnitt bedeutet aber die Gründung der Bundesrepublik, die man mit Metaphern des totalen Neubeginns, der Stunde Null beschreibt. Es war die Gründung einer vorbildhaften Demokratie, deren Stabilität sich schon bald ein halbes Jahr-

hundert bewährt hat. Die Bedeutung dieses Neuanfangs wird
bisweilen im Ausland verkannt.

Während in Frankreich die Zeit des Vichy-Régimes oft als vier
Jahre, die man aus der Geschichte streichen sollte, betrachtet
wurde, die die Integrität der Republik nicht berührt hätten, bis
Chirac ein Schuldgeständnis abgab, so sind die zwölf Jahre der
nationalsozialistischen Diktatur im kollektiven Gedächtnis in
Deutschland sehr präsent. Diese Erinnerung motiviert nicht nur
die Wiedergutmachungsmaßnahmen, sondern auch die Aufarbeitung in der Schule und in der historischen Forschung. Die
Erinnerung bestimmt auch die Außenpolitik, die geprägt ist
durch große Zurückhaltung vor allem hinsichtlich militärischer
Einsätze außerhalb des NATO-Bereichs. Der Nationalsozialismus führte auch zu einer Diskreditierung der Idee des Nationalstaates, der, vor allem von Intellektuellen, oft mit dem Nationalismus assoziiert wird. Die Diskreditierung des Konzepts der
Nation führte zum Versuch einer Begründung einer neuen post-
nationalen Identität als »Verfassungspatriotismus« (Sternber-
ger, Habermas). Der Stolz auf die eigenen wirtschaftlichen Leistungen fungierte nach W. J. Mommsen als Substitut für das
weithin fehlende Nationalbewußtsein. Wenn in den achtziger
Jahren der Stolz auf die demokratischen Institutionen dem Wirt-
schaftsstolz den Rang ablief, so befürchtete Habermas, mit der
deutschen Einigung entstehe ein neuer interner DM-Imperialis-
mus. Es waren auch in erheblichem Maße ökonomische Gründe
gewesen, die die rasche Wiedervereinigung motiviert hatten.
Die deutsche Einigung von 1990 war nicht die Frucht einer langen Anstrengung oder einer engagierten Haltung, sondern
Frucht globaler historischer Umstände. Die wiedererlangte nationale Souveränität Deutschlands fügte sie gleichsam zu einer
»Nation wider Willen« (Christian Meier), und die etwa französi-
scherseits gehegte Angst vor einer neuen »großdeutschen«
Macht erwies sich als gegenstandslos.

Wenn im Hinblick auf die unmittelbare deutsche Vergangenheit im Bewußtsein die Empfindung der Diskontinuität vorherrscht, so sind doch langfristige Elemente der Kontinuität
nicht zu übersehen. Dazu zählt etwa der hohe Stellenwert, der

seit dem 18. Jahrhundert der Rechtsprechung zugeschrieben wurde, das Konzept des Sozialstaates, das auch schon für Bismarck grundlegend war, und schließlich die Tradition des Föderalismus, die weit zurückgeht und die nur durch das zentralistische System des Dritten Reiches in Frage gestellt wurde.

Wenn Frankreich durch die zentralstaatliche Ordnung bestimmt ist, die zwischen dem »citoyen« und der Nation keine intermediären Einheiten anerkennt, aber auch durch das Verhältnis Hauptstadt–Provinz, so gibt es in Deutschland, wie schon Goethe gesagt hat, keine Provinz, weil es keine Hauptstadt gibt, selbst wenn der Regierungssitz Berlin sein wird. Daß diese politische Ordnung, die zugleich eine räumliche Ordnung ist, auch das Identitätsbewußtsein prägt, liegt auf der Hand.

II. GESELLSCHAFT UND KULTUR

Hartmut Kaelble
Famille / Familie

In eine fremdartige semantische Welt führt weder die Franzosen das Wort »Familie« noch die Deutschen das Wort »famille«. Mit anderen Ausdrücken gleichen Ursprungs gerät man auf der anderen Seite des Rheins viel schneller in einen Dschungel von Mißverständnissen und Unübersetzbarkeiten. »Familie« und »famille« haben eine ganze Menge gemeinsamer Bedeutung. Das hat auch viel damit zu tun, daß ähnliche Entwicklung die Familie in beiden Ländern während des letzten halben Jahrhunderts prägten: der Wandel der Geschlechterrollen und die wachsende Berufstätigkeit besonders der Mütter; die Durchsetzung der Liebesehe und damit die völlige Selbständigkeit junger Erwachsener in ihrer Partner- und Heiratswahl, die Ehen ohne Trauschein, auch die Scheidungen; die kindzentrierte Familie, in der die Kindererziehung nicht mehr Zwängen der Familienwirtschaft folgt, sondern zur Selbstverwirklichung der Eltern wird; die moderne Konsumgesellschaft, die in prägenden Formen, in der Wohnungsgröße, in der Autogröße, in den Feriendomizilen, in den Optionen der Haushaltsausgaben, ganz auf die Kernfamilie mit zwei bis drei Kindern ausgerichtet ist und während der Elternphase wenig Spielraum für andere Familien- und Haushaltsformen läßt; die Individualisierung, die zu einer Abschwächung von Bindungen an Großorganisationen wie Nation, Kirche, Gewerkschaften, Berufsorganisationen führt, aber die Familie in wichtigen Lebensphasen eher noch mehr zum Lebensmittelpunkt werden läßt. An alle diese Veränderungen denkt man auf beiden Seiten des Rheins in ähnlicher Weise, wenn man von »famille« oder »Familie« spricht.

»Famille« und »Familie« sind aber in ihrer Bedeutung nicht völlig identisch. Franzosen und Deutsche denken dabei auch an Unterschiedliches. Selbstverständlich gibt es nicht *die* französische und *die* deutsche Familie. Innerhalb der beiden Länder sind familiäre Unterschiede zwischen sozialen Milieus und zwischen

Regionen, zwischen Einwanderern und Nichteinwanderern groß, auch in der Sprache sichtbar. Daneben gibt es aber doch auch französisch-deutsche Unterschiede, in denen sich die Masse der französischen und deutschen Familien unterscheiden und die sich in der Sprache wiederfinden.

Als erstes fällt auf, daß Franzosen und Deutsche mit »famille« und »Familie« nicht nur gemeinsame, sondern auch oft unterschiedliche Werte verbinden. Die Franzosen sehen die Familie etwas häufiger als ihren Lebensmittelpunkt, heiraten mehr, haben mehr Kinder, feiern mehr Familienfeste, halten im Alltag mehr Kontakt mit der Familie, aus der sie kommen. Für die Deutschen hat dagegen die familiäre Intimsphäre, die Familie als Ort der Gefühlsbindung, als emotionaler Halte- und Ruhepunkt eine besonders große Bedeutung. Deutsche – Männer wie Frauen – bleiben deshalb in der Regel deutlich skeptischer als Franzosen, wenn es um die Arbeit der Mütter außer Haus, um Kinderkrippen und Kindergärten, um Ganztagsschulen, um Feriencamps für die Kinder und getrennte Ferien für Eltern und Kinder geht. Alles, was die Bindungen der Mütter oder Kinder an die Familie zu schwächen droht, widerstrebt den Deutschen mehr als den Franzosen. Die französische Philosophie, derzufolge frühe, intensive Kontakte der Kinder außerhalb der Familie gut sind, um die Fähigkeit zum sozialen Umgang zu entwikkeln und auf das Leben gut vorbereitet zu sein, ist den Deutschen eher fremd. Sie glauben im allgemeinen, daß viel und stabile Nestwärme während der Kindheit am besten auf das Leben vorbereitet und im späteren Leben Selbstsicherheit gibt. Gleichzeitig wird in Deutschland von den Eltern, vor allem von den Müttern, meist auch mehr erwartet. Sie stehen in Deutschland unter massivem moralischen Druck bei der Erfüllung ihrer Mutterrolle und in einem schärferen inneren Konflikt zwischen der Familie und dem Beruf, den gesellschaftlichen und öffentlichen Aktivitäten. In den Familienvorstellungen der meisten Deutschen ist es deshalb schwer nachvollziehbar, daß es in Frankreich nicht nur weit mehr erfolgreiche Karrierefrauen gibt, sondern wie sie auch zwei, drei, vier Kinder haben können.

Allerdings sind die gefühlsmäßigen Familienbindungen in

Deutschland nicht in allen Lebensphasen stärker gefordert als in Frankreich. Nur in der Kindheit und in der Elternphase ist die deutsche Familie nach außen abgeschlossener und emotional bindender. Im jungen Erwachsenenalter dagegen wird von den Deutschen die Unabhängigkeit und Eigenständigkeit der jungen Erwachsenen, die Ablösung von der elterlichen Familie in der Regel wichtiger genommen als von den Franzosen. Während in Frankreich die familiäre Erziehung stärker auf moralische Pflichten und mitmenschliche Rücksichtnahme ausgerichtet ist, steht in Deutschland eher die individuelle Selbstentfaltung und Selbständigkeit im Mittelpunkt. Die Auseinandersetzung mit der elterlichen Autorität bekommt dadurch in Deutschland einen höheren Stellenwert. Es hat mit dieser ritualisierten Ablösung von der Familie zu tun, daß im Deutschen mit »Familie« in der Regel nur ihre eigene Kernfamilie, in Frankreich dagegen mit »famille« oft auch die weiteren Verwandten gemeint sind. Diese stärkere Ablösung in Deutschland bleibt auch im späteren Leben prägend. Auch zwischen Eltern und Großeltern bleibt die Distanz in Deutschland meist etwas größer. Ferien in drei Generationen, also gemeinsame Ferien von Geschwisterfamilien bei den Großeltern, sind in Deutschland weit weniger verbreitet als in Frankreich. In der Folge davon entwickeln auch Enkel in Deutschland im allgemeinen ein etwas weniger enges Verhältnis zu ihren Großeltern.

Franzosen und Deutsche sehen zweitens auch die Beziehungen von Familie und Politik nicht in identischer Weise. Die Franzosen lassen in der Regel vor allem mehr Staatsintervention, mehr Eingriffe des Staates, in die familiäre Sphäre zu. Die grundsätzliche Spannung zwischen Familie und Staat wird weniger scharf und der Schutz der Familie vor dem Staat als weniger dringlich angesehen als in Deutschland. Das französische Konzept der Familienpolitik ist daher auch ausgearbeiteter, enthält ein klareres Programm staatlicher Aktivitäten, zu denen Erziehung über lange Teile des Tages hinweg und viele wohlfahrtsstaatliche Transfers gehören. Gleichzeitig sind die Franzosen gegenüber der staatlichen Unterstützung von Familienformen jenseits der klassischen Zwei-Eltern-Familie, etwa gegenüber alleinerziehenden Müttern, offener. Das deutsche Konzept der Familienpolitik dagegen trägt den Grundwiderspruch in sich, daß letztlich die Familie, besonders die klassische Kernfamilie, *vom* Staat *vor* dem Staat geschützt werden soll. Deshalb ist der Staat in der deutschen Familienpolitik zurückgenommener und überläßt nichtstaatlichen subsidiären Organisationen oder dem Privatrecht mehr. So findet man die Kindergärten in den französischen Statistiken als Bestandteil des staatlichen Erziehungssystems aufgeführt; in den deutschen Statistiken hingegen stehen sie in einer etwas bizarren Nachbarschaft neben Kriegsopferentschädigung und Jugendfürsorge. Wenn in Frankreich private, nichtstaatliche Kindergärten oder Schulen gegründet wurden, dann nicht um die Familie vor Staatseinflüssen, sondern um das katholische Milieu vor republikanischen Einflüssen zu schützen. Die Franzosen akzeptieren auch ohne Schwierigkeiten eine staatliche Geburtenförderung, während die Deutschen ihr skeptischer gegenüberstehen, Assoziationen mit der Natalitätspolitik des NS-Regimes beschwören oder staatliche Geburtenpolitik als Übersteigerung eines sowieso zu wenig liberalen Staates ansehen oder eine noch größere Überforderung der Mütter befürchten. Etwas überspitzt gesagt, sehen die meisten Franzosen in der Familienpolitik eine breite staatliche Unterstützung von Eltern bei der Erziehung ihrer Kinder, die meisten Deutschen dagegen das Bekenntnis des Staates zur Autonomie der klassischen Familie.

Warum entstanden diese Unterschiede? Drei historische Erklärungen dürften besonders wichtig sein. Die französisch-deutschen Unterschiede gehen zum Teil auf längere, wenigstens bis in das 19. Jahrhundert zurückreichende historische Unterschiede zurück. Schon vor hundert Jahren hatten die französischen Ehefrauen mehr Freiräume außerhalb der Familie, in der Ausbildung, im Beruf, in der Öffentlichkeit, eine Auswirkung teils der längeren liberalen Traditionen in Frankreich, teils des wirksameren bürgerlichen Modells, auch des Modells der bürgerlichen Gesellschaftsdame, teils des frauenfeindlicheren französischen demographischen Regimes seit der französischen Revolution mit niedrigeren Geburtenraten und einem anderen

Familienleben, teils auch der anderen Rolle der Frau im französischen Katholizismus, auch in manchen deutschen katholischen Regionen spürbar. Daneben sind diese französisch-deutschen Unterschiede auch eine Folge der Erfahrung mit Diktaturen in Deutschland. Die Erfahrungen mit dem NS-Regime, das über Schulen, über Kindergärten, über die Hitler-Jugend die Kinder und Jugendlichen aus den Familien herauszulösen und an den Nationalismus zu binden versuchte, bestärkte die deutschen Familien in ihrer Abgeschlossenheit nach außen und in ihrem Mißtrauen gegenüber staatlichen Stellen und politischen Organisationen. Die Erfahrungen mit der DDR, die in ihrer ersten Zeit sozialistische Erziehung durch Lockerung der Familienbindung der Kinder und Jugendlichen betrieb, hat die Deutschen in dieser Haltung weiter bestärkt. Die französisch-deutschen Unterschiede haben aber auch mit Verschiedenheiten zwischen Frankreich und Westdeutschland in den fünfziger und sechziger Jahren zu tun. Die »trentes glorieuses« waren in Frankreich vor allem ein außergewöhnlich erfolgreicher *gesellschaftlicher* und *wirtschaftlicher* Modernisierungsschub und ließen daher auch die bestehenden politischen und familiären Autoritätsstrukturen als einen Erfolg erscheinen, stützten sie eher. In Westdeutschland dagegen war diese Zeit eher eine Periode der *politischen* Modernisierung, der Durchsetzung der Demokratie in der politischen Kultur des Landes. Daher standen öffentliche, aber auch familiäre Autoritäten unter erheblichem politischem Druck, vor allem die Autorität einer Generation, die oft noch in das NS-Regime verwickelt war. Die in Deutschland schon ältere Ritualisierung des Generationskonflikts bekam dadurch anders als in Frankreich eine neue politische Legitimation.

Nicht nur Experten, auch die Franzosen und Deutschen, die die andere Gesellschaft aus alltäglicher Erfahrung kennen, bewerten die Unterschiede zwischen »famille« und »Familie« oft gegensätzlich. Für die einen hinterläßt die deutsche »Familie« einen rückständigen Eindruck, für die anderen die französische »famille«. Dabei stehen sich nicht geschlossene rationale Meinungsbastionen gegenüber. Die Trennlinien in dieser Kontroverse verlaufen quer zwischen Franzosen und Deutschen. Aber auf jeden Fall ist nicht zu übersehen, daß der Vergleich zwischen »famille« und »Familie« oft einen kräftigen moralisch-politischen Beiklang hat. Die einen sehen in der französischen »famille« massive Elemente des Patriarchalismus, der unzeitgemäßen Elternautorität, der Dependenz der Kinder selbst im Erwachsenenalter, des abgewürgten, aber doch eigentlich natürlichen Konflikts zwischen Eltern und Kindern, auch der altmodischen Großfamilie von vorgestern, in der deutschen Familie dagegen die moderne, ihren Jugendlichen gegenüber liberale Familie. Die anderen sehen in der deutschen »Familie« die Fortsetzung der traditionalen, nach außen abgeschlossenen, emotional extrem bindenden, an einem altmodischen Mutterbild haftenden und die Frauen überfordernden, immer noch entpolitisierenden Familie, in Frankreich dagegen eine moderne, liberale, die Familienangehörigen gleichzeitig stützende und ihnen Aktivitätsspielraum lassende Familie. Solche Bewertungen sind sicher einseitig. Die Debatte darüber hat aber doch einen Sinn, nicht nur weil man dadurch mehr über die Feinheiten der Übersetzung zwischen »famille« und »Familie« weiß, sondern weil Franzosen und Deutsche auch mehr über Unterschiede ihrer Lebensweisen erfahren und voneinander lernen können. Es ist dabei nicht mehr so, daß zwischen Franzosen und Deutschen – wie es Fernand Braudel 1959 in einem anderen Zusammenhang ausdrückte – »manchmal ein schlecht gewähltes Wort, eine zu rasch entwickelte These genügt, damit die Diskussion jeden Sinn verliert«. »Famille« und »Familie« sind so ähnlich, daß die Diskussion über die Unterschiede erst einen Sinn bekommt.

Robert Picht
Bildungswesen

Das deutsche Wort »Bildung« läßt sich in seiner vollen Bedeutungsschwere nicht ins Französische übertragen. Im Lexikon steht »éducation«, das wir mit »Erziehung« übersetzen. »Formation« bedeutet »Berufsausbildung«. Ist von »Allgemeinbildung«

die Rede, heißt dies französisch »culture générale«; »Kultur« verweist auf das Syndrom »Kultur versus Zivilisation«, ein besonders vorurteilsträchtiges Begriffspaar deutscher und damit verbunden deutsch/französischer Geistes- und Gesellschaftsgeschichte.

Bildungsromane, jene Form affektiver, intellektueller und sozialer Biographien, mit denen sich das Bildungsbürgertum so gerne identifizierte, gibt es in beiden Kulturen. Sie zu vergleichen wäre aufschlußreich. Ein französischsprachiger Prototyp des Bildungsromans, Jean-Jacques Rousseaus *Emile*, der Klassiker verständnisvoller und damit für seine Zeit neuer Pädagogik, hat vor allem in Deutschland Nachahmer gefunden, nicht zuletzt in Goethes *Wilhelm Meister*. Sein Weg von den Lehr- zu den Wanderjahren lebt vor, wie individuell und umfassend Bildung aufgefaßt werden kann. Flaubert hat einen der berühmtesten französischen Bildungsromane geschrieben, die *Education sentimentale*. In deutscher Fassung heißt er *Lehrjahre der Gefühle*. Hier ist viel von Liebe und von Vereinsamung in der Gesellschaft die Rede, zugleich aber ist es ein politisch-sozialer Roman über die Enttäuschung der Revolutionäre von 1848.

Dort, wo Kultur, Zivilisation und das Verhalten prägende Sozialisationsmuster von Generation zu Generation weitergegeben werden, bestehen grundlegende Unterschiede zwischen beiden Ländern. Erziehung, Bildung, Ausbildung und die in Lehrplänen und Examensordnungen kanonisierte Auswahl anerkannter Themen, Denkweisen, Argumentationsformen, Verhaltens- und Karrieremuster beruhen auf voneinander abweichenden gesellschaftlichen Grundlagen und Traditionen. Diese Unterschiedlichkeit der Bildungssysteme wird fortbestehen; sie wird auch in Zukunft eine Hauptursache kultureller Vielfalt in Europa sein. Der Maastricht-Vertrag hat gut daran getan, ausdrücklich auf jede Standardisierung von Bildung und Ausbildung zu verzichten.

Frankreichs zentralistischer Staat schuf sich seit dem 18. Jahrhundert sein öffentliches Bildungssystem zur Stärkung militärisch-technischer Leistungsfähigkeit und seit der Revolution und Napoleon zur sprachlichen und kulturellen Vereinheitlichung der Nation. Der pyramidalen Struktur des Staates entspricht bis heute ein auf in ganz Frankreich gleichartigen Programmen und Leistungsanforderungen beruhendes Bildungssystem. Dieses ist stark vom Prinzip des Wettbewerbs geprägt, der den Zugang zu den Elitehochschulen, den Grandes Ecoles für Beamte, Wissenschaftler, Ingenieure und Manager regelt. Schulischer Erfolg nach strengen formalen Kriterien bestimmt auf allen Ebenen die Lebenschancen des einzelnen und damit die beruflichen und gesellschaftlichen Hierarchien der Gesellschaft.

In Deutschland war Bildung zunächst der Weg individueller Befreiung aus den beengten Verhältnissen provinzieller Kleinstaaterei. Pfarrer, Dichter und Denker schufen den geistigen Raum der Kulturnation lange bevor an staatliche Einigung und Modernisierung überhaupt zu denken war. Wo Bildungsreform institutionalisiert werden konnte, wie beispielsweise durch Humboldt an der Berliner Universität, war sie stark auf ein idealistisches Konzept von Wissenschaft bezogen. Dieses prägte das Ideal des humanistischen Gymnasiums, das allerdings mit seiner Verbreitung erstarrte und stark schulmäßige Züge annahm. Erhalten blieb gerade im Bildungswesen die regionale Prägung des Föderalismus und damit die für Deutschland so charakteristische kulturelle Binnenvielfalt. Auch heute sind die Bildungssysteme der 16 Bundesländer in wichtigen Punkten unterschiedlich. Gewiß sind auch in Deutschland schulischer und akademischer Erfolg wichtig. Die Verknüpfung von Diplom und Karriere und damit von Schule und Gesellschaft ist aber lange nicht so eng wie in Frankreich.

Zwei Texte aus der Gründungszeit der für beide Nationen konstituierenden neuzeitlichen Bildungseinrichtungen belegen diese fundamentale Unterschiedlichkeit des durch Bildung vermittelten Verhältnisses von Individuum, Staat und Gesellschaft aufs eindrücklichste. Die französische Enzyklopädie der Aufklärung (1755) schreibt über »Erziehung«: »Die Kinder, die auf die Welt kommen, müssen eines Tages die Gesellschaft bilden, in der sie zu leben haben. Ihre Erziehung ist also von höchstem Interesse: 1. für sie selbst, die die Erziehung so formen soll, daß sie unterschiedliche Glieder dieser Gesellschaft werden, in ihr

Hochachtung genießen und sich dort wohl befinden können; 2. für ihre Familien, die sie unterhalten und denen sie zur Zierde dienen sollen; 3. für den Staat selbst, der die Früchte der guten Erziehung ernten soll, welche die Bürger erhalten, aus denen er besteht.« Wilhelm von Humboldt schreibt zur Gründung der Berliner Universität (1810): »Daher müßte, meiner Meinung zufolge, die freieste, so wenig als möglich schon auf die bürgerlichen Verhältnisse gerichtete Bildung des Menschen überall vorangehen. Der also gebildete Mensch müßte dann in den Staat treten und die Verfassung des Staates sich gleichsam an ihm prüfen. Nur bei einem solchen Kampfe würde ich wahre Verbesserung der Verfassung durch die Nation mit Gewißheit hoffen; und nur bei einem solchen, schädlichen Einfluß der bürgerlichen Einrichtung auf den Menschen nicht besorgen.«

Diese Gegensätzlichkeit kommt bis heute in ganz konkreten Regelungen des Bildungsalltags zum Ausdruck, die banal scheinen mögen, aber weitreichende Folgen haben. Die erste ist die Tatsache, daß französische Kinder von der Vorschule bis zum Abitur eine Ganztagsschule besuchen, deutsche dagegen den halben Tag auf sich selbst beziehungsweise ihre Familien, Freunde und vielerlei außerschulische Aktivitäten gestellt sind. Vergleichende Managementstudien belegen, daß dies zu tiefgreifenden Unterschieden in der Einstellung zu Freizeit, Privatleben und Familie, zum Tagesablauf und zur Gruppe der Kollegen führt. Andere Schulformen erzeugen anderes Kommunikationsverhalten.

Das französische System der Concours, von denen der Zugang zu den neben den Universitäten bestehenden Elitehochschulen und damit zu den Führungspositionen in Staat und Wirtschaft abhängt, strahlt weit in das gesamte Bildungswesen aus. Ins Deutsche läßt es sich nur durch die mühsame Erläuterung »Wettbewerbsprüfung mit beschränkter Stellenzahl« übersetzen. Geprüft wird ein anspruchsvoller Wissenskanon und die Fähigkeit, diesen in analytisch transparente rhetorische (oder mathematische) Formen umzusetzen. Auch deutsche Schüler oder Studenten werden geprüft und müssen deshalb Wissen durch Lernen erwerben. Die Fähigkeiten, die schließlich unter Beweis zu stellen sind, betreffen aber viel mehr die Vertiefung von Einzelfragen und individuelle Reflexion, hinter der in allerdings meist recht weiter Ferne die Humboldtsche Idee von Wissenschaft steht.

Unterschiedliche Traditionen prägen auch die technischberufliche Ausbildung, die Berufsaussichten und die Stellung im Betrieb. In Frankreich hat man auch sie weitgehend dem Schulwesen anvertraut, einem hierarchisch abgestuften, weit ausdifferenzierten System von technischen Schulen, Fachschulen und Hochschulen verschiedenen Rangs. Auch im Technischen herrscht die Überzeugung vor, daß eine gute formale Ausbildung die beste Vorbereitung für die spätere Berufspraxis darstelle. Das Diplom entscheidet über die Karriere. In Deutschland hat das Fortbestehen alter Zunfttraditionen zum dualen System der Verbindung von Lehre aus der Praxis heraus und ergänzender Schulausbildung geführt. Neben dem allgemeinbildenden Schulwesen besteht ein hoch durchlässiges System von Fachschulen, Fachhochschulen und technischen Universitäten, das vielerlei Übergänge ermöglicht. Der zweite Bildungsweg spielt eine erhebliche Rolle bei der Rekrutierung des Führungsnachwuchses, während er in Frankreich die Ausnahme bildet.

Französische Berufshierarchien sind also weitgehend das Abbild der Rangabstufungen im Bildungswesen. Deutsche Karrieren setzen eine gute Ausbildung voraus, sie haben aber ihre Wurzeln in Betrieb oder Verwaltung, wo man sich durch spezialisierte fachliche Leistung hochdient. Frankreich bevorzugt für Führungsaufgaben aller Ebenen Generalisten, denen jeweils Experten zuarbeiten. In Deutschland ist nur anerkannt, wer als Fachmann auftreten kann. Das französische System schult hochsynthetisches strategisches Denken, das deutsche das geduldige Zusammensetzen spezialisierten Fachwissens.

So haben beide Bildungssysteme ein spezifisches Leistungsprofil entwickelt, das nicht nur gegensätzlich ist, sondern in hohem Maße komplementär sein kann, wenn es gelingt, die Vorzüge beider Systeme durch Kooperation oder doppelte Ausbildung miteinander zu verknüpfen. Schul- und Hochschulaustausch und die Versuche, Formen deutscher Lehrlingsausbil

dung nach Frankreich zu übertragen und deutschen Studenten
Zugang zu französischer Elitenausbildung zu gewähren, haben
in der Regierungszusammenarbeit beider Länder zu Recht hohe
Priorität.
Erfahrungsaustausch wird um so dringlicher, als die Bildungssysteme beider Länder in die Krise geraten sind. Aufgrund raschen technologischen und wirtschaftlichen Wandels und sich
verschärfender internationaler Konkurrenz sind Bildungs- und
Beschäftigungssystem nicht mehr im Einklang. Frankreich leidet
unter hoher Jugendarbeitslosigkeit; in Deutschland schafft das
duale System zwar größere Nähe zum Arbeitsmarkt, aber auch
deutsche Lehrlinge und Studienabsolventen müssen sich immer
mehr mit prekären Arbeitsverhältnissen zufriedengeben. Arbeitslosigkeit und rascher Strukturwandel sind durch die bisherigen Formen beruflicher Umschulung und Fortbildung nicht
mehr aufzufangen. Gefragt sind Flexibilität, Kreativität und
selbständiges Zupacken. Orientierungs- und Lernfähigkeit angesichts sich rasch wandelnder Verhältnisse, Technologien und
Aufgaben stellen neue Anforderungen an die Grundqualifika-
tionen.
In beiden Ländern beginnt deshalb eine Überprüfung der Bildungssysteme und der Bildungspolitik. Die Grundfragen zum
Verhältnis von Bildung und Ausbildung, Individuum und Gesellschaft stellen sich von neuem.

Rudolf Herrmann
Jugend

Ist Jugend nur ein Wort, fragte sich Bourdieu. Trotzdem sind in
beiden Ländern Minister beauftragt, sich um dieses Phänomen
zu kümmern. Die 15–25jährigen stellen immerhin in Frankreich
acht Millionen und in Deutschland elf Millionen junge Bürger.
Wie gehen die beiden Gesellschaften damit um?
In Deutschland beginnt alles mit Jugendstil und der Jugendbewegung am Ende des 19. Jahrhunderts. In Frankreich gibt es

Parallelen, die sich bei Montherlant in seinen Romanen widerspiegeln, die Begrifflichkeit beginnt massiv mit der Volksfront
von 1936 und Léo Lagrange. Sie setzt sich dann über die Chan-
tiers de la Jeunesse während des Vichy-Regimes und die Rési-
stancebewegungen in die Nachkriegszeit fort. Jugendstil aber
heißt in Frankreich »style moderne« und hat mit Jugend nichts zu
tun.

Jugendbewegung in Deutschland wird denaturiert in der Hitler-Jugend und im Bund Deutscher Mädchen. Der Wiederaufbau in Deutschland führt zur Gründung des Deutschen Bundes-
jugendrings mit seinen demokratischen Mitgliedsverbänden,
aber auch, in der SBZ und dann der DDR zum Staatsjugendver-
band FDJ (»Freie Deutsche Jugend«). War Jugend zunächst in
beiden Ländern Objekt der staatlichen Schulpolitik und Wehr-
ertüchtigung, Jugendarbeit entweder Beitrag zur Gesellschafts-
reform oder Mittel der totalitären Manipulation, so veränderte
sich die Orientierung in der zweiten Hälfte des Jahrhunderts.

Zunächst aber sei für die erste Jahrhunderthälfte festgestellt:
Jugend in Frankreich ist lange Zeit Kampffeld zwischen Laizismus und Kirchen, zwischen Durchsetzung des staatlich-laizisti-
schen Bildungsanspruchs, z. B. mit der »Schule der Republik«
und der Ligue de l'Enseignement et de l'Education Permanente,
und kirchlicher Betreuung in »Patronages«, bei den »Scouts«
oder gesellschaftspolitischer Initiative in den Verbänden der katholischen Aktion. Aber nicht nur dieser grundsätzliche Gegensatz zählt, sondern auch, daß alle »familles spirituelles«, alle
ideologischen, philosophischen oder religiösen Strömungen sich
um die Jugend bemühten – und soweit sie es noch können, dies
auch weiterhin versuchen. Die Ereignisse von 1968 führten in
Frankreich zur Gründung einer Koordination so gut wie aller
Verbände und Einrichtungen der Jugend- und Volksbildung,
dem CNAJEP (Comité pour les Relations Nationales et Internationales des Associations de Jeunesse et d'Education Populaire)
als gemeinsame Plattform, die bis heute besteht. Im Gegensatz
aber zum Dachverband Bundesjugendring, der auch Mehrheits-
entscheidungen trifft, funktioniert der CNAJEP nach dem Kon-
sensprinzip, es gibt nur einstimmige Beschlüsse oder keine.

Jugendarbeit braucht Zeit und Raum und nicht zuletzt gesellschaftliche und administrative Anerkennung. Was die Zeit betrifft, ist der Unterschied zwischen Frankreich und Deutschland
beträchtlich. Die französische Gesamtschule läßt nur einen
Nachmittag in der Woche und das Wochenende frei. Daraus ergibt sich ein höherer Stellenwert von Ferien. Das deutsche Bildungssystem läßt täglich sehr viel mehr Zeit zur Selbstgestaltung
übrig. Es wundert nicht, daß in Frankreich eine immer wieder-
aufflammende Debatte über den Zeitrhythmus von Kindern und
Jugendlichen geführt wird, um mehr Raum für paraschulische
Aktivitäten zu schaffen. Natürlich unter der weiterbestehenden
Vorherrschaft von Schule. Der höhere Grad der Konformität
durch das alles bestimmende Bildungssystem wird durch der
Individualität gewidmete außerschulische und verbandliche Bemühungen ergänzt. Außerschulische Jugendbildung ist in Frankreich ein gesellschaftliches Dienstleistungsangebot für die Zeit,
die bleibt. Wenn man sich vergegenwärtigt, daß von den acht
Millionen jungen Franzosen zwei Millionen schon arbeiten, vier
Millionen in Schulen und Hochschulen sind und weitere zwei
Millionen keinen klaren Status haben und weithin arbeitslos
sind, wird deutlich, wie sehr französische Jugendliche nicht zuerst Jugend, sondern Schüler und abhängige Auszubildende
sind. Die zentralistische französische Jugendpolitik geht von diesem Befund aus. Sie beschäftigt sich vorrangig mit den Jugendlichen als soziales Problem, stellt soziale und berufliche Eingli-
derungsmaßnahmen (mit 700 000 Jugendlichen) für offene und
verdeckte Jugendarbeitslosigkeit in den Vordergrund. Die
600 000 jugendlichen Arbeitslosen, deren Väter und Mütter z. T.
schon arbeitslos sind, beschäftigen prioritär die Politik. Die Jugend und ihre Verbände sind national keine gleichberechtigten
Partner, sie sind Objekt. Das drückt sich in einer Förderungspo-
litik aus, die auf kurzfristige Maßnahmen, Willensakte und weniger auf Kontinuität aufgebaut ist.

Diese Grundlinie wird im Vergleich mit Deutschland noch
klarer. Die Förderungspläne des Bundes, der Länder und der
Kommunen sind auf Subsidiarität aufgebaut, sie garantieren Beständigkeit und leben von der Mitbestimmung und Mitberatung

auf allen Ebenen. Kern der Tätigkeit der öffentlichen und privaten (»freien«) Träger der Jugendbildung ist neben Schule und
Ausbildung, die Entfaltung der Persönlichkeit zu fördern, Le-
benswelten zu gestalten und demokratisches Verhalten einzu-
üben. Zentraler Begriff dafür ist Partizipation in Staat und Gesellschaft. Das Totalitarismus-Erlebnis der Deutschen hat zu
einem weitgefächerten Pluralismus der Träger und behutsamer
Präsenz des Staates geführt. Das ist für Franzosen ungewöhnlich, die die Außenstellen ihres Jugendministeriums in Départements und Regionen kennen. Diese haben zwar nur wenig Mittel
zu verwalten, sind aber dafür präsent in vielen Einzelmaßnah-
men. Ein Alptraum für das wechselseitige Verständnis ist die
deutsche Begrifflichkeit: Jugendhilfe, Jugendpflege, Jugendfürsorge. Vieles davon gibt es in Frankreich auch, aber selten so
jugendspezifisch. In jedem Fall löst der Begriff »Mädchenarbeit«
bei Franzosen Heiterkeit aus.

Das hohe Lied der Ehrenamtlichkeit wird in beiden Ländern
gesungen, da in demokratischen Staaten die Freiwilligkeit und
der persönliche Einsatz für andere grundlegend sind. Zu sehen
ist das nicht nur in Jugendzentren, im sozialen Engagement, in
Ferienlagern, sondern auch in Frankreich zusehends in Jugend-
und Kindergemeinderäten, wo auf lokaler Ebene Dialog und
Mitverantwortung geübt wird.

Die politische Bildung oder »instruction civique« alten Stils ist
eine Erziehung zur Citoyenneté, zu verantwortlichem Verhalten
vor Ort, geworden. Das zeigt sich ebenfalls in der geduldigen
Arbeit mit Fußballfans und gewaltbereiten Jugendlichen aus den
Vororten und Banlieus. Die Jugend beider Länder ist täglich mit
Fremdenhaß und Xenophobie konfrontiert und trägt zu deren
Entschärfung bei. Dabei wird deutlich, daß sie Freiräume, die
der Jugend angeboten werden, für Experimentation und Identifikation genutzt werden.

Dies gilt auch für die stärkere Anwendung musischer oder
künstlerischer Ausdrucksformen für politische Inhalte. Besonders die musikalischen Formen des Hip Hop wie der Rap entwikkeln sich zu Standards der Selbstdarstellung. Hier finden sich
alle Zutaten der multikulturellen Gesellschaft, hier mit stärkerer

afrikanischer dort mit islamischer Akzentuierung, auf beiden
Seiten aber mit deutlichen amerikanischen Einflüssen. Man
kann geradezu für die Jugend auf beiden Seiten von einer intensiv gelebten Ästhetik des andern, des Fremden, sprechen, die
verbunden wird mit der Bereitschaft, sich in der nächsten Umgebung praktisch zu engagieren.

Ist Jugend ein Begriff, der Verständnis zwischen Deutschen
und Franzosen erleichtert? Fest zu halten ist einerseits, daß die
Sozialisationsbedingungen von Kindern und Jugendlichen in
beiden Ländern noch sehr verschieden sind, da sich die Bildungssysteme nur sehr langsam aufeinander zubewegen, daß
aber in den von Jugendlichen selbstbestimmten Freiräumen die
Beschäftigung mit der eigenen und der gesellschaftlichen Zukunft Solidaritätsbereitschaft freisetzt. Daraus sind für die europäische und die bilaterale Zusammenarbeit Konsequenzen zu
ziehen.

Jugend will nicht nur als Problem angesehen werden. Sie fragt
nach Zukunft und Lebenssinn. In Deutschland wie in Frankreich
lösen die Antworten der Politik am Ende des Jahrhunderts
wenig Schwung aus. Sind wir wieder am Ausgangspunkt vor hundert Jahren?

Hans Maier
Religion

Ein französischer Religionssoziologe pflegte in den fünfziger
Jahren Studenten in den Pariser Nordbahnhof zu führen. Dort
wies er auf zwei nebeneinanderliegende Gleise hin und erklärte
seinen verblüfften Zuhörern, hier verlaufe die Grenze zwischen
Glauben und Unglauben. Auf dem einen Gleis kamen Züge mit
Arbeitern aus ländlichen Gebieten nach Paris – Menschen, die
anfangs noch »praktizierten«, bald aber im neuen Milieu der
Weltstadt ihre religiöse Praxis aufgaben. Das andere Gleis gehörte bereits dem Unglauben; auf ihm fuhren Pariser Bürger –
überwiegend »non-croyants« – am Wochenende in die Nordpro-

vinzen, aufs Land, ans Meer. Glaube und Unglaube, Religion und Irreligion, das war in der Sicht unseres Gelehrten etwas Berechenbares – es wurde gemessen und verglichen anhand von Taufen, kirchlichen Beerdigungen, Meßbesuchen, Kommunionempfängen. Religion war ein »fait social«. Mit ihm beschäftigen sich Religionssoziologie, Religionsgeographie, Religionsstatistik – Wissenschaften mit klaren Methoden und scharfen Rändern. Sie waren an der Praxis, an meß- und zählbaren »religiösen Akten« orientiert. Darin lag eine Übereinkunft zwischen Gläubigen und Agnostikern: Religion mochte für viele Menschen unbegreiflich, ja irrational sein – sichtbar, greifbar, faßbar war sie allemal.

Dieses Modell läßt sich, wie bekannt, nicht einfach auf Deutschland übertragen. Denn wie antwortet der Physiker Heinrich F. im bekanntesten Schauspiel der Deutschen auf die Gretchenfrage nach der Religion? »Gefühl ist alles; Name ist Schall und Rauch, umnebelnd Himmelsglut.« Der Mann, gefragt, wie er's mit der Religion halte, weist alles Meß- und Zählbare, Konkrete, Faßliche weit von sich. Er spricht von einem Geheimnis, das sein Herz erfüllt. Gretchens Frage nach den Sakramenten weicht er aus. Am Ende bleiben nur tiefsinnige, aber vage Worte übrig: »Nenn's Glück! Herz! Liebe! Gott! Ich habe keinen Namen dafür!«

Nun mögen die deutsche und die französische Haltung zur Religion nicht immer so weit auseinanderliegen wie in diesen Beispielen. Verschieden akzentuiert sind beide aber doch. Im Deutschen berührt man mit dem Wort Religion (vor allem) ein Gefühl, im Französischen assoziiert man eine Praxis; im Deutschen denkt man beim Wort Religion mehr an individuelle Haltungen, im Französischen mehr an Handlungsmuster, die für viele, wenn nicht sogar für alle, gelten. Religion hat im Deutschen Gewicht und Bedeutung ganz unabhängig von den Kirchen, sie ist etwas höchst Persönliches, Privates, Subjektives; im Französischen dagegen verliert sie selten oder nie die Verbindung zu den konkreten Glaubensgemeinschaften. Gewiß gibt es auch im Französischen eine »religion naturelle«, die sich auf Herz und Vernunft gründet; doch sie ist etwas anderes als das, was das Deutsche mit dem Ausdruck »freireligiös« umschreibt. Noch immer herrscht im Französischen die alte romanische (und lateinische) Bedeutung von »religio« vor: das Wort verstanden als die sorgfältige, pünktliche, regelmäßige Verehrung Gottes, bei der Formen und Riten ihre gebührende Rolle spielen. Jeder Franzose, auch der säkularisierteste, weiß, was gemeint ist, wenn er von »se faire religieux ou religieuse« spricht – was bedeutet: in einen Orden eintreten. Es ist bezeichnend, daß es im Deutschen eine ähnliche feste Verbindung zwischen »Religion« und »regulierten« Klerikern und Ordensleuten nicht gibt. Dafür öffnet sich der deutsche Religionsbegriff stärker nach innen – in eine oft unbegrenzte, mystische, manchmal freilich auch formlose und diffuse »Tiefe«.

Natürlich spiegeln sich in diesen unterschiedlichen Zugängen und Akzentuierungen die Religions- und Konfessionsgeschichten beider Länder. Staat und Kirche, Religion und Öffentlichkeit stehen in Frankreich in anderen Beziehungen zueinander als in Deutschland. Frankreich ist bis weit in die Neuzeit hinein ein Staat der Glaubens*einheit* geblieben (un roi, une loi, une foi). Religiöser Pluralismus wurde lange Zeit hindurch gewaltsam unterdrückt – zum Teil mit dem Einsatz aller staatlichen Machtmittel (Aufhebung des Toleranzedikts von Nantes 1685). Für den Zusammenhalt des Landes war die Religion alles andere als gleichgültig. Jahrhundertelang schien sie die wichtigste Voraussetzung staatlicher Einheit zu sein. Noch die Anfänge der Französischen Revolution sind von dieser Leidenschaft der Einheit geprägt: man wollte die Kirche ebenso reformieren wie den Staat, man träumte von einer Ordnung, die »das Evangelium und die Gesetzgebung, die Kirche und den Staat, die Sitten und die Gesetze, Gott selbst und die Menschen völlig miteinander mischt und vereint« (Claude Fauchet). Und als diese Einheit an der Zivilkonstitution des Klerus (1790) zerbrach, die katholische Kirche im Lauf des 19. Jahrhunderts ihre dominierende Stellung und schließlich die Trennung von Staat und Kirche (1905) und der »état laïc« auf der Tagesordnung standen, da blieb doch die Sensibilität für das Öffentliche der Religion, für ihre Formen und Riten, ihre geistigen und materiellen Außenwirkungen bestehen. Das wird sichtbar in dem jahrzehntelangen, heute allmählich abklingenden Streit um die katholischen Schulen; das zeigt sich in jüngster Zeit in der Reaktion des politischen Frankreich auf den erstarkten, millionenfach im Land präsenten Islam – inzwischen längst die zweitgrößte Religion des Landes. Während in Deutschland islamische Kleidung, Kopftuch und Schleier, das Fasten der Gläubigen und die Gebetsrufe der Muezzins keine großen Wellen schlagen, hat die höchst sichtbare und fordernde Präsenz der islamischen Religion in Frankreich zu heftigen Diskussionen, zu Parlamentsdebatten und Gerichtsentscheidungen geführt. Den Deutschen verwundert dies: Ist Frankreich nicht das Land der Menschenrechte, der Glaubensfreiheit? Oder lebt in der vielgerühmten »laïcité« etwas vom Mythos der nationalen Einheit in negativer Wendung fort – will man, wenn schon die alte katholische »religion dominante« nicht mehr sein darf, auch keine neue, die mit ihren Riten und Symbolen die Straßen, Plätze und Schulen beherrscht?

Hier scheint Deutschland durch die Glaubensspaltung auf den religiösen Pluralismus (und Synkretismus) des 20. Jahrhunderts besser vorbereitet zu sein. Die Religion ist hier vielfältig in den Staat – noch mehr in die Gesellschaft – hineingesickert, sei es in den alten Formen territorialkirchlicher Vielfalt (cuius regio eius religio) unter dem Dach des Alten Reiches, sei es in den neuen Formen eines religiösen Pluralismus und Individualismus seit dem 19. Jahrhundert. Gewiß war das Heilige Römische Reich deutscher Nation kein Vorort der Toleranz – aber dadurch, daß die Stände im Reichstag einander in Religionssachen nicht überstimmen konnten, war doch wenigstens der Gedanke religiöser Parität in der deutschen Gesellschaft verankert. So konnten die Regionen Deutschlands Beobachtern wie Montesquieu und Rousseau im Vergleich mit den religiös-politischen Einheitsstaaten des Westens als ein Ort relativer religiöser Freiheit erscheinen. Infolge der territorialen Organisation des religiösen Lebens – oft bis in kleine und kleinste politische Gebilde hinein – blieb das öffentliche Leben in Deutschland länger als anderswo in Verbindung mit christlichen Normen und Verhaltensweisen. Das wirkt bis heute nach in vielen Formen der »Nähe« von Religion und öffentlichem Leben. Vor allem die deutsche Bildung und Erziehung hebt sich vom westlichen – und besonders französischen – Modell der Aufklärung ab: sie nahm christliche Überlieferungen in modifizierten Formen auf; sie entwickelte im Pietismus eine eigene, Christentum und Modernität verbindende Sprache und Kultur. In den benediktinisch und jesuitisch geprägten Schulen des katholischen Deutschland wird lange, bis in die Gegenwart, »unter dem Kreuz« gelehrt und gelernt. Und auch für die von Melanchthon geformte evangelische Schultradition in Mittel-, Ost- und Süddeutschland gilt ähnliches – auch hier sind Kreuz und Kreuzestheologen noch lange ein Grundelegment der Bildung, oft in poetischen und musikalischen Formen.

Was ist für die Zukunft zu erwarten? Wie werden die Franzosen und die Deutschen mit ihren religiösen Überlieferungen umgehen? Wird die französische Kultur religiöser Sichtbarkeit und klarer Umgrenzung ergänzt und erweitert werden durch pluralistische, multikulturelle, »freireligiöse« Elemente? Und wird der deutsche Religionspluralimsus sich noch stärker fortentwickeln und auflösen ins Individuelle und Gemütsbetonte, ins Subjektive und Erlebnishafte – oder wird eine neue Tendenz zum Institutionellen, Kirchlichen einsetzen?

In Frankreich wie in Deutschland ist die gegenwärtige religiöse Lage durch widersprüchliche Züge gekennzeichnet. Auf der einen Seite verzeichnen Beobachter einen deutlichen Vitalitätsverlust der Religion, eine Tradierungskrise des Glaubens. Kirchliche Gemeinden sind – in beiden Ländern – überaltert. Die religiöse Praxis sinkt weiter ab. Die Generationen streben in ihren religiösen Vorstellungen auseinander. Die Hinführung der Jugend zur Religion gelingt nicht mehr wie früher. Alte Dispositionen zu Religiosität und Kirchlichkeit werden in der Gegenwartsgesellschaft immer mehr abgebaut. Glaube und Gesellschaft stehen einander nicht mehr stützend und fundierend, sondern neutral und unter Umständen feindlich gegenüber. Für immer weniger Menschen sind Glaube, religiöse Praxis, Kirchenzugehörigkeit vorfindbare soziale und kulturelle Gegebenheiten; immer weniger Menschen werden einfach in sie hineingeboren. Damit aber wird das persönliche Moment der

Glaubenszuwendung gegenüber den äußeren Milieuprägungen in einem Maß bestimmt, das unvermeidlich zu Quantitätsverlusten führt.

Es gibt jedoch auch Gegenbewegungen – auch sie mit durchaus unterschiedlichen, oft gegensätzlichen Zügen. Da ist einmal ein starker Wille zum politischen Engagement gerade bei jüngeren Menschen mit religiösen Bindungen – zum Einsatz für die Freiheit, die Menschenrechte, für Verfolgte, Arme, Obdachlose, für soziale Hilfe und Umweltschutz. Da ist zweitens bei nicht wenigen von ihnen eine Sehnsucht nach dem Einfachen, Kraftvollen und Verpflichtenden, die mit der postmodernen Tendenz zur Beliebigkeit, zum »anything goes« in auffälliger Weise kontrastiert. Und da ist drittens eine subjektive Religiosität, die entschieden über die vom Menschen geschaffene Welt hinausgreift. War Religion in den letzten Jahrzehnten, bei allen Wandlungen, in der westlichen Welt vor allem Kultur- und Sozialreligion, so präsentiert sie sich heute im öffentlichen Gespräch oft in esoterischen, kosmischen, naturreligiösen Formen – die Sterne statt Gott, das Universum statt der Schöpfung, Religiosität statt Religion, Frömmigkeit statt Glauben. Gewiß, dieser Subjektivismus stößt inzwischen an seine Grenzen. Was nach ihm kommen wird, bleibt ungewiß. Neue Kosmologien, Esoterik, Gnosis, Magie, Okkultismus? Oder wiederum der christliche Himmel mit Engeln und Geistern?

Die religiöse Signatur der Zeit ist schwer zu deuten. Verschiedene Strömungen liegen miteinander im Widerstreit – dementsprechend kontrovers sind die Reaktionen. Optimisten sehen im Wehen der neuen Religiosität so etwas wie ein Zittern der Luft – einen Ausdruck neuer Glaubenssehnsucht, neuer Glaubensbereitschaft. Und in der Tat sind die Anzeichen für eine neue Unbefangenheit im Umgang mit der Religion nicht zu übersehen: man denke nur an den modernen Film mit seinen Himmeln und Engeln, an Bücher, Epen, Dramen mit kosmologischem und religiösen Gehalt. Längst ist in der zeitgenössischen Literatur und Kunst Religion als eigene Größe wieder ästhetisch gegenwärtig – während sie lange nur als Nebenprodukt des Sozialen, der Sozialkritik in Erscheinung trat. Die Bewegung macht übrigens nicht vor Kirchentoren halt: Heiligtumsfahrten und Prozessionen wurden wieder modern, Wallfahrten entfalteten ihre alten Banner und Fahnen; das Heilige – auch die Heiligen – werden neu entdeckt, manchmal verfärbt und verfremdet ins Archaische, Vorrationale.

Wer die empirischen Befunde des Glaubensverlustes in den Kirchen zur Kenntnis nimmt und sich zugleich von der Intensität einer oft kirchenungebundenen Religiosität in der Gesellschaft überraschen läßt, dem stellt sich zum Schluß die Frage nach dem Verbleib religiöser Traditionen in Frankreich und Deutschland. Brechtisch gesprochen: Die Religion geht weg – aber wo geht sie hin?

Eine vorläufige Antwort sei gewagt: am wenigsten in einen dezidierten Atheismus und Agnostizismus (noch immer bleiben die Zahlen der Konfessionslosen hinter denen der Katholiken, Protestanten, Muslime, Juden weit zurück, auch wenn sie seit den siebziger Jahren rascher wachsen als diese). Auch nicht in einen »säkularen Glauben« (Thomas Nipperdey): Ihm fehlen heute die Antriebe eines bürgerlichen oder proletarischen Fortschrittsbewußtseins; Kulturkämpfe gegen die Religion lassen sich heute in westlichen Ländern kaum mehr vorstellen, nicht einmal mehr in Frankreich. Am ehesten noch in eine neue außerkirchliche Religiosität, deren Ingredienzen vielfältig und diffus sind: von wiederkehrenden Kosmologien (New Age) über neo-animistische Strömungen (»Frieden mit der Natur«) bis zur lebensreformerischen Sehnsucht nach einer »asketischen Weltzivilisation«. Was von diesem Konglomerat Bestand hat oder sich wieder auflösen wird, ist schwer zu sagen – und ebenso, ob das neu Hervortretende den Titel »postchristlich« verdient, wie einige meinen, oder ob es sich um neue biblizistisch-fundamentalistische Bewegungen auf bescheidenem intellektuellen Niveau handelt. Möglicherweise werden sich angesichts der neuen Virulenz christlicher Traditionen in der mittel- und osteuropäischen Welt nach 1989 auch im Westen die Gewichte künftig wieder anders verteilen. Doch ist das Feld noch zu unübersichtlich, als daß man sichere Prognosen wagen könnte – und so mag es bei diesen summarischen Bemerkungen sein Bewenden haben.

Joachim Schild
Werte und Wertewandel

Die Auseinandersetzung mit gesellschaftlichen Werten und
ihrem Wandel war in der Vergangenheit in der Bundesrepublik
intensiver als in Frankreich. Der entscheidende Grund hierfür ist
in der historischen Erfahrung der nationalsozialistischen Barbarei und ihrer Verarbeitung in Deutschland zu suchen. Die Frage
nach den Besonderheiten der vorherrschenden gesellschaftlichen Werte zur damaligen Zeit und nach dem Ausmaß ihrer
Veränderung nach 1945 waren zentral für die Selbstverständi-
gungsdebatten der Deutschen, zumindest der Westdeutschen.
Werte und ihr Wandel waren somit in der Bundesrepublik sehr
viel mehr als nur ein beliebtes, aber beliebiges Thema: Wertewandel war ein normatives Postulat, sollte die junge bundesre-
publikanische Demokratie nicht, wie die Weimarer Republik,
durch eine Inkongruenz zwischen Prinzipien und Normen des
demokratischen Rechtsstaats und dominanten gesellschaftlichen
Werten erneut scheitern.

Wandel der politischen Kultur

In der besonderen historischen Belastung der Deutschen ist auch
die Ursache für die Eigenheiten ihrer Werteentwicklung nach
1945 im Vergleich zu den gefestigten Demokratien des Westens,
also auch zu Frankreich, zu suchen, etwa im Bereich ihrer politischen Kultur. Eine zunehmende Verankerung der demokratischen Verfassung, ihrer Grundwerte und Institutionen im
Bewußtsein der Bürger ließ sich schon in den fünfziger Jahren
beobachten. Damit reihte sich die Bundesrepublik in den Main-
stream der westlichen Demokratien ein. Die »Untertanenkultur« hat immer mehr an Bedeutung verloren. Seit Mitte der sechziger Jahre lassen sich in Frankreich und der Bundesrepublik
zunehmend Ähnlichkeiten in der Entwicklung der politischen
Kultur ausmachen. Die Unterstützung für die Normen und Institutionen des politischen Systems lag seither in beiden Ländern

auf einem hohen Niveau, wobei sich die Franzosen mit dem
Funktionieren ihrer Demokratie unzufriedener zeigten als die
Bundesbürger. Das politische Interesse beiderseits des Rheins
hat – nicht zuletzt infolge der Bildungsrevolution – deutlich zugenommen und lag in Deutschland in den vergangenen zwei Jahrzehnten über dem französischen Niveau. Das Klischee des unpolitischen Deutschen verfehlt damit heute ebenso die Realität wie
dasjenige der hochpolitisierten Franzosen. Auch ist in beiden
Ländern eine gestiegene Bereitschaft zum politischen Engagement zu beobachten. Hiervon profitieren vor allem nicht-institu-
tionalisierte und wenig verpflichtende Formen der politischen
Beteiligung, etwa im Rahmen sozialer Bewegungen und kurzfristiger Proteste, nicht jedoch die politischen Parteien, die seit
Mitte der achtziger Jahre Mitglieder verlieren. Politischer Protest ist nicht länger allein eine Domäne der Franzosen, sondern
hat auch in Deutschland ein fast vergleichbares Niveau erreicht.
Die Institutionen der politischen Willensbildung und Interessenvermittlung geraten aufgrund gestiegener Beteiligungs-
und Protestbereitschaft unter Anpassungsdruck.

Säkularisierungstendenzen und ihre Folgen

Eine frappierende Ähnlichkeit weisen Frankreich und Deutschland auch hinsichtlich eines fundamentalen und empirisch am
besten nachgewiesenen Wertewandlungstrends auf, nämlich der
Säkularisierung beider Gesellschaften. Dieselben grundlegenden Entwicklungen sind zu beobachten: Rückgang christlicher
Glaubensvorstellungen, Zunahme säkularer Weltbilder und
Ausbreitung diffuser, patchworkartiger und wenig verpflichten-
der Glaubensvorstellungen. Dieser religiös-weltanschauliche
Wandel geht einher mit einer deutlich gewachsenen Distanz zu
kirchlichen Institutionen und auch interner Opposition, wie sie
etwa im Kirchenvolksbegehren der deutschen Katholiken 1996
zum Ausdruck kam. Die Großkirchen in beiden Ländern drohen
ihres Volkskirchencharakters verlustig zu gehen. Am weitesten
ist dieser Entchristianisierungsprozeß in Ostdeutschland fortgeschritten. Als religiöse Menschen bezeichneten sich 1990 gerade

noch 32 Prozent der Ostdeutschen im Vergleich zu 48 Prozent der Franzosen und 54 Prozent der Westdeutschen. Während in Frankreich wie in Westdeutschland der stärkste Säkularisierungsschub Mitte der sechziger Jahre einsetzte, vollzog sich der Wandel in Ostdeutschland schon früher, und zwar in Form einer durch staatliche Offensiven gegen die evangelische Kirche schon in den fünfziger Jahren erzwungenen Säkularisierung. Die Entchristianisierung Ostdeutschlands geht allerdings auch ohne staatliche Einwirkung weiter, wie der von 32 Prozent im Jahre 1990 auf 24 Prozent im Jahre 1995 gesunkene Anteil von Ostdeutschen zeigt, die sich als religiöse Menschen betrachten.

Immer wieder wird der (anhaltende) Rückgang religiöser Überzeugungen mit einem generellen »Verfall der Moral«, einer ethischen Desorientierung sowie einer Ausbreitung egoistischer und hedonistischer Mentalitäten auf Kosten des Gemeinsinns und von Solidaritätswerten in Verbindung gebracht. Tatsächlich weist das Ausmaß der Religiosität in Frankreich wie in Deutschland einen deutlichen Zusammenhang mit der Rigidität von Moralvorstellungen auf. Dies kann kaum verwundern, sind (oder waren) viele Institutionen und moralische Normen doch religiös sanktioniert – man denke etwa an die Institution der Ehe und das Verbot ihrer Scheidung, an das Abtreibungsverbot, die Ablehnung abweichender Lebensformen (z. B. homosexueller Paarbeziehungen) und die strenge Sexualmoral. Entsprechend ist in beiden Ländern die abnehmende gesellschaftliche Prägekraft der christlichen Religion mit einer Zunahme moralischer Permissivität und der Ausbreitung eines kulturellen Liberalismus einhergegangen, der durch Toleranz gegenüber der wachsenden Pluralität von Lebensformen und -stilen gekennzeichnet ist.

Selbst religiöse Franzosen und Deutsche glauben mittlerweile mehrheitlich nicht mehr, daß es völlig klare und allgemeingültige Maßstäbe dafür gebe, was gut und böse ist. Eine Art »Situationsethik« ist zum Gemeingut geworden. Der Vergleich zwischen Ostdeutschland einerseits und Frankreich sowie Westdeutschland andererseits zeigt jedoch, daß Säkularisierungstendenzen durchaus mit der Aufrechterhaltung recht rigider moralischer Grundsätze vereinbar sind. Denn in Ostdeutschland trifft

egoistisches und gemeinwohlschädigendes Verhalten wie etwa
Steuerhinterziehung, Schwarzfahren u. ä. trotz weitergehender
Entchristianisierung auf viel entschiedenere Ablehnung als in
Westdeutschland. Noch stärker fällt der Kontrast zu Frankreich
aus. Säkularisierung kann somit nicht umstandslos gleichgesetzt
werden mit einer Zunahme eines egoistischen Individualismus,
der rücksichtslos seine Ziele verfolgt. Allerdings ist auch letzterer in beiden Ländern auf dem Vormarsch, vor allem in den jüngsten Altersgruppen.

Arbeit und Freizeit – zwei Welten?

Interessante Unterschiede im Wertehaushalt der Franzosen und
Deutschen lassen sich in der Bewertung von Arbeit und Leistung
im Verhältnis zur Freizeit beobachten. Die Deutschen leben, um
zu arbeiten, und die Franzosen arbeiten, um zu leben, so will es
das verbreitete Klischee. In der Realität verhält es sich eher umgekehrt. (West-)Deutsche messen der Freizeit einen viel höheren Stellenwert in ihrem Leben zu als Franzosen, so das Ergebnis
der Europäischen Wertestudie. Dies heißt nicht, daß die Westdeutschen nur noch vom Schlaraffenland eines »kollektiven
Freizeitparks« träumen. Aber an die Berufstätigkeit und die zu
verrichtende Arbeit werden hohe Selbstverwirklichungsansprü-
che herangetragen. Das bürgerliche Arbeitsethos mit seiner Betonung von Pflicht-, Selbstzwang- und Leistungswerten, wie es
von Max Weber in seiner protestantischen Ethik beschrieben
wurde, hat in Westdeutschland stärker an Bedeutung verloren
als in Frankreich (was keineswegs heißt, daß auch die Leistungs-
bereitschaft gesunken ist, sie wird allerdings voraussetzungsvol-
ler!). In Frankreich wird die Arbeit sehr viel häufiger als Pflicht
betrachtet als in Westdeutschland. Und 60 Prozent der Franzosen sagten 1990, daß Arbeit »sehr wichtig« in ihrem Leben sei,
gegenüber nur 34 Prozent der Westdeutschen (1990), aber 58
Prozent der Ostdeutschen (1992).

Der Kern des Wertewandels:
Ausbreitung individualistischer Selbstentfaltungswerte

Der Abbau von Pflicht- und Akzeptanzwerten (im Sinne einer
unhinterfragten Hinnahme von Institutionen und Herrschafts-
ansprüchen) und eine Zunahme von individualistischen Selbst-
verwirklichungswerten scheint in beiden Ländern als eine Art
»Megatrend« den Kern des Wertewandels auszumachen. Damit
unterscheiden sie sich kaum von anderen postindustriellen
Gesellschaften. Diese Autonomie- und Selbstverwirklichungs-
ansprüche haben beiderseits des Rheins ihre Ursache in gesellschaftlichen Individualisierungstendenzen und in einem län-
gerfristigen Prozeß kultureller Rationalisierung. Ersterer ist
verbunden mit einer Ausdifferenzierung sozialer Lagen und
einer Vervielfältigung von Lebensstilen. Und letzterer hat unsere Weltbilder radikal entzaubert und zu einer völlig diesseiti-
gen Suche nach Lebenssinn geführt, etwa im Rahmen der Familie, in sozialem und politischem Engagement oder auch in der
Berufsarbeit. Entsprechend steigen auch die Ansprüche, mit denen sich gesellschaftliche Institutionen konfrontiert sehen – in
der Arbeitswelt ebenso wie in der Familie, in der Politik genauso
wie in gesellschaftlichen Vereinigungen.

Verhältnis zur Autorität: deutsch-französische Kontraste

Der Vormarsch libertärer Selbstentfaltungswerte, vor allem bei
formal hoch qualifizierten Personen, geht in beiden Ländern einher mit zunehmend kritischen Haltungen zur Autorität. Diese
läßt sich in sozialen Beziehungen – im Eltern-Kind-Verhältnis,
in Lehrer-Schüler-Beziehungen, im Verhältnis zwischen Vorgesetzten und Untergebenen in der Arbeitswelt – immer weniger
unhinterfragt geltend machen. Allerdings lassen sich gerade hier
bemerkenswerte deutsch-französische – genauer: westdeutsch-
französische – Unterschiede feststellen. Diese laufen den gängigen wechselseitigen Klischees vom autoritätsgläubigen Deutschen und rebellischen Franzosen zuwider. Es gehört zu den
ganz typischen Erfahrungen westdeutscher Austauschschüler

und -studenten in Frankreich und umgekehrt, daß das Lehrer-Schüler-/Studenten-Verhältnis in Frankreich durch tradtionellere Autoritätsmuster und einen »frontaleren« Stil geprägt ist als in Westdeutschland. Ähnliche Erfahrungen machten deutsche und französische Rekruten im Rahmen der deutsch-französischen Brigade sowie deutsche Arbeitnehmer in französischen Unternehmen und umgekehrt: das hierarchische Gefälle zwischen Vorgesetzten und Untergebenen ist in beiden Fällen auf französischer Seite größer. Dieses Phänomen läßt sich auch am Beispiel der respektheischenden Autorität von politischen Amtsträgern beobachten: sie ist in Frankreich vom Bürgermeister bis hinauf zum Staatspräsidenten ungebrochener als in der Bundesrepublik. Franzosen betrachteten laut Umfragen »mehr Achtung vor Autorität« zu Beginn der neunziger Jahre ungleich häufiger als wünschenswertes Ziel als die Westdeutschen. Diese Unterschiede fallen im ostdeutsch-französischen Vergleich deutlich geringer aus. Die Vermutung liegt nahe, daß die autoritätskritischeren Haltungen der Westdeutschen, die sich vor allem in den Nachkriegsgenerationen finden, als Folge der antiautoritären 68er-Revolte betrachtet werden können. Die bewußt gesuchte, für die Beteiligten häufig schmerzvolle Auseinandersetzung der 68er mit ihrer Elterngeneration, mit der nationalsozialistischen Diktatur und der deutschen Untertanenkultur hat tiefe Spuren im Wertehaushalt der Westdeutschen hinterlassen. Sie hat entscheidend mit dazu beigetragen, die bundesdeutsche Demokratie gegen autoritäre Rückfälle zu wappnen. Betrachtet man den gesellschaftlichen Wertewandel in (Westdeutschland) über einen längeren Zeitraum, etwa seit dem wilhelminischen Kaiserreich, so spricht viel für die Annahme, daß gerade im Verhältnis zur Autorität der Traditionsbruch mit der Vergangenheit am größten ausfällt.

Das Verhältnis der Generationen:
Differenzen in Frankreich, Brüche in Deutschland

In unmittelbarem Zusammenhang mit der Bürde der nationalsozialistischen Vergangenheit und deren offensiver Thematisierung durch die 68er-Generation muß auch der frappierendste
deutsch-französische Unterschied in der Werteentwicklung gesehen werden: mäßigen Wertedifferenzen zwischen Eltern und
Kindern, zwischen älteren und jüngeren Generationen in Frankreich steht ein regelrechter Wertegraben gegenüber, der die
deutsche 68er-Generation von der Vorkriegs- und Kriegsgeneration trennt. Auch in Frankreich erweisen sich Geburtsjahrgänge
um 1945 als markante Scheidelinie zwischen den Generationen,
vor allem hinsichtlich von Moralfragen, der Religiosität und dem
Verhältnis zur Autorität und Hierarchie; auch die französischen
68er schleiften die Bastionen traditioneller Werteordnungen.
Dennoch stimmen Franzosen ungleich häufiger als Westdeutsche mit ihren Eltern hinsichtlich wichtiger Werte- und Moralfragen überein. In der alten Bundesrepublik – sehr viel weniger
dagegen in der DDR – hat die Erfahrung des NS-Regimes und
ihre Verarbeitung »Kontakt- und Kommunikationsbarrieren«
(Hildegard Hamm-Brücher) entstehen lassen, deren Ausmaß
französische Beobachter nicht selten erstaunt und irritiert hat.
Sie haben zu stärkeren Wertedisparitäten der deutschen Gesellschaft geführt, die sich durch die Wiedervereinigung noch weiter
vertieft haben.

Mehr Ähnlichkeit und Nähe infolge des Wertewandels?

Die französische und deutsche – zumindest die bundesdeutsche –
Gesellschaft haben in den vergangenen Jahrzehnten also ähn-
liche Wertewandlungstrends durchlaufen: Säkularisierung,
Ausbreitung individualistischer Selbstverwirklichungswerte,
Zunahme moralischer Permissivität sowie ein kritischeres Ver-
hältnis zu Autoritäten und Überlieferungen sind die zentralen
Merkmale. Beide Gesellschaften sehen sich durch einen wach-
senden Wertepluralismus (auch als Folge von Einwanderung)

vor ähnliche Probleme ihrer kulturellen Integrationsfähigkeit
gestellt. Verunsicherungen, identitäre Rückzugs- und Abschot-
tungstendenzen, aber auch offene kulturelle und Wertekonflikte
bis hin zu rassistischen Gewalttaten können die Konsequenz raschen kulturellen Wandels sein. Kommen sich Franzosen und
Deutsche durch diese ihnen gemeinsamen Wandlungstrends und
Herausforderungen auch näher?

Der gesellschaftliche Wertewandel stellt einen länderüber-
greifenden Trend in postindustriellen Gesellschaften dar. Allerdings werden Werte, auch neue Wertentwicklungen, immer im
Lichte spezifischer historischer Traditionen interpretiert und
durch die jeweiligen sozialen Institutionen, die ja Werte verkörpern, geformt, dem nationalen Kontext anverwandelt und in
einer spezifischen Form weitervermittelt. Eine Konvergenz der
Werteentwicklung als Ergebnis ähnlicher »Megatrends« zu erwarten wäre demnach unrealistisch. Allerdings lassen sich aus
zwei Gründen weitere deutsch-französische Annäherungen erwarten: *Erstens* wird die deutsche Besonderheit des Genera-
tionsbruches mit dem Ableben der Kriegs- und Vorkriegsgene-
rationen der Geschichte angehören. Und *zweitens* kann man sich
fragen, ob nicht eine Konsequenz des Wertewandels in der »indi-
vidualizing society« gerade darin besteht, die (werte-)prägende
Kraft zentraler gesellschaftlicher Institutionen und Sozialisa-
tionsagenten – von der Familie und Schule über die Kirchen bis
hin zu Parteien und Verbänden – zu reduzieren. Und genau in
und durch diese Institutionen werden Franzosen zu Franzosen
und Deutsche zu Deutschen gemacht.

Werner Gephart
Natur – Umwelt

»Natur« ist – wie in deutschen *und* französischen Wörterbüchern
zu lesen ist – ein vielschichtiger Begriff. Dies wäre Anlaß, seiner
Verwendung gegenüber skeptisch zu sein und ihn bereits in der
jeweils eigenen Muttersprache tunlichst zu vermeiden. Um so

gravierender müßten dann die Verwirrungen sein, wenn der Na-
turbegriff über die »natürlichen« (?) Grenzen des Rheins hinweg
verwendet wird.

Auf den ersten Blick hin freilich ist gar nicht einzusehen,
warum man über die »Natur« in Streit geraten sollte. Ist sie nicht
der ausgewiesene Gegenstand der Naturwissenschaften, die –
unabhängig von kulturellen Einflüssen – der Natur auf den
Grund gehen? Und gibt es nicht andererseits ein Alltagsver-
ständnis des »Natürlichen«, ganz verschiedene Lebensbereiche
umgreifend?

Es gehört zu den auffälligsten Erscheinungen im deutsch-französischen Verhältnis der vergangenen Jahre, wie sich tiefgreifende Unterschiede, aber auch Verwandtschaften im Verhältnis
zur »Natur« aufgetan haben. Wir meinten, in der Bundesrepublik einen unaufhaltsamen Trend zur Natur zu beobachten, während in Frankreich eine skeptische, wenn nicht ironische Haltung gegenüber dem deutschen Naturkult entstand. Noch vor
wenigen Jahren hatte eine ökologische Argumentation in Frankreich nur wenig Chancen, überhaupt als Thema der Politik ernst
genommen zu werden. In der Bundesrepublik hingegen hat ökologisches Denken oder zumindest ökologische Rhetorik über die
Grenzen der grünen Bewegung hinaus die öffentlichen Strategien der Parteipolitik durchdrungen. In diesem Zuge hat auch
eine weitgehende »Verrechtlichung« der Natur in den sogenannten Umweltschutzdelikten, dem Naturschutzrecht, dem Wasser-
recht etc. stattgefunden, auch wenn die »Implementation« dieser Normen problematisch ist und der historische Ursprung – wie
es Luc Ferry zu zeigen vorbehalten war – auf die Gesetzgebung
im Nationalsozialismus zurückweist. Freilich wäre es verfehlt,
damit ökologisches Denken in Deutschland insgesamt diskredi-
tieren zu wollen.

Neben der – besonders sichtbaren – Sphäre der Politik, deren
Eigengesetzlichkeiten in Frankreich das Entstehen einer grünen
Partei erschwert hat, ist auch das Alltagsleben in offenkundig
unterschiedlicher Weise an Naturvorstellungen gekoppelt. Wiederum vor Jahren schien das »Wandern« (la randonnée) ein
deutsches Privileg, wenn nicht eine Kuriosität, während in

Frankreich die »Promenade« als Flanieren im Freien gepflegt wurde. Hier haben sich die Unterschiede freilich längst verschoben.

Während in der Bundesrepublik nun auch die Wissenschaften, in der Pädagogik, Philosophie und Soziologie, ihre »Liebe zur Natur« entdeckten oder sich gar in Umweltinstituten und entsprechenden Studiengängen professionalisierten, schien auch dies in Frankreich eher undenkbar. Dafür wird man heute an der Sorbonne oder am Collège de France unschwer Vorlesungen über Philosophie und Soziologie der Natur hören können, nachdem Moscovicis Arbeiten zur menschlichen Geschichte der Natur interessanterweise 1968 erschienen sind. In Deutschland diente übrigens der Versuch, die Partei der Grünen aus dem Geist der 68er herzuleiten, vornehmlich als Versuch einer Diskreditierung, nunmehr vom rechten politischen Spektrum her. Erst die »Kritik der politischen Ökologie« (Enzensberger) lieferte eine Verbindung zum politischen Aufbruch der 68er, deren Geist sich manche noch heute verpflichtet fühlen, auch wenn sie nicht zu den Protagonisten der Bewegung gehörten.

Trotz erheblicher Angleichungen auch im Lebensstil behält nun das zuvor relativierte Stereotyp vom »romantischen Naturkult« einerseits und »skeptischer Naturferne« andererseits eine gewisse Berechtigung. Sie ergibt sich aus der jeweiligen Geschichte des »Naturverhältnisses« in Deutschland und Frankreich.

Unter »Naturverhältnis« verstehe ich den Inbegriff der Stellung des Menschen zur »Welt«, soweit es seine Beziehung zur inneren und äußeren Natur betrifft. Nicht was »Natur« *wirklich* ist, sondern wie Natur aufgrund religiöser Überlieferung und kultureller Tradtionen *definiert* wird, interessiert den kulturwissenschaftlichen Naturforscher.

Es lassen sich idealtypisch verschiedene Entwicklungsstränge bündeln: Die sogenannte *Zivilisationstheorie* von Norbert Elias u. a. hebt folgenden Tatbestand hervor: Im Frankreich der höfischen Gesellschaft wurde die äußere Natur »zivilisiert«, was z. B. in den geometrischen französischen Gärten Gestalt annimmt. Die »bürgerliche« Gesellschaft in Deutschland flieht aus

dem praktischen Leben in die äußere Natur der unendlichen
Landschaft und die inneren Untiefen der »Seele«.

Man kann diesen Gegensatz zuspitzen und eine »gesellschafts-
flüchtige Naturliebe« mit einer »naturflüchtigen Geselligkeit«
kontrastieren.

Diese Deutung überschneidet sich mit einer *religionssoziolo-
gischen* Erklärung, die sich in verschiedenen Forschungsstrate-
gien bewährt hat und hier nur sehr verinfacht dargestellt wird.
Das Verhältnis des Menschen zur »Natur« ist von religiösen Vorstellungen mit geprägt. Solange die Natur noch zu den unbere-
chenbaren Kräften des Kosmos gehörte und der Mensch sich die
Erde noch nicht nach der biblischen Anweisung untertan gemacht hatte, lebte »Natur« im Weltbild der archaischen Völker
als »Zaubergarten«, wie es Max Weber formulierte. Die Verwis-
senschaftlichung der Natur profanisierte diese unheimliche
Welt, in der kontagieuse Kräfte walten, aus denen – wie der französische Begründer der Soziologie Emile Durkheim vermutet –
die moderne Vorstellung kausalen Denkens hervorgeht. Von
der deutschen Romantik ausgehend, läßt sich nunmehr eine *Re-
Sakralisierung* der *Natur* in Deutschland beobachten. In idealty-
pischer Gegenzeichnung ist der vielbeklagte Religionsverlust
der Moderne in eine *Sakralisierung der Gesellschaft* umgeschlagen, für die gerade die führenden Theoretiker der Sozialwissen-
schaft in Frankreich, von Saint-Simon über Comte bis Durkheim, ein Beleg sind.

Für das Verständnis der beiden Kulturen ist ein weiterer *reli-
gionssoziologischer* Befund wichtig. Die Wirtschaftsethik, das
Staatsverhältnis und der Lebensstil sind in Deutschland ganz
entscheidend von der »protestantischen Ethik« geprägt. Ihr
Kerngehalt liegt nach Max Webers berühmter Protestantismus-
these in der Beschaffung religiöser Motive für eine »*innerwelt-
liche Askese*«, in der die Welt als Material rastloser Arbeit erscheint. Dieser Habitus findet sich in ganz auffälliger Weise in
der deutschen Naturbewegung wieder. Es sind vielfach protestantische Kreise, die gegen die Zerstörung einer schöpfungsge-
schichtlich gedeuteten Natur »protestieren«. Und es ist der spezifische »Geist« einer alle Lebensbereiche durchdringenden

Haltung, der die Assoziationen zur »protestantischen Ethik« weckt, vom besonderen Eifer bis zum moralisierten Sortierzwang von Müll. All dies verstärkt die Idee einer religiös gefärbten »Naturethik«, die uns auch verständlich macht, warum der aktivistische Unterton im Naturverhältnis des außerokzidentalen Raumes fehlt, obwohl gerade in den asiatischen Religionen, etwa im Taoismus, die *Einheit von Natur und Gesellschaft* propagiert ist. Es bleibt nun bezeichnend, wenn die Idee eines die verschiedenen religiös geprägten Kulturen übergreifenden ökologischen »Weltethos« aus dem deutschen Kontext hervorgeht. Daß im übrigen eine laizistische politische Kultur wie die französische einer religionsorientierten Betrachtung gegenüber eher skeptisch ist, habe ich im Verlauf verschiedener, z. T. heftiger Diskussionen in Frankreich erleben können.

Trotz der skizzierten Differenzen im deutschen und französischen Naturverhältnis wäre es nun fatal, die Gemeinsamkeiten zu übersehen oder das bestehende Konfliktpotential in der »ökologischen Kommunikation« (Niklas Luhmann) zwischen Deutschen und Franzosen zu überschätzen. Unsere französischen Freunde sind zu Recht empört, wenn ihnen von deutscher Seite, mit dem nunmehr verständlichen moralischen Unterton, die *»Liebe zur Natur«* abgesprochen wird. Andererseits sind Empfindlichkeiten auf deutscher Seite unangebracht, wenn die romantische Tradition der deutschen Naturbewegung akzentuiert wird. Schließlich gab es nicht nur eine literarische und ästhetische Romantik, sondern auch die unheilvolle »politische Romantik« (Carl Schmitt). Insofern stellt sich immer wieder die Frage, ob sich der »Natureifer« der Deutschen mit antimodernistischen Strömungen verbindet, während ein wichtiger Unterschied zu Frankreich darin besteht, daß Naturbewahrung dort als ein völlig legitimes Problem der technologischen *Moderne* behandelt wird. In Deutschland wirkt insoweit noch immer eine *antimodernistische* Kritik der Technik nach (des »Gestells« im Sinne Martin Heideggers), deren Ambivalenzen im kritischen Spiegel des französischen Naturverhältnisses deutlich werden.

Vielleicht ist auch die Welt der Bilder, Träume und Imaginationen ein Medium, in dem die bislang ausgesparte ästhetische

Dimension der Naturauffassung Möglichkeiten einer nicht
sprachlich gebundenen Verständigung aufweist. Den Künstlern,
Romantikern in Frankreich und Rationalisten in Deutschland,
scheint dies eher gelungen, als dem entzweienden Streit um den
Katalysator, die Begrenzung der Rheinverschmutzung oder die
Durchsetzung von Maßnahmen zur Eindämmung des symbol-
trächtigen »Waldsterbens« zu entnehmen ist. Aber auch die heutigen Versuche einer neuen Naturkunst eröffnen nicht sprachlich
gebundene Kommunikationsmöglichkeiten, wie es das Manifeste pour l'environnement au XXI siècle (Bettina Laville und
Jacques Leenhardt) anvisiert.

Jacques Leenhardt
Kulturpolitik

Logik und Funktion von Kulturpolitik sind in beiden Ländern
tief in der historischen Entwicklung der Verfassung beider Nationen verwurzelt. Die Idee der Nation, die immer mit symbolischen und kulturellen Themen verknüpft ist, hat sich in Frankreich sehr früh entwickelt und wurde lange mit der des Staates
gleichgesetzt. Ihr symbolischer Wert verfestigte sich im Laufe
der Jahrhunderte immer weiter und hat ihr damit eine Art Autonomie verliehen. Die revolutionären Kämpfe gegen den monarchischen Staat und die Auseinandersetzungen mit der katholischen Kirche haben wesentlich die Art beeinflußt, wie Franzosen den Konflikt der Ideen erleben. Zu jedem Zeitpunkt seiner
Geschichte befindet sich Frankreich am Rande eines symbolischen Bürgerkriegs. Hieraus schöpft die Nation ständig neue
Kräfte. Der Begriff »Intellektueller« und seine Funktion im Leben des Landes ist aus diesem ständigen geistigen Guerillakrieg
abgeleitet. Selbst wenn sich die Intellektuellen dauernd gegen
die im Staat jeweils machtausübenden Kräfte auflehnen, bedeutet ihre historische Rolle doch eine organische Funktion ständi-
ger Begründung und Neubegründung im Leben der Nation.
Französische Kulturpolitik ist deshalb untrennbar mit dieser
Herkunft verbunden, wobei nicht zu vergessen ist, daß sie den

Anspruch erhebt, zugleich universell und weltanschaulich neutral zu sein.

Die Zersplitterung der Macht auf eine Vielzahl von Fürstentümern, die bis Ende des 19. Jahrhunderts für Deutschland bestimmend war, und ihre Verteilung auf religiöse Konfessionen, die nach dem Prinzip »cuius regio eius religio« staatlich geschützt waren, begünstigten nicht wie in Frankreich eine polemische Bündelung des Konflikts zwischen Intellektualität und religiöser Macht. Die deutsche Nation entwickelte sich dagegen aus der Art des Widerstands gegen den napoleonischen Herrschaftsanspruch und wurde wesentlich auf kulturellen Fundamenten errichtet. Die Kürze des Zeitraums, wo sie in der Weimarer Republik mit dem demokratischen Staat deckungsgleich war, erlaubte nur Ansätze zur Entwicklung einer eigentlich deutschen Kulturpolitik. Der Nationalsozialismus verschärfte die Zentralisierung und vollzog einen so gewalttätigen Herrschaftsanspruch, daß er einen großen Teil des eigentlichen kulturellen Lebens zerstörte.

Die Kulturpolitik der westdeutschen Bundesrepublik versuchte nach dem Krieg die Herstellung eines allgemeinen Konsenses zu fördern, welcher zur Verankerung der Demokratie unverzichtbar war. Die Bundesebene hatte Kompetenzen nur in der Denkmalspflege; sie versuchte aber eine gewisse Koordination zwischen den durchaus unterschiedlichen Kulturpolitiken der Länder und Gemeinden herzustellen. Deren Autonomiestreben setzte sich aber (wie 1973 bestätigt) durch. Koordination wird nur über die Kultusministerkonferenz der Länder durchgeführt.

Auch die Kirchen, die von einem Staat getragen werden, der ihre Rolle in der Gesellschaft offiziell anerkennt und durch die Kirchensteuer ihre institutionelle Verankerung garantiert, sind zwar administrativ dem Innenministerium zugeordnet, sind aber de facto in ihrem Handeln autonom.

Die Kulturpolitik der DDR dagegen schaffte unter dem Einfluß des sowjetischen Vorbilds und der in ihm vorgegebenen ideologischen Führerschaft des Staates die in Deutschland traditionelle Dezentralisierung ab. Sie versuchte auch im Bereich der Kultur eine Gesamtautorität zu errichten. Die Kirchen, vor allem die protestantische, versuchten auch unter diesen Umständen eine gewisse Eigenständigkeit zu bewahren. Beide Seiten gingen dabei der unmittelbaren Konfrontation meist aus dem Wege. Die DDR behauptete über eine sozialistisch geprägte »Nationalkultur« zu verfügen (Artikel 18 der Verfassung von 1974), die sie vor allem über Massenorganisationen und Jugendverbände zu verbreiten suchte.

Entwicklung des Konzepts Kulturpolitik in beiden Ländern

Seit dem Zweiten Weltkrieg entwickelten sich in Deutschland wie in Frankreich die Grundkonzepte der Kulturpolitik in zwei Schüben. Eine erste Phase, die bis in die sechziger Jahre reicht und als Periode des Wiederaufbaus bezeichnet werden kann, konzentrierte sich vor allem auf Bildung und Ausbildung.

Sie führt zu einer Erweiterung des Kulturbegriffs. Seine denkmalpflegerische Dimension, die in der Erhaltung von Kulturgütern der Vergangenheit besteht, wird durch eine neue Aufmerksamkeit ergänzt, die sich auf kulturelle Breitenwirkung (Musik, Buch, Kunst, auch Film) richtet und damit den schöpferischen Akt in der Gesellschaft ernst nimmt. Der Staat bekundet hierdurch sein Bestreben, es jedem Bürger zu ermöglichen, seine »kulturellen Bedürfnisse« zu erfüllen und sogar eine persönliche »Kreativität« zu entwickeln (siehe Bundesraumordnungsgesetz). Die Entwicklung einer Vielzahl kultureller Veranstaltungen, der Ausbau der Bibliotheken und sogar das, was man in Frankreich »Lesepolitik« nennen wird, sind Ausdruck für diesen Willen des Staates, die persönliche kulturelle Entwicklung der Bürger aktiv zu unterstützen, um dadurch insbesondere seine immer notwendigere Weiterbildung und sein berufliches Fortkommen zu fördern.

Diese Periode steht in der Bundesrepublik Deutschland im Zeichen des Kalten Krieges. Der Wille, vor allem den Konsens zu erhalten, führt zu einer gewissen Dumpfheit des kulturellen Lebens, das weithin zersplittert und provinziell bleibt.

In dieser Hinsicht bildete West-Berlin, das als kulturelles Schaufenster des Westens dienen sollte, eine Ausnahme. Trotz der damaligen Armut der Stadt wurden zahlreiche Institutionen für Theater, Musik und bildende Künste geschaffen; Stipendienprogramme für ausländische Künstler und Schriftsteller, interkulturelle Festivals wie Horizonte machten aus Berlin einen Sonderfall westdeutscher Kulturpolitik. Dies lag nicht zuletzt daran, daß es um internationale Politik ging und die Gegenwart der Vereinigten Staaten (und in geringerem Maße auch die der anderen Besatzungsmächte) aktiv hierzu beitrug.

In den Jahren des raschen westlichen Wirtschaftswachstums verliert seit den sechziger Jahren der Kalte Krieg an Bedeutung, wenn auch Berlin weiterhin eine herausragende politische und kulturelle Rolle in der Ost-West-Auseinandersetzung bis zum Mauerfall 1989 spielte. In Frankreich zerfällt nach dem Ende der Kolonialkriege im Jahre 1962 nach und nach der Solidaritätsblock, der sich seit dem Krieg um die kommunistische Partei und ihre Intellektuellen gebildet hatte.

Dies ist der Zeitpunkt, wo erstmals auf staatlicher Ebene eine organisierte erweiterte Kulturpolitik wirksam wird. Die offizielle französische Kulturpolitik setzt mit der Schaffung eines Kulturministeriums im Jahre 1959 ein. Zwar gab es ständig polemische Auseinandersetzungen zum Thema Elitekultur versus Demokratisierung, ohne daß aber die Linke und die Rechte klare Gegensätze aufbauen konnten, zu tief geht der grundlegende nationale Konsens. Die Schaffung der »Kulturhäuser« in zahlreichen Städten durch André Malraux und schon die bloße Tatsache, daß ein großer Schriftsteller zum Minister berufen worden war, bestärkten nur die lange Tradition, die aus der Kultur ein konstituierendes Element für das politische Leben Frankreichs und damit eine Regierungsaufgabe macht, die auch Malrauxs Nachfolger kontinuierlich ausbauten.

Die unmittelbar politische Bedeutung des Kulturministeriums erreichte in den achtziger Jahren mit Jack Lang und seinem Team einen neuen Höhepunkt. Er erreichte eine erhebliche Aufstockung der Haushaltsmittel, die bei einem Prozent des gesamten Staatsbudgets kulminierten: diese Zahl gilt seitdem als symbolischer Maßstab für das Engagement der jeweiligen Regierung im kulturellen Bereich.

Eine neue Generation, die die Kriege nicht mehr erlebt hat und statt dessen im Aufschwung der Konsumgesellschaft groß geworden ist, inszeniert 1968 einen neuen revolutionären Aufbruch, der sich wesentlich auf Kultur bezieht, und zerbricht den Konsens, der sich scheinbar etabliert hatte. Ihre Beziehungen zum Staat, der als Repräsentant einer für sie unbefriedigenden Gesellschaft gilt, werden immer gespannter; er soll in seiner Kulturpolitik den kreativen Kräften einen größeren Spielraum einräumen. Der Staat wird also in die kulturellen Inhalte nicht eingreifen; die verschiedenen Minister werden bestrebt sein, die Rolle der Kulturschaffenden zu erleichtern, nicht sie zu steuern. Als Konsens wird von nun an das Ergebnis der aufeinanderstoßenden kulturellen Widersprüche angesehen, nicht mehr das Vorherrschen einer Richtung, die jeweils die Gunst der staatlichen Institutionen genießt. In dieser Hinsicht gibt es auch bei Regierungswechseln keine nennenswerten Kurskorrekturen.

In den achtziger Jahren erlebte man überall in Europa eine sich bis heute verstärkende Verlagerung des Kulturbegriffs selbst. Das Wirtschaftswunder der sechziger Jahre hatte den massenhaften Wohnungsbau und die Ausstattung der Haushalte mit technischem Gerät ermöglicht. In den achtziger Jahren nahm die Freizeit massiv zu. Dies führte zu einem Aufschwung der Kulturindustrien und der Freizeitunternehmen, deren Erfolg heftige intellektuelle Reaktionen auslöste. Alternative Kulturinstitutionen wurden in allen Bereichen geschaffen. Das Unverständnis eines breiteren Publikums gegenüber diesen oft als provokativ und elitär empfundenen Veranstaltungen macht öffentliche Kulturpolitik keineswegs einfacher.

Mit wachsender Arbeitslosigkeit, explosiven Spannungen in Problemvorstädten und dem drohenden Zerbrechen des sozialen Zusammenhalts, der in Frankreich das Wort »exclusion« bereits zu einem Schlüsselbegriff des politischen Alltags werden ließ, stellen sich auch der Kulturpolitik neue Aufgaben. Wieweit kann Kultur dazu beitragen, die lokale Gesellschaft zu reaktivieren, Unterprivilegierten die Möglichkeit geben, sich selbst auszudrücken und damit wieder mit anderen zusammenzuwirken, und dort soziale Kohäsion zu fördern, wo ihre wirtschaftlichen und kulturellen Grundlagen wegbrechen? Freizeit hat unter diesen Verhältnissen einen anderen Klang.

In Deutschland überläßt die föderalistische Struktur des Staates die kulturelle Kompetenz weiterhin vor allem den Ländern und Gemeinden, Vereinen aller Art und Religionsgemeinschaften und damit schließlich mehr dem Individuum als dem Staat. Hieraus ergibt sich eine höchst pragmatische lokale Weiterentwicklung von Kulturpolitik, die weniger problematisiert wird als in Frankreich.

Aber auch in Frankreich führt die seit Anfang der achtziger Jahre begonnene Regionalisierung zu einer erheblichen Verlagerung der für Kultur bestimmten Haushaltsmittel auf die Ebene der Regionen, der Départements und der Gemeinden. Doch behält der Staat über die Schaffung finanzieller Anreize weiterhin erheblichen administrativen Einfluß über die verschiedenen Abteilungen des Kulturministeriums. Da die über eine angeblich »offizielle Kunst« oder Umstellung noch keineswegs abgeschlossen ist, geht die Auseinandersetzung mit den Anhängern des Zentralismus weiter, die diesem die Verantwortung zuschreiben, eine Universalität und Unparteilichkeit zu gewährleisten, die viele für bedroht halten, wenn die Entscheidungen auf lokaler Ebene gefällt werden.

In den letzten Jahren tobt eine recht heftige Diskussion über »Staatsästhetik«, die die Anhänger eines sich auf jakobinische Traditionen berufenden Zentralismus und die Verfechter eines kulturellen Liberalismus, die mehr auf private Initiative setzen, aufeinanderprallen läßt. Erhebliche Verwirrung entsteht daraus, daß diese Auseinandersetzung um die Grundprinzipien des republikanischen Staates mit einer im eigentlichen Sinne ästhetischen Debatte verknüpft ist, die um so spezielle Fragen wie Gegenständlichkeit kreist. Anders als manche vorgeben, läßt sich feststellen, daß die in den achtziger Jahren vollzogene Vermehrung der öffentlichen Institutionen mit Zuständigkeiten für Kunst die Voraussetzungen für einen faktischen Pluralismus unter staatlicher Obhut geschaffen hat.

In Deutschland hat in den neuen Bundesländern die Vereinigung von 1990 auch im kulturellen Bereich ganz neue Verhältnisse geschaffen. Eine völlige Umorganisation ist sowohl im Theaterbereich wie in der Kunstszene und im Verlagswesen im Gange. Der Umgang mit dezentralisierter Vielfalt, aber auch die Notwendigkeit, unter liberalen Voraussetzungen mit den spezifischen Bedingungen des Kulturmarktes zurecht zu kommen, stellt ganz ungewohnte Herausforderungen und führt bei manchen zu resignierter Ratlosigkeit. Dramatische soziale und politische Folgen hat der Zusammenbruch der staatlich betriebenen Kultur- und Jugendhäuser. Mit der politischen Einbindung in das totalitäre System sind auch die Instrumente verlorengegangen, die vielen Jugendlichen und Erwachsenen Beschäftigung, Unterhaltung und soziale Kontakte gewährten. Kultureller Neuaufbau in den neuen Bundesländern muß sowohl die repräsentative und alternative wie auch die Breitenkultur umfassen. Auch hier ist Aktivierung der lokalen kulturellen Kräfte die wichtigste Aufgabe. Manche Länder, wie Sachsen, das wesentliche kulturelle Kompetenzen einer Kulturstiftung übertragen hat, gehen hier durchaus innovative Wege.

Im Westen wie im Osten und auch in Frankreich sind die öffentlichen und privaten Mittel zur Kulturfinanzierung erheblich zurückgegangen. Viele Institutionen sind in ihrem Bestand gefährdet oder können kaum mehr neue Initiativen ergreifen. Nach den Jahrzehnten des Wachstums muß Kultur sich auf magere Jahre einstellen. Dies bedeutet neue Herausforderungen für alle, die kulturell aktiv sein wollen, und auch für die weiterhin so unterschiedliche Kulturpolitik beider Länder.

Henri Ménudier
Fernsehen

Fernsehlandschaft ändert sich, und die deutsch-französischen Beziehungen werden immer vielfältiger. Welche Rolle das Medium Fernsehen in diesem Zusammenhang spielen kann, hängt nicht nur von der technischen Entwicklung, sondern auch von den politischen Entscheidungen ab, die auf nationaler und europäischer Ebene getroffen werden. Trotz aller Unterschiedlichkeit, die weiterhin zwischen Strukturen und Programmen in Frankreich und der Bundesrepublik Deutschland besteht, stellen sich auf beiden Seiten die gleichen Grundfragen.

Das öffentlich-rechtliche Fernsehen nahm zunächst eine Monopolstellung ein mit jeweils drei Programmen in beiden Ländern. In Frankreich bestand eine stark zentralisierte Struktur, auf die politische Instanzen unmittelbaren Einfluß nahmen. Das Organisationsprinzip des deutschen Fernsehens war Dezentralisierung, Regionalisierung und die Kontrollfunktion der gesellschaftlichen Gruppen, was jedoch einen erheblichen Einfluß der politischen Parteien keineswegs ausschloß. Beide Systeme wurden seit Mitte der achtziger Jahre durch die Öffnung von Rundfunk und Fernsehen für private Anbieter und durch die rasche Entwicklung neuer Telekommunikationstechniken grundlegend in Frage gestellt.

Die Programme des öffentlich-rechtlichen Fernsehens bilden eine Insel in einer sehr ausgedehnten Fernsehlandschaft, die von zahlreichen Privatsendern beherrscht wird. Seit der Privatisierung von TF 1 gehören in Frankreich France 2 und FR 3 (das regionale Fernsehen) und La Cinq / ARTE zum öffentlichen Sektor. Neben den großen Privatanbietern (TF 1, Canal + und M 6) hat der Fernsehzuschauer die Qual der Wahl mit Cine-Cinéfil, Ciné-Cinéma, Planète, Paris Premiere, Eurosport, RTL 9, Monte Carlo, Série Club, Festival, Multivision (1, 2 und 3), France Supervision, Canal Jimmy, MCM, Canal Bleu, Canal + bleu, Canal + jaune, Canal J, MTV, Muzzik... In Deutschland neben ARD, ZDF und den Dritten regionalen Programmen wären RTL, SAT 1, Pro Sieben, RTL 2 wie Kabel 1, Vox, DSF, TM 3, 3 SAT, N-TV zu nennen. ORF 1 und ORF 2 (die österreichischen Programme) sind auch in Deutschland zu empfangen.

Viele Gründe erklären die enorme Erweiterung der Fernsehprogramme seit Anfang der achtziger Jahre. Durch die Deregulierung und die Liberalisierung der Märkte ist der Einfluß der Staaten zurückgegangen, und viele private Initiativen mit kommerziellem Anspruch konnten sich entfalten. Allerdings besteht die Gefahr, daß die großen Multimediengruppen das Medienangebot mehr als ein Wirtschaftsgut als ein Kulturgut behandeln. Die europäische Integration, der Zusammenbruch des kommunistischen Imperiums im Osten und die stärker werdende Globalisierung der Wirtschaft haben die Internationalisierung der Medien stark gefördert. Die Expansion der Medien wäre aber ohne die rasante technologische Entwicklung nicht möglich gewesen. Kabel, Satelliten und Netzwerke haben die Kapazitäten für Information und Kommunikation in einem früher nicht geahnten Ausmaß erweitert. Neben Telefon- und Fernsehapparaten gehören Kopierer, Personalcomputer, Handys, Videorecorder, Fernsehschüssel, Internetverbindung, CD-Roms, electronic Mail heute zur Grundausstattung des modernen Menschen, der stets ein Auge auf CNN hat. Das 1964 von dem kanadischen Soziologen Marshal Macluhan angekündigte »globale Dorf« ist zumindest technisch Wirklichkeit geworden. Teleshopping, Homebanking und Telearbeit sind einige der neuen Dienstleistungen. Die digitale Kommunikation wird den Informationsaustausch noch weiter vergrößern. Die Information wird eine zunehmende Rolle in der Gesellschaft des 21. Jahrhunderts spielen.

Die Medien erweitern die Wahrnehmungsfähigkiet der Menschen, Information bedeutet Erneuerung, Macht und Innovation. Der Bürger von heute braucht eine gute, umfangreiche und differenzierte Information. Moderne Wirtschaftssysteme und pluralistische Demokratien, die von dem internationalen Kontext sehr abhängig sind, könnten sich ohne einen offenen Informationsaustausch nach innen und nach außen nicht erneuern und anpassen. Es ist trotzdem legitim zu fragen, ob wir soviel Information wirklich brauchen. Sollte die Qualität nicht vor der Quantität stehen? Unsere Verarbeitungskapazität ist schnell erschöpft, die Information banalisiert sich, die Sintflut an Information wird kontraproduktiv. Eine übertriebene Nutzung der Medien und besonders des Fernsehens fördert den Trend zur Individualisierung und zur Vereinsamung. Die gepriesene Interaktivität findet vor allem zwischen dem Benutzer und einem Gerät statt. Wann können die Menschen noch miteinander reden? Die Information schafft sogar Ungleichheiten zwischen den Menschen, die Informationen empfangen und miteinander kommunizieren, und den anderen Menschen, die von diesem Prozeß ausgeschlossen sind. Auch wenn die Strukturen anders sind, stehen Deutschland und Frankreich vor den gleichen Problemen bezüglich der Medienlandschaft. Die wachsende Vielfalt der Träger und des Programmangebots sowie die Zunahme der zur Verfügung stehenden Sendezeit ist keineswegs automatisch mit entsprechender Qualitätssteigerung verbunden. Im Programmangebot stehen Filme, Fernsehspiele und Unterhaltungssendungen oben an. Die Zuschauer wünschen vor allem Unterhaltung; anspruchsvolle kulturelle Sendungen sind kaum gefragt. Angesichts der immer schärferen Konkurrenz um Einschaltquoten sind die Programmplaner kaum geneigt, kulturelle Bedürfnisse von Minderheiten zu berücksichtigen.

Dieser gnadenlose Wettbewerb, der insbesondere die günstigste Sendezeit zwischen 19 und 22 Uhr betrifft, der Kampf um die Werbebudgets und die steigenden Produktionskosten führen zu einer Vereinheitlichung der Programminhalte, die dem verhießenen Pluralismus der Themen und Ideen zuwiderläuft. Werbespots breiten sich immer mehr aus, Anbieter greifen immer häufiger auf billige amerikanische Serien und Gesellschaftsspiele wie Talk-shows, direkt übertragene Magazine und Diskussionen zurück. Selbst die Nachrichtensendungen werden immer banaler, bringen sämtlich die gleichen bei angelsächsischen Agenturen gekauften Bilder und werden von anderen Programmen übernommen. Das Streben nach hohen Einschaltquoten fördert auch die Suche nach Konsens um jeden Preis, was kontrovers sein könnte, wird ausgeklammert. Die Zahl der Fernsehreportagen nimmt ab, weil sie zu kostspielig sind, die Einschaltquoten für Magazine, die sich anderen Ländern und internationalen Entwicklungen widmen, sinken. Mode ist dagegen innergesellschaftliche Nabelschau. All dies führt zu einer wachsenden Standardisierung bei der Auswahl und Darstellung von Informationen und deren Kommentierung.

Will man dieser Entwicklung Einhalt gebieten, die kulturelle, erzieherische und staatsbürgerliche Funktion des Fernsehens und die Auswahlmöglichkeiten der Zuschauer erhalten, muß die zwanghafte Fixierung auf Einschaltquoten und kommerziellen Erfolg überwunden werden. Dies kann nur durch eine Stärkung der öffentlich-rechtlichen Fernsehanstalten erfolgen. Diese müssen finanziell angemessen ausgestattet bleiben, damit sie nicht von sinkenden Einschaltquoten bedroht werden. Hierzu muß ein Gleichgewicht zwischen den verschiedenen Finanzierungsformen wie Gebühren, Werbung, Abonnement, Sponsorship etc. gefunden werden. Finanzierungsmängel gefährden in besonderem Maße die öffentlich-rechtlichen Anstalten und dort die anspruchsvolleren Programme.

Die steigende Programmnachfrage wird nicht durch eine Intensivierung der Produktion, sondern durch den Ankauf ausländischer, insbesondere amerikanischer Produktionen gedeckt. Die Versuche zu europäischen Koproduktionen im bilateralen oder multilateralen Rahmen verliefen oft enttäuschend; die Schwierigkeiten bei der Zusammenarbeit gemischter Teams aus mehreren Nationen führten häufig zu geradezu hybriden Produkten, die beim Publikum nicht ankamen. Man ist heute deshalb geneigt, das Bemühen um Koproduktion auf bloße finanzielle Beteiligungen zu beschränken. Die Problematik wird dadurch verschärft, daß zwar die Zahl der vom Fernsehen ausgestrahlten Filme seit Mitte der achtziger Jahre ständig zunimmt, entsprechend aber der Kinobesuch sinkt. Dies führt dazu, daß die finanzielle Lage von Filmproduzenten und Kinobesitzern immer prekärer wird und schließlich die Filmindustrie insgesamt gefährdet ist. Die damit unweigerlich wachsende Beteiligung des Fernsehens bei der Filmfinanzierung und damit auch der inhaltlichen und künstlerischen Planung überträgt die Gefahren der Standardisierung und Banalisierung auf die Filmproduktion. Es ist deshalb dringlich, angesichts dieser Entwicklung und der künftigen durch Kabel- und Satellitenfernsehen geschaffenen Möglichkeiten, das Verhältnis zwischen Fernsehen und Filmproduktion neu zu ordnen, um zu einer wirksameren Form der Filmförderung und zur Verbreitung auch anspruchsvoller Produktionen zu gelangen.

Gerade im Fernsehen ist eine Verstärkung der europäischen

Zusammenarbeit geboten, da die nationalen Produzenten alleine nicht mehr in der Lage sind, den wachsenden Programmbedarf zu befriedigen. Kabel und Satellit machen Mehrsprachigkeit möglich; auf dem großen europäischen Markt sollte auch ein freier Austausch der Programme möglich werden. Man hüte sich aber, die Hindernisse zu unterschätzen: nationale Vorschriften zum Schutz der kulturellen Identität, unterschiedliche Fernsehgewohnheiten und Stile in den verschiedenen Ländern; Unterschiedlichkeit der Betriebsstrukturen. Die Europäische Union ist deshalb zunächst bestrebt, die Rahmenbedingungen für eine europäische Fernsehpolitik durch Harmonisierung der Reglementierungsvorschriften zu verbessern: das »Media-Programm« versucht neue Wege der Filmförderung und der Schulung.

Die Politiker widmen dem Fernsehen in beiden Ländern besondere Aufmerksamkeit, da sie an seinen Einfluß auf die Meinungsbildung insbesondere im Hinblick auf Wahlen glauben. Gewiß schafft Fernsehen eine neuartige Einstellung zu Zeit und Raum, überspringt Entfernungen und Grenzen, weitet den geistigen Bezugsrahmen aus. Sein tatsächlicher Einfluß läßt sich aber auch weiterhin nur schwer fassen, da eine Vielzahl von Faktoren auf die Mechanismen einwirken, die die Wahrnehmung, das Gedächtnis und die Auswahlkriterien der Zuschauer beeinflussen. Diese sind nicht nur bei einzelnen Individuen, sonden bei gesellschaftlichen Gruppen und eben auch bei ganzen Ländern höchst unterschiedlich. Wie die Medienforschung zeigt, stärkt Fernsehen vor allem die schon vorhandenen Meinungen und verstärkt die entsprechenden Einstellungen. Ob es auch neue schaffen kann, bleibt ungewiß.

Dies gilt auch für das deutsch-französische Verhältnis. Die Berichterstattung über das Partnerland ist weiterhin höchst lückenhaft und leidet unter dem allgemeinen Niveauverfall. Nur wenigen Filmen gelingt es, im Partnerland wirklich anzukommen. Die Schwierigkeiten bei Koproduktionen stellen sich gerade auch im deutsch-französischen Verhältnis. Immerhin hat z.B. das Deutsch-Französische Jugendwerk Versuche zu gemeinsamer Nachwuchsschulung gemacht, die in gemeinsamer

Produktion zu interessanten ästhetischen Experimenten geführt haben. Versuche, ganze Fernsehabende über das Partnerland zu veranstalten, blieben deshalb künstlich, weil sie sich nur schlecht in die vorgegebenen Sehgewohnheiten einfügten. Umgekehrt haben sich negative Fernsehbilder, wie z. B. die lange in Frankreich vorherrschenden Kriegsfilme, offenbar nicht nachhaltig auf die Bereitschaft zu deutsch-französischer Verständigung ausgewirkt. Der gemeinsame Kulturkanal ARTE hat ohne Zweifel den deutsch-französichen Dialog im Fernsehbereich erheblich verbessert. Die deutsch-französischen Themen sollten trotzdem in den Programmen der anderen öffentlichen oder privaten Sender öfter und besser behandelt werden. Ohne genügende Information über den Nachbarn kann es keine gute Zusammenarbeit und Partnerschaft zwischen beiden Ländern geben.

Klaus Wenger
Bilderwelten und Weltbilder
ARTE: Fernsehen im interkulturellen Dialog

Im Kontext der deutsch-französischen Zusammenarbeit steht ARTE einzig da: ein gemeinsames Fernsehprogramm, das nicht auf beide Länder beschränkt ist, sondern laut Gründungsvertrag »das Verständnis und die Annäherung der Völker in Europa fördern« soll. Ein Kulturprogramm also mit politischem Auftrag – und Anspruch. Ein Programm, das nicht nur die Kulturmauern in den Köpfen niederreißen, sondern auch das zum unterhaltungsorientieren Massenkonsum mutierende Medium Fernsehen wieder einer sinnstiftenden und kreativen Aufgabe zuführen soll.

Mit ARTE gewinnt die deutsch-französiche und europäische Zusammenarbeit eine neue Dimension: auf einer politischen Willensentscheidung fußend, weist der Sender über die Grenzen der weitgehend voluntaristisch geprägten europäischen Einigung hinaus. Denn ARTE wendet sich an die Bilder in den Köpfen, an die historisch geprägten und tradierten Wurzeln von Vorstellungswelten und Verhaltensmustern, in denen sich Bewußtes und Unbewußtes ebenso überblenden wie die Fremd- und Eigenbilder im interkulturellen Dialog.

Damit waren aber auch Fragen aufgeworfen, für deren Beantwortung es weder Erfahrungswerte noch Vorbilder gab. Würde es gelingen, ein Fernsehprogramm zu gestalten, das neben den Sprachbarrieren auch mentale Wahrnehmungsschranken überwindet, das eine auf nationalen Fernsehästhetiken aufbauende und diese zugleich durchbrechende Bildsprache entfaltet, ohne in sprachliche und bildliche Passepartout-Muster nach dem Vorbild amerikanischer Soap-Operas zu verfallen? Ein Programm also, das die audiovisuelle Vielfalt Europas nicht einebnet, sondern als kreativen Kraftquell zur gegenseitigen Bereicherung nutzt; das den Dialog der Kulturen fördert, indem es deren Unterschiedlichkeit respektiert und artikuliert; das die deutsch-französische Dimension nicht zu einer binationalen Nabelschau mißbraucht, sondern sich als europäisch orientiertes Experimentalstudio versteht, ohne seine binationale Prägung leugnen zu wollen – und zu können?

Denn ARTE befindet sich in besonderem Maße im Spannungsfeld zwischen nationalkulturell unterschiedlich ausgeprägten Medienstrukturen, kulturellen und soziopolitischen Fragestellungen, Bildsprachen und Fernsehästhetiken, aber auch Erwartungshaltungen und Sehgewohnheiten. Diese schlagen sich in vielfältiger Weise nieder: in den institutionellen Strukturen und dem Umgang mit ihnen; im Selbstverständnis von Autoren, Produzenten und Journalisten; im Gewichten und Interpretieren von Nachrichten und Ereignissen; in Stil und Form von Moderation und Präsentation der Meldungen; in der Gewichtung von Themen und der Einschätzung von Filmen; nicht zuletzt in der Programm- und Sendeplanung und damit in der Aufnahmebereitschaft und Akzeptanz beim Publikum diesseits und jenseits des Rheins.

So spiegeln sich Zentralismus und Föderalismus in der Struktur von ARTE ebenso wider wie die unterschiedliche Auffassung des Rundfunks in Deutschland und Frankreich. Auf der französischen Seite werden die Programme von einer in Paris sitzenden Gesellschaft (La Cinq/ARTE) redaktionell betreut und pro-

duziert. In Deutschland sind neben dem ZDF alle Landesrund-
funkanstalten der ARD als Zulieferer und Koproduzenten beteiligt und werden von ARTE Deutschland koordiniert. Die Finanzierung erfolgt auf deutscher Seite durch einen Anteil an der
Rundfunkgebühr und ist somit jeweils über einen Zeitraum von
fünf Jahren gesichert. In Frankreich legen Parlament und Regierung jährlich im Rahmen der Haushaltsberatungen den ARTE-
Anteil am audiovisuellen Gesamtbudget fest. Dadurch gerät
ARTE in Frankreich häufiger in die parteipolitische Auseinandersetzung und steht unter höherem politischen Legitimations-
druck als in Deutschland. Die seit de Gaulle in Frankreich vorherrschende Auffassung von Rundfunk als einem Instrument
staatlicher Informations- und Kulturpolitik setzt sich in der
zwar selten explizit ausgesprochenen, aber doch immer wieder
spürbaren Neigung fort, ARTE auch in die auswärtige Kulturpolitik, insbesondere die »Frankophonie«, einzubinden. Dem in-
stitutionell geprägten Verständnis von ARTE als einem »Sender« bestimmter kultureller und politischer Botschaften steht die
deutsche Auffassung gegenüber, ARTE eher als Forum des interkulturellen Dialogs zu verstehen.

Diese historisch bedingten Unterschiede in der Beurteilung
von Rolle und Auftrag des Rundfunks spiegeln sich teilweise
auch im journalistischen Selbstverständnis und Alltag von
ARTE wider. So neigen die französischen Journalisten der
Nachrichtenredaktion – bewußt oder unbewußt – zu einer af-
firmativen Grundhaltung, wenn es um Themen und Ereignisse
geht, die den Kernbereich des französischen Nationalverständ-
nisses betreffen; etwa bei der Berichterstattung über die
Atomwaffenversuche oder die Diskussion über den Euro. Bei
den deutschen Kollegen dagegen ist eine für Franzosen schon
fast übertrieben anmutende Neigung zu Kritik an den Zustän-
den im eigenen Land zu beobachten. Deutlich spürbar wird
dies auch für die Zuschauer in dem eher zurückhaltend-ver-
ständnisvollen Ton, mit dem etwa französische Journalisten
ihre politischen Interviewpartner ansprechen, und der unbe-
fangenen, bisweilen sogar distanzierten Haltung ihrer deutschen Kollegen.

Nationale Unterschiede lassen sich auch in anderen Programmgenres beobachten. In französischen Dokumentarfilmen tritt der Off-Ton-Kommentar weitgehend zugunsten von Originaltönen zurück: der französische Autor läßt Menschen und Bilder sprechen und setzt darauf, daß die Zuschauer dies einzuordnen verstehen. Im deutschen »Feature« dagegen neigt der Autor zum einordnenden – damit aber auch einengenden – Kommentar. Franzosen wollen universelle Themen und Fragen anhand von Einzelschicksalen anschaulich werden lassen; Deutsche ordnen die Lebenserfahrungen der Individuen eher einer gesamtgesellschaftlichen Perspektive unter. Ähnliches läßt sich auch bei den Themenabenden beobachten, beispielsweise bei der Zusammensetzung von Diskussionsrunden. Die französischen Kollegen neigen dazu, Gesprächspartner einzuladen, die aus ihrer persönlichen Lebenserfahrung zur Erhellung des jeweiligen Themas beitragen können, auf der deutschen Seite herrscht die Suche nach Experten vor, die einen Sachverhalt erklären und interpretieren sollen. So zeigt sich auch hier ein Grundverständnis von den Möglichkeiten und Aufgaben des Fernsehens, das in seinem Spannungsreichtum wiederum zu den Triebfedern von ARTE zählt. In einem Fall ist Fernsehen ein Medium, das gesellschaftliche Zustände ab-bildet, dessen mannigfache Bilderwelten sich im Kopf des Zuschauers zu Weltbildern zusammensetzen; im anderen ist es ein Medium, das gesellschaftliche Zustände erläutern und in diese eingreifen will. Überspitzt gesagt: Der französische Autor wendet sich an den intellektuell aufgeschlossenen Citoyen, für den Kultur auch eine politische Dimension haben kann; der Deutsche wendet sich an den Bürger, dessen politisches Engagement sich auch kultureller Ausdrucksformen bedienen kann.

Programmarbeit für und bei ARTE bedeutet eine tägliche Gratwanderung zwischen unterschiedlich nationalkulturellen Erfahrungshorizonten – den eigenen wie denen der Zuschauer. Ein Blick in die Tagesarbeit der Redaktion der Informationssendungen mag dies verdeutlichen: Das sensible Abtasten der Fremden gilt als wichtige Voraussetzung in der Arbeit, um über andere Kulturen erfahren und berichten zu können. Meldungen

aus einem Land können nicht übersetzt, sondern müssen in das
Sinn- und Erfahrungsverhältnis des anderen übertragen werden.
Die »Text-Bild-Relation« muß länderspezifisch bearbeitet werden, um bei dem entsprechenden Publikum für die Themen
eines fremden Landes Interesse zu wecken. Die deutsch-französische Verständigung beginnt intern in den Redaktionen, wenn
deutsche und französische Journalisten ihre Beiträge so bearbei-
ten, daß diese extern für beide Publika verständlich sind. Das
beginnt mit Verständigungsschwierigkeiten beider Länder auf
sachlicher Ebene, wenn z. B. dem deutschen Publikum Fakten
erklärt werden müssen, die für die französischen Zuschauer eher
selbstverständlich sind. Die journalistische Arbeit wird kompli-
zierter, wenn das Sinnverständnis eines Themas in beiden Ländern sehr weit auseinander liegt, wie es bei emotional verhafteten
Themen – etwa den Nukleartests oder der deutschen Wiedervereinigung – der Fall ist.

Damit bewegt sich ARTE im Vergleich zu den nationalen
Fernsehprogrammen und zu den primär informationsorientier-
ten grenzüberschreitenden Programmen wie Euronews oder
Eurosport mit seinen Bildern nicht nur im Grenzbereich zum
»Imaginaire«, sondern auch zu den mentalen Schranken und
Bruchstellen des interkulturellen Dialogs. So durchbricht die
tägliche Nachrichtensendung »8 ½« nicht nur die jeweilige Kirch-
turmperspektive der nationalen Nachrichtensendungen, sie gewichtet Ereignisse unterschiedlich und ordnet sie anders ein.
Denn durch den »Regard Croisé« – den gekreuzten Blick deutscher und französischer Journalisten auf ein und dasselbe Ereignis – versetzt sie den Zuschauer in die Lage, mit den Augen des
anderen diesen und sich selbst zu sehen. Sie zwingt den Zuschauer, seine gewohnten Sehmuster zu hinterfragen und damit
auch seine liebgewonnenen Erklärungsmuster und Verhaltensweisen in Frage zu stellen. Mit seinen Nachrichtenmagazinen
und historischen, soziokulturell oder geopolitisch orientierten
Themenabenden trägt ARTE entscheidend dazu bei, in
Deutschland und Frankreich die Kenntnis voneinander und über
andere Kulturen zu vertiefen und so ein transnationales Bewußtsein zu schärfen.

Die Spiel- und Fernsehfilme öffnen die Augen für Themen und Fragen, die unsere europäischen Nachbarn bewegen; sie konfrontieren den Zuschauer mit Bildern einer Fernsehästhetik, die über bildliche Assoziationen zu neuen Sichtweisen führen kann. Die Dokumentationen und Dokumentarfilme bieten ein Forum der Beobachtung und Begegnung mit Menschen unterschiedlichster Erfahrungshorizonte und Lebensformen, die den Zuschauer zur Auseinandersetzung mit den fundamentalen Fragen unserer Zeit herausfordern. So gesehen erfüllt ARTE seinen kulturpolitischen Auftrag, können die politischen Gründerväter und die Programmacher befriedigt auf diesen Sender blicken.

Und doch stößt ARTE täglich an die Grenzen, die dem Fernsehen als interkulturellem Medium gesetzt sind. Das beginnt bei der unterschiedlichen Stellung in der jeweiligen Medienlandschaft: In Frankreich ist ARTE als eines von fünf Programmen terrestrisch empfangbar, in Deutschland eines unter 30 Angeboten in den Kabelnetzen; europaweit ist das Programm über die Satelliten ASTRA oder EUTEL-SAT zu empfangen. Dementsprechend ist die Akzeptanz des Programms, die in Frankreich bei durchschnittlich 3 Prozent Marktanteil, in Deutschland bei 0,5 Prozent liegt. Schwerer als die verbreitungstechnischen oder medienpolitischen Unterschiede aber wiegen die unterschiedlichen Sehgewohnheiten. In Deutschland beginnt der Fernsehabend in fast allen Programmen um 20.15 Uhr, in Frankreich erst nach den Nachrichtensendungen kurz vor 21 Uhr. Dies in einem gemeinsamen Programmschema zu berücksichtigen, gleicht der Quadratur des Kreises. Sicher wird der technologische Fortschritt, insbesondere die Digitalisierung bei der Satellitenverbreitung, technische Lösungen wie die nach Sehgewohnheiten zeitversetzte Ausstrahlung des Programms sowie die Übertragung mehrerer Sprachfassungen erlauben. Nicht gelöst ist damit aber die Frage, ob es in einer Zeit der um sich greifenden nationalen Abschottung gelingen kann, die mentalen Zollschranken auf Dauer zu durchbrechen und offenzuhalten.

Das deutsch-französische Fundament von ARTE ist nach fünf Jahren erfolgreich und ausbaufähig. Dies zeigt neben der Anerkennung, die das Programm europaweit genießt, auch die an den jeweiligen landesspezifischen Möglichkeiten orientierte Zusammenarbeit mit dem belgischen, spanischen, polnischen und Schweizer Fernsehen sowie die Interessenbekundungen aus vielen anderen europäischen Ländern. Die vielleicht vorhandene Gefahr, daß ARTE sich in einer deutsch-französischen Nabelschau verlieren könne, ist gebannt; schon heute kommen über 60 Prozent seines Programms nicht aus den beiden Gründerländern. Programmaustausch und Koproduktionen mit nicht kommerziell operierenden Fernsehanstalten in Europa führen zur Erweiterung des Blickfeldes und stärken das Vertrauen in die Kraft des Kulturmediums Fernsehen. Die Idee, daß Fernsehen eben doch mehr sein kann als ein an Massenkonsum und Gewinnmaximierung orientiertes Unterhaltungsmedium, bahnt sich dank ARTE – wieder? – seinen Weg. Auch die Politik, die dem Konsumartikel Fernsehen in den vergangenen Jahren den Weg bereitet hat, setzt wieder auf die sinn- und identitätsstiftende Kraft des Kulturmediums Fernsehen.

Im Kraftfeld unterschiedlicher kulturpolitischer Interessen und medienrechtlicher Voraussetzungen, national andersgestalteter Fernsehstrukturen und Sehverhalten, unterschiedlich geprägter Bilder- und Vorstellungswelten hat sich ARTE behauptet. Es hat damit gezeigt, daß Fernsehen nicht nur ein Spiegel der kulturellen Vielfalt Europas ist, sondern diese auch prägen und in den Dialog führen kann. Mit seinen Programmen nähert sich ARTE der Forderung von Wolf Lepenies, im internationalen Dialog von einer Belehrungskultur zu einer Lernkultur zu kommen. Nicht die schranken- und grenzenlose Bilderflut nach den Coca-Cola-Rezepten aus Hollywood ist die Überlebensgarantie Europas im Global Village, sondern die Rückbesinnung auf die Kraft der Bilder und den Sinngehalt der Sprache: Fernsehen als visuelle und sprachliche Durchdringung von Welt, als Ausdrucksform von Kultur, als bedeutender Faktor des kulturellen Lebens und der Selbstverständigung von Gesellschaften und Vektor des Dialogs: ARTE ist die konkrete Utopie eines Fernsehens, das den Bürger nicht als Konsumenten verführt, sondern als Citoyen ernst nimmt.

III. POLITISCHE SYSTEME

Kurt Sontheimer
Nation

Franzosen und Deutsche haben über den Begriff oder die Idee der Nation keine grundsätzlich verschiedenen Vorstellungen, doch höchst unterschiedliche Erfahrungen in der Sache. In den Wörterbüchern fallen die Unterschiede der Definitionen nicht besonders ins Gewicht. Immer handelt es sich, wenn man von dem mittelalterlichen, auf die bloße Abstammungsgemeinschaft bezogenen Sprachgebrauch absieht, bei Nation um eine neuzeitliche Form der Gemeinschaftsbildung einer Großgruppe, in der, je nach Fall, die kulturellen Gemeinsamkeiten, insbesondere die gemeinsame Sprache, die Erfahrungen einer eigenen Geschichte, die Zugehörigkeit zu einem politischen Verband, in der Regel einem Staat, und der Wille der Menschen zum gemeinschaftlichen Zusammenleben zu den wichtigsten Komponenten gerechnet werden.

Die Frage der Nation ist zwischen Deutschen und Franzosen also weniger ein semantisches Problem als eines unterschiedlicher historischer Entwicklung und Erfahrung. Die Entwicklung der Franzosen zu einer Nation vollzog sich schon sehr früh in unmittelbarem Zusammenhang mit der Herausbildung des souveränen Staates zu Beginn der Neuzeit. Sie hat zu einer weitgehenden Identität von Staat und Nation geführt, die nun schon seit Jahrhunderten andauert und durch diese Kontinuität immer von neuem bestärkt wird.

Die deutsche Nation ist ein Geschöpf des 19. Jahrhunderts. Sie glaubte, ihre verspätete politische Zusammenführung im Jahre 1871 durch eine nationalistische Großmachtpolitik wettmachen zu müssen, die in den Ersten Weltkrieg und nach der Niederlage von 1918 unter der Diktatur Hitlers in den Zweiten Weltkrieg hineintrieb. Die katastrophale Niederlage von 1945 hatte in der Ära des Kalten Krieges zwischen West und Ost die Entstehung zweier deutscher Staaten und damit auch die Teilung der deutschen politischen Nation zur Folge. Sie konnte dank des

Zusammenbruchs der Sowjetmacht 1989 wieder aufgehoben werden, und zwar durch den Anschluß der DDR an die Bundesrepublik, aber die Folgen der über vierzigjährigen Teilung Deutschlands wirken auch nach der Wiedervereinigung noch nach. Die von vielen befürchtete Wiederentstehung eines mächtigen deutschen Nationalstaates in der Tradition des Wilhelminismus und des Dritten Reiches fand nicht statt. Deutschland ist seit dem 3. Oktober 1990 wieder eine geeinte politische Nation, doch ohne die Merkmale des Nationalismus seit 1871.

In Frankreich war die Nation durch den Staat geformt und zu ihrem stolzen Selbstbewußtsein gebracht worden. Die Geschichte von Staat und Nation verlief parallel und durchdrang sich gegenseitig. Was der konkrete Staat, das jeweilige Regime, der Staat als Herrschaftsorganisation, vertreten durch seine Funktionäre, welche die hoheitliche Gewalt ausübten, im einzelnen tat und vollbrachte, das hatte zwar Auswirkungen auf die Nation, aber es wurde ihr nicht zugerechnet. Die Nation wurde zum Mythos, der Staat zum ungeliebten Herrschaftsinstrument. So kam es in Frankreich seitens der Bürger zu einem ambivalenten Verhältnis gegenüber dem Staat und seinen jeweiligen Machtträgern, nicht aber gegenüber der Idee der Nation. Sie ist unangefochten. Die Franzosen stehen nicht im Verdacht, den Staat zu lieben, geschweige denn, ihn zu vergöttern, wie man es den Deutschen gern nachsagte, doch die Nation ist und bleibt der feste Bezugspunkt für die Identität aller Franzosen. Auf die französische Nation als eine normative Idee können sich alle politischen Gruppen von links bis ganz rechts beziehen, ungeachtet der Kritik, die sie am jeweiligen Staat und seinen Handlungen üben. Die Idee der Nation steht über dem Staat, obwohl es jedem Franzosen selbstverständlich ist, daß der Staat als Ordnungsmacht für die Nation unentbehrlich ist.

Ganz anders in Deutschland. Staat und Nation kamen hier nie völlig zur Deckung. Das kulturell ausgeprägte deutsche Nationalbewußtsein bildete sich, teilweise in Auseinandersetzung mit dem Frankreich Napoleons, im politischen Rahmen einer aus vielen größeren und kleineren Staaten bestehenden losen Ordnung erst allmählich heraus; es scheiterte politisch 1848 mit seinem Versuch, auf liberaler und demokratischer Grundlage einen föderativen deutschen Nationalstaat zu schaffen. Es blieb Bismarcks Preußen vorbehalten, das Deutsche Reich – jedoch ohne Deutsch-Österreich – zum ersten Nationalstaat der deutschen Geschichte zu machen. Die von vielen Deutschen gewünschte politische Einheit der Nation wurde durch einen Bund der Fürsten realisiert. Dieser Nationalstaat war nicht identisch mit der deutschen Nation. Er entsprach nicht den Erwartungen des deutschen Bürgertums, und es gab viele Deutsche außerhalb seiner Grenzen, aber er entwickelte, unterstützt durch die erfolgreiche Industrialisierung, rasch ein starkes nationales Bewußtsein. Dieses Nationalbewußtsein konzentrierte sich in der ideologischen Nachfolge Hegels, mehr auf den Staat und seine Idee als auf die Nation, zumal die innere Politik des Reiches darauf hinarbeitete, die sozialen und konfessionellen Gruppen, die sich nicht mit dem wilhelminischen Obrigkeitsstaat identifizieren mochten, aus der deutschen Nation auszugrenzen (die Sozialdemokraten als »vaterlandslose Gesellen«). Dies ist der Grund, warum der Begriff und der Gedanke der Nation in Deutschland diffus geblieben und nicht zu einem historischen und politischen Schlüsselbegriff geworden ist. Auch fehlten ihm, wo er gebraucht wurde, die festen Konturen einer klaren Begriffsbestimmung auf der Basis eines nationalen Konsensus.

Anders wiederum als in Frankreich hat im nationalen Denken der Deutschen statt dessen der Begriff *Volk*, vor allem in der ersten Hälfte des 20. Jahrhunderts, eine eher größere politische Bedeutung gewonnen als der Begriff Nation. Das konservative nationale Denken forderte die Zusammenfassung des ganzen deutschen Volkes, auch der deutschen Volksteile außerhalb der Grenzen, in einem einheitlichen starken Staat, damit Deutschland endlich zu einer *wahren Nation* werden könne. Die Idee des Volkes wies über den bestehenden deutschen Nationalstaat hinaus und sollte ab 1933, von der Rassentheorie überlagert, zu einer Rechtfertigung für Hitlers Machtpolitik werden. Fazit: Es ist den Deutschen nicht gelungen, ein klares,

allgemein verbindliches Verständnis der deutschen Nation zu
gewinnen und es von den Gefahren der hegemonialen Machtpolitik und des völkischen Größen- und Rassenwahns freizuhal-
ten.

Die Teilung Deutschlands in zwei Staaten mit unterschiedlichen Gesellschaftsordnungen war das Ergebnis des nicht über-
windbaren Interessengegensatzes zwischen den Westmächten
und der Sowjetunion in der Nachkriegsära. Die zwei getrennten
deutschen Staaten konnten eine gemeinsame Nation nicht bilden. Die Westdeutschen behalfen sich mit dem vagen Begriff der
Kulturnation, während die DDR vorgab, eine sozialistische
deutsche Nation zu sein. Trotz der politischen Gegensätzlichkeit
der beiden deutschen Staaten war im Volk ein Bewußtsein nationaler Zusammengehörigkeit lebendig geblieben. Es brach sich
Bahn, als die Sowjetunion unter Präsident Gorbatschow im
Zuge ihrer eigenen Reformbemühungen die militärische Herrschaft über die DDR lockerte, die Berliner Mauer öffnete und
dem starken Vereinigungswillen der Mehrheit der Ostdeutschen
keinen Widerstand entgegensetzte. So kam es am 3. Oktober
1990 zur Wiedervereinigung der beiden deutschen Staaten.
Deutschland war wieder eine Nation, die jedoch erst noch zusammenwachsen mußte.

Die auch in Frankreich gehegten Befürchtungen vor einem
Wiedererstehen des deutschen Nationalismus und einer hegemonialen Rolle des größeren Deutschlands haben sich nicht bestätigt. Der Prozeß der Wiedervereinigung fügte die Deutschen
zwar wieder in einem Staat unter der Verfassung der Bundesrepublik zusammen, aber dieses neue Deutschland hat nicht mehr
die Züge des alten Nationalstaates angenommen. Vielmehr hat
sich die Bundesregierung unter Helmut Kohl nach der Vereinigung erst recht darum bemüht, das größere Deutschland stärker
in die supranationale Gemeinschaft der Europäischen Union
einzubinden.

Eine neue nationale Identität der Deutschen im Sinne eines
einheitlichen und selbstsicheren Nationalbewußtseins hat sich
(noch) nicht herausgebildet. Die Idee einer deutschen Nation
hat auch nach der Wiedervereinigung für die meisten Deutschen

keine Faszination und keine verbindliche Kraft mehr. Es spricht wenig dafür, daß der nationale Gedanke in Deutschland wieder eine maßgebliche politische Rolle spielen wird.

Valérie Guérin-Sendelbach
Wiedervereinigung

Im Grundgesetz der Bundesrepublik wurde das Gebot zur Einheit in Freiheit verbindlich festgelegt. Der erste Bundeskanzler Konrad Adenauer verfolgte eine offensive Politik der Westintegration, die als notwendige Voraussetzung für ein freies Gesamtdeutschland und Europa galt. Die DDR dagegen hatte sich in den fünfziger Jahren die Ausdehnung ihres Systems als Fernziel gesetzt und hiermit einen gesamtdeutschen Anspruch erhoben. Sie wurde aber als Staat von der Bundesrepublik Deutschland nicht anerkannt. Nach dem Bau der Berliner Mauer 1961 geriet die westdeutsche »Politik der Stärke« immer mehr unter Kritik, und der Ruf nach einer Verstärkung der innerdeutschen Beziehungen wurde immer stärker (Egon Bahrs »Wandel durch Annäherung«). Erst der sozialdemokratische Bundeskanzler Willy Brandt vollzog 1969 den Übergang von der Nichtanerkennung zur begrenzten Kooperation mit der DDR auf der Basis der Gleichberechtigung. Vor dem Hintergrund der Ostpolitik der SPD-FDP-Koalition verlagerte die DDR-Führung den Schwerpunkt ihrer Deutschlandpolitik auf die Koexistenz mit der Bundesrepublik und arbeitete bis zur Vereinigung auf die völkerrechtliche Abgrenzung zum westdeutschen Staat hin. 1972 erkannte die Bundesrepublik die DDR staatsrechtlich an. Unter der Regierung Kohl wurde diese Deutschlandpolitik fortgesetzt und intensiviert. Insgesamt ist das Ziel der Vereinigung von den bundesdeutschen Regierungen nie aufgegeben, jedoch auch nie bedingungslos verfolgt worden. De facto war keine Bundesregierung bereit, die Westbindung, das heißt die Mitgliedschaft in der EG und in der NATO, zugunsten der staatlichen Einheit in Frage zu stellen. Nicht zuletzt dachte jeder, daß eine national-

staatliche Vereinigung Deutschlands keine Chance habe, weil
nicht nur der Osten sie nicht wünsche, sondern ebensowenig der
verbündete Westen. Wenn auch die Bundesbürger mehrheitlich
die Vereinigung als langfristiges Ziel unterstützten, so erwartete
dementsprechend nur eine Minderheit die Vereinigung in diesem Jahrhundert (8 Prozent der Westdeutschen im Frühjahr
1989).

Frankreichs Position zur deutschen Vereinigung beruhte weitgehend auf zwei Postulaten. Erstens garantierte die definitive
Teilung Deutschlands in zwei Staaten die Sicherheit Frankreichs
und vor allem dessen Anspruch auf eine Führungsrolle bei der
Neugestaltung Europas. Zweitens reichte die deutsch-französische Freundschaft aus, um das gute Funktionieren der EG und
die Verankerung der Bundesrepublik in den westeuropäischen
Institutionen zu sichern, damit der deutsche Nachbar auf einen
Alleingang in bezug auf die DDR (Ostverträge) und in Osteuropa verzichtete. Gleichzeitig war die »Deutsche Frage« am
Ende des Vichy-Regimes und der Dritten Republik die Grundlage für den nationalen Konsens über die Verteidigungspolitik.

De Gaulles Konzept von »Détente, Entente, Coopération«
sah eine neue politische Ordnung in Europa vor, in der Deutschland zwar wieder vereint war, jedoch nur in der Form einer
»Konföderation«, eines »deutschen Bundes«. Die Deutsche
Frage sollte »europäisiert«, das heißt ohne die USA, und langfristig über eine pragmatische Annäherung der beiden deutschen
Staaten gelöst werden. Hiermit sollte auch die europäische Einbindung Deutschlands gesichert werden. Als Bedingung für ihre
in die Ferne gerückte Vereinigung mußten sich die Deutschen
mit einem Status minor zufriedengeben. Nur so konnte aus französischer Sicht vermieden werden, daß Deutschland entweder
ein Machtvakuum oder ein Machtzentrum in Europa wurde. Die
deutsche Teilung sicherte außerdem Frankreichs Siegermacht-
status und die französische Doktrin des Sanktuariums. Diese de
Gaulleschen Postulate französischer Deutschlandpolitik blieben
im Grunde genommen bis zur deutschen Vereinigung gültig.

Am 3. Oktober 1990 traten die fünf Länder der ehemaligen
DDR gemäß Art. 23 GG der Bundesrepublik bei. Die Einheit

Deutschlands war damit vollzogen. Paradoxerweise erreichte
Deutschland den Zustand des Nationalstaats, während in Europa die Diskussion über dessen Krise wiederbelebt wurde. Mit
dem Ende des Ost-West-Konflikts wird die Souveränität des Nationalstaates sowohl von unten (ethnische und regionale Partikularismen) als auch von oben (Globalisierungsprozeß) zunehmend in Frage gestellt. Mit der Wiedervereinigung entstand ein
souveräner deutscher Nationalstaat, dessen Grenzen und Ordnung unbestritten und im Konsens festgelegt worden sind sowie
in supranationalen Strukturen eingebettet wurden. Der Begriff
»Wiedervereinigung« ist jedoch insofern problematisch, als er
eine Rückkehr zu einem Zustand vor dem Krieg bedeuten würde
und falsche historische Vergleiche hervorruft. Aufgrund dieses
semantischen Problems wird hier der Begriff Vereinigung vorgezogen. Die Einzigartigkeit der deutschen Vereinigung im Vergleich zu anderen, früheren Einigungsprozessen (Gründung der
Vereinigten Staaten, Deutsche Reichsgründung, staatliche Einigung Italiens) beruht außerdem darauf, daß diese demokratisch
legitimiert wurde.

Mit der Vereinigung ist von der Staatsbildung und Staatsverfassung her die Grundlage für eine neue Nationsbildung in
Deutschland erst geschaffen worden. Dementsprechend wurde
die Debatte über die deutsche Nation, nationale Identität und
nationales Bewußtsein 1989–90 wiederbelebt und setzt sich fort.
Mit der staatlichen Vereinigung von Bundesrepublik und DDR
auf der Grundlage des Einigungsvertrags vom 31. August 1990
ist die Deutsche Frage beantwortet, jedoch wird die deutsche
Einheit erst verwirklicht, wenn die innere Vereinigung zwischen
West- und Ost-Deutschland in allen Lebensbereichen stattgefunden hat. Die jahrzehntelang verschiedenen politischen, gesellschaftlichen und wirtschaftlichen Systeme haben große Unterschiede erzeugt, die als soziopolitisches Gefälle im vereinten
Deutschland fortwirken. Auf der einen Seite machte sich nach
der deutschen Einheit in den neuen Bundesländern eine große
Enttäuschung breit, die insbesondere durch die Verhärtung der
materiellen Bedingungen und den sozialen Wettbewerb durch
den brutalen Übergang von sozialistischer Planwirtschaft zur

Marktwirtschaft (Arbeitslosigkeit, liberaler Wohnungsmarkt, Schließung von Kindergärten und Jugendkulturhäusern) ausgelöst wurde sowie durch wahltaktische Versprechungen, die nicht erfüllt werden konnten. Auf der anderen Seite haben die massiven Transferzahlungen von West nach Ost die »Opferbereitschaft« in den alten Bundesländern nun gelähmt. Insbesondere die Kultivierung von Werten wie soziale Gerechtigkeit, Gleichheit und wirtschaftliche Sicherheit einerseits und Wettbewerb, Besitzstandswahrung und Freizeitgesinnung andererseits trägt zu psychologischen, sozialen und kulturellen Verständigungsproblemen zwischen »Wessis« und »Ossis« bei und schafft neue Kategorien von Gewinnern und Verlierern der Einheit. Sofern die großen Parteien diese Konfliktlinie nicht überbrücken, finden in den neuen Bundesländern regionalparteiliche Sonderentwicklungen (Republikaner, DVU, PDS) statt, und das vereinte Deutschland läuft Gefahr, sich erneut zu spalten.

Für die politischen Eliten Frankreichs wie für die anderen Siegermächte und nicht zuletzt für die westdeutsche Regierung kam die deutsche Vereinigung überraschend. Bis zum Fall der Mauer betrachtete die französische »classe politique« die Frage der deutschen Vereinigung als verfrüht. Jenseits der Rhetorik zur »Überwindung Jaltas« hatte sich Frankreich mit der Teilung Europas längst abgefunden und darin recht komfortabel eingerichtet. Es setzte zunächst auf eine mittelfristig bestehende deutsche Zweistaatlichkeit, die vordergründig durch den Reform- und Demokratisierungsprozeß in der DDR begründet wurde, zumal er die Existenz dieses Staates noch nicht in Frage zu stellen schien. Der Weg zur deutschen Einheit wurde schlicht als die Vertiefung der praktischen Zusammenarbeit zwischen beiden deutschen Staaten gesehen. Obwohl die französische Einstellung im Grunde genommen nicht weit entfernt vom Zehn-Punkte-Plan Kohls – Fortsetzung und Vertiefung der Zusammenarbeit in allen Bereichen – war, rief sie Mißverständnisse hervor. Gerade der Zeitpunkt der beiden Reisen Mitterrands in die Sowjetunion und in die DDR im Dezember 1989 trug zur Ambivalenz der französischen Deutschlandpolitik bei; diese Reisen erzielten genau die entgegengesetzte Wirkung. Insofern haben auch Mitterrands Ungeschicklichkeiten dazu beigetragen, den Eindruck zu vermitteln, Frankreich beabsichtige, den deutschen Vereinigungsprozeß zu verzögern.

Vergegenwärtigt man sich, daß de Gaulle immer gegen ein zentralisiertes deutsches Reich gewesen war und sich gleichzeitig zur deutschen Vereinigung unter der Bedingung des Verzichts auf Atomwaffen und auf die Gebiete jenseits der Oder-Neiße-Grenze bekannte, so wird die offizielle Politik Frankreichs von 1989–90 vielleicht verständlicher und angemessener beurteilt, als es bisher der Fall ist. So wie de Gaulle das Recht der Deutschen auf Vereinigung früh anerkannt hatte, wurde die deutsche Einheit als legitimes Anliegen von Mitterrand bereits ab Juli 1989 anerkannt und anschließend nie in Frage gestellt. Für die französische Regierung bedeutete dies zugleich, daß Frankreich den Vereinigungsprozeß nicht verhindern, aber auch nicht beschleunigen würde. Beide setzten das Einverständnis der vier Mächte sowie der beiden deutschen Staaten voraus, so daß der Einigungsprozeß demokratisch und friedlich verlaufen sollte. Die Westbindung des vereinten Deutschlands und insbesondere die Anerkennung der Oder-Neiße-Grenze waren die Voraussetzungen für die Erhaltung des Gleichgewichts in Europa. Der Sozialist und einstige scharfe Gegner de Gaulles, François Mitterrand, befand sich mit seiner Deutschlandpolitik in der historischen Kontinuität des Gründers der Fünften Republik: Die deutsche Vereinigung wurde von beiden als langfristiges Ziel über friedliche Mittel und eine pragmatische Annäherung konzipiert, die mit der Vertiefung der europäischen Integration einhergehen müsse. Gerade diese historische Kontinuität wurde aber Mitterrand zum Verhängnis. Er überschätzte, wie vor ihm de Gaulle, die Rolle bzw. die Blockierungsmöglichkeiten der Sowjetunion. Mitterrand war bis Ende Februar 1990 davon überzeugt, daß die Sowjetunion der deutschen Einheit nicht zustimmen würde, und gestaltete seine Deutschlandpolitik nach diesem Postulat. Seine Reise nach Kiew Anfang Dezember 1989 bestärkte ihn darin, daß die Deutsche Frage Gegenstand langwieriger Verhandlungen sein würde. Bei seinem Aufenthalt in der DDR ein paar Wochen später gewann er den Eindruck, daß die Ostdeutschen in erster Linie an der Demokratisierung ihres Landes interessiert waren. Das zweite Postulat von Mitterrands Deutschlandpolitik lautete: Die Deutschen selbst wollen die Vereinigung nicht. Er selbst nannte damals die DDR ein »industriell gut situiertes« Land und überschätzte somit die dortigen politischen und wirtschaftlichen Entwicklungen maßlos. Infolge dieser beiden Postulate versuchte Mitterrand, die deutsche Vereinigung in den neuen Gestaltungsprozeß Europas (KSZE und europäische Konföderation) zu integrieren.

Ausgehend von diesen (falschen) Postulaten verlor die französische Deutschlandpolitik zum Teil den Anschluß an die Realität. Der Staatspräsident und die französische Regierung stellten sich auf eine schrittweise Fusion von der Bundesrepublik und der DDR ein, die erst nach dem demokratischen Wandlungsprozeß in Ostdeutschland und zugleich nach der Festigung der europäischen Strukturen und der Förderung des Ost-West-Dialogs eintreten würde. Erst als die äußere Einbettung dieses Prozesses mit den ab Februar eingeleiteten Zwei-plus-Vier-Verhandlungen, die die prinzipielle Zustimmung Gorbatschows zur deutschen Vereinigung voraussetzten, bereits im Gange war und mit dem eindeutigen Ergebnis der DDR-Volkskammerwahlen im März 1990 richtete sich die französische Regierung auf die deutsche Einheit ein.

Fest steht, daß Frankreich sowie die UdSSR und Großbritannien ein Interesse an der Erhaltung des Status quo in Deutschland hatten. Frankreichs Interesse war die Erhaltung des europäischen Gleichgewichts, solange kein neues Gleichgewicht die alte »Ordnung von Jalta« ersetzt hatte. Daß der französische Staatspräsident damit einen langsamen Vereinigungsprozeß in Kauf nahm, läßt sich bereits feststellen. Ob darüber hinaus Mitterrand bewußt ein Zusammenspiel zwischen London, Paris und Moskau zur Verzögerung des deutschen Vereinigungsprozesses anstrebte, bleibt umstritten. Dagegen ist klar, daß Frankreich die Rahmenbedingungen für den Vollzug der deutschen Einheit zu sichern und die Kontrolle über den Prozeß zu behalten versuchte. Hier unterscheidet sich Mitterrands Position wenig von derjenigen der anderen Westalliierten. Im Vergleich zur Einschätzung der anderen Westmächte, mit Ausnahme der USA, läßt sich somit die französische Zurückhaltung gegenüber dem deutschen Vereinigungsprozeß relativieren. Desorientierung und Angst, die sich um die Wiederentstehung alter Traumata eines »Großdeutschlands« artikulierten, herrschten sowohl in Frankreich als auch in anderen europäischen Ländern (Großbritannien, Niederlande, Polen) sowie auch in der Bundesrepublik selbst (Teile der SPD, Intellektuelle). Man kann aber nur darüber staunen, daß trotz gezielter Aussöhnungspolitik und jahrelang praktizierter Zusammenarbeit mit der Bundesrepublik gerade in Frankreich alte Denkvorstellungen hervorgerufen wurden.

Auch der vielfach behauptete Dissens zwischen der Zurückhaltung der »classe politique« und den positiven Reaktionen der Bevölkerung in Frankreich war in dieser Form nicht vorhanden und sollte differenziert betrachtet werden. Im Unterschied zu manchen Befürchtungen und Klischees der politischen Eliten und der Berichterstattung war die öffentliche Meinung in Frankreich zwar zunächst von einer bemerkenswert positiven Einstellung gegenüber der Frage einer deutschen Vereinigung geprägt. Schon Jahre vor dem Fall der Mauer zeigten Umfrageergebnisse, daß die große Mehrheit der Franzosen für die deutsche Vereinigung war, vor ihr keine Angst hatte, ja sogar von ihrer Regierung die Unterstützung dafür verlangte. Die Diskrepanz zwischen »classe politique« und Bevölkerung ist auf die jeweiligen Vorstellungen zurückzuführen, die beide Zielgruppen mit der deutschen Vereinigung verbanden. Der Umbruch im Osten und die Möglichkeit der deutschen Vereinigung wurden bei der Bevölkerung als ideologischer Sieg über den Kommunismus, nicht zuletzt über die eigene kommunistische Partei (PCF) empfunden und der Veränderungsprozeß im Osten als unumkehrbar aufgenommen. Schließlich ist dieser Trend auf das veränderte Bild Deutschlands zurückzuführen, das sich im Laufe der achtziger Jahre positiv gefestigt hatte. Seit Ende der sechziger Jahre hat sich das französische Deutschlandbild von einem romantischen und militaristischen Deutschland weit von den traditionellen Klischees gelöst, ja sogar normalisiert.

Diese insgesamt positive Perzeption der deutschen Vereinigung in der Bevölkerung ist allerdings zu nuancieren. Möglicherweise waren die alten Ängste neuen Befürchtungen gewichen. Die Ängste der Franzosen richteten sich mehr gegen den islamischen Fundamentalismus als gegen ein vereinigtes Deutschland. Außerdem ist nicht auszuschließen, daß die Bevölkerung die Konsequenzen des Demokratisierungsprozesses im Osten für Frankreich und die EG schlechter einschätzen konnte als die Politiker. Dies zeigte insbesondere der Umschwung in den Meinungsumfragen: Die französische Bevölkerung war ein Jahr nach dem Fall der Mauer Deutschland gegenüber nicht mehr so positiv eingestellt wie im November 1989. Nach einer Umfrage für die Tageszeitung *Le Figaro* meinten im April 1990 37 Prozent der Befragten, daß die deutsche Einigung die Position Frankreichs in Europa schwächen, und 19 Prozent waren der Meinung, daß diese sie stärken würde. Die politische Macht Deutschlands wurde gefürchtet, selbst ein expansionistisches Deutschland nicht ausgeschlossen.

Mit dieser doppelten – wirtschaftlichen und politischen – Angst wurde auch in der Bevölkerung die traditionelle Grundlage der deutsch-französischen Freundschaft (Frankreichs politische Stärke und Deutschlands wirtschaftliche Macht) in Frage gestellt. Die bisherige selbstverständliche Komplementarität der beiden Länder in der europäischen Integration wurde in Zweifel gezogen. Dieses Bewußtsein führte allerdings nicht zum Erwachen alter Traumata, weil zwischen der eher negativen Perzeption des neuen Deutschlands und dem Selbstbestimmungsrecht der Deutschen immer wieder unterschieden wurde. So meinten 57 Prozent der Befragten, die sich für die deutsche Vereinigung aussprachen, daß Deutschland die EG beherrschen würde. Nach anfänglich unterschiedlichen Einschätzungen der deutschen Vereinigung ist doch zu bemerken, daß die Vorstellungen der politischen Eliten, der Medien und der Öffentlichkeit zum größten Teil konvergierten. Mit anderen Worten: Es herrschte ein breiter Konsens in Politik, Medien und Öffentlichkeit darüber, daß Frankreich bei der Regelung der deutschen Frage ein Mitsprrecherecht haben und daß das vereinte Deutschland in multilaterale Strukturen eingebunden werden sollte. Die Reaktionen in Frankreich auf den deutschen Einigungsprozeß (zum Beispiel Vertrauen in das vereinte Deutschland versus Angst vor der deutschen Hegemonie) spiegeln insgesamt die widersprüchlichen Perzeptionen von einem Muster-Deutschland wider, das gleichzeitig seine Nachbarn beunruhigt, und die auch heute noch gelten.

Ingo Kolboom
Neue Bundesländer

Von der Schwierigkeit, Unterschiede zu benennen

Acht Jahre nach der Wende sind in jenem Territorium, das am 3. Oktober 1990 dem Geltungsbereich des Grundgesetzes beitrat, Wende- und Einheitsrausch wie auch der Traum von »blühenden Landschaften« verflogen. »Geblieben ist ein sperriger Alltag«, so titelte die *FAZ* schon 1993 das Gedenken an den 3. Oktober 1990 – wenige Monate nachdem der auch in Frankreich populäre Einheitsquerulant Günter Grass in seinem »Novemberland: 13 Sonette« dichtete: *Geschieden sind wie Mann und Frau / nach kurzer Ehe Land und Leute. / Karg war die Ernte, reich die Beute. / Ach, Treuhand hat uns abgeschröpft. / Wer bei Verdacht schon Sonnenblumen köpft, / dem werden Zeugen fehlen, den erwischt die Meute.* Im verflixten siebten Jahr der Einheit ist der Alltag in diesen Landschaften noch sperriger geworden. Jeder dritte Arbeitnehmer über 50 Jahre ist arbeitslos oder Frührentner, ganze Regionen weisen bis zu 30 Prozent Arbeitslose auf, nur jeder zweite ist mit seinem Leben zufrieden, ein Viertel der Bevölkerung sieht sich zunehmend auf der Schattenseite, am glücklichsten fühlen sich die 18- bis 29jährigen, 73 Prozent der Arbeitslosen sind deprimiert und verbittert (Umfragen 1997). Eine in der europäischen Geschichte einmalig gigantische, teils überfällige, teils überflüssige Transferleistung von West nach Ost sowie eine dringend notwendige und manchmal höchst überflüssige materielle Rekonstruktion hat die urbanen Landschaften im Osten Deutschlands verändert. Ganze historische Stadtkerne erblühen neu, unzählige neue Bürotürme und Neubauten fristen als lukrative »Ostabschreibungen« ihr mieterleeres Dasein. Die Barockperle Görlitz wird in letzter Minute vor dem Verfall gerettet, und auf dem Gelände des Schulgartens der Gargarin-Grundschule in Dresden entsteht ein Abschreibungsneubau für Singles und kinderlose Paare.

Die Entwicklung führt seit 1990 ein Paradox mit sich. Auf der einen Seite vollzog sich der rapide Abbau alter DDR-(Un-)Wirklichkeiten und eine alle Bereiche der Gesellschaft erfassende Übernahme westdeutscher Standards. Ob Krankenkasse, Versicherungen aller Art, Schule, Religionsunterricht, Ampelzeichen, Mietverträge, Buslinien, Straßennamen – eine in Westdeutschland wie auch in Frankreich völlig unterschätzte Umwälzung hat den Alltag des verwalteten Menschen binnen kürzester Frist radikal verändert. Es war eine Umwälzung mit Rückerstattungsansprüchen, wie sie nicht einmal die französische Restauration nach 1815 und auch nicht die Restauration der Französischen Republik im ehemaligen Reichsland Elsaß-Lothringen nach 1919 gekannt hatten (in dem einen Fall blieben die von der Revolution veranlaßten Eigentumsumwälzungen, in dem anderen Fall deutsche Sozial- und Kirchengesetze bis heute als Sonderregelung bestehen).

Auf der anderen Seite hat eine evidente Festigung eigener Identität auf dem Boden der ehemaligen DDR stattgefunden. Diese Festigung gründet auf einem Bündel unterschiedlicher Motive: Frustration über neue Zustände oder politische Verklärung alter DDR-Zustände, Reaktionen gegen »Wessis« oder einfach nur das Gefühl, »anders« zu sein. Die Identitätsimplosion der DDR-Bürger von 1989 ist umgeschlagen in eine neue Betonung »regionaler« Besonderheit, die eben nur das Territorium der ehemaligen DDR betrifft. Die unbestreitbare Fortexistenz einer PDS als eine quasi ostdeutsche Regionalpartei stärkt das Bild einer fortschreitenden ostdeutschen Einheit, die heute schon mehr umfaßt als bloße »Ex-DDR«. Und heute empfindet mancher ehemaliger »DDR-Bürger« vor Ort weniger Scham als früher, sich mit einem gewissen Trotz-Stolz selbst als »Ossi« zu bezeichnen. Warum auch nicht, gibt es doch Gegenden in Bayern, da werden Touristen aus dem benachbarten Sachsen gar immer noch als »Russen« tituliert. Zugleich fühlt man sich aber doch als Deutscher, mehr als früher, weniger aber als »Bundesbürger«.

Daher bleibt die politische Sprache auch sieben Jahre nach der Vereinigung immer noch eine Sprache, die auf widersprüchliche Weise Gemeinsamkeiten und Unterschiede zwischen beiden Deutschländern signalisiert, und jeder Begriff hat seine Grenzen. Ein Rubrum wie »Ex-DDR« oder »ehemalige DDR« wird diesen Landschaften heute nur noch bedingt gerecht, denn hier ist – auch dem Uneinsichtigen sichtbar – so viel Neues entstanden, daß die Vokabel, die nur Vergangenheit als Referenz trägt, nicht mehr greift. Und was soll eine heute 20jährige Studentin aus Dresden, zur Zeit der Wende neun Jahre alt und im Jahre 1997 gerade von einem ERASMUS-Studienaufenthalt aus Madrid zurückkehrend, noch mit dem Etikett »ehemalige DDR-Bürgerin« anfangen? Ganz zu schweigen von heutigen Schulanfängern.

Und dennoch, die »Ex-DDR« bleibt eine kollektive Erfahrung, die nicht nur in der »Jugendweihe«, der »Volkssolidarität«, in der »Gauck-Behörde«, in den ehemaligen Bürgerrechtlern, in der PDS, in der weitgehenden Abwesenheit der Religion und in vielen anderen Dingen als identitätsstiftendes Band fortbesteht und dem Westen fremd bleibt. Dem Westen? Welchem Westen? Ist es nicht zugleich so, daß der aus dem westlichen Westen anreisende Franzose in der ehemaligen DDR Strukturen und Befindlichkeiten vorfindet, die ihm vertrauter sind als dem Rheinländer oder dem Bayern, so eine gewisse Patina des Alterns der Gebäude, die Plattenbau-Vorstädte oder die Abwesenheit der Kirche. Findet der Lothringer in der Oberlausitz daher nicht mehr Vertrautes als im Rheinland oder in Oberschwaben? Und dann gibt es all das, was als Verdrängung fortbesteht und lange nicht aufgearbeitet ist. Die teils rasche Verdrängung oder inzwischen auch wieder Verklärung von DDR-Herrschaft bei vielen ehemaligen DDR-Bürgern, vergleichbar mit dem Umgang vieler Westdeutscher in den fünfziger Jahren mit der Nazi-

Diktatur oder – was die Verdrängung angeht – mit dem Umgang vieler Franzosen mit dem Vichy-Regime, wird längerfristig seinen Tribut der Aufarbeitung fordern, der – wenn er dann erfolgt – eine einsame ostdeutsche Angelegenheit sein wird.

Und wie steht es mit »Ostdeutschland«? Ein praktisches Wort für den Westen, da es auch in Kombinationen wie »Aufbau-Ost«, »Ostförderung«, »BAT-Ost« etc. geographische wie politische Umstände in einem Begriff zu verorten weiß. Und in Ostdeutschland selbst greift es heute neue Trotz-Identität auf, wenn in Worten wie »Ostprodukte« neuer Stolz auf eigene Arbeit aufflackert. Dies um so mehr, als der Gebrauch des Wortes »westdeutsch« heute eben nicht mehr heimlichen Neid transportiert. Eine eigene ostdeutsche Befindlichkeit ist entstanden, die je nach Umfrage unterschiedliche, aber immer vom Westen abgesetzte, manchmal mehr, manchmal weniger orientierte Profile aufzeigt. Diese Befindlichkeit wird aber zur Legende, wenn sie nicht nach Alter und Berufsgruppen aufgelöst wird, denn einzelne Kategorien widersprechen einander. Das ist die eine Seite. Die andere ist die, daß das heutige Ostdeutschland trotz des einigenden Bandes einer singularen kollektiven Erfahrung über eine unbestreitbare Variabilität verfügt. Ostberlin und die Lausitz, das sind zwei verschiedene Welten, die sich auch nicht über den Kamm der Ostalgie scheren lassen. Und was heißt eigentlich Osten? Wo beginnt der Osten? Doch nicht etwa in Dresden, das westlicher als Wien liegt und dessen Umgebung burgundischer wirkt als die der Ruhr. Der plattdeutsch sprechende Mecklenburger, der sorbisch redende Oberlausitzer oder der sächselnde Chemnitzer lassen sich eben doch nicht in einer einheitlichen Stereotypie unterbringen.

Die andere Wirklichkeit, das sind eben Sachsen, Mecklenburger, Thüringer, Brandenburger, Sachsen-Anhalter oder auch Sorben. Diese neu-alte Realität ist fundamental gegenwärtig, auch wenn sie im Westen Deutschlands oder in Frankreich weniger konkret als im Osten Deutschlands erfahren wird. Die Wiedereinrichtung der fünf Länder Sachsen, Thüringen, Sachsen-Anhalt, Brandenburg und Mecklenburg-Vorpommern noch durch die erste freigewählte Volkskammer der DDR am 22. Juli

1990 korrelierte mit dem für den externen Beobachter überraschenden Bedürfnis der Einheimischen nach regionaler Identität. Zwischen der selbstverschuldeten Implosion der alten DDR und dem von Treuhand und Westkadern organisierten Oktroi der BRD profilierte sich die neue Identität jener alten Länder, die die DDR 1952 zugunsten der Bezirke aufgelöst hatte. Sie stieß auf wachsende Resonanz auch bei jenen Altersgruppen, die keine Erinnerung an die alten Ländereinheiten hatten.

Die im Juli 1990 wiederhergerichteten Länder begnügten sich nämlich nicht damit, auf ihre Verfassungen von 1946/47 zurückzugreifen, die bis zur Auflösung der Länder galten. Vielmehr schufen sich Thüringen, Sachsen-Anhalt, Mecklenburg-Vorpommern, Brandenburg und Sachsen neue Länderverfassungen, die weitgehende Konzessionen an eigene Staatsziel- und Demokratievorstellungen machten, die die Bürgerrechtsbewegung nicht von ungefähr entwickelt hatte. In der Tat wies die DDR-Verfassung von 1974 nicht unerhebliche soziale Staatsziele auf, die dem rein verfassungsrechtlich geprägten Grundgesetz fern sind, da Ziele wie Recht auf Arbeit oder Recht auf Wohnung nicht einklagbar sind. Diese ideellen Staatsziele verbanden sich mit plebiszitären Elementen, die das Grundgesetz ebenfalls nicht vorsieht. So stieg aus der Vielfalt der Länderverfassung eine Dimension auf, die in keiner der von Ostdeutschen, Westdeutschen und Franzosen in unterschiedlichen Momenten betriebenen Projektionen faßbar gewesen wäre und eine neue Identität förderte, die keiner politischen Rationalisierung gehorcht, wie sich im Falle der Brandenburger zeigte, als diese sich der rationalen Länderfusion mit dem ohnehin ungeliebten Berlin entzogen. Man ist zuerst Brandenburger oder Sachse, dann Deutscher, dann Europäer und dann vielleicht erst Bundesbürger.

Und so bildete sich ein neues Rubrum zur Beschreibung variabler und zugleich globaler ostdeutscher Realitäten und Befindlichkeiten heraus: die »neuen Bundesländer«. Sie wurden zur quasi offiziösen und ungemein praktischen Formel, ohne die keine Statistik oder Sachliteratur heute mehr auskommt. In ideologisch und politisch neutralem Gestus deckt sie die Dimension der Differenz zur alten BRD ab, ohne diskriminierend zu wirken, und läßt zugleich die Variabilität zwischen den einzelnen Ländern als offene Größe erscheinen. Die semantische Konnotation selbst ist in den »neuen Bundesländern« förderlich, denn sie macht die westlichen Bundesländer zu »alten«.

Diese für den Osten glückliche Semantik betrifft auch die Übersetzung. Natürlich haben »les *nouveaux* Länder« eine andere Konnotation als »les Länder *orientaux* oder *de l'Est*«. In Frankreichs seit 1989 wieder blühender Deutschlandpublizistik konnten »les nouveaux Länder« daher einen terminologischen Einzug halten, der zum erfolgreichen Passepartout französischer Deutschlandprojektionen wurde. Hier konnten sich DDR-Fortschrittsnostalgie, Deutschlandromantik, Preußen-Sachsen-Bilder, Berlin-Mythos, Wirtschaftswundervisionen und eigene Investitionsbestrebungen ein erfolgreiches Stelldichein geben. Eine Zeitlang schien es, als wären »les nouveaux Länder«, in denen Frankreich zum wichtigsten ausländischen Investor und Kulturträger avancierte, das interessantere, ja manchmal auch (wieder) bessere Deutschland. Fanden Frankreichs noch im Frühsommer 1990 praktizierte Hoffnungen auf einen Rest von DDR-Sonderweg in den »nouveaux *Länder*« auf diese Weise ein neues Objekt »doppelter« Deutschlandpolitik? Jetzt nur mit dem wichtigen Unterschied, daß diese mit der Vereinigung keine gespaltene Deutschlandpolitik mehr bedeutete.

Kurt Sontheimer
Staat und Gesellschaft

Zwischen dem Deutschland der Bundesrepublik und Frankreichs Fünfte Republik sind die Unterschiede hinsichtlich von Staat und Gesellschaft und ihrem Verhältnis zueinander heute eher gradueller als grundsätzlicher Natur. Diese Annäherung hat sich erst nach dem Zweiten Weltkrieg vollzogen. Der entscheidende Schrittmacher für die weitgehende Angleichung der Funktionen und Situationen von Staat und Gesellschaft in bei-

den Ländern war der Prozeß der *Modernisierung*, die sowohl den
Staat und seine Institutionen wie auch die Gesellschaft, ihre sozialen Gruppen und die Individuen vor vergleichbare, ja weitgehend gleiche Herausforderungen stellt und sie allesamt ihrem
Gesetz des labilen Fortschritts unterwirft.

Frankreich blickt auf eine vielhundertjährige Geschichte der
souveränen Herrschaft des zentralistisch regierten Nationalstaates zurück. Diese Geschichte war zugleich ein Prozeß des kontinuierlichen Ausbaus der staatlichen Gewalt, der auch durch die
jüngsten Bemühungen der Fünften Republik um eine regionale
Aufgliederung der Staatsgewalt nicht entscheidend geschwächt
wurde. Auch unter wechselnden politischen Regimen (plebiszi-
täre Herrschaft bis Versammlungsregierung) hat sich der französische Staat als Idee (Hüter des Gemeinwohls und dessen
Schiedsrichter für die Gesellschaft zu sein) und als Herrschaftsorganisation unangefochten behauptet. Das Verhältnis der
Franzosen zum Staat ist zwiespältig: die Notwendigkeit einer
einheitlichen und effektiven Staatsgewalt wird – ungeachtet gewisser, immer wieder aufbrechender anarchistischer Neigungen
– im Prinzip bejaht, die faktische Ausübung der staatlichen
Funktionen vielfach kritisiert. Eine Staatsverehrung oder gar
Staatsvergottung – wie zeitweilig in Deutschland – gibt es bei den
Franzosen nicht, doch die Gesellschaft erwartet nichtsdestoweniger einen tatkräftigen, leistungsfähigen Staat, wobei sie es
in der Geschichte abwechselnd mit monokratischen (Bonapar-
tismus bis zu de Gaulle) und pluralistischen Modellen der Staats-
führung (3. und 4. Republik) versucht hat.

Anders als im staatlich geeinten Frankreich vollzog sich die
Ausbildung des souveränen Staates in Deutschland auf einem
durch territoriale Vielfalt und politische Zersplitterung geprägten historischen Schauplatz. Erst der Staat des Deutschen Kaiserreiches ab 1871 hat trotz seiner föderativen Struktur die
Merkmale des starken, über der Gesellschaft stehenden, sie in
Ordnung haltenden Staates für ganz Deutschland voll ausgebildet. Gemäß der deutschen Staatsideologie im Gefolge Hegels
war der Staat nicht das Werk der Individuen, die sich in ihrem
Interesse eine politische Ordnung gaben, sondern der Staat war

die vor dem Bürger rangierende höchste Instanz, die gegenüber
dem privaten Interesse das höhere Allgemeininteresse verkörperte und es souverän – ohne Beteiligung der Bürger an der
Macht – durchsetzte. Der moderne Staat stand über der Gesellschaft. Darum konnte er ein Gegenstand der Verehrung werden.

Infolge der ökonomischen und sozialen Entwicklungen des
20. Jahrhunderts kam es zu einer gegenseitigen Durchdringung
von Staat und Gesellschaft. Dieser Prozeß setzte in Deutschland
früher und stärker ein als in Frankreich, wo man sogenannte »in-
termediäre Gruppen« zwischen Staat und Gesellschaft lange für
ein politisches Übel hielt und darum an ihrer Entstehung und
Entfaltung hinderte. Die »Eroberung« des Staates durch die gesellschaftlichen Organisationen in Gestalt der Parteien und Verbände, die heute ganz selbstverständlich geworden ist – und zwar
in Deutschland mehr als in Frankreich –, war ein historischer
Prozeß, der mit der Entwicklung der modernen Industriegesellschaft verbunden war. Die Industriegesellschaft hat den Bereich
staatlicher Tätigkeit in beiden Ländern enorm erweitert und
dem Staat quasi eine Alleinzuständigkeit, auch für alle sozialen
Bereiche zugeschoben. Die Ausweitung der Staatstätigkeit hat,
nicht zuletzt im Zeitalter der Demokratie, die Einflußnahme
und Mitwirkung der Gesellschaft in ihren vielfältigen Gliederun-
gen zu einer Voraussetzung der modernen Politik gemacht. In
der heutigen Politik stehen sich Staat und Gesellschaft nicht
mehr distanziert gegenüber, sondern sie sind auf vielen Ebenen
miteinander verflochten. Dies ist die gegenwärtige Struktur des
Verhältnisses von Staat und Gesellschaft in beiden Ländern,
doch sie prägt sich aufgrund der historisch unterschiedlichen
Entwicklung Frankreichs und Deutschlands jeweils anders aus.
Daher die eingangs erwähnten graduellen Unterschiede, von denen im folgenden noch kurz die Rede ist.

Von der Bundesrepublik hat man (so der Verfassungsrechtler
Forsthoff) behauptet, sie sei kein Staat im traditionellen Sinne
hoheitlicher Herrschaft mehr, sondern ein Geschöpf der gesellschaftlichen Kräfte selbst, die ihn aufgebaut hätten. Der westdeutsche Staat ist – pointiert ausgedrückt – eine Funktion der
deutschen Wirtschaft und Gesellschaft und ihrer entsprechen-

den Machtträger. Die bemerkenswerte politische Stabilität der Bundesrepublik ist weniger dem Geschick ihrer Parteien und Politiker zu danken als den günstigen soziologischen, ökonomischen und auch ideologischen Bedingungen, in deren Rahmen sie ab 1949 wirken konnten. *Soziologisch* hat sich in Westdeutschland die »nivellierte Mittelstandsgesellschaft« durchgesetzt, die erstmals in Deutschlands Geschichte eine echt bürgerliche Gesellschaft geworden ist. *Ökonomisch* hat der Staat – im Interesse eines raschen Wiederaufbaus – den wirtschaftlichen Kräften, die nicht antagonistisch, sondern partnerschaftlich eingestellt waren, möglichst freien Lauf gelassen oder in enger Verbindung mit ihnen die sich stellenden Aufgaben zu lösen versucht.

Die Ausgangsbedingungen für die Entwicklung Frankreichs nach dem Zweiten Weltkrieg waren, historisch bedingt, weitaus ungünstiger. Die französische Gesellschaft war weniger nivelliert und darum antagonistischer als die westdeutsche; sie kannte und hat zum Teil noch enorme Modernisierungsunterschiede, vor allem zwischen Stadt und Land, die nur langsam zu beseitigen sind. Sie ist darum oft als eine »société bloquée« (Crozier) charakterisiert worden, obwohl die Blockierungen sich inzwischen stark gelockert haben. Mehr als in Westdeutschland fällt es in Frankreich traditionell dem Staat zu, die Wirtschaft und die Gesellschaft in Bewegung zu bringen; sie tun es nicht von sich aus, sondern erwarten Initiative, Anleitung und Führung durch den Staat selbst, mit dem sie dann in der Praxis vielfach nicht zufrieden sind.

Ein Hauptgrund für den Mangel an Dynamik ist die fortwirkende zentralistische Tradition der französischen Staatsverwaltung. Sie fördert zwar in vielen Fällen, aber sie hemmt und lähmt auch die gesellschaftlichen Initiativen, so daß sich jener pragmatische Umgang der Gesellschaft mit ihrem Staat, wie er sich in Deutschland herausgebildet hat, in Frankreich trotz gewisser neuer Ansätze noch nicht voll etabliert hat.

Mit anderen Worten: Sowohl die Staatsorganisation wie die Verfassung der Gesellschaft selbst sind in Frankreich noch nicht so beschaffen, um die ehrgeizigen Ziele einer wirtschaftlichen und sozialen Modernisierung der Nation ohne mehr oder weniger starke Friktionen zu erreichen. Die Linke setzt mehr auf die Intervention des Staates als die Rechte, aber die traditionellen Modelle der staatlichen Steuerung von Wirtschaft und Gesellschaft haben – wie auch in der Bundesrepublik – ihre Anziehungskraft verloren. Die gesellschaftlichen Utopien haben sich verbraucht. Der Austausch und enge Kontakte zwischen den französischen Führungseliten in Staat und Wirtschaft, die für das Frankreich von heute typisch geworden sind – mehr als in der Bundesrepublik, wo die funktionellen Eliten stärker kooperieren als fusionieren –, zeigt jedenfalls an, daß Staat und Gesellschaft hier wie dort zu einem einheitlichen, nach Funktionen unterschiedenen Gebilde zusammenwachsen. Die industrielle Gesellschaft und ihre Herausforderungen für die Zukunft stellen Frankreich wie Deutschland vor ähnliche Probleme. Dies macht sie zu maßgeblichen Partnern im Dialog um die Zukunft Europas.

Manfred G. Schmidt
Demokratie – Citoyen – Staatsbürger

Die Unterschiede zwischen Frankreich und der Bundesrepublik Deutschland hinsichtlich der demokratischen Staatsform, der Staatsbürger und des Verhältnisses von Bürgern und Staat sind beträchtlich, aber nicht mehr grundsätzlicher Art. Wer beide Länder aus dem Blickwinkel des Vergleichs von Demokratien und Diktaturen oder aus historischer Perspektive betrachtet, dem werden sogar eher ihre Gemeinsamkeiten als ihre Unterschiede auffallen. Beide Staaten sind EU-Mitglieder, wohlhabend, marktwirtschaftlich und verfassungsstaatlich; und seit beide Demokratien sind, führen sie – wie alle anderen Demokratien – gegeneinander nicht mehr Krieg. Ferner gehören Frankreich wie Deutschland mittlerweile zu den stabilen, festverwurzelten konstitutionellen Demokratien. Überdies sind die Bürger beider Länder vollberechtigte Staatsbürger mit weitreichenden zivilgesellschaftlichen, politischen und sozialen Rechten.

Wie der historische Vergleich lehrt, sind die Gemeinsamkeiten zwischen Deutschland und Frankreich größer als je zuvor. Beide Länder haben sich insoweit – bei Beibehaltung ihrer Identität – einander angenähert. Diese Konvergenz ist hauptsächlich seit Beginn der fünfziger Jahre in Gang gekommen. Anstoß erhielt sie vor allem von der Demokratisierung Westdeutschlands (und – im Prozeß der deutschen Einheit – derjenigen Ostdeutschlands), dem Wirtschaftsaufschwung nach 1950, dem Übergang Frankreichs von der Vierten zur Fünften Republik und deren Konsolidierung, der Integration Europas, dem Ausbau des Wohlfahrtsstaates und dem Wertewandel, der neben fortschreitender Säkularisierung postmaterialistische Ziele wie Selbstverwirklichung, politische Beteiligung und Umweltschutz aufwertete, vor allem in jüngeren, überdurchschnittlich lange ausgebildeten Altersgruppen.

Trotz aller Annäherung sind die Unterschiede zwischen Frankreich und Deutschland hinsichtlich der Demokratie, der Staatsbürger und des Verhältnisses von Staat und Bürgern beträchtlich groß geblieben. Das spiegelt zum Teil das unterschiedliche Alter der Demokratie in beiden Staaten wider. In Frankreich ist man früher – wenngleich mehrmals unterbrochen – zur Republik übergegangen als in Deutschland, das sich erst 1918/19 (zunächst bis 1933) und – nach der Besiegung des NS-Staates und den Jahren der Besatzung – ab 1949 zur Demokratie entwickelte. Hinzu kommen große Unterschiede der Demokratiestrukturen beider Länder. Die Bundesrepublik Deutschland ist eine Repräsentativdemokratie. Auf Bundesebene sind die plebiszitären Komponenten schwach. Vom Plebiszit befürchtete man eine »Prämie für Demagogen«, so Theodor Heuss, der erste Bundespräsident der Bundesrepublik. Frankreichs Staatsverfassung hingegen hält einen Schwebezustand zwischen einer plebiszitär-präsidentiell verankerten Demokratie und einer Repräsentativdemokratie, in der sich republikanische und quasi-monarchische Tendenzen mischen. Dem entsprechen das Zusammenwirken zweier Formen der Volkssouveränität, der Souveränität des Volkes (»souveraineté populaire« im Sinne von M. Duverger) und der Souveränität der Nation (»souveraineté nationale«), und eine Mittellage zwischen dem parlamentarischen und dem präsidentiellen Regierungssystem, die sich in Begriffsbildungen wie »semi-präsidentielles Regierungssystem« (M. Duverger) und »parlamentarisches Regierungssystem mit Präsidialdominanz« (W. Steffani) widerspiegelt.

Die Bundesrepublik hingegen ist eine parlamentarische Demokratie, in der die politischen Parteien eine so starke Rolle spielen, daß man ihren Staat als besonders ausgeprägten »Parteienstaat« bezeichnet hat. In ihm entstammt die Souveränität ebenfalls dem Volke; faktisch aber wird die Souveränität – mit Ausnahme direktdemokratischer Beteiligungsformen hauptsächlich auf lokaler und landespolitischer Ebene – delegiert, und zwar nicht nur an die Volksvertretungen im Bund und in den Ländern, sondern auch an Expertokratien, wie das Bundesverfassungsgericht und die Deutsche Bundesbank und an die Europäische Union.

Nicht minder wichtig sind die unterschiedlichen Begrenzungen der Mehrheitsherrschaft in Deutschland und Frankreich. Frankreich ist das Land der vielhundertjährigen Souveränität eines zentralistisch, organisierten Nationalstaates, dessen Exekutive nur schwache Sicherungen und Gegenkräfte gegen sich hatte. Auch die demokratische Fassung dieses zentralisierten Staates hat der Exekutive viel Spielraum gelassen, sieht man vom Sonderfall der »cohabitation« ab. Die gegenmajoritären Institutionen sind schwach im Gegensatz zur Bundesrepublik, in der mächtige Institutionen den Demos und die von ihm bestellte zentralstaatliche Exekutive und Legislative zügeln, so der Föderalismus, die extrem starke Stellung des Bundesrats im Gesetzgebungsverfahren, das mächtige Bundesverfassungsgericht, ferner der Tripartismus von Staat, Arbeitgeberverbänden und Arbeitnehmerverbänden in den Sozialversicherungseinrichtungen, im Gesundheitswesen und der Bundesanstalt für Arbeit sowie die autonome Deutsche Bundesbank. Diese steht für eine – vom Parlament durch einfaches Gesetz rückrufbare – »Delegation von Regierungsmacht an eine Bürokratie« (Barbier), zwecks Entpolitisierung und Unterstellung unter die Expertokratie, also für Herauslagerung eines Politikfeldes größter Bedeutung aus dem Zugriffsbereich des Demos. Diese Delegation verkörpert zusammen mit den anderen gegenmajoritären Institutionen einen – auch im internationalen Vergleich – ungewöhnlich starken Schutz vor der potentiellen »Tyrannei der Mehrheit«. Die Demokratie der Bundesrepublik ist insoweit die Demokratie eines »semisouveränen Staates«, im Sinne eines innenpolitisch vielfältig gefesselten zentralstaatlichen Goliaths, so die treffende Formulierung Peter Katzensteins, eines US-amerikanischen Deutschlandexperten. Den Gegensatz zur Demokratie des »semisouveränen Staates« verkörpert die Demokratie des »souveränen«, von gegenmajoritären Kräften wenig gebremsten Staates, wie in Großbritannien oder Frankreich. Für die dort tonangebende Auffassung sind der »semisouveräne Staat« und dessen semisouveräner Demos schwer verdaulich, und für die in Frankreich lebendige radikale Variante der Volkssouveränitätslehre sind beide schier ungenießbar. Wer allerdings Demokratie nicht nur als zentralisierte »Mehrheitsdemokratie« definiert, wie die herrschende Lehre in der französischen und der britischen Staats- und Verfassungsdiskussion, sondern auch als »Konsensus«- oder »Verhandlungsdemokratie«, so eine lebendige Tradition der deutschsprachigen Länder und der Benelux-Staaten, wird im »semisouveränen Staat« keinen Demokratiedefekt, sondern einen ehrenwerten nichtmajoritären Demokratietyp sehen. Dieser besteht aus einer Mischform von Mehrheitsdemokratie (deren Entscheidungsregeln vor allem im Parteienwettbewerb gelten), »Konkordanzdemokratie« (deren Entscheidungsmodus – *bargaining* und Einstimmigkeitsregel – vor allem in den Bund-Länder-Beziehungen angewendet wird) und »Delegationsdemokratie«, die demokratisch legitimierte Gestaltungsspielräume an fachgeschulte Bürokratien verleiht, und zwar auf Widerruf durch Gesetzesänderung, wie im Fall der Deutschen Bundesbank. Die hiermit verbundene Neigung zur Experten- und zur Beamtenherrschaft gilt es allerdings damit aufzurechnen, daß die Bürger der Bundesrepublik aufgrund der föderalistischen Gliederung, in der beträchtlich ausgebauten Mitbestimmung in den Betrieben und Unternehmen überdurchschnittlich viele Gelegenheiten zur politischen Beteiligung haben.

Es verwundert nicht, daß die zwischen Frankreich und
Deutschland unterschiedlichen Demokratiestrukturen und Be-
ziehungsmuster zwischen Stimmberechtigten und Regierung unterschiedliche Auffassungen von dem, was politisch machbar ist
und was machbar sein sollte, hervorrufen. In Frankreichs Demokratie strebt man aufgrund der Betonung der Volkssouveränität
und der Souveränität der Nation und begünstigt durch die Insti-
tutionenordnung stärker nach umfassender politischer Steuerung seitens des Zentralstaats. Die Demokratie der Bundesrepublik ingegen zwingt die beteiligten Parteien in wichtigen
Gesetzgebungsvorhaben in der Regel zur Kooperation, so daß
faktisch eine formelle oder informelle Große Koalition zwischen
Regierung und Opposition geschmiedet werden muß, es sei
denn, diese zögen es vor, den politischen Entscheidungsprozeß
zu blockieren. Deshalb neigt man in der Demokratie der Bundesrepublik zu Konflikt und Kooperation, zu Mehrheitsent-
scheid und Suche nach einvernehmlicher Konfliktlösung sowie
zur Delegation wichtiger Angelegenheiten an Expertokratien
auf nationaler und auf transnationaler Ebene. Die Verlagerung
von Kompetenzen auf die EU beispielsweise wertet man deshalb
in Deutschland – im Gegensatz zu Großbritannien und Frankreich – nicht als Systembruch, sondern als systemverträgliche
Fortsetzung althergebrachter Praktiken.

Die unterschiedlichen Demokratiestrukturen zwischen
Deutschland und Frankreich haben Stereotypen Nahrung
gegeben. Die Differenz zwischen zentralisierter, »souveräner«
Mehrheitsdemokratie nach französischem Muster und »semisouveräner« Mischform nach bundesrepublikanischer Art beispielsweise ist Wasser auf die Mühlen des Stereotyps, wonach
die Demokratie in Frankreich seit langem vital und authentisch
sei, während sie in Deutschland zu spät begonnen und dann zu
wenig Spiel erhalten habe. Ein weiteres festverwurzeltes Vor-
stellungsklischee besagt, daß Frankreichs Staatsbürger politisch
besonders engagiert und kompetent seien, die Freiheit mehr als
die Gleichheit liebten und mißtrauisch Distanz zum Staate hiel-
ten. Der deutsche Staatsbürger hingegen sei vor allem Untertan,
betrachte Ruhe und Ordnung als Hauptbürgerpflicht, gehe auf

Distanz zur politischen Beteiligung und kümmere sich hauptsächlich ums materielle Wohlergehen. Doch diese Urteile halten der wissenschaftlichen Erkundung der politischen Kultur Frankreichs und Deutschlands nicht stand. Diese Erkundungen zeigen beträchtliche Gemeinsamkeiten zwischen Frankreichs und Deutschlands Staatsbürgern hinsichtlich vieler politischer Ziele, z. B. der Wertschätzung der Demokratie, der Meinung, welche Probleme vorrangig bewältigt werden sollen, und hinsichtlich politischer Verhaltensweisen, wie der hohen Wahlbeteiligung. Die Studien zur politischen Kultur decken aber auch berichtenswerte Unterschiede auf. Der Anteil der mit der Demokratie Zufriedenen ist in Frankreich im EU-Vergleich unterdurchschnittlich, im Westen Deutschlands jedoch überdurchschnittlich hoch (und im Osten Deutschlands europaweit am geringsten). Ferner zeigt die Erforschung der politischen Kultur für viele vielleicht überraschend, daß das Leitbild der beteiligungsorientierten Staatsbürgerkultur (im Sinne der Civic Culture-Studie von Almond & Verba) in der Bundesrepublik Deutschland in der Periode 1970–1990 stärker verwirklicht war als in Frankreich. In Frankreich äußerte sich die Kluft zwischen der Staatsbürgerkultur und der Wirklichkeit vor allem in schwächerer Parteiidentifikation, geringerem politischen Kompetenzbewußtsein der Bürger, überdurchschnittlich kritischer Einstellung zur politischen Führung und überdurchschnittlichem Mißtrauen gegenüber den Mitbürgern. Wer allerdings – inspiriert von Alexis de Tocquevilles *De la Démocratie en Amérique* – befürchtet, das Voranschreiten der Demokratie fördere die Gleichheit und beschädige hierdurch die Freiheit, den kann die Erforschung von Frankreichs politischer Kultur der achtziger Jahre belehren: dort ist der Anteil der Fürsprecher von mehr Gleichheit und Freiheit größer als in der Bundesrepublik Deutschland, und dort ist die Freiheit nicht weniger intakt als in Deutschland.

Vincent Hoffmann-Martinot
Zentralisierung und Dezentralisierung

Von wenigen gewichtigen Ausnahmen – wie etwa Großbritannien – abgesehen, war in den industriegesellschaftlichen Demokratien seit den sechziger Jahren eine allgemeine Tendenz zur Dezentralisierung ihrer politisch-administrativen Strukturen zu beobachten. Die Bundesrepublik Deutschland wie auch die unitarische Französische Republik können als Beispiele dieser konvergenten Entwicklung gelten, auch wenn die komplexe Mischung aus Zentralisierung und Dezentralisierung historisch in den beiden Ländern nicht in derselben Weise entstanden ist. Der wechselseitigen – ambivalenten – Faszination für das System des Nachbarn und seine institutionelle Architektur folgte nach und nach, vor allem in jüngerer Zeit, eine zunehmende Bewußtwerdung und klarsichtige Akzeptanz der durch die jeweilige Geschichte geformten Eigenheiten.

Das im Laufe von Jahrhunderten von der Monarchie geschaffene, durch die Französische Revolution und Napoleon Bonaparte vollendete Werk der Zentralisierung war aufs engste mit dem französischen Verständnis der *Nation* und des Nationalstaates verbunden. Sie bildete den Sockel für die Identität der einen und unteilbaren Republik, deren wichtigstes Fundament im Prinzip der Gleichheit der Bürger vor dem Gesetz bestand. Der zentralisierte Staat galt als verläßlichster Schutzwall gegen Ungerechtigkeiten, ungleiche Lebensverhältnisse, ja sogar gegen lokale Formen der Tyrannei. Ihm oblag es auch, die Einheit des Landes zu wahren, die als unerläßliche Bedingung für die effektive Umsetzung von nationalen Entscheidungen auf dem gesamten Territorium betrachtet wurde, wozu insbesondere das engmaschige Präfektensystem diente. Ebenso diente der zentralisierte Staat der Behauptung französischer Macht in der Welt. Das napoleonische Verwaltungsmodell war durch einen hohen Grad an Zentralisierung und eine territoriale Funktionsteilung zwischen den Vertretern des Zentralstaates (Präfekturen, technische Außendienststellen der Ministerien) und den lokalen Gebietskörperschaften gekennzeichnet. Seine einfache, kohärente und integrative Logik begünstigte seinen Export in zahlreiche Länder zu Beginn des 19. Jahrhunderts, wo es bis heute, wenn auch in abgeschwächter Form und mit Gegengewichten, überlebt hat, so etwa in Spanien, Portugal, Italien, Griechenland, Belgien und den Niederlanden.

Die Zentralisierung wurde daher über Jahrhunderte hinweg als für Frankreich, seinen Fortschritt und seine Entwicklung notwendig erachtet. Dupont-White hat diese Vorstellung einer unwiderstehlichen Entwicklung in seinem 1876 publizierten Werk *Die Zentralisierung* am besten zum Ausdruck gebracht. Ein kleiner Auszug aus dem X. Kapitel (»Von der Zentralisierung in Frankreich, ihrer Natürlichkeit und der Notwendigkeit einer seit undenklichen Zeiten voranschreitenden Entwicklung«) mag zur Illustration genügen:

> »Lassen wir doch, so werden Sie sagen, die Vergangenheit der Zentralisierung beiseite. Heute ist die Nation geschaffen und ihr Werk damit beendet. Die Zentralisierung hat diejenigen Probleme gelöst, die zu lösen ihr gegeben war. Sie könnte nun von der Bühne abtreten, ohne eine Lücke, ohne ein Bedauern zu hinterlassen. Irrtum! Denn es gibt auf der Welt keine Lösung, die in einem Stillstand, in einer Ruhepause bestünde.«

Über lange Zeit verkörperte Frankreich für die Deutschen ein unitarisches und modernes Organisationsmodell, da es ihm gelungen war, sowohl einen Staat wie auch eine Nation zu schaffen. Die im Kurfürstentum Brandenburg angesiedelten Hugenotten trugen im übrigen dazu bei, das französische Staatsverständnis weiterzugeben, und beförderten damit auch die Entstehung eines Nationalgefühls. Die im 19. Jahrhundert unter preußischer Führung realisierte Einheit Deutschlands war in weiten Bereichen ein Abbild der französischen Erfahrung der politisch-administrativen, kulturellen und linguistischen Zentralisierung. Nach und nach bildete sich ein Konsens heraus, das traditionelle Institutionensystem – den aufgrund territorialer Zersplitterung erheblich geschwächten Staatenbund – völlig umzugestalten und ihn in Richtung eines Bundesstaates zu entwickeln, der die Modernisierung von Gesellschaft, Wirtschaft und politischem Sy-

stem garantiert. Die Weimarer Republik brach sowohl mit den
föderalen Reichsinstitutionen, die von Karl Liebknecht als »Fei-
genblätter des Absolutismus« bezeichnet worden waren, als auch
mit dem Dualismus der Machtstruktur, d. h. mit der Osmose oder
auch Vermengung von Preußen und Reich. Sie entwickelte sich
damit in eine Richtung, die Hugo Preuß vorgezeichnet hatte,
nämlich in Richtung eines dezentralisierten Einheitsstaates. Dies
ließ erstmals in der deutschen Geschichte eine autonome Zentralmacht entstehen, die mehr und mehr finanzielle und fiskali-
sche Kompetenzen in ihren Händen konzentrierte. Zur demokratischen Modernisierung zwischen 1918 und 1933 konzipiert,
wurde die Vereinheitlichung und Zentralisierung des Landes
durch das Naziregime systematisch verstärkt und einer radikal
entgegengesetzten Zielsetzung dienstbar gemacht, nämlich der
Etablierung eines auf den Führer und seine Einheitspartei ausgerichteten totalitären Herrschaftssystems.

Die Legitimität einer zentralisierten Form staatlicher Organisation wurde durch den Nazismus und seine Folgen völlig diskreditiert. Dies veranlaßte die Besatzungsmächte, Prinzipien des
Föderalismus und der kommunalen Selbstverwaltung einen fundamentalen Stellenwert für den Wiederaufbau des Landes und
seines politisch-administrativen Systems nach 1945 einzuräu-
men.

Während der zweiten Hälfte des 20. Jahrhunderts sah es immer mehr so aus, als wäre nicht länger Frankreich, sondern die
Bundesrepublik das politisch-institutionelle Referenzmodell für
das Nachdenken über die territoriale Organisation europäischer
Staaten. Frankreich schien sich an Strukturen und Prinzipien zu
klammern, die für die Bewältigung der gewandelten sozioökonomischen und politischen Herausforderungen nicht länger geeignet sind. Die perversen Effekte der Zentralisierung ließen die
fundamentale Rolle, die sie über Jahrhunderte hinweg für die
Konstituierung eines Nationalstaates und einer lange Zeit be-
wunderten, ja sogar nachgeahmten Kultur gespielt hat, beinahe
in Vergessenheit geraten. Die Hypertrophie der Pariser Großre-
gion, ihres demographischen und wirtschaftlichen Gewichts sowie ihrer kulturellen Ausstattung erschienen nun als das größte

Übel, das auch Jahrzehnte einer zentral angelegten, voluntaristischen Raumordnungspolitik kaum verringern konnten. Auch vierzig Jahre nach ihrer Erfindung hat die plakative Formel »Paris und die französische Wüste« ihre Daseinsberechtigung keineswegs verloren. Allerdings ist mit den Anfang der achtziger Jahre eingeleiteten Dezentralisierungsreformen doch ein großer Schritt nach vorn gelungen. Ihre Hauptauswirkungen bestanden darin, die funktionale Überlastung des Zentralstaates abzumildern, seine Aufsicht über die lokalen Gebietskörperschaften entscheidend abzuschwächen und die Exekutivfunktionen des Departements und der Region vom Präfekten auf den Präsidenten des General- bzw. Regionalrates zu verlagern. Abgesehen von einer Minderheit von Jakobinern, die der alten Ordnung nachhängen, teilt die große Mehrheit der politischen, wirtschaftlichen und gesellschaftlichen Kräfte im nachhinein die Einschätzung, daß diese Reform nicht nur notwendig war, sondern, insgesamt betrachtet, auch gut durchgeführt wurde.

Dennoch blicken die meisten französischen Beobachter, seien sie nun Experten, Politiker, Verwaltungsfachleute oder einfache Bürger, immer noch in Richtung Deutschland und sind versucht, dessen Dezentralisierungsinstrumente zu übernehmen. Vielfältiger Erfahrungsaustausch, Städtepartnerschaften, Studienreisen oder einfach touristische Aufenthalte haben dazu beigetragen, ein Bild der territorialen Gestalt Deutschlands zu schaffen und zu verbreiten, das sicherlich mehr oder weniger idealisiert sein mag, das aber zum quasi-obligatorischen Bezugspunkt geworden ist.

In vergleichender Perspektive betrachtet, beruht diese Annahme einer Überlegenheit des deutschen Dezentralisierungsmodells auf einer Hochschätzung der drei konstitutiven Dimensionen der lokalen Autonomie: der Freiheit, der politischen Teilhabemöglichkeiten und der Effizienz. Auf die Handlungsfreiheit der territorialen Gebietskörperschaften (Städte, Gemeinden, Kreise) sind ihre französischen Pendants traditionellerweise und auch zu Recht neidisch: Sie verfügen über eine bedeutende Interventionssphäre gegenüber einem Staat (Land), der zwar näher ist, sich ihnen gegenüber, dank des kooperativen

Föderalismus, aber weniger kleinlich geriert. Die politische Beteiligung der Bürger wird durch eine Reihe von förderlichen
institutionellen und politischen Faktoren stark begünstigt: Mechanismen einer repräsentativen und direkten Demokratie (das
lokale Referendum wurde in der Bundesrepublik seit ihren An-
fangsjahren anerkannt, während es in Frankreich bis heute lediglich eine konsultative Funktion besitzt), Ausweitung der Direkt-
wahl von Bürgermeistern, lebendige Repräsentationsstrukturen
unter- und oberhalb der kommunalen Ebene sowie regelmäßige
thematische Mobilisierungs- und Sensibilisierungsarbeit lokaler
Parteiorganisationen. Der internationale Ruf einer technischen
und administrativen Effizienz in der Verwaltung der lokalen Gebietskörperschaften läßt sich über nun schon mehr als ein Jahrhundert zurückverfolgen. Sie hat ihren Ursprung in der größeren
Handlungsfreiheit, die ihnen von den staatlichen Autoritäten
eingeräumt wurde, vor allem während der Phase massiver Urba-
nisierung gegen Ende des 19. Jahrhunderts. Diese hat die Ausweitung, Spezialisierung, Akkumulation und den Austausch von
Erfahrungen der lokalen Bürokratie ermöglicht und zur Diffu-
sion von Innovationen beigetragen. Die Lokalverwaltungen
haben im übrigen ihre Leistungsfähigkeit infolge der Gemeinde-
gebietsreform in den sechziger und siebziger Jahren dieses Jahrhunderts steigern können, die die Anzahl der Gemeinden in der
ehemaligen Bundesrepublik auf ein Drittel (ca. 8500) verringert
hat. In Frankreich hingegen gelang es bislang nie, die Zersplitterung seiner 36000 Gemeinden (von denen 90 Prozent weniger als
2000 Einwohner zählen) wirksam zu reduzieren.
    Im Verlauf des letzten Viertels des 20. Jahrhunderts war
Frankreich sicherlich neben Spanien dasjenige europäische
Land, in dem die weitestreichende Dezentralisierungsreform in
Angriff genommen wurde. In vielen Bereichen besitzt der Staat
nicht länger eine unbestrittene Führungsrolle bei der Erarbei-
tung und Implementierung sektoraler Politiken. Das Korps der
Präfekten hat viel von seinem Einfluß und Prestige verloren, wie
sich an seinen Schwierigkeiten ablesen läßt, Absolventen der
Eliteverwaltungshochschule ENA anzuziehen. Waren sie früher
wenig gefragt oder gar verachtet, so gehören Berufe des öffent-

lichen Dienstes auf lokaler Ebene heute zu den begehrtesten im Kreise der angehenden Verwaltungsbeamten. Viele andere Indizien bestätigen dieses Bild eines erheblichen Bedeutungszuwachses der territorialen Gebietskörperschaften. Dies begünstigte die Entwicklung einer partnerschaftlichen Beziehung und Machtteilung mit dem Zentrum, die durch Diskussionen, Dialog und Verhandlungen geprägt sind.

Das politisch-administrative System Frankreichs bleibt dennoch deutlich weniger dezentralisiert als das deutsche. Das Szenario einer föderalen Entwicklung kann in Frankreich als wenig wahrscheinlich ausgeschlossen werden; es genießt hier – im Gegensatz zu Spanien und Italien – keine nennenswerte Unterstützung. Dennoch wären nur einige elementare Maßnahmen nötig, die allerdings sicherlich einen gewissen politischen Mut voraussetzen, um den Vorhang zum zweiten Akt der unvollendeten Dezentralisierungsreform zu öffnen: man müßte hierzu die Legitimität der lokalen Mandatsträger und insbesondere der Inhaber exekutiver Ämter ebenso stärken wie ihre Kompetenz in der Ausübung ihres politischen Berufs. Dies setzt die Abschaffung der Möglichkeit voraus, Ämter und Mandate auf mehreren politischen Ebenen zu kumulieren (»cumul des mandats«), die wahrhaftig einen wunden Punkt des politischen Systems darstellt; weiterhin müßte hierzu die Übertragung von Funktionen von Paris auf die territorialen Gebietskörperschaften fortgesetzt werden, um das Subsidiaritätsprinzip zu konkretisieren und die Rolle des Staates als Stratege und in der Regulierung der großen Gleichgewichte zu stärken; und schließlich wäre dazu ein neues institutionelles Design nötig, das der Undurchschaubarkeit des gegenwärtigen Systems ein Ende bereitet, indem es eine klare Abgrenzung der Kompetenzen und Verantwortlichkeiten der Akteure auf verschiedenen Ebenen ermöglicht. Paradoxerweise kann der beunruhigende Stillstand der Dezentralisierungsbemühungen weniger der Zentralregierung angelastet werden; er ist vielmehr als das Resultat der Aktivitäten verschiedener Lobbies und Interessencliquen auf lokaler Ebene zu betrachten, die jederzeit zur Verhinderung denkbarer Reformen aktiv zu werden bereit sind, wenn diese den Status quo in Frage stellen könnten.

So weckt die Idee, größere und mächtigere städtische Agglome-
rationen zu schaffen, unfehlbar den Zorn der Departementsräte,
die fest entschlossen sind, das Auftreten einer jeden neuen Konkurrenz zu verhindern; genauso werden die regelmäßig vorge-
brachten Vorschläge, die 22 französischen Regionen zu sieben
oder acht Einheiten zusammenzufassen, sofort als ebensoviele
Kriegserklärungen aufgefaßt. Dieser Zustand eines institutionellen Immobilismus findet sich offensichtlich auch in Deutschland wieder, wie sich an der kürzlich gescheiterten Fusion zwischen Berlin und Brandenburg unschwer ablesen läßt. Der Elan
des voluntaristischen Rationalismus ist seit den siebziger Jahren
erlahmt, und dies obwohl die deutsche Vereinigung ein neuer-
liches Nachdenken über die neue territoriale Gestalt geradezu
erzwingt, etwa hinsichtlich des übermäßigen Gewichts der neuen
(und alten) Hauptstadt, im Hinblick auf die kommunale Zersplitterung in Ostdeutschland und auch was die Gesamtarchitek-
tur des horizontalen und vertikalen Finanzausgleichs anbelangt.

Das Konzept der Dezentralisierung hat in den beiden Ländern
nicht die gleiche suggestive Kraft und besitzt auch nicht die gleiche Bedeutung. In Frankreich verweist es auf die Fortsetzung
einer Reformbewegung, die erst gegen Ende des 20. Jahrhunderts eingeleitet wurde und deren Charakter als revolutionär zu
bezeichnen ist, stellt sie doch die Dominanz des Zentrums über
den Rest des Territoriums grundsätzlich in Frage. Im Gegensatz
dazu ist die Dezentralisierung auf der anderen Seite des Rheins
ein ebenso unbestreitbarer wie unumstrittener Grundpfeiler der
Bundesrepublik Deutschland seit deren Gründung.

Auch wenn ein breiter Konsens über die bessere Eignung
eines dezentralisierten Systems zur Bewältigung unserer heutigen sozioökonomischen Herausforderungen gesichert und anerkannt ist, so beginnen die wirklichen Fragen dann doch erst.
Es handelt sich dabei um konkrete, komplexe und nicht selten
äußerst heikle Fragen, die jeden der beiden Staaten dazu nötigen, spezifische institutionelle Arrangements zu erfinden, anzupassen oder zu basteln: Wie lassen sich das Steuersystem und die
Finanzausgleichsmechanismen in einer Periode von Haushalts-
kürzungen und wachsender Disparitäten der sozio-territorialen

Reichtumsverteilung fortentwickeln? Inwieweit können unterschiedliche Organisationen und politische Institutionen zusammenwirken, ohne sich gegenseitig zu blockieren (*Politikverflechtungsfalle*)? Wie kann der Staat sich zurückziehen, ohne wesentliche Funktionen einfach den lokalen Gebietskörperschaften aufzubürden? Welche Wege einer »Neuerfindung des Politischen« sind zu beschreiten, um den Erwartungen einer politisch anspruchsvolleren Bürgerschaft gerecht zu werden? Jenseits der nicht zu beseitigenden Unterschiede des historischen und institutionellen *Backgrounds* erscheinen die heutigen Herausforderungen der lokalen Demokratie in Deutschland und Frankreich doch verblüffend ähnlich. Dank besserer Kenntnis ihrer jeweiligen Organisation und ihres Funktionierens haben die politisch-administrativen Systeme beider Länder das Stadium der utopischen Suche nach einem Import-Export-Modell hinter sich gelassen. Sie koexistieren und versuchen sich fortzuentwickeln, indem sie ihre jeweiligen Besonderheiten und institutionellen Leistungen berücksichtigen, wie sich an den vielfältigen und zunehmenden Kooperations- und Austauschbeziehungen auf europäischer Ebene zwischen lokalen Gebietskörperschaften, insbesondere zwischen Regionen, ablesen läßt.

Eckhard Schröter / Hellmut Wollmann
Verwaltung – Öffentlicher Dienst

Die öffentliche Verwaltung nimmt im politischen System wie auch im kulturellen Bewußtsein der Franzosen und Deutschen einen prominenten Rang ein. In beiden Staaten hat sich ein gewichtiger öffentlicher Sektor etabliert, der Mitte der neunziger Jahre ungefähr die Hälfte des jeweiligen Bruttoinlandsprodukts verbraucht und in dem in Deutschland beinahe jeder sechste und in Frankreich sogar etwa jeder fünfte Erwerbstätige beschäftigt ist. Im traditionellen Staatsverständnis beider Länder schließt der öffentliche Sektor einen beachtlichen Kranz unternehmerischer Tätigkeiten ein, insbesondere im Bereich »infrastruktureller Dienstleistungen«, aber auch mit Blick auf strategische Produktionssektoren. In Deutschland ist hierbei in den letzten Jahren unter marktwirtschaftlich-neoliberalen Vorzeichen die Privatisierung von »unternehmerischen« Bereichen des bisherigen öffentlichen Sektors verstärkt vorangetrieben worden. Die Verwaltungsapparate einschließlich der sie tragenden Konzepte haben beiderseits des Rheins eine erstaunliche Kontinuität bewiesen, indem sie sowohl die französischen Regimewechsel als auch die politischen Brüche in Deutschland (abgesehen von der Entwicklung in der DDR) bemerkenswert stabil überdauerten. Mit dieser sichtbaren Stellung der öffentlichen Verwaltung ist auch die in den politischen Kulturen Frankreichs und Deutschlands dem Staat zugedachte Rolle eng verknüpft. So haben in Frankreich nachhaltige Interventionen in Wirtschaft und Gesellschaft von seiten der Staatsverwaltung (»dirigisme«, »planification«) schon seit den – noch absolutistischen – Zeiten des Colbertismus Tradition. In anderer Weise, jedoch mit ähnlicher Wirkung für den Aufgabenbestand und das Ansehen der Administration wurde in Deutschland die öffentliche Verwaltung häufig zum Initiator und Träger ökonomischer und sozialer Modernisierungsprojekte: Dies galt im Preußen des 19. Jahrhunderts ähnlich wie jüngst in Ostdeutschland, wo nach dem Zusammenbruch des SED-Regimes die Transformation der DDR-Staatlichkeit und Staatswirtschaft in starkem Maße durch einen institutionellen, personellen und finanziellen Kraftakt des bundesrepublikanischen Staates, insbesondere der Bundesregierung, ins Werk gesetzt wurde. Institutionenpolitisch wurde die deutsche Vereinigung als Integration der vom zentralistischen DDR-Staat hinterlassenen organisatorischen und personellen Strukturen in die föderal-dezentrale Institutionenwelt der Bundesrepublik und als Angleichung an deren Verwaltungsmodell vollzogen.

Die Verwaltungsordnungen Frankreichs und Deutschlands werden gerne als die beiden klassischen Verwaltungssysteme Kontinentaleuropas zitiert, die sich nicht nur gegenseitig in ihrem Werden stark beeinflußten, sondern auch ihrerseits die Verwaltungsentwicklung in weiteren Nachbarstaaten nachhaltig prägten. In der Tat macht schon ein flüchtiger Überblick über die Verwaltungsgeschichte beider Staaten wichtige Wechselwirkungen gerade in jener Zeit offenbar, in der sich die moderne Administration herausbildete. So blieb das Allgemeine Preußische Landrecht von 1794 als Beispiel einer umfangreichen Gesetzeskodifikation nicht ohne Einfluß auf den Code Napoléon, wie umgekehrt die Verfassungsentwicklungen in den damaligen deutschen Staaten, aber auch die eingeleiteten Verwaltungsreformen des frühen 19. Jahrhunderts zum großen Teil als direkte und indirekte Reaktionen auf die Französische Revolution und ihre Folgen anzusehen sind. Die Geltung der – ursprünglich als Abbild der französischen »Mairie«-Verfassung eingeführten – rheinischen Bürgermeisterverfassung für die rheinland-pfälzischen und saarländischen Kommunen sowie die Einrichtung der Regierungsbezirke in den meisten deutschen Ländern zeigen diesen Einfluß eindrücklich auf. Daß dieser Ideen- und Institutionentransfer nicht in einer Einbahnstraße verlief, belegt nicht zuletzt die französische Rezeption der frühen deutschen Staatswissenschaften und der wechselseitige Einfluß auf die Entwicklung der Verwaltungs- und Staatsrechtslehre.

Was den »klassischen« Charakterzug der französischen und deutschen Verwaltungssysteme ausmacht, ist in der Hauptsache ihre nach wie vor spürbare Nähe zum Bürokratiemodell, wie es Max Weber in Reinkultur beschrieben hat. Dazu gehört in erster Linie – den Grundsatz der Gewaltenteilung bereits vorausgesetzt – die Orientierung an der abstrakten Norm, an gesatztem Recht, unter das die vielgestaltigen Anwendungsfälle rational zu subsumieren sind und welches das Verwaltungshandeln dadurch weitgehend steuern soll. Somit wurden das Recht zum vorrangigen Medium der klassisch-bürokratischen Administration und eine tendenziell legalistische Verwaltungskultur (Legalismus) zum Kennzeichen des gesamten politisch-administrativen Systems. Des weiteren drückt das hierarchiebetonte und hochgradig arbeitsteilige bürokratische Organisationsmodell mit seinen – im mustergültigen Falle – eindeutigen vertikalen und horizontalen Kompetenzabgrenzungen diesen Verwaltungsordnungen seinen Stempel auf. Das beginnt bereits bei der räumlichen Gliederung des jeweiligen Verwaltungsterritoriums, die sich weniger

an historischen Begebenheiten als an rationalen Kriterien auszu-
richten hat, und setzt sich bei der internen Behördenorganisa-
tion fort. Hinzu kommt schließlich eine zunehmende Professionalisierung und Spezialisierung des Verwaltungspersonals, wie
sie in der Herausbildung beständiger und auf einzelne Fachge-
biete zugeschnittener Amtszuständigkeiten schon angelegt ist.
Die Beschäftigung in der Verwaltung wird im Regelfall zum
Hauptberuf, der Zugang zum öffentlichen Dienst ist unmittelbar
an fachliche Qualifikationen geknüpft sowie durch ein staat-
liches Prüfungswesen kontrolliert, und das berufliche Fortkommen verläuft in hierarchisch abgestuften Laufbahngruppen.
Damit geht einher, daß der »öffentliche Dienst« zugleich vom
privatwirtschaftlichen Beschäftigungsbereich separiert wird:
eigene staatliche Ausbildungsinstitutionen entstehen, das Ar-
beitsverhältnis wird als besonderes Dienst- und Treueverhältnis
gefaßt, das den Beschäftigten einerseits bestimmte Pflichten
auferlegt und sie einer zusätzlichen Disziplinargewalt unterwirft,
ihnen andererseits jedoch auch besondere Privilegien, nicht zuletzt eine hohe Beschäftigungssicherheit und die Alimentierung
durch den Dienstherrn, garantiert. In der Summe bestimmen
diese Systemmerkmale den »anstaltsmäßig verfaßten Staat«
(Weber), in dessen Richtung sich die Verwaltungsordnung in
Frankreich und den damaligen deutschen Staaten vor allem seit
der Wende zum 19. Jahrhundert entwickelte. Nach dem anfäng-
lichen Zurückbleiben hinter den unter stärkerem französischen
Einfluß stehenden süd- und westdeutschen Staaten (Baden,
Westfalen, Hessen-Darmstadt, Nassau, Bayern und Württem-
berg) geriet in deutschen Landen zunehmend die preußische
Staatsverwaltung zum Prototyp eines derart verstandenen »klas-
sischen« Verwaltungssystems.

Dieses Verwaltungsbild entfaltet seine volle Wirkung jedoch
erst dann, wenn die theoretischen und ideologischen Grundle-
gungen mit bedacht werden, auf denen das beschriebene Verwaltungsverständnis in beiden Staaten aufbaut. So neigten traditionelle staatsphilosophische Strömungen in Frankreich wie
Deutschland dazu, den »Staat« idealistisch zu überhöhen, indem
er als »höchste Form des objektiven Geistes« (Hegel) verstanden

oder in Frankreich zum Garanten der »unteilbaren Republik« und der »nationalen Souveränität« stilisiert wurde. In beiden traditionellen Denkrichtungen ist dem Staat nicht minder gewichtig die Rolle als Hüter des Gemeinwohls zugedacht, was seine Verwaltung als ausführendem Organ folgerichtig zu besonderen »hoheitlichen Maßnahmen« ermächtigt, ihr dadurch ein besonderes Ansehen verleiht und sie naturgemäß über die gesellschaftlichen Interessen stellt. Auch wenn sich diese Überspitzungen einer inzwischen als überholt geltenden Staatslehre – gerade auch in Deutschland – weitgehend abgeschliffen haben, bleiben ihre Auswirkungen auf das heutige Verwaltungsverständnis nach wie vor spürbar und sorgen diese Denktraditionen im internationalen Vergleich – z. B. mit dem angelsächsischen Kulturkreis – für auffällige Besonderheiten.

Das gemeinsame Etikett der »klassisch-europäischen Verwaltung« darf jedoch nicht darüber hinwegtäuschen, daß eine eingehendere Betrachtung innerhalb des skizzierten Rahmens gleichgerichteter Staats- und Verwaltungsentwicklungen auch eklatante Unterschiede zwischen Frankreich und Deutschland zutage fördert. So ist es trotz der deutsch-französischen Parallelen hinsichtlich der vorrangig legalistischen Verwaltungsinterpretation für die heutige administrative Praxis nicht unerheblich, daß diese Traditionen tendenziell verschiedenen Ursprungs sind. So stehen dafür – vereinfacht gesprochen – in Frankreich die Ideen der Volkssouveränität und des Nationalstaats (»l'état-nation«) Pate, wonach das Recht das Gemeininteresse (»volonté générale«) verkörpert, während für Deutschland stärker die Rechtsstaatsidee prägend ist, derzufolge das frühe Verwaltungsrecht gerade als Abwehr und Beschränkung monarchischer Macht gedacht war. Überdies ist das deutsche Verwaltungssystem in seinen wesentlichen Strukturmerkmalen von den Ordnungsprinzipien des Föderalismus und der kommunalen Selbstverwaltung geprägt, die in dieser Ausgestaltung dem französischen Verwaltungsmodell fremd sind. Nicht weniger lassen sich auch mit Blick auf die Personalsysteme des öffentlichen Dienstes jeweils eigenständige Traditionsstränge ausmachen, die sich nicht über einen Kamm scheren lassen. Um den Tiefgang dieser Unterschiede sachgerechter ausloten zu können, verdienen diese Aspekte eine eingehendere Betrachtung.

Träger der öffentlichen Verwaltung sind in Deutschland neben dem Bund, die 16 Länder (darunter die drei Stadtstaaten Berlin, Hamburg und Bremen) sowie die insgesamt 14600 Städte und Gemeinden (darunter allein über 6000 in Ostdeutschland), welche wiederum – bis auf die 116 größeren kreisfreien Städte – 323 Landkreisen zugehörig sind. Für die administrativen Strukturen und die Aufgabenverteilung zwischen den Verwaltungsebenen sind dabei – beides verfassungsrechtlich verankert – das föderative System und die kommunale Selbstverwaltungsgarantie prägend. Vor allem ist jene – auf die bis zur Reichsgründung von 1871 gegebene Eigenstaatlichkeit der deutschen Kleinstaaten zurückweisende – Variante des deutschen Verwaltungs- oder Exekutivföderalismus zu beachten, die den Ländern nahezu die gesamte Verwaltungskompetenz zuweist (der Auswärtige Dienst oder die Zoll- und Wehrverwaltungen zählen zu den wenigen Ausnahmen), während der Bund – wenn auch unter zunehmendem Einfluß der im Bundesrat vertretenen Landesregierungen – in der politischen Praxis zum bestimmenden Gesetzgeber geworden ist. Einer ähnlichen Logik folgend sind die Kommunen – zusätzlich zu ihrer im Rahmen der Gesetze eigenverantwortlichen Tätigkeit im eigenen Wirkungskreis – auch mit der Wahrnehmung verschiedener staatlicher Aufgaben betraut, die ihnen durch Bundes- oder Landesvorschriften übertragen wurden. Als Folge dieser dezentralen Gliederung begegnet vor allem die dienstleistende, aber auch die ordnende und planende Verwaltung den Bürgern unmittelbar meist auf kommunaler Ebene, seltener in Gestalt der Länderbehörden und nur im Ausnahmefall als Bundesverwaltung.

In Frankreich erkennt das noch nachwirkende, wenn auch inzwischen »gezähmte« jakobinische Dogma der »unteilbaren Republik« derartige Gegengewichte zur zentralen Staatsadministration – nach dem Modell der »Checks and Balances« – oder legitime Spielräume für lokale Selbstverwaltung traditionellerweise nicht an. Die in ihrem Kernbestand bis in das Jahr 1789 zurückreichende territoriale Gliederung geht demnach modell-

haft von einer hierarchischen Über- und Unterordnung der Gebietskörperschaften aus, derzufolge die Präfekten als regionale
Statthalter der Zentralregierung in den 100 Départements und
die Vielzahl von über 36000 Kommunen (davon 11000 Gemeinden mit weniger als 200 Einwohnern) als lokale Verwaltungseinheiten im Dienste des Staates zu verstehen wären. Erst 1972
wurden die 26 Regionen als zusätzliche – bisher jedoch nur zu-
rückhaltend ausgebaute – Verwaltungsebene eingerichtet. Konsequenterweise reichen im französischen Verwaltungssystem
auch die staatlichen Behördenstränge regelmäßig bis auf die regionale und lokale Ebene, wo die Außenstellen der Pariser Ministerien dem Präfekten unterstellt sind. Das überlieferte zentrale
Ordnungsprinzip wurde jedoch in den achtziger Jahren spürbar
aufgelockert, indem die Exekutivgewalt in den Départements
einem gewählten regionalen Mandatsträger übertragen und die
staatliche Vorabkontrolle kommunaler Entscheidungen aufgehoben wurde. Darüber hinaus ist es in Frankreich gang und gäbe
(im Unterschied zum deutschen Institutionensystem, das eher
die vertikale Abschichtung der politisch-administrativen Ebenen bekräftigt), daß Bürgermeister zugleich Abgeordnetenman-
date in den Regionalvertretungen oder der Nationalversammlung anstreben und innehaben (»cumul de mandats«), was eine
Verknüpfung der Ebenen und damit auch die »Dezentralisierung« der politischen Macht fördert. Diese Dezentralisierungs-
ansätze haben die schon zuvor in der politischen und administrativen Praxis angelegten Tendenzen verstärkt, die das Bild einer
zentralistisch durchorganisierten Verwaltungsordnung eher als
Mythos denn als empirische Realität erscheinen lassen.

Aufbauend auf den idealtypischen Merkmalen des Weber-
schen Bürokratiemodells, finden die strukturellen Besonderheiten der deutschen und französischen Verwaltung auch mit Blick
auf das Personal des öffentlichen Dienstes ihren Niederschlag.
So machen in Deutschland die Beschäftigten der Bundesverwaltung nur den kleinsten Teil des öffentlichen Personals aus
(600000 Beschäftigte), während das Gros bei den Ländern
(2,4 Millionen) – insbesondere wegen deren Zuständigkeit für
das Bildungswesen und die öffentliche Sicherheit – und den

Kommunen (1,9 Millionen) tätig ist. Dagegen stehen in Frankreich der Zentralregierung mit über zwei Millionen Beschäftigten wesentlich mehr Personal zu Diensten, als alle anderen Gebietskörperschaften insgesamt zu ihrer Verfügung haben
(1,3 Millionen). In der Hauptsache ist dies – neben dem weitver-
zweigten Netz ministerieller Außenstellen – im übrigen der zentralstaatlichen Verantwortung für die Lehrerschaft zuzuschreiben. Auffällig ist bei der französischen Situation überdies die
außerordentlich ungleiche Personalverteilung auf die einzelnen
regionalen und lokalen Behörden, die dazu führt, daß im
Grunde nur die Départements sowie die mittleren und größeren
Städte über einen professionellen Verwaltungsstab verfügen,
während die übergroße Mehrzahl der Lokalbehörden – anders
als in Deutschland – mit Blick auf die Personalkapazitäten keine
nennenswerte Verwaltungskraft entwickeln konnten.

Obgleich in Deutschland der öffentliche Dienst umgangssprachlich häufig mit der »Beamtenschaft« schlechthin in Verbindung gebracht wird, macht der Anteil der Beamten unter den
öffentlich Beschäftigten tatsächlich nur etwa 30 Prozent aus.
Neben dem gesetzlich vorgegebenem Dienstrecht der Beamten
bestimmen somit die tarifvertraglich geregelten Arbeitsverhältnisse der Angestellten (50 %) und Arbeiter (20 %) den deutschen öffentlichen Dienst. Allerdings ist dabei in Rechnung zu
stellen, daß sich in vielen relevanten Fragen die dienst- und tarif-
rechtlichen Regelungen für Beamte und Angestellte weitgehend
angeglichen haben. Derartige Statusunterschiede fallen für den
französischen Staatsdienst zahlenmäßig weit weniger ins Gewicht, wo neben den »fonctionnaires« – die im Unterschied zu
ihren deutschen Kollegen zumindest ein eingeschränktes Streik-
recht besitzen – nur wenige mit privatrechtlichem Arbeitsvertrag
beschäftigte Angestellte und Arbeiter tätig sind. Trotz der zen-
trifugalen Kräfte im deutschen Verwaltungssystem ist gerade das
besonders traditionsbeladene öffentliche Personalsystem rechtlich ausgesprochen vereinheitlicht. So werden die Tarifverträge
unter der Führerschaft des Bundes für den gesamten öffentlichen Dienst ausgehandelt und die Beamten ohnehin einheitlich
nach Vorschriften des Bundes besoldet. Überdies lehnt sich das

Dienstrecht der Länder eng an das detaillierte Beamtenrechts-
rahmengesetz des Bundes an. Ein grob vergleichbares Regel-
werk ist in Frankreich das – neben einer Vielzahl von Einzel- und
Sonderstatuten geltende – Generalstatut von 1945, dessen Neufassung von 1983 im Zuge der angestrebten Dezentralisierung
erstmals auch auf das Personal der Kommunalverwaltungen ausgedehnt wurde.

Ein markantes Kennzeichen des französischen Staatsdienstes
ist die Tradition der etwa 1000 berufs- und bereichsspezifisch
ausgerichteten Beamtencorps, für die es im öffentlichen Dienst
Deutschlands keine Entsprechung gibt. Da die Verselbständi-
gungstendenzen dieser »corps« – unterstrichen durch Sonderre-
gelungen u. a. für Rekrutierung, Karriereverlauf und Bezahlung
– wie auch der Zusammenhalt ihrer Mitglieder untereinander
nicht zu unterschätzen sind, liegt hierin eine beständige Quelle
für eine Fragmentierung des an sich zentralisierten Staatsdienstes. Auf den Führungsebenen wird diese Differenzierung zu
weiten Teilen wieder durch den sozialen Kitt der betont elitären
Sozialisation sowie der postgradualen Ausbildung an den Grandes Ecoles, vor allem an der Ecole Nationale d'Administration,
wettgemacht. Diese Eliteausbildung eröffnet den erfolgreichen
Kandidaten nach einer rigorosen Bestenauswahl nicht nur die
Aufnahme in die prestigeträchtigsten »corps«, sondern im weiteren Karriereverlauf durchaus auch die Chance, in führende Wirtschaftspositionen (»pantouflage«) oder in hohe Regierungsämter zu wechseln. Diese Karrierewege passen dagegen
nicht in die gängigen Muster deutscher Elitenrekrutierung. Die
Ausbildungsfrage ist jedoch auch in Deutschland für die Verwal-
tungselite ein entscheidender Filter. Dieser Umstand wird durch
die Rede vom »Juristenmonopol« nur geringfügig überzeichnet.
Immerhin haben mehr als zwei Drittel der leitenden Ministerial-
beamten bei Bund und Ländern ein rechtswissenschaftliches
Studium absolviert. Damit ist beiden Personalsystemen jedoch
gemeinsam, daß die Spitzenränge solchen Aufsteigern vorbehalten blieben, die sich als Verwaltungsgeneralisten verstehen.

Nicht unerwartet liegt das Schwergewicht der Verwaltungskontrolle in den als »klassisch« titulierten Administrationen

Frankreichs und Deutschlands auf Verfahren, in denen vor
allem die Regelhaftigkeit und die Ordnungsmäßigkeit des Ver-
waltungshandelns auf den Prüfstand von Experten gestellt
wird. Als solche Prüfstände fungieren in erster Linie die verschiedenen Instanzen der Verwaltungsgerichtsbarkeit (an der
Spitze das Bundesverwaltungsgericht bzw. der Conseil d'Etat)
und die Rechnungshöfe (d. h. der Cours des Comptes bzw. der
Bundesrechnungshof oder die Landesrechnungshöfe). Beide
Institutionen sind in der französischen und deutschen Verwaltungsgeschichte tief verwurzelt. Dagegen sind bürgerschaftlich-
partizipative Kontrollinstrumente deutlich schwächer entwikkelt. Gerade in Frankreich hat diese Form der politischen
Verwaltungskontrolle herkömmlicherweise eine sehr geringe
Bedeutung. Schließlich gewinnt auch die eher markt- und mana-
gementorientierte Kontrollvariante, die durch Kostenbewußt-
sein, Ergebnisorientierung und Konkurrenzdruck das Verwaltungshandeln steuern will, in beiden Staaten erst zaghaft, wenn
auch stetig an Boden. Nicht zuletzt hängen der Charakter und
die Intensität der Verwaltungskontrolle auch von Merkmalen
des politischen Systems ab, so daß z. B. die schwache Stellung
der französischen Nationalversammlung die Möglichkeit der
parlamentarischen Verwaltungskontrolle im Vergleich zur deutschen Situation deutlich begrenzt.

Bis vor kurzem bewirkten die Verwaltungstradition und das
(an Selbstzufriedenheit grenzende) Selbstverständnis der Ver-
waltungseliten in beiden Ländern, daß die Diskussion um die
Konzepte eines »New Public Management«, die in den angelsächsischen und skandinavischen Ländern seit Jahren geführt
wird und eine grundsätzliche betriebswirtschaftlich inspirierte
Herausforderung und Kritik des überkommenen »kontinental-
europäischen« Verwaltungsmodells darstellt, kaum Fuß fassen
konnte. Unter dem Druck der beständigen Budgetkrise und des
verschärften globalen sowie innereuropäischen Wettbewerbs
griff diese Debatte um eine einschneidende Verwaltungsmoder-
nisierung in jüngster Zeit auch auf die beiden Länder über. Dies
gilt bislang in Deutschland ausgeprägter als in Frankreich, insbesondere in der Kommunalverwaltung, die – anders als in Frank-

reich – das Rückgrat und die Praxisfront der öffentlichen Verwaltung bildet. Ob und inwieweit die vielfach mit erheblichem rhetorischen Aufwand betriebene und durchweg mit großen (vor allem finanzentlastenden) Erwartungen befrachtete Modernisierungsdiskussion tatsächlich zu einer einschneidenden und nachhaltigen Reform der Verwaltung und des öffentlichen Dienstes in den beiden Ländern führen wird, bleibt abzuwarten.

Pierre-Marie Dupuy
Recht

Gegenüber der Allmacht des totalitären Staates, der schrankenlose Herrschaft über alle Bereiche des sozialen Lebens für sich beanspruchte und dem bei der Verfolgung seiner Staatsziele die Rücksicht auch auf das Leben des einzelnen grundsätzlich nichts bedeutete, hat das Grundgesetz eine wertgebundene Ordnung aufgerichtet, die den einzelnen Menschen und seine Würde in den Mittelpunkt aller seiner Regelungen stellt. Dem liegt, wie das *BVerfG* bereits früh ausgesprochen hat ⟨*BVerfGE* 2, 1, 12 = NJW 1952, 1407), die Vorstellung zugrunde, »daß der Mensch in der Schöpfungsordnung einen eigenen selbständigen Wert besitzt, der die unbedingte Achtung vor dem Leben jedes einzelnen Menschen, auch dem scheinbar sozial ›wertlosen‹, unabdingbar fordert und der es deshalb ausschließt, solches Leben ohne rechtfertigenden Grund zu vernichten. Diese Grundentscheidung der Verfassung bestimmt Gestaltung und Auslegung der gesamten Rechtsordnung. Auch der Gesetzgeber ist ihr gegenüber nicht frei; gesellschaftspolitische Zweckmäßigkeitserwägungen, ja staatspolitische Notwendigkeiten können diese verfassungsrechtliche Schranke nicht überwinden (*BVerfGE* 1, 14, 36 = NJW 1951, 877). Auch ein allgemeiner Wandel der hierüber in der Bevölkerung herrschenden Anschauungen – falls er überhaupt festzustellen wäre – würde daran nichts ändern können.«

(Urteil des Bundesverfassungsgerichts vom 25. Februar 1975
zur Liberalisierung der Gesetzgebung zur Abtreibung)

Dieser Auszug aus einer wichtigen Urteilsbegründung des Bundesverfassungsgerichts, das am 25. Februar 1975 den entscheidenden Teil des Gesetzes zur Liberalisierung der Abtreibung aufhob, ist ein deutlicher Beleg für Gemeinsamkeiten und Unterschiede in der Stellung des Rechts, insbesondere des öffentlichen Rechtes, in der Gesellschaft beider Länder.

Zunächst die Gemeinsamkeiten. Die Grundeinstellungen und Auffassungen über die gesellschaftliche Funktion des Rechtes stimmen auf beiden Seiten des Rheins weitgehend überein. Frankreich wie die Bundesrepublik Deutschland sind beide liberale Demokratien mit repräsentativen parlamentarischen Institutionen; beide haben die gleiche Einstellung zur Beziehung zwischen *Mensch* und *Macht*, die auf der Teilhabe der Menschen in ihrer Eigenschaft als Bürger an der Machtausübung beruht, welche nur soweit Legitimität besitzt, wie die Grundrechte gewahrt bleiben. Beide Länder verstehen sich als »Rechtsstaaten«, also als Gesellschaften, in denen der Staat dem Recht unterworfen ist und die öffentlichen Institutionen im Dienste einer Solidargemeinschaft stehen, die zugleich die Freiheiten des einzelnen zu gewährleisten hat.
Man kann also mit aller Klarheit aussprechen, daß zwischen beiden Ländern hinsichtlich der Rolle des Rechtes keinerlei Mißverständnisse und Divergenzen existieren, wie sie beispielsweise in der Einschätzung und den Einstellungen zur Bedrohung der Natur und zum Umweltschutz bestehen, sondern daß hier völlige Übereinstimmung herrscht.

Allerdings lassen sich durchaus Unterschiede zwischen beiden Ländern feststellen, die nachgeordneter Bedeutung sind und die Art betreffen, wie die Unterordnung des Staates unter das Recht, insbesondere unter Bezugnahme auf den Begriff des »Rechtsstaates« aufgefaßt wird. Auch wenn die Grundauffassungen identisch sind, verlief die politische und institutionelle

Geschichte beider Länder auf anderen Wegen, was dazu führte, daß die öffentliche Meinung im Alltag die Rolle des Rechts für das Leben der Gesellschaft unterschiedlich auffaßt.

So sind in der Bundesrepublik Deutschland, wie es die zitierte Urteilsbegründung des Bundesverfassungsgerichts unterstreicht, die Legitimitätsgrundlagen, auf denen heute Staat und Gesellschaftsordnung beruhen, untrennbar mit der »geschichtlichen Erfahrung und dem Widerstand gegen das nationalsozialistische System« verbunden. Diese von den öffentlichen Institutionen und der westdeutschen Bevölkerung uneingeschränkt bejahte und gelebte Rechts- und Gesellschaftsordnung findet ihren reinsten Ausdruck in einer maßgeblichen, in ihrer Form einzigartigen Quelle, von der sie ausgehen: diese Quelle ist ein Text, das Grundgesetz.

Diese symbolische Konzentration der Rechtsautorität in einem fast heiligen Gesetz der Gesetze, das als Bollwerk gegen die Wechselfälle der Geschichte und als Garantie gegen jeglichen erneuten Machtmißbrauch angelegt ist, steht im Gegensatz zur ständigen Weiterentwicklung und zum Status der Quellen, auf denen in Frankreich die Legitimität des Staates und die geläufige Rechtsordnung beruhen.

In Frankreich gehen die entscheidenden geschichtlichen Grundlagen für Legalität und Legitimität der Machtausübung auf die Revolution von 1789 und nicht auf 1949 zurück. Hier wie auch in anderen Bereichen hat der Krieg nicht zu derartigen Brüchen geführt wie im Nachbarland. So findet sich in der Bundesrepublik Deutschland der Grundrechtskatalog in den ersten 17 Paragraphen des Grundgesetzes; in Frankreich wird er im wesentlichen durch die Wiederholung der Menschen- und Bürgerrechte aus dem Jahre 1789 bekräftigt, die sich in der Präambel der Verfassung von 1946 wie in der von 1958 findet.

Die französische Vorstellung von öffentlicher Legalität geht also erheblich über den Rahmen der jeweiligen Verfassung hinaus. Sie erwächst aus den sich überlagernden Schichten einer langen und vielfältigen Verfassungsgeschichte, in deren Verlauf zahlreiche Formen erprobt wurden, ohne jedoch jemals – selbst in der Zeit der Restauration – das revolutionäre Erbe ganz zu verleugnen. Zwischen 1791 und 1958 lösten sich die Verfassungen oft in rascher Abfolge ab; die Grundprinzipien aber blieben und reicherten sich an, ohne dabei zu entarten.

Das bürgerliche Recht befindet sich in dieser Hinsicht in enger Symbiose mit dem öffentlichen Recht. So ist das bürgerliche Gesetzbuch von 1804, das nach seinem furchterregenden Initiator »Code Napoléon« heißt, vom Geist des bürgerlichen Individualismus geprägt, der in der Revolution triumphierte, obwohl es im einzelnen zahlreiche Gewohnheiten und Vorschriften des alten Rechts fortführt.

Später werden dann die Urteile des »Conseil d'Etat« ab 1873 eine Rechtsprechung aufbauen, die im Sinne der in einem berühmten Buch des Philosophen Alain entwickelten Ideologie des *Bürgers gegen die Staatsmacht* das Individuum gegen administrative Willkür schützt.

Die Verfassung krönt zwar in Frankreich wie in Deutschland das gesamte Gebäude der Rechtsnormen, besaß aber niemals jene gleichsam sakramentale Weihe, die seit Anbeginn das Grundgesetz der Bundesrepublik Deutschland umgibt. Dies gilt nicht einmal für die Verfasung der Fünften Republik, obwohl die in ihr geschaffenen Institutionen von der besonderen Autorität General de Gaulles zehren.

Eine der Ursachen liegt sicherlich darin, daß die aus dem Denken von Jean-Jacques Rousseau abgeleitete Ideologie in Frankreich nicht so sehr der Verfassung als solcher Weihe verleiht, sondern vielmehr der gewöhnlichen Gesetzgebung, da diese von den Vertretern des Volkes verabschiedet und damit »Ausdruck des Volkswillens« ist. Dies hat zumindest zwei ganz konkrete Konsequenzen: Anders als in der Bundesrepublik Deutschland bleibt die Prüfung der Verfassungsmäßigkeit eines Gesetzes, die es in Frankreich vor 1958 überhaupt nicht gab, nur auf solche Gesetze beschränkt, die noch nicht verkündet sind; vor allem aber – und dies ist für das Rechtsverständnis der einfachen Bürger entscheidend – können diese keine Klage beim Verfassungsgericht erheben, um ihre Grundrechte zu verteidigen, wie dies in der Bundesrepublik Deutschland durch das Gesetz 1951 über die Schaffung des Karlsruher Bundesverfassungsgerichts möglich ist. Auch in Frankreich haben sich Formen der Kontrolle und Absicherung der Grundfreiheiten entwickelt, die aber anders verfahren. Den direkten Zugang des Bürgers zur Verfassung, wie sie in der Bundesrepublik Deutschland über die Verfassungsgerichtsbarkeit besteht, findet man in Frankreich nicht.

Hieraus erwachsen weitere Unterschiede zwischen beiden Ländern. Sie haben historische Ursachen und betreffen nicht nur das öffentliche Recht.

In der Bundesrepublik Deutschland beruft man sich – wie das zitierte Urteil aus dem Jahre 1972 belegt – insbesondere dann auf das Recht, wenn es darum geht, sich gegen den Staat zu schützen. In der liberalen Nachkriegsdemokratie (die Erinnerung an das Zwischenspiel der Weimarer Republik ist wegen ihres Scheiterns weitgehend schmerzlich) empfinden die Bürger das Recht als Sache aller; immer wieder treten Bürgerinitiativen auf, um Bonn daran zu erinnern. Es ist geradezu paradox, daß die Bürger in Frankreich eifersüchtig über ihre Freiheiten wachen, daß das Recht aber dennoch als das Werk des Staates selbst gilt, dessen Eingreifen man wegen seiner umständlichen Verwaltung zugleich kritisiert und doch immer wieder fordert.

Die Ursachen dieses Verhaltens sind bekannt. Die Franzosen sind seit Jahrhunderten an das Bestehen einer starken und allgegenwärtigen Zentralmacht gewöhnt; Alexis de Tocqueville hat überzeugend nachgewiesen, daß sie zwar ihren König geköpft, sich aber keineswegs von der Konzentration aller Macht befreit hatten, ganz im Gegenteil. Die Einheit der Nation folgt auf die Einheit des Königsreichs; die an der Verwaltungshochschule ENA ausgebildeten hohen Beamten setzen heute zugleich die Tradition Colberts und die der Jakobiner fort. In Frankreich gilt das Recht also als die Sprache des Staates. Es liegt diesem zugrunde, ist aber auch zugleich sein unmittelbarer Ausdruck.

In der deutschen Tradition wird dagegen die Trennung des Staats vom Recht durch die bekannte, aber nicht hinreichend durchdachte Tatsache gefördert, daß die staatliche Einheit der deutschen Nation überhaupt nur in einer kurzen und späten Phase ihrer Geschichte bestand. Die heutige bundesstaatliche

Struktur setzt die historische Vielfalt der früheren deutschen Fürsten- und Königstümer fort. Staatliche Verantwortung und Zuständigkeiten liegen in erheblichem Ausmaß in der Hand der Länder. Der Verpflichtung auf den Rechtsstaat entspricht im wirtschaftlichen Bereich die allgemeine Zustimmung zur freien Marktwirtschaft und der hohen Bedeutung freier privatwirtschaftlicher Initiative, also der weitgehenden Einschränkung des öffentlichen Eingreifens in die Wirtschaft. Die Deutschen sind daher darauf eingestellt, auf den in Frankreich als selbstverständlich geltenden staatlichen Interventionismus zu verzichten.

Dieses unterschiedliche Verhältnis zwischen Staat, Recht und Bürger ist eine der hauptsächlichen Erklärungen für die Tatsache, daß demokratische Gesellschaftsformen der Bundesrepublik Deutschland in mancher Hinsicht stärker entwickelt sind als in Frankreich.

Es gibt eine Vielzahl spontaner Vereinsbildungen und Bürgerinitiativen; die Staatsmacht wird sehr viel häufiger auf Initiative von Privatpersonen ohne Umweg über das Parlament zur Respektierung von Rechten aufgefordert, denen auch sie selbst unterworfen ist, und muß so beispielsweise die Grundsätze ihrer Energie- oder Umweltpolitik rechtfertigen.

Auch in Frankreich ist eine derartige Vorgehensweise nicht unbekannt. Sie bezieht sich aber meist auf Einzelfragen und die Anliegen besonderer Gruppen; oft ist sie auch Ausdruck einer regionalen Gegenreaktion gegen übermäßigen administrativen und kulturellen Zentralismus, entspricht also weniger einer allgemeinen Überzeugung der Bürger, da sie selbst über die Achtung der Grundprinzipien für das rechtmäßige Handeln der öffentlichen Instanzen zu wachen haben.

Auch kann man sich fragen, ob diese schließlich zweitrangigen Unterschiede (die Rechtsauffassungen in Frankreich und den Vereinigten Staaten weichen beispielsweise sehr viel mehr voneinander ab) nicht in absehbarer Zeit immer unwesentlicher werden.

So stellen die in Frankreich 1982 vollzogene Regionalreform für die Verwaltungsordnung und die 1986 durchgeführte Privati-

sierung staatlicher Großbetriebe für die Wirtschaftsordnung
zweifellos keine grundlegende Wende, aber doch eine folgenrei-
che Kurskorrektur zu einer anders gewichteten Aufgabenverteilung zwischen dem Staat und örtlichen oder privaten Initiativen
dar.

Vor allem aber haben die Bürger beider Länder einen politischen und institutionellen Weg eingeschlagen, der auf rechtlichen Regelungen beruht und auch dann gemeinsam ist, wenn er
ganz unterschiedlich erfahren wird: die Errichtung der Europäischen Union. Auch wenn es der Öffentlichkeit noch nicht hinreichend bewußt ist, bilden das Gemeinschaftsrecht und die
überaus dynamische Rechtssprechung des Europäischen Ge-
richtshofes einen erheblichen Harmonisierungs- und damit auch
Integrationsdruck zur Angleichung der Rechtssysteme und der
Gesetzgebung in den Mitgliedsstaaten der Europäischen Union.

Trotz großer Ähnlichkeit der Probleme, die ihre jeweiligen
Rechtsvorstellungen in Frage stellen, kreist die öffentliche Diskussion in beiden Ländern nicht notwendig um die gleichen Begriffe. In Deutschland hat die am 3. Oktober 1990 aufgrund des
Vertrages zwischen der Bundesrepublik Deutschland und der
Deutschen Demokratischen Republik vollzogenen Vereinigung
erneut die fundamentale Bedeutung des Begriffes »Rechtsstaat«
in den Vordergrund gerückt. Im Vereinigungsvertrag dient dieser Begriff ausdrücklich als Bezugsrahmen, um (auf Betreiben
der früheren DDR-Bürger) die juristischen Altlasten der ehemaligen Volksrepublik zu überprüfen, die unter der Herrschaft der
allmächtigen STASI gestanden hatte. Die Gesetzgebung, die den
Zugang der Bürger zu eigenen STASI-Akten regelt, oder die Gesetzgebung zur DDR-Justiz zeigen, welche Schlüsselrolle der
Rechtsstaatsbegriff nach dem Vereinigungsvertrag spielt. Kennzeichnend hierfür sind insbesondere die abgewogenen, oft auch
Verlegenheit zeigenden Urteile des Bundesgerichtshofs gegenüber Richtern des früheren DDR-Regimes, die Unrechtsurteile
gefällt hatten, ober gegenüber Vertretern der politischen oder
militärischen Führung, die den Befehl erteilt hatten, auf Flüchtlinge zu schießen, die die Mauer zu übersteigen versuchten. Sie

zeigen die Grenzen und selbst die Widersprüche, die deutlich werden, wenn man rückwirkend den Rechtsstaatsbegriff auf eine Wirklichkeit anzuwenden sucht, die auf ganz anderen Voraussetzungen beruhte. Der »Rechtsstaat« bildet also den wichtigsten Bezugspunkt für die Aufarbeitung, die zur geistigen und moralischen Wiedervereinigung der deutschen Nation unverzichtbar ist. Die gleiche legalistische Auffassung wird herangezogen, wenn es darum geht, die vereinte Nation gegen die Triebkräfte der Fremdenfeindlichkeit zu feien. Auch hier zeigt sich wieder, welch grundlegende Rolle das Recht für die deutsche Gesellschaft besitzt.

Frankreich, das in gewisser Hinsicht mehr als sein Nachbarland mit den Gefahren des Rechtsextremismus zu kämpfen hat, bezieht dagegen aus dem Bezug auf »Bürgerwerte«, d. h. aus der Treue zu den Prinzipien der Republik, seine wichtigsten Waffen gegen den Aufruf zum Rassenhaß und zur nationalistischen Selbstbezogenheit. Seit einigen Jahren erhält die republikanische Terminologie mit ihrer starken Geschichtsbezogenheit eine neue Aktualität. So tritt an die Stelle des Militärdienstes eine allwärtige »Staatsbürgermusterung« (»rendez-vous citoyen«). Massendemonstrationen gegen den Front National wurden ebenfalls als »staatsbürgerlich« bezeichnet, die Schule soll »Staatsbürgerwerte« vermitteln; es scheint, als sollten die Schatten der Bürgersoldaten aus dem Jahr Zwei der republikanischen Zeitrechnung wieder auferstehen, um die flackernde Flamme einer Nation anzufachen, die mit der Krise des Nationalstaats an sich selbst zu zweifeln beginnt. Auch das französische Vorgehen ist zutiefst legalistisch, orientiert sich aber stärker an historischen Bezügen. So wirken in beiden Ländern die oben dargestellten Mentalitätsunterschiede fort.

Dennoch kann man die Annahme wagen, daß diese im Grunde nachgeordneten Gegensätze sich in Zukunft abschwächen werden. Die Auswirkungen einer gemeinsamen Währung und die Zunahme einer schon seit langem sich entwickelnden gemeinsamen Rechtsprechung im Gemeinschaftsrahmen einer erweiterten Europäischen Union sind starke Integrationsfaktoren für Gesetzgebung und Rechtsprechung der Mitgliedsstaaten. Deutschland und Frankreich sind weiterhin wichtige Triebkräfte dieses Zusammenschlusses.

William Safran
Bürgerrechte

Bürgerrechte spielen in den politischen Systemen Frankreichs wie der Bundesrepublik Deutschland eine wichtige Rolle. Nach ganz unterschiedlichen historischen Erfahrungen bestehen heute in dieser Hinsicht in beiden Ländern durchaus vergleichbare Verhältnisse.

Frankreich hatte bei den Bürgerrechten zunächst einen erheblichen Vorsprung vor den Deutschen. In der französischen Erklärung der Menschen- und Bürgerrechte von 1789 wurde anerkannt, daß fundamentale Menschenrechte der Existenz des Staates vorgeordnet sind; dieses Prinzip wurde in allen späteren Republiken wieder aufgenommen. Deutsche Rechte dagegen wurden aus staatlicher Souveränität abgeleitet; der *Rechtsstaat* umfaßte nicht die Rechte des Individuums gegen den Staat; erst in der Weimarer Republik wurde eine Charta von Grundrechten (als Ausdruck der Begrenzung möglichen Regierungshandelns) ausdrücklicher Bestandteil verfassungsmäßig verbrieften Rechts.

Beide Länder mußten sich mit vergleichbaren Problemen auseinandersetzen: beide hatten autoritäre Zwischenphasen zu überwinden – den Nationalsozialismus und das Vichy-Regime – und beide haben deshalb ihren Katalog der Menschenrechte im Rückblick auf vorangegangene Regime neu gefaßt. Das Bonner Grundgesetz war insofern eine Verbesserung gegenüber der Verfassung der Weimarer Republik, als es die Grundrechte in den wirtschaftlichen und sozialen Bereich hinein ausweitet. In Frankreich stellt die Verfassung der Fünften Republik in gewisser Hinsicht einen Rückschritt dar, als sie nicht wie in der Vierten die einzelnen Rechte im Detail aufzählt. Die Präambel bezieht sich aber sowohl auf die Menschenrechtserklärung von 1789 als auch den Katalog der Vierten Republik, ein Verweis, den der französische Verfassungsrat in seinen Urteilen umgesetzt hat.

In beiden Ländern finden wir dennoch ererbte Regelungen undemokratischer Herkunft. So beispielsweise die vorgesehene Möglichkeit, aus Gründen der »Staatsraison« die Freiheit der Meinungsäußerung einzuschränken, was in ausdrücklichem Widerspruch zu den in den Nachkriegsverfassungen verbrieften Bürgerrechten steht. So zeigte in Deutschland die *Spiegelaffäre*, daß neben dem liberalen Grundgesetz weiterhin ein etatistisches Strafrecht bestand. In Frankreich wurden alte Gesetze zur *Majestätsbeleidigung* genutzt, um (in Fällen, die Kritik an in der Öffentlichkeit stehenden Persönlichkeiten betrafen) Grundrechte zu durchbrechen, die doch verfassungsmäßig verbrieft waren.

Obwohl in beiden Ländern seit den sechziger Jahren verstärkt Bemühungen im Gange sind, die Gesetze noch weiter in Einklang mit den verfassungsmäßigen Grundrechten zu bringen, gibt es bis heute in Deutschland Fälle von obrigkeitsstaatlicher Einseitigkeit in der Justiz (beispielsweise hinsichtlich einer gewissen Voreingenommenheit gegenüber Angeklagten aus linksradikalen Milieus oder sozialen Randgruppen im Vergleich zu bessergestellten Bürgern oder Vertretern der Staatsgewalt) und von »politischer Justiz« in Frankreich (oft in Fällen, die Terroristen betreffen), wo die das Individuum schützenden Regeln zu einem ordentlichen Gerichtsverfahren außer Kraft gesetzt werden.

Es gab eine Zeit, als Bürgerrechte sich dem »nationalen Interesse« (Staatsraison) zu unterwerfen hatten. Während der Dreyfus-Affäre und wieder unter dem Vichy-Regime herrschte die Meinung vor, der Staat müsse geschützt werden, selbst wenn dabei die Rechte des einzelnen mit Füßen getreten wurden. Im Deutschen Bund des 19. Jahrhunderts verbot der Bundestag Veröffentlichungen (wie Bücher von Heinrich Heine), wenn sie als »staatsgefährdend« galten, und im Nationalsozialismus galt als selbstverständlich, daß *»Recht ist, was dem Volke nützt«*.

Heute dagegen ist »politische Justiz« in Deutschland wie in

Frankreich selten geworden. Spuren etatistischer Traditionen
gibt es aber in beiden Ländern. In Frankreich wurde zu Beginn
des Jahres 1997 eine Reformkommission gebildet, die der Frage
nachgehen soll, inwieweit Grundrechte übergangen werden und
der Vorbehalt respektiert bleibt, daß Angeklagte bis zu ihrer
Verurteilung als unschuldig zu gelten haben.

In mancher Hinsicht sind die Menschenrechte in Deutschland
heute besser abgesichert als in Frankreich. Während die Weimarer Verfassung (Art. 114) nur das »Recht auf Anhörung«
kennt, garantiert das Grundgesetz (Art. 104) ganz ausdrücklich
das Recht des *habeas corpus*. Die Verfassung der Fünften Republik (Art. 66) verweist mit der Forderung, daß »niemand
willkürlich festgehalten werden darf«, auf den *habeas corpus*,
diese Garantie mußte aber auf dem Wege der Gesetzgebung
erst genauer bestimmt werden. Im Bonner Grundgesetz
(Art. 79) ist die Bill of Rights ausdrücklich verankert. Sie kann
nicht abgeändert werden und ist also besser geschützt als in der
Weimarer Verfassung (Art. 48), derzufolge Individualrechte
aufgehoben werden konnten. So können auch im Notstandsfall
(Art. 81) die Grundgesetzartikel 1 bis 20 nicht aufgehoben werden. Für sie sind Grundgesetzänderungen ausgeschlossen.
Ähnlich kann auch in Frankreich die Verfassung während der
Ausübung des Notstandsrechts (also, laut Art. 89, »wenn der
Bestand des nationalen Territoriums gefährdet ist«) nicht geändert werden. In Frankreich hängt aber die Wahrung und Aus-
weitung bürgerlicher Freiheitsrechte mehr von der demokratischen Einstellung der Parlamente, der Beamten und der
Gerichte ab.

In beiden Ländern haben sich die Organe zur Überprüfung
der Verfassungsmäßigkeit nach zögerlichen Anfängen, wo sie
rückwärtsgewandt mehr die Wahrung der Staatsinteressen im
Auge hatten, zu Verteidigern der Individualrechte entwickelt.
Wegen der Möglichkeit von Verfassungsbeschwerden durch einzelne Bürger ist das deutsche Bundesverfassungsgericht etwas
zugänglicher als der französische Conseil Constitutionnel, der
nur durch die Exekutive und die Legislative angerufen werden
kann. Unter den Präsidenten Giscard d'Estaing und Mitterrand

sind die Bürgerrechte auf dem Gesetzgebungswege ausgeweitet worden, aber unter manchen gaullistischen Regierungen wurden bürgerliche Freiheiten (z. B. Rede- und Koalitionsfreiheit) im Interesse der öffentlichen Ordnung und des Staatsschutzes gelegentlich eingeschränkt.

Vor einigen Jahren erklärte Charles Pasqua als französischer Innenminister:»Die Demokratie endet dort, wo das Staatsinteresse beginnt.« Dies bedeutet heute praktisch, daß – insofern der Staat selbst demokratisch ist – es Einschränkungen von Rechten und Freiheiten im Interesse der Erhaltung des demokratischen Systems geben kann. Man kann sich darüber streiten, ob in Frankreich oder in Deutschland stärkere Einschränkungen des Rede- und Koalitionsrechts anzufinden sind. In beiden Ländern gibt es die Möglichkeit, politische Parteien zu verbieten, die die demokratische Grundordnung nicht anerkennen. In beiden führt der Schutz gegen die Diffamierung bestimmter Gruppen und gegen die Aufhetzung zum Rassenhaß (wie beispielsweise die *Loi Gayssot* und vergleichbare deutsche Gesetzgebung gegen die Leugnung der historischen Realität der Judenvernichtung) zu Einschränkungen der Redefreiheit. Während in Frankreich Anstifter zum Rassenhaß oft bestraft werden, stellt man in Deutschland bei der Polizei eine erhebliche Zurückhaltung bei deren Erfassung und bei den Richtern eine geringe Bereitschaft fest, sie dann auch zu verurteilen. Sehr viel umstrittener ist die Frage, inwieweit das Zurückhalten von Informationen einen Verstoß gegen das Recht, in Kenntnis gesetzt zu werden, bedeutet – war so beispielsweise die mangelnde Information der Öffentlichkeit über die Krebskrankheit von Präsident Mitterrand eine »Staatslüge« im Interesse der Erhaltung der demokratischen Ordnung oder nur eine Maßnahme zur Imageerhaltung eines Staatsoberhaupts?

In beiden Ländern gerieten die Prinzipien zur Freiheit der Religionsausübung (und dem entsprechenden Schutz religiöser Überzeugungen) unter Druck: in Frankreich wurde die Verbreitung eines Buches über den Islam verboten, weil darin die republikanischen Grundprinzipien angegriffen wurden; in Deutschland ist der Islam keine »anerkannte« Religion, und Scientology

wird verfolgt, weil die Sekte Zwangsmethoden gegen die Ab-
trünnigkeit von Mitgliedern einsetzte.

Auch der Schutz von Verfahrens- und substantiellen Rechten
kann zu pervertierten Folgen führen. In Frankreich verursachte
das jakobinische Beharren darauf, daß Individualrechte nicht für
ethnische Minoritäten gelten sollten, dazu, daß offiziell überhaupt das Bestehen solcher Minderheiten geleugnet wurde.
Hiermit wurden diese des kulturellen Schutzes beraubt, der üb-
licherweise für die Mitglieder der Mehrheit besteht. Die im Namen der gleichen jakobinischen Ideologie aufrechterhaltene
Weigerung, Maßnahmen »positiver Diskriminierung« durchzu-
führen, führt de facto dazu, daß weiterhin ungleiche Chancen für
unterprivilegierte Bereiche der Gesellschaft bestehen. Die
strenge Beaufsichtigung des Sprachgebrauchs in den öffentlichen Medien und die mit der *Loi Toubon* von 1994 gemachten
Versuche, die »Reinheit« der französischen Sprache zu schützen, sollen dem kulturellen Zusammenhalt der Gesellschaft dienen, der als Voraussetzung für eine stabile Demokratie gilt, aber
das Gesetz läuft (in seiner ursprünglichen Form) dem Prinzip der
freien Meinungsäußerung, wie es in der Erklärung der Menschenrechte von 1798 garantiert wird, zuwider.

Die Abschaffung der Todesstrafe bedeutete in beiden Ländern einen Schritt vorwärts in Sachen Menschenrechte. Aber in
Deutschland führte die Verjährung für Mordfälle, die sichtlich
dazu dienen sollte, die Gerichte zu entlasten, zu einem Schutz
für Naziverbrecher vor Verfolgung. Ähnliches ergibt sich aus
Artikel 16 des Grundgesetzes. Er sieht vor, daß die deutsche
Staatsbürgerschaft auch dann nicht entzogen werden kann,
wenn die betroffene Person staatenlos wird, daß kein Deutscher
ausgeliefert werden darf und daß politisch unterdrückte Personen Asylrechte erhalten sollen. All diese edlen Absichten haben
auch dazu geführt, daß Nazikollaborateure verschont blieben
und Kriegsverbrecher nicht verfolgt werden konnten. Die Anwendung der aus dem deutschen *Sozialstaatsprinzip* abgeleiteten
substantiellen Rechte umfaßte Pensionszahlungen nicht nur für
die Opfer der Naziverfolgungen, sondern auch für ehemalige SS-
Offiziere und die Witwen von Nazimördern. In beiden Ländern

wurde der verfassungsmäßig garantierte Schutz des Eigentums
dazu genutzt, die Rückgabe von deportierten Juden geraubten
Gütern zu verhindern.

Einer der interessantesten Aspekte der Menschenrechtsent-
wicklung in Deutschland und Frankreich seit dem Zweiten
Weltkrieg ist das Verblassen der Unterscheidung zwischen *Men-
schen-* und *Bürger*rechten, d. h. den Rechten, die den Staatsbürgern des Landes und denen, die dessen Einwohnern gewährt
werden. Im deutschen Grundgesetz beziehen sich die meisten in
Artikel 1 bis 19 festgehaltenen Rechte auf menschliche Wesen
im allgemeinen und nicht nur auf Staatsbürger (mit Ausnahme
der Freiheit der Koalitionsbildung, der Freizügigkeit, der Nie-
derlassungsfreiheit, des Rechts auf Berufsausübung und des
Anspruchs auf Berufsausbildung, jenen in Artikel 8, 9, 11, 12
festgehaltenen »Rechten für Deutsche«). Die Menschenrechte
beziehen sich auf die Würde der menschlichen Person und auf
den Anspruch auf ein ordentliches Gerichtsverfahren; sie betreffen insbesondere soziale und wirtschaftliche Rechte – wohlfahrtsstaatliche Ansprüche wie das Recht auf Sozialversorgung,
auf Mitgliedschaft bei Gewerkschaften und auf Teilnahme an
Gewerkschaftwahlen – ob diese nun in »programmatischen«
Verfassungen genannt sind (wie in der der Vierten Republik
oder dem Grundgesetz der Bundesrepublik Deutschland) oder
in der Gesetzgebung verankert sind. Dennoch bleibt die Ausweitung der Menschenrechte auf Ausländer höchst unvollkommen:
in Deutschland erhalten »Gastarbeiter« weit weniger Vergünsti-
gungen als Einheimische, und in Frankreich werden Ausländer
oft Durchsuchungen unterzogen, deren Gesetzmäßigkeit höchst
zweifelhaft ist.

Schrittweise werden die Grundrechte in Deutschland und
Frankreich auch deshalb immer ähnlicher, als diese Rechte
supranationalen Normen folgen, wie sie in der Menschenrechts-
konvention des Europarats formuliert sind und in den verschiedenen Erklärungen der Europäischen Gemeinschaft, der Europäischen Sozialcharta und infolgedessen der Europäischen
Union enthalten sind. Diese Normen beziehen sich insbesondere
auf die Freizügigkeit, sozialen Schutz und die kulturellen und

sprachlichen Rechte ethnischer Minderheiten sowie auch die Rechte *potentieller* Bürger oder Einwohner wie beispielsweise Flüchtlinge oder Asylbewerber. Gewiß war die Anwendung dieser Rechte höchst ungleichmäßig und veränderte sich unter dem Druck wirtschaftlicher Schwierigkeiten und eines wachsenden Terorrismus. In Frankreich wurde das Wahlrecht von Nichtfranzosen bei Kommunalwahlen reduziert, um ihre Wahl zum Bürgermeister und damit ihre Beteiligung an den Senatswahlen zu verhindern. In Deutschland wird das Recht zur Einbürgerung nach dem *ius solis*, obwohl es in den vergangenen Jahren erheblich liberalisiert wurde, noch immer in seiner Anwendung durch Beamte behindert, die unter dem starken Einfluß einer Tradition des *ius sanguinis* stehen.

Schließlich hängt der Schutz der Menschen- und Bürgerrechte nicht nur an Verfassungsbestimmungen und gesetzgeberischen Akten, sondern an dem Engagement der Behörden, diese auch anzuwenden. Vor allem in dieser Hinsicht lassen sich weiterhin Unterschiede zwischen beiden Ländern feststellen. In Frankreich hat die lange Erfahrung mehrerer Generationen zur Entwicklung einer Richterschaft geführt, die, zunehmend von republikanischen Werten durchdrungen, gelernt hat, im Namen des Volkes (und nicht der Regierung) Recht zu sprechen. In Deutschland dagegen hat ein Teil der Richterschaft bis heute noch kein ausreichendes Gefühl für die Bedeutung des Unterschieds zwischen den Rechten des einzelnen und denen des Staates. Dennoch haben Deutsche ein größeres Vertrauen in das Bundesverfassungsgericht als in jede andere politische Institution. Viel muß allerdings noch getan werden, um den Bewohnern der ehemaligen DDR die Bedeutung der Bürgerrechte bewußtzumachen.

Dietrich Thränhardt
Immigration / Einwanderung

»Es ist eine Freude für Frankreich, zusätzliche Kinder zu bekommen«, erklärte Jacques Chirac 1987. Er formulierte damit den traditionellen expansiven und inklusiven Einwanderungskonsens in Frankreich und lehnte sich sprachlich nicht zufällig eng an den Pro-Natalismus an. Beide Varianten einer aktiven Bevölkerungspolitik haben ihren Ursprung im 19. Jahrhundert, als Frankreich auf das demographische Ungleichgewicht gegenüber Deutschland reagierte, das ein starkes Bevölkerungswachstum erlebte, während sich in Frankreich schon die Zwei-Kinder-Familie durchgesetzt hatte. Zu dieser Tradition gehört auch der Assimilationswille Frankreichs. Schule, Armee und später auch die Sozialversicherung galten als die institutionellen Garanten erfolgreicher Eingliederung von Einwanderern und insbesondere ihren Kindern.

Trotz aller innenpolitischen Auseinandersetzungen, trotz der Einschränkung der Automatik der Einbürgerung ist dieser *republikanische Konsens* nach wie vor wirksam und anerkannt. Immer noch läßt sich die große Mehrheit der in Frankreich geborenen Kinder ausländischer Herkunft einbürgern, die Zahlen sind 1995 sogar gestiegen. Nach wie vor besteht hierfür auch eine institutionelle Verankerung: Antragsteller der dritten Generation gelten dann als eingebürgert, wenn die Behörden ihren Antrag nicht innerhalb eines halben Jahres bearbeitet haben. »Immigration« ist ein selbstverständliches Schlüsselwort, und seit 1946 gibt es eine Behörde mit dieser Bezeichnung. Selbst bei den einschränkendsten Aussagen wird der Begriff benutzt, etwa wenn der ehemalige Innenminister Pasqua eine »immigration zéro« proklamierte.

In Deutschland ist der Begriff Einwanderung dagegen offiziell weitgehend tabu. Bis heute erklärt die Bundesregierung, Deutschland sei *kein Einwanderungsland*. Dies steht in einem merkwürdigen Mißverhältnis zu der Tatsache, daß die Bundesregierung für die Aussiedler den weltweit größten staatlich organisierten Einwanderungsstrom betreibt, daß Deutschland das zweitwichtigste Einwanderungsland der Welt ist und der Bund, nach Art. 73 (3) Grundgesetz, die Zuständigkeit für *Ein- und Auswanderung* hat.

Auch von »Einwanderern« ist in Deutschland im allgemeinen nicht die Rede, statt dessen wird eine Vielzahl kategorialer Begriffe für einzelne Gruppen gebraucht. Die Deutschen aus dem Osten wurden in den ersten Nachkriegsjahren als *Flüchtlinge*, seit 1949 überwiegend als *Vertriebene* bezeichnet, in der DDR galt der verharmlosende Begriff *Umsiedler*. Die in Deutschland verbliebenen Zwangsarbeiter wurden seit 1945 als *Displaced Persons*, seit 1950 als *heimatlose Ausländer* bezeichnet. Als seit 1955 wieder Arbeitskräfte angeworben wurden, wurden sie offiziell als *ausländische Arbeitnehmer* und umgangssprachlich als *Gastarbeiter* bezeichnet, in euphemistischer Abgrenzung zu dem älteren Begriff *Fremdarbeiter*, der in der Schweiz noch lange Zeit gebräuchlich blieb. Um 1980 setzte sich dann allgemein der Begriff *Ausländer* durch, der ebenfalls die Andersartigkeit betont und an die Staatsangehörigkeit anknüpft, aber nicht zwischen langfristigen Einwanderern und kurzfristigen Besuchern differenziert. Etwa gleichzeitig entstand die Neubildung *Asylant*, die seitdem regelmäßig für weniger erwünschte Ankömmlinge benutzt wird im Unterschied zu dem positiv besetzten Begriff *Flüchtling*. Diese Unterscheidung entspricht der amerikanischen in »asylees« und »refugees«. Für die Volksdeutschen aus Polen, Rumänien und der ehemaligen Sowjetunion findet der Begriff *Aussiedler* bzw. *Spätaussiedler* Verwendung, informell werden sie in den letzten Jahren aber immer wieder als *Russen, Polen* oder *Rumänen* bezeichnet. Schließlich existiert seit etwa 1993 der neutrale Sammelbegriff *Zuwanderer* im Unterschied zu dem inzwischen bekenntnishaft besetzten Einwanderer. Die Begriffe (Im-)Migration und (Im-)Migrant sind überwiegend auf die Wissenschaft beschränkt geblieben.

Frankreich kennt keine derart breite Palette von Bezeichnungen, da der Begriff Immigration vieles abdeckt. Von »étrangers« ist selten die Rede. Für die zweite Generation der Einwanderer aus dem Maghreb ist die ambivalente umgangssprachliche Bezeichnung »beurs« üblich, die sowohl Distanz wie Zugehörigkeit ausdrückt. Obwohl sich inzwischen eine Differenzierung zwischen EU-Angehörigen und anderen Einwanderern herausgebildet hat, fehlen in beiden Sprachen dafür Bezeichnungen wie sie im Italienischen und im Spanischen mit »communitari« und »extra-communitari« üblich sind.

Der älteste historische Hintergrund der Unterschiede in Begrifflichkeit und Perzeption hängt mit den unterschiedlichen Entstehungszusammenhängen der beiden Nationen zusammen. Während Frankreich auf einer weitgehend gesicherten territorialen Grundlage entstand, im 18. und 19. Jahrhundert Europa sprachlich-kulturell dominierte und daher Universalismus und Nationalismus bruchlos vereinen konnte, entstand das deutsche Nationalbewußtsein in der Abgrenzung gegen Frankreich und war dementsprechend differentialistisch-partikular geprägt. Grundidee war die Vereinigung aller Deutschsprachigen in den verschiedenen Territorien. Während Frankreich dementsprechend einen starken Assimilationsoptimismus entwickelte und seine Minderheiten französisierte – vielfach einschließlich der Familiennamen –, verankerte schon die Frankfurter Nationalversammlung 1848 in der Verfassung einen Schutz für die fremdsprachigen Minderheiten.

Ein zweiter Hintergrund ist die unterschiedliche Migrationssituation im 19. Jahrhundert. Während in Frankreich als einzigem europäischen Land schon damals mehr Menschen einwanderten als auswanderten, blieb Deutschland bis zur Jahrhundertwende das wichtigste Auswanderungsland Europas. In der Nachkriegszeit 1945–60 wurde die Auswanderung noch einmal aufgenommen. Dies machte die Umstellung auf die neue Situation als Einwanderungsland seit 1960 schwierig. Die unterschiedlichen Traditionen sind nach wie vor in der kollektiven Erinnerung vorhanden. Ein Drittel der Franzosen stammt von Einwanderern ab, wenn man bis zur Großelterngeneration zurückgeht. In Deutschland gibt es dagegen eine große Zahl von Familien, die Verwandte in den USA oder anderswo haben.

Ein dritter Zusammenhang geht auf die Zerschlagung der übernationalen Strukturen Österreich-Ungarns und des alten Rußland zurück, die nach 1918 einen ethnisch definierten Nationalismus in Ostmitteleuropa freisetzte. Die deutschsprachigen Gruppen dort, die vorher eher eine territoriale Identität als Böhmen, Balten, Siebenbürger Sachsen etc. besessen hatten, wurden nun als _Sudetendeutsche, Baltendeutsche, Rumäniendeutsche_ etc. definiert. Die nationalsozialistische Führung benutzte diesee Minderheiten für ihre aggressive Politik und zog sie schließlich in ihren Untergang hinein, woraus Vertreibung und Diskriminierung folgten, was bis heute einen breiten Strom ethnischer Zuwanderung aus Rußland, Kasachstan und anderen GUS-Staaten zur Folge hat. Diese Zuwanderung ist seit 1988 quantitativ erneut bestimmend geworden.

Grundlegend sind die Unterschiede in bezug auf die Einbürgerung. In Frankreich ist die Zahl der Einbürgerungen inzwischen größer als die der Neueinwanderer, die rückläufig ist. Statistisch geht die Zahl der Ausländer deswegen zurück. In Deutschland dagegen liegt die Zahl der Einwanderer immer noch bei 400 000, von denen die Hälfte Aussiedler sind. Nur diese werden direkt eingebürgert. Die Zahl der übrigen Einbürgerungen hat sich nach der Gesetzesänderung 1993 zwar verdoppelt und belief sich 1995 auf 70 000. Dies bedeutete aber immer noch, daß 30 000 Kinder mit ausländischer Nationalität mehr geboren wurden als Einbürgerungen stattfanden. Die Zahl der Ausländer steigt deswegen immer weiter an und lag Ende 1996 bei 7,3 Millionen, mehr als doppelt so hoch wie in Frankreich. Die soziale Integration vor allem der seit Jahrzehnten ansässigen Ausländer und ihrer Kinder scheint allerdings nach den verfügbaren Indikatoren wie Arbeitslosigkeit, Berufsausbildung und Wohnsituation besser zu sein als in Frankreich.

Eine weitere Diskrepanz zwischen den beiden Ländern besteht in der Haltung zur kulturellen Differenz. Während in Deutschland _Multikulturalismus_ weithin idealisiert und in der Pädagogik _interkulturelle Erziehung_ proklamiert wird, also die Differenz als Norm gilt, ist in Frankreich nach wie vor die Übernahme einer französischen Identität das Ziel. Seit dem Bericht der »Weisen« von 1991 wird sie mit dem Begriff »Integration« umschrieben, der an die Stelle von Assimilation getreten ist.

Die Assimilations-Perspektive bleibt allerdings prekär, wenn Gleichberechtigung und Akzeptanz nicht gewährt werden. Dies ist heute insbesondere für Einwanderer aus Algerien und anderen Maghreb-Staaten der Fall. Am einschneidendsten war diese Diskrepanz für die »Harkis«, algerische Soldaten, die auf Seiten Frankreichs gegen die algerische Unabhängigkeit gekämpft hatten und deswegen nach Frankreich umgesiedelt worden waren. Sie wurden zum ersten Opfer des Front National, der 1983 in Dreux zusammen mit Gaullisten und Konservativen einen Wahlkampf auf ihrem Rücken führte und gewann.

Diese Art von Nichtakzeptanz belastet die postkoloniale Einwanderung nach Frankreich. Sie entspricht der früheren kolonialen Situation. Wie Frantz Fanon in *Les damnées de la terre* beschrieben hat, ist »racialisation« dann besonders bitter, wenn Gleichberechtigung zwar verheißen, aber nicht verwirklicht wird. Dieses Erbe des Kolonialismus belastet heute besonders die nordafrikanische Einwanderung in Frankreich, auch wenn rechtlich die Gleichstellung erfolgt ist.

Die Einwanderungs- und Integrationsprozesse in beiden Ländern zeigen auch viele Gemeinsamkeiten. Dazu gehört die allen Einwanderungsländern gemeinsame Tendenz, frühere Einwanderungen nachträglich zu harmonisieren und neue Einwanderer zu problematisieren und als schwer integrierbar zu beschreiben. So galten die italienischen Einwanderer in der Dritten Republik wegen des ihnen zugeschriebenen religiösen Fundamentalismus als nicht integrierbar. Heute wird den Nordafrikanern islamischer Fundamentalismus vorgeworfen, während Frankreich gleichzeitig offiziell die Taufe Chlodwigs vor 1500 Jahren feiert. Ganz entsprechend wird in Deutschland heute gern Harmonisches über die Polen in Ruhrgebiet und die Italiener seit den sechziger Jahren gesagt, und die kulturelle Verwandtschaft mit EU-Angehörigen wird der Andersartigkeit der Türken kontrastiert. Dagegen galten um die Jahrhundertwende polnische Zuwanderer als Bedrohung, in den sechziger Jahren wurde die italienische Kultur der deutschen idealtypisch als verschieden entgegengesetzt. In Deutschland ebenso wie in Frankreich werden ständig Stereotypen und Klischees produziert, reproduziert und auch abgebaut, mit denen die eigene Nation und Identität a contrario definiert wird.

Wenn es sich aus taktischen Gründen anbot, haben beide Länder ihre Politik auch in einer Weise ausgerichtet, die eher dem anderen Identitätstyp zuzuordnen wären. So hat Deutschland in Oberschlesien ebenso auf die willensmäßige Zugehörigkeit gesetzt wie Frankreich im Elsaß. Andererseits definierten die französischen Behörden 1918 anhand der Abstammung die »non désiderables«, die Elsaß-Lothringen zu verlassen hatten.

Gleichartig wirken auch wirtschaftliche Interessen. In Zeiten der Arbeitskräfte-Knappheit wurde Anwerbung betrieben, in Zeiten hoher Arbeitslosigkeit eher die Rückkehr gefördert. In beiden Ländern gelingt dies wegen der Gültigkeit der Verfassungsprinzipien, der Familienzusammenführung und der Aufmerksamkeit der freiheitlichen Öffentlichkeit aber nur zu einem gewissen Grade. Parallel zu sehen ist auch die wohlfahrtsstaatliche Integration, die im Vergleich mit anderen Ländern gut ausgebaut ist. Auch die öffentliche Kritik an Exklusion und Armut verhindert eine radikale Ausgrenzung der Einwanderer. Gemeinsam ist heute auch das demographische Interesse an der Einwanderung, das allerdings eher von Spezialisten vertreten wird. Beide Länder sind Bestandteile des großen demographischen Defizitraumes Europa, wobei Frankreich mit 1,8 Kindern pro Frau an der oberen, Deutschland mit 1,3 an der unteren Grenze des europäischen Spektrums rangiert.

In beiden Ländern ist Migration seit 1981 bzw. 1983 ein wichtiges Thema, das nach dem Ende des Kalten Krieges verstärkt zur innenpolitischen Profilierung benutzt wird. Dabei wurden zuweilen in grotesker Weise Proportionen verzerrt und artifizielle Feindbilder kreiert, etwa wenn Giscard d'Estaing bei rückläufigen Einwanderungszahlen von einer »invasion« sprach. Angesichts der Auflösung der materiellen und symbolischen Grenzen der Nationalstaaten in einer globalen Welt werden Einwanderer immer wieder zur Abgrenzung benutzt. Sie sind dazu auch wegen ihrer schwachen Verankerung in der Aufnahmegesellschaft und ihrer geringen Durchsetzungskraft geeignet.

Daniel Seiler
Parteien und Parteiensystem

Der am weitesten verbreitete Fehler bei der vergleichenden
Analyse politischer Parteien besteht, mit Wittgenstein gesprochen, darin, dem Zauber der Sprache auf Kosten der Intelligenz
zu erliegen. Er geht weit über die bekannte Problematik des
»traduttore traditore« hinaus. In der Tat verweisen die gleichen
Wörter, selbst wenn sie korrekt übersetzt sind, nicht auf die gleichen Realitäten, wenn sie im Kontext unterschiedlicher politischer Systeme gebraucht werden.

So ist mit einem »Liberalen« ein Mann der politischen Rechten in Frankreich, der Mitte in Deutschland gemeint; »Christ-
demokrat« hingegen, ein Ausdruck der in Frankreich immer
weniger in Gebrauch ist, steht im französischen politischen Vokabular synonym für »centriste«, in Deutschland aber für Konservative. Und während der Begriff der »Sozialdemokratie« im
Deutschen eine durchaus klare Bedeutung besitzt, würde ein
Artikel wie dieser nicht ausreichen, um die semantische Komplexität und Entwicklung dieses Begriffs in Frankreich, seine
Bedeutungen und die aufeinanderfolgenden, mal positiven, mal
negativen Begriffskonnotationen auch nur ansatzweise erschöp-
fend zu behandeln. Um nur ein Beispiel zu geben: zur Zeit,
als Präsident Giscard d'Estaing und Bundeskanzler Helmut
Schmidt das deutsch-französische Paar verkörperten, wiesen
die französischen Sozialisten die Bezeichnung »sozialdemokra-
tisch« weit von sich, während die Rechte ihr damals einige gute
Seiten abgewinnen konnte...

Schon der Begriff der »Partei« verweist nicht auf dieselbe Realität, je nachdem, ob er von einem Franzosen oder einem Deutschen ausgesprochen wird. Diese Bedeutungsvielfalt ist historisch bedingt.

Von Parteien und Bezeichnungen

Wenn ein französischer Student sein Studium der Politikwissenschaft beginnt, so werden die ersten Konzepte, mit denen er
beim Studium politischer Parteien konfrontiert wird, diejenigen
der »parti de masses / partis de cadres« (Massenpartei / Honora-
tiorenpartei) sein, eine bekannte Dichotomie Maurice Duvergers aus dem Jahre 1951. Sein deutsches Gegenüber, der auf diesem Gebiet einen differenzierteren Ansatz verfolgt, wird an Max
Weber denken, der die gleiche Unterscheidung in seiner Schrift
»Politik als Beruf« unmittelbar nach dem Ersten Weltkrieg skizziert hat. Die deutsche Parteiensoziologie hatte unbestreitbar
einen Vorsprung vor der französischen, der sich auch dann bestätigt findet, wenn man die Beiträge deutscher Politologen aus
der Zeit heranzieht, da Duverger seine Parteienforschung unter-
nahm. Der herausragende Beitrag, was die internationale Wirkung anbelangt, bleibt derjenige von Otto Kirchheimer. Sein
Konzept der »catch-all party« (Allerweltspartei) vermag die ak-
tuelle Realität von Parteiorganisationen ungleich besser zu er-
fassen als diejenigen seines französischen Kollegen, die eher zur
Beschreibung der Vergangenheit als der Gegenwart tauglich
sind. Schon zu Beginn der siebziger Jahre wurden die Thesen
Kirchheimers von meinem leider kürzlich verstorbenen Kollegen Jean Charlot mit Meisterschaft auf Frankreich angewandt,
als er die Eigenheiten des »gaullistischen Phänomens« erklärte.
   Man wird die zeitversetzte Entwicklung der französischen und
deutschen Parteienforschung besser verstehen, wenn man sich
die französische politikwissenschaftliche Produktion zu jener
Zeit ansieht, da Max Weber seine berühmten Vorträge hielt. Ein
klassisches Werk ragt unbestreitbar heraus: das *Tableau der politischen Parteien im Westen Frankreichs* von André Siegfried.
Aus der Feder Siegfrieds erhält das Wort »Parteien« allerdings
nicht denselben Sinn wie im Werk Max Webers, sei es in dessen
oben zitierten Vortrag, sei es in seinem Werk *Wirtschaft und Gesellschaft.* Dort, wo der deutsche Soziologe konkrete Organisationen der Interessenvermittlung sieht – »Interessenbetriebe« –,
betrachtet der französische Geograph eher politische Tendenzen

oder Meinungsströmungen. Der Bedeutungsgehalt des Wortes
»Partei« ist also nicht derselbe.

Zur Zeit Webers und Siegfrieds existierten Parteien in der politischen Wirklichkeit Deutschlands, ebenso wie in Großbritannien, Belgien und den Niederlanden. Frankreich teilt hingegen
viel eher die historische Erfahrung Spaniens und Portugals: der
Begriff der Partei wird noch in seiner archaischen Bedeutung
gebraucht. Seit dem Kaiserreich kennt Deutschland – mit Ausnahme der unheilvollen Naziperiode – gut organisierte, nationale oder regionale Parteien; diese verfügten über spezialisierte
Vorfeldorganisationen (Jugend-, Frauenorganisationen) und
standen für bestimmte Ideologien. Für die Bürger waren die Parteien und ihre Ideologien klar identifizierbar, vielleicht mit Ausnahme der Liberalen, die bis zum Ende der Weimarer Republik
gespalten waren; aber auch bei den Liberalen kann man sich le-
gitimerweise fragen, ob denn der Nationalliberalismus und der
demokratische Liberalismus nicht zwei unterschiedliche Ideologien bildeten. In der gesamten Zeitspanne von 1920 bis in unsere
Tage kann allein die Parti communiste français sich mit den deutschen Parteien vergleichen. Den französischen Sozialisten war
dies nur in seltenen Sternstunden ihrer Geschichte vergönnt, den
Gaullisten noch seltener, von den anderen ganz zu schweigen.

Wenn Max Weber von »Interessenbetrieben« spricht, so verweist dies auf Parteien, die im Kaiserreich und der Weimarer
Republik polarisierte Interessen von quasi »autarken« Segmen-
ten der Bevölkerung vertreten: die SPD vertrat diejenigen der
Arbeiter, Unternehmer bildeten die Klientel der DVP, Katholiken diejenige des Zentrums, die kleine und mittlere protestantische Bourgeoisie fühlte sich in der DDP aufgehoben, der
lutherische Adel bei der DNVP. Alle diese Parteien waren gut
organisiert, aber zwei von ihnen, die SPD und das katholische
Zentrum, trieben ihre Organisation auf die Spitze: Sie waren in
der Lage, ihrer Klientel »von der Wiege bis zur Bahre« eine organisatorische Heimat anzubieten, wie es Siegmund Neumann
so treffend ausdrückte. Im Hinblick auf sie sprach man auch von
»Sozialgettoparteien«.

Das Studium der Parteien in Frankreich im gleichen Zeit-

raum, also während der Dritten Republik, bereitet den Spezialisten dagegen großes Kopfzerbrechen. In der Tat stellt sich die
Frage, was man denn untersuchen soll: die instabilen und undis-
ziplinierten Parlamentsfraktionen, die fragilen Parteiorganisationen, die meist andere Namen tragen als erstere und diese auch
nicht kontrollieren, oder aber die Ideologien, die weder den
einen noch den anderen entsprechen. Legt man den deutschen
Maßstab einer Übereinstimmung von Partei und Parlamentsfraktion an, so kannte die Dritte Republik nur zwei Parteien, die
im übrigen erst spät entstanden: die sozialistische SFIO (Section
française de l'Internationale socialiste), der 1920 die Kommunistische Partei an die Seite tritt. Der berühmten Parti républicain
radical et radical-socialiste, die in der Zwischenkriegszeit die
Freuden aller erdenklichen Regierungskombinationen kennen-
lernte, gelang es niemals, alle Abgeordnete, deren Kandidatur
sie unterstütze, in ein und derselben Parlamentsfraktion zu vereinen. Aber diese schwächliche Partei erscheint geradezu robust
im Vergleich mit ihren Rivalen auf der Rechten und in der rechten Mitte, der Fédération républicaine auf der einen Seite und
der Alliance démocratique auf der anderen. Bei ihnen handelte
es sich allenfalls um Phantome von Parteien. Diese Ektoplasmen
von Parteien störten in keinster Weise die Kreise der Rechten,
innerhalb derer zahlreiche Nationalversammlungsabgeordnete –
und noch mehr Senatoren – überhaupt keiner Partei angehörten.

Die Befreiung 1944 schrieb den Unterschied zwischen deutschen und französischen Parteien fort und modifizierte ihn zugleich. Für letztere war dies die goldene Epoche des Tripartismus, der durch die drei aus der Résistance hervorgegangenen
Massenparteien geprägt war: die PCF, die SFIO, die danach eine
Erstarrungs- und Niedergangsphase erlebte, sowie die christde-
mokratische MRP, deren Erfolge bei der Mitgliederwerbung
massive Wählerverluste nicht verhindern konnten. Diese Parteien besaßen echte Parlamentsfraktionen, die die geschwächten
Überlebenden der vergangenen Epoche in ihren Reihen aufnah-
men. Es ist dieser Unterschied zwischen den neuen, aus der Résistance hervorgegangenen politischen Kräften und den alten
Beziehungsnetzwerken der Notablen, der in Duvergers Typolo-

gie durchscheint, vor allem, wenn er als Fazit festhält, daß die
Zukunft der Massenpartei gehören wird.

Die deutschen Parteien hingegen nehmen eine andere Entwicklung. Auch wenn sie weiterhin gut organisiert bleiben, so
bieten sie ihren Wählern doch nicht länger eine organisatorische
Heimat »von der Wiege bis zur Bahre«. Mehr noch: mit der
Gründung der Bundesrepublik ist ein Prozeß der Entsegmentie-
rung, der »Entghettoisierung« sowie der Nationalisierung des
politischen Lebens verbunden. Aus der Weimarer »Sozialgetto-
partei« wird die Bonner »Volkspartei«, aus dem Parteienstaat
werden die Staatsparteien, was sich am Willen der Parteien, das
gesamte Volk zu repräsentieren, ebenso ablesen läßt wie an der
komplementären Rolle der Parteistiftungen, die vom Staat finanziert werden. Die Gründung der CDU und ihrer bayerischen
Schwesterpartei, der CSU, die das Erbe des Zentrums und der
bayerischen Volkspartei antraten, ohne wirklich deren natürliche Erben zu sein, bildeten den Anfang dieses Prozesses. Innerhalb kurzer Zeit gelang es der CDU, die Konservativen
Hannoveraner der DP und später auch die Wählerschaft der Ver-
triebenenparteien für sich zu gewinnen, so daß nur noch die SPD
ihr *aggiornamento* vollziehen mußte, was sie 1959 in Bad Godesberg dann auch tat. Es ist diese historische Situation, die in
Kirchheimers Thesen verarbeitet wurde, denn die beste englische Übersetzung von »Volkspartei« im Sinne der CDU und der
SPD seit Bad Godesberg ist nicht etwa »people's party«, sondern
eben »catch-all party«... Kirchheimer und Duverger übersetzen
die Situation der politischen Parteien in ihren jeweiligen Ländern zu einem bestimmten historischen Zeitpunkt in wissenschaftliche Begriffe, wobei sich die Vorausschau Kirchheimers
als zutreffender erweist. Heute entsprechen die PS (Parti socialiste) und die gaullistische RPR (Rassemblement pour la Républi-
que) dem von ihm eingeführten Typus.

Im Vergleich zur Epoche der Befreiung erscheinen die französischen Parteien heute schwächer; die Krise der Parteien und
Organisationen hat sie voll erfaßt. Es handelt sich dabei um
einen europäischen Prozeß, der auch die deutschen Parteien
nicht verschont hat: sie sind nur noch der Schatten ihrer selbst.

Nichtsdestotrotz haben sie effiziente Organisationsstrukturen bewahren können. Ihre Krise ist vor allem eine Mitglieder- und Aktivistenkrise. Ihre Jugendverbände, Jusos, Junge Union und Junge Liberale, bieten nicht länger einer großen Zahl von Jugendlichen eine organisatorische Heimat, sondern dienen vor allem als Schule für die späteren Mandatsträger ihrer jeweiligen Parteien. So spielten Politiker wie der frühere Minister Gerhard Stoltenberg, der ehemalige Präsident des Europäischen Parlaments, Egon Klepsch, in der CDU und Björn Engholm sowie Oskar Lafontaine in der SPD früher eine wichtige Rolle in den Jugendverbänden ihrer Parteien. In Frankreich würde man vergeblich nach solchen Beispielen suchen – außer, wenn auch in geringerem Maße, in der PCF. Denn verglichen mit ihren deutschen Gegenstücken geben die Jugendorganisationen der PS, der RPR, von der UDF ganz zu schweigen, eine eher traurige Figur ab. Die Krise der Parteien hat den Abstand, der die soliden deutschen Parteien von ihren schwächlich wirkenden und bisweilen flatterhaften französischen Pendants trennt, unverändert gelassen.

Interpretation einer unterschiedlichen Entwicklung

Der Kontrast zwischen der geradezu sprichwörtlichen Organisationsstärke der deutschen Parteien, die sich ebenso in Österreich, den Benelux-Ländern, in Skandinavien und, in kaum geringerem Maße, in Italien findet, einerseits und der liebenswürdigen Improvisation, die die französischen Parteien charakterisiert, ist in keinster Weise unterschiedlichen »nationalen Temperamenten« geschuldet. Er ist das Produkt der Geschichte.

Die Entstehung politischer Parteien ist ursprünglich in Frankreich früher zu datieren als in Deutschland. Sie reicht bis zur Französischen Revolution und zur Gründung des Jakobinerklubs mit seinen lokalen Ablegern zurück. Jedoch wurde diese historische Erfahrung jäh beendet, und über ein halbes Jahrhundert beherrschte der Autoritarismus die Bühne, mal in diktatorischer oder monarchischer, mal in oligarchischer Form, aber immer verbunden mit einer Parteienfeindschaft. Ihren Platz

nahmen Geheimgesellschaften ein, zu denen ab 1815 Parlamentsfraktionen hinzutraten. Die demokratische Explosion von
1848 brachte neue Parteistrukturen mit sich, wurde jedoch durch
die Diktatur des zweiten Bonaparte brutal unterbrochen. Zwanzig Jahre später besiegelte der Beginn der Dritten Republik die
definitive Rückkehr zum allgemeinen Wahlrecht und zur Demokratie. Allerdings herrschte ein Klima vor, zumindest zu Beginn,
in dem die Parteien als Inkarnation gesellschaftlicher Spaltung
galten. Durch die plötzliche Einführung des allgemeinen Wahlrechts überrumpelt, sahen die Parteien sich bei ihrem chaoti-
schen Aufbau zur Improvisation gezwungen.

Der Vergleich zwischen den Ländern Westeuropas zeigt, daß
die entscheidende historische Phase für Parteigründungen von
1848 bis 1870 reichte, während derer Frankreich die Herrschaft
Napoleons III. zu erdulden hatte. In Nordeuropa und Italien
ging die Entstehung von Parteien der Durchsetzung der Demokratie voraus: Staaten, das allem Anschein nach so demokratische England und auch Belgien führten das allgemeine Wahlrecht erst 1918 ein.

Deutschland stellt eher eine Variante des nordeuropäischen
Modells dar, wo das allgemeine Wahlrecht im Rahmen eines autoritären Regimes angewandt wurde. Im Königreich Preußen
verband sich die Aufrechterhaltung eines Klassenwahlrechts
oder von Wahlkollegien mit dem allgemeinen Wahlrecht, wobei
die wesentlichen Machtbefugnisse beim König und seinem
Kanzler verblieben. Die von Preußen dominierte Gründung des
Kaiserreichs brachte für die Reichstagswahlen die Aufgabe des
Klassenwahlrechts zugunsten des allgemeinen Wahlrechts auf
föderaler Ebene. Der Prozeß des Parteienaufbaus, der schon
1848 – also vor dem Kaiserreich – einsetzte, konnte fortgesetzt
werden. Durch seine Bekämpfung der Katholiken (Kultur-
kampf) und sein Verbot der Sozialisten verstärkte er beider
Tendenz, sich in ihren Sozialghettos einzuschließen. Als Realist
verstand der »eiserne Kanzler« alsbald die Funktion eines Si-
cherheitsventils, die dem allgemeinen Wahlrecht und der parlamentarischen Repräsentation von »Volkstribunparteien« zukommt, und gab seine gegen die Parteien gerichtete Politik auf.

Als die Demokratie sich 1918 in Deutschland wie in vielen anderen Ländern auch durchsetzte, besaß das Land bereits ein wohlorganisiertes System von Parteien, die sich auch nach zwölf Jahren totalitärer Naziherrschaft wieder ohne größere Probleme aufbauen ließen.

Die erwähnten bedeutenden Unterschiede zwischen den – schematisch gesprochen – deutschen »Organisationsparteien« und den französischen »Strömungsparteien« können nicht darüber hinwegtäuschen, daß beide Länder eine gemeinsame Entwicklung hin zu einer Vereinfachung und Stabilisierung ihrer Parteisysteme durchliefen. In der Tat kannte Deutschland im Kaiserreich, während der Weimarer Republik und in der Frühphase der Bonner Republik ebenso eine extreme Parteienvielfalt wie das Frankreich der Dritten und Vierten Republik. Die Folge war in Frankreich wie in der Weimarer Republik eine große Regierungsinstabilität. Danach erlebten beide einen Übergang, wenn nicht zum Zwei-Parteien-System, so doch zu einer Bipolarisierung, die nicht nur ein stabiles Regieren ermöglichte, sondern auch von einer Verringerung der Zahl der Parteien begleitet war. So sog die CDU die Mehrheit des Zentrums in sich auf, dessen linker Flügel zur SPD wanderte, aber auch die Konservativen der DNVP, der Vertriebenen und eines Teils der DP. Deren restlicher Teil ging, wie die Anhänger der DDP, zur FDP, während die CSU die BVP beerben und die Autonomisten der BP vollständig eliminieren konnte. In Frankreich trat die UDF allein das Erbe der Konservativen, der Liberalen, und teilweise das der Radikalen und Christdemokraten an. Die PS konnte die Linkskatholiken, bestimmte Strömungen der Radikalen sowie der unabhängigen Linken für sich gewinnen. Dabei beschnitt sie den Einfluß der PCF ganz erheblich.

Dies sollte allerdings nicht zu einem übertriebenen Optimismus verführen, denn gegenläufige Tendenzen sind in beiden Ländern wirksam und könnten die politische Stabilität gefährden. In Frankreich kommt die Gefahr vom Front National, der, seiner kommunalen Verwaltungspraxis nach zu urteilen, nationalistisch, fremdenfeindlich und autoritär ist, und dessen Wählerprofil in Verbindung mit dem extremen Nationalismus sofort an die NSDAP und die nationalfaschistische Partei in Italien denken läßt. In Deutschland ist die Integration der ehemaligen DDR in das Parteiensystem, vorsichtig formuliert, unvollständig geblieben. Wenn die PDS fortbesteht, so hätte man es mit einem »Ossigetto« zu tun, das den Gettos der Weimarer Zeit entspräche. Im Verbund mit einem Erstarken der Grünen und einem Fall der Liberalen in die Bedeutungslosigkeit könnte dies ein Ende der Bipolarisierung bedeuten.

Patrick Moreau
Der rechtsextreme Populismus

Die politischen Bewegungen der Rechtsextremen haben in Deutschland wie auch in Frankreich eine lange Tradition. Zwar besaß die extreme Rechte nach dem Zweiten Weltkrieg und dem Untergang des Nationalsozialismus keinerlei Legitimität mehr, doch ist sie vor allem seit den achtziger Jahren in überwiegend populistischer Version neu erwacht. Dabei stellt sich die Frage, wie ihr diese Verwandlung gelungen ist, die in Deutschland 1983 in der Gründung der Republikanischen Partei (REP) zum Ausdruck kam, vor allem aber in Frankreich mit dem Aufstieg des 1972 gegründeten Front National große Erfolge zeitigte. Auch soll versucht werden, die aktuellen Faktoren zu verstehen, die die Verbreitung dieser Ideologie erklären.

Zum Aufstieg der Republikaner in den achtziger Jahren schrieb Peter Glotz 1989 folgendes: »Der Populismus hat seine Wurzeln im alltäglichen gesunden Menschenverstand, in den Traditionen und der Moral des Volkes. Mit dieser volkstümlichen Dimension ebenso wie mit seinem Konzept der Ablehnung kann der Populismus alle Ansprüche, Gefühle und Ideologien integrieren. Der Populismus mobilisiert Energien des Widerstands, heimliche Wünsche und (stützt sich auf) verborgene Widersprüche. Er appelliert an die Fähigkeit des Menschen zur Empörung, aber auch zum Haß.« So kann der Populismus der Rechtsextremen definiert werden als eine Mischung von chauvi-

nistischem Wohlstandsstreben, einem defensiven Nationalismus, der auf der Kultur der Ablehnung beruht, einer sehr deutlichen Ausrichtung gegen Institutionen und Parteien, einem
überaus starken Individualismus im Verbund mit dem Appell an
die Prinzipien von Ordnung und Moral, die vorgeblich das Individuum und seine natürliche Umgebung (Familie, Arbeit, »natürliche« Gemeinschaft) schützen.

Zwar stellen diese populistischen Parteien die Legitimität der
pluralistischen Demokratie nicht offen in Frage, doch brechen
sie mit deren grundlegenden Prinzipien. Ihre Ablehnung des
Staates als Ausdruck des kollektiven Bürgerwillens, ihre Kritik
an den Modalitäten der Volksvertretung und der Wahlen, ihre
feindliche Haltung gegenüber den Prinzipien von persönlicher
und gesellschaftlicher Gleichheit, ihr Widerstand gegen die Integration von Minderheiten und schließlich ihr Aufruf zu Fremdenfeindlichkeit und Rassismus, der auf biologischen oder kulturellen Unterschieden gründet, sind unumstößliche Beweise für
den antidemokratischen Charakter dieser Formationen. Die
skrupellose Instrumentalisierung von kollektiven Ängsten und
Gefühlen der Ablehnung finden sich in den Argumenten und
Strategien der Republikaner ebenso wie des Front National wieder.

Verschiedene, sich ergänzende ideologische Dimensionen
verleihen dem populistischen Diskurs schließlich zwar kein wirklich intellektuelles Fundament, aber eine durchaus funktionale
Argumentationshilfe, die an den täglichen politischen Kampf
angepaßt wird. Das »Volk«, das als Einheit dargestellt wird,
steht im Zentrum solcher Reden. Dabei handelt es sich um ein
künstliches Konstrukt, dem die Populisten den Charakter einer
echten Einheitlichkeit verleihen. In dieser verfälschten identitä-
ren Vorgehensweise zeigt sich deutlich die antipluralistische Dimension. Der populistische Diskurs ignoriert bewußt die politischen und sozialen Unterschiede, die zwischen Personen und
Interessengruppen bestehen, und dies zugunsten von Werten
und Verhaltensmustern, die als natürlich und absolut gesetzt
werden.

Die rechtsextremen Populisten verweisen auf eine notwendige

Beziehung zwischen dem Volk und der Partei, die von einem
charismatischen Chef (Le Pen, Schönhuber) geführt wird, und
geben damit zu erkennen, daß sie verschiedene für die modernen
Demokratien entscheidende Elemente ablehnen, so die komple-
xen und parallellaufenden Mechanismen von Volksvertretung,
Diskussionen und Suche nach einem Konsens. Die sozialen und
wirtschaftlichen Probleme, die sich auf nationaler und internationaler Ebene stellen, werden nicht als vielschichtige Vorgänge
betrachtet, sondern vielmehr auf monokausale Erklärungsmuster zurückgeführt.

Hinsichtlich der Zusammensetzung ihrer Wählerschaft sind
die rechtsradikalen populistischen Parteien wie der FN oder die
REP dem »neoproletarischen« Typ zuzuordnen. Wenn Arbeiter
und Angestellte ohne Ausbildung überproportional stark vertreten sind, so hat das verschiedene Gründe: die rasche Auflösung
des traditionellen sozialdemokratischen oder kommunistischen
Milieus, den irreversiblen Zerfall der traditionellen Arbeiter-
kultur, ihrer Organisationsstruktur und Erklärungssysteme, die
das Bewußtsein der Arbeiter begründeten, die Individualisierung der Verhaltensmuster, die Angst davor, das nächste Opfer
im Prozeß der wirtschaftlichen Modernisierung zu werden. Der
FN hat die kommunistische Partei bei den Wählern der Arbeiterklasse schon mit Abstand verdrängt, und die Republikaner
konnten auf traditionell sozialdemokratisches Terrain vordrin-
gen.

Bei diesen populistischen rechtsextremen Bewegungen sind
drei Wählerkategorien zu unterscheiden. Zunächst gibt es einen
harten Kern, der ideologisch auf totalitäre Doktrinen (Neonazis-
mus, Neofaschismus, revolutionären Nationalismus) fixiert ist
und traditionell das Gerüst der militanten Rechtsextremisten bildet. Diese Gruppe stellt bei den rechtsextremen Populisten nicht
nur Wähler oder Sympathisanten, sondern auch aktive Mitglieder oder Parteifunktionäre. Die meist unkontrollierbaren Elemente erweisen sich häufig als lästig für die populistischen Parteien, die ja um Achtbarkeit bemüht sind. Doch stellen sie im
allgemeinen nur 2 Prozent ihrer Wählerschaft dar.

Die zweite Kategorie besteht aus potentiellen Opfern des Modernisierungsprozesses, in der Mehrheit Arbeiter aus dem städtischen Milieu. Für diese »Deklassierten« geht es vordringlich darum, ihren Lebensstandard gegen jede reale oder vermeintliche Konkurrenz zu schützen, die man vor allem in den »Ausländern« sieht. Die wirtschaftlichen Umstrukturierungen und das Risiko, den Arbeitsplatz zu verlieren, lassen sie an einer starren Sozialordnung festhalten, die für sie Erhalt des Status quo und der wirtschaftlichen und sozialen Errungenschaften bedeutet.

Die Mehrheit der populistischen Wähler gehört der dritten Kategorie an, deren Wertesystem von einer Protesthaltung gegenüber der staatlichen Autorität geprägt ist. Die Analyse zahlreicher Umfragen ergibt ein recht übereinstimmendes, weitgehend identisches Profil für die Mitglieder dieser Gruppe: Sie sind deutlich individualistisch orientiert und halten zugleich an hierarchischen und autoritären Vorstellungen zur Gesellschaft und einer entschiedenen Einstellung gegen den Staat fest. Interventionen des Staates lehnen sie ebenso ab wie soziale Reformen, wobei das Prinzip gilt, daß man »von oben nichts zu erwarten habe«. Dialoge und Verhandlungen zwischen Interessengruppen ebenso wie soziale Konflikte gelten als schädlich für das Gemeinwohl. Bei der Suche nach einem gesellschaftlichen und politischen Konsens stehen Hierarchie und Ordnung an oberster Stelle. Gemäß diesem autoritären Maximalismus rechtfertigt die Abweichung von der Norm den Einsatz von Repressalien. Die Einwanderungsfrage bringt sie ebenso auf wie der Kampf gegen Korruption und Privilegien. Die politischen Institutionen sind ihrer Ansicht nach unfähig, die großen Herausforderungen unserer Zeit zu lösen. Die Ablehnung von Parteien und Politikern, die Forderung nach einer »eigenen« Politik im Verbund mit immer militanteren Reaktionen anläßlich neuer Skandale führen bei ihnen zu einer wachsenden Ablehnung der pluralistischen demokratischen Normen.

Daß dieser rechtsextreme Populismus in den pluralistischen demokratischen Systemen Deutschlands und Frankreichs zum Ende unseres 20. Jahrhunderts Fuß fassen konnte, ist zurückblickend schwer zu verstehen oder gar zu akzeptieren, dennoch stellt er ein massenhaftes und nicht zu leugnendes Phänomen

dar. Dieses Damoklesschwert, von manchen kurzerhand als
Neofaschismus bezeichnet, schwebt auch über anderen europäischen Staaten wie Österreich oder Belgien. Verschiedene, einander ergänzende Interpretationen zeigen auf, wie die populistischen Rechtsextremen in der politischen Landschaft Europas,
und vor allem in Deutschland und Frankreich, entstehen und
sich einnisten konnten.

Ein erster Erklärungsversuch für die faschistischen Bewegungen in der ersten Hälfte des 20. Jahrhunderts wurde von der
Frankfurter Schule vorgeschlagen, deren theoretischer Ansatz
psychoanalytisch beeinflußt war und sich vor allem für die Charakteristika und Dynamik der autoritären Persönlichkeit interessierte (Theodor W. Adorno).

Eine andere Interpretationsrichtung sieht das Erstarken der
Rechtsextremen als Folge von Krisenphasen und wirtschaftlicher Anpassung, wie es deren Aufschwung zwischen 1920 und
1930 und dessen Wiederauftauchen in relativ anderen Formen
und in einem veränderten Kontext fünfzig Jahre später be-
zeugte. Diese These von den Verlierern/Opfern der Modernisierung, deren Gefühl von Frustration und Deprivation in der
Hinwendung zu autoritären und antidemokratischen Ideen gip-
felt, wurde vor allem von Seymour Martin Lipset verteidigt und
in Deutschland von Richard Stögg oder Jürgen W. Walter neu
interpretiert. Eine Rückkehr zur wirtschaftlichen »Normalität«,
zu Wachstum und Vollbeschäftigung, mußte somit logischer-
weise die Protestparteien schrumpfen lassen.

Seit den achtziger Jahren wurde der rechtsextreme Populismus von der fortschreitenden Spaltung der Gesellschaften in
Deutschland und Frankreich genährt, die dazu führte, daß ein
Teil der Bevölkerung von den Segnungen des Wohlstands während langer Jahre ausgeschlossen oder zunächst sogar von ihnen
bedroht wird. Die »Verlierer der Modernisierung« werden jedoch nicht umgehend zur bevorzugten Klientel von extremisti-
schen Parteien. Dies beweist eine Untersuchung zur Situation in
Deutschland und Frankreich. So neigen die Arbeitslosen in einer
ersten Phase eher dazu, sich vom politischen Leben und staats-
bürgerlicher Beteiligung zurückzuziehen. Ihre Radikalisierung

geht allmählich vor sich. Infolge der fortdauernden Wirtschaftskrise hat sich die absolute oder relative sozio-ökonomische Pro-
letarisierung spezifischer gesellschaftlicher Gruppen – eines Teils
der früheren Mittelklasse (Bauern und Handwerker), Arbeiter
und Angestellte ohne Ausbildung – jedoch beschleunigt. Während die bedrückende Lebenssituation des Existenzminimums
und der Abhängigkeit von der Sozialhilfe zunächst zu politischer
Apathie führt, enden Frustration und Furcht vor wirtschaftlichem
Niedergang häufig in der Entwicklung aggressiver Verhaltensweisen und im Aufbegehren gegen die gesellschaftliche Ordnung.

Der Verweis auf die unzureichende Integrationskraft der
Wirtschaft kann jedoch nicht als ausreichende Erklärung für den
derzeitigen Aufschwung des Populismus dienen. Auch die Integrationsfähigkeit der sozio-politischen Systeme, das heißt, deren
Fähigkeit, neue Herausforderungen aufzugreifen, eine angemessene öffentliche Debatte und einschlägige Entscheidungen
herbeizuführen, bestimmen über Erfolg oder Mißerfolg der
rechtsextremen Formationen. Die Umwandlung und Modernisierung der Gesellschaften führen zu einer Auflösung der traditionellen sozialen Milieus und begünstigen die zunehmende
Fragmentierung der Gesellschaft, mit der eine wachsende Individualisierung der sozialen und wirtschaftlichen Risiken einher-
geht. Diese Veränderungsprozesse führen zu einem Abbau, ja
zu einer Auflösung der traditionellen politischen Verbindungen
und einstigen Netze von Politik und Organisationen (so das Zusammenspiel von Gewerkschaften/Sozialdemokratie oder von
Gemeinschaft der Gläubigen/Kirche/politischem Konservatis-
mus) und lassen viele Bürger ohne politische Orientierungs-
punkte zurück. So konnten sich die Führer der Rechtsextremen
in den Spalten der sich auflösenden Gesellschaft einnisten und
die sich stellenden Fragen sowie die Sinnsuche ausschlachten
und aufblähen. Sie haben auf die entscheidenden Herausforderungen reagiert, indem sie diese häufig in aufsehenerregender
Manier auf die politische Tagesordnung brachten, während die
traditionellen Parteien nicht in der Lage waren, ausreichend
klare Antworten zu geben. Die Lieblingsthemen der Rechtsex-

tremisten sind allseits bekannt: Einwanderung, mangelnde Sicherheit, ökologische Bedrohungen, Krise der traditionellen Familie... Der Wahlerfolg der extremen Parteien beruht in großem Umfang auf der Simplizität ihrer Vorschläge. Für sie geht es
darum, auf besonders komplexe und bedrohliche Probleme vorgeblich wirksame und klare Antworten zu geben.

Schließlich stellt sich die Frage nach der Beständigkeit der
rechtsextremen Parteien, vor allem wenn man am Ausgang unseres 20. Jahrhunderts die relativ erfolgreiche Verankerung des
Front National mit der Aufsplitterung und der Schwächung seiner Gesinnungsgenossen in Deutschland vergleicht. Handelt es
sich hier um Protestparteien, die von der konjunkturellen Entwicklung abhängen, oder sind diese Formationen dauerhafter
Ausdruck von neuen Konfliktlinien und tieferen sozialen Spannungen? Der Fall der Republikaner zeigt, daß sich die Wahl-
erfolge des rechtsextremen Populismus nicht unvermeidlich fortsetzen müssen. Die These von der allgemeinen Verbreitung
eines neuen Faschismus in Europa hält einer ernsthaften Analyse nicht stand. In Deutschland kann man beobachten, daß die
gemeinsamen Bemühungen aller demokratischen Parteien auf
gesetzgeberischer Ebene (Einwanderungspolitik und Begrenzung des Mißbrauchs des Asylrechts), die relative wirtschaftliche
Erholung, eine kollektive Mobilisierung gegen faschistische
Tendenzen sowie taktische Fehler und parteiinterne Unstimmig-
keiten dazu beitrugen, den Aufschwung der Republikaner ein-
zudämmen. Natürlich ist die politische und wirtschaftliche Situation in Deutschland nach wie vor beunruhigend. Wenn man
zudem der These glaubt, wonach die Entstehung populistischer
und rechtsextremer Strömungen ein auf Dauer angelegtes Phänomen darstellt, das aus neuen Konflikten oder Gegensätzen des
Modernisierungsprozeses erwächst, dann könnte morgen auf
der politischen Szene in Deutschland mit aller Macht eine neue
rechtsextreme Partei auftauchen. Damit hätten wir es nicht mit
einem Zyklus, sondern mit Zyklen der Radikalisierung zu tun,
die eng mit den konjunkturellen Schwankungen in den einzelnen
Ländern zusammenhängen.

Alfio Mastropaolo
Die politische Klasse

Für einen Italiener erscheint es auf den ersten Blick erstaunlich, daß sich heute in Frankreich und in Deutschland das Problem der »politischen Klasse« stellt. Als treue Anhänger von Gaetano Mosca, der das Konzept der politischen Klasse begründete, bringen die Italiener diesem Begriff große Hochachtung entgegen, geben sich im allgemeinen jedoch damit zufrieden, ihn ausschließlich auf ihr eigenes Land anzuwenden. Wie man weiß, verfolgte Mosca große theoretische Ambitionen von universeller Tragweite, die so weit gingen, daß er die Marxsche Interpretation der fortgeschrittenen Gesellschaft als Klassengesellschaft glaubte widerlegen zu können. In Wirklichkeit konnte das Konzept der politischen Klasse solche Ansprüche nicht erheben, war es doch maßgenau auf die italienische Situation zugeschnitten, genauer gesagt, auf ein Italien, das sich im letzten Drittel des 19. Jahrhunderts mühsam an den liberalen Parlamentarismus zu gewöhnen begann und sich allmählich auf die beginnende Industrialisierung einstellte.

Zum Entstehen der politischen Klasse in Italien weist Mosca darauf hin, daß das Land, das weder eine vergleichbare administrative Tradition wie Frankreich oder Deutschland noch eine ähnliche industrielle Tradition wie Großbritannien kannte, seinen gewählten Eliten, und nur ihnen, die Aufgabe der Modernisierung übertragen hat. So sah diese gewählte Mannschaft, die ihr Amt im Rahmen einer stark fragmentierten Gesellschaft ausübte, in der Schaffung und im Erhalt des Konsens nicht nur ihre wichtigste Aufgabe, sondern machte diese auch zu ihrem ureigentlichen Interesse. Einerseits war sie damit gezwungen, intern über alle Parteiengegensätze hinweg außerordentlich enge Verbindungen zu knüpfen, andererseits wurde damit ein tiefer Graben aufgerissen zwischen dem Land der Gesetzgeber, also der politischen Klasse, und dem wirklichen Land. Außerhalb Italiens galten Begriffe wie »Elite« oder »Leadership« – die sich häufig weitaus erfolgreicher durchsetzten – lange Zeit als angemessenere Bezeichnungen für Regierende und Volksvertreter,

die Ämter bekleideten, die insgesamt als staatstragende Funktionen betrachtet werden können. Diese Begriffe lassen weder
an eine besonders enge Verbindung zwischen den Funktionsträ-
gern noch an eine scharfe Trennung zwischen ihnen und der übrigen Gesellschaft denken. Das Phänomen der Massenparteien
und die Entstehung großer Parteiapparate waren für Robert Michels natürlich Anlaß, auf die enge intellektuelle und konzeptu-
elle Verwandtschaft dieser Phänomene mit Moscas Ideen hinzuweisen. Und vor allem die liberalen Strömungen hoben immer
wieder hervor, daß die Führungsspitzen der Parteien eine bürokratische Abschottung nach außen betrieben. Allerdings reich-
ten diese Aspekte nicht aus, um einem bedeutenden Konzept
wie dem von der politischen Klasse erneut in großem Rahmen
Geltung zu verschaffen.

Vielleicht hätte man die Idee von der politischen Klasse auf
das Frankreich der Dritten Republik anwenden können, wie es
von Robert de Jouvenel und André Tardieu beschrieben wurde.
Denn das politische und kulturelle Klima, in dem diese beiden
Autoren ihre Polemiken entwickelten, war nicht grundsätzlich
anders: wie die damalige politische Szene in Frankreich wurde
auch das Italien zur Zeit Moscas von mächtigen antiparlamenta-
rischen Strömungen durchzogen.

Auch wenn die Politische Wissenschaft Mosca regelmäßige
Referenz erweist und ihn mit allen Ehren in ihre Ahnengalerie
aufgenommen hat, erscheint in der Nachkriegszeit mit der Entstehung der Massendemokratie seine enge und schematische
Elitentheorie etwas überholt. Und tatsächlich ist auch nur in Italien das Konzept von der politischen Klasse noch hin und wieder
aufgetaucht. In keiner anderen großen westlichen Demokratie
zeigte sich übrigens das politische Personal so stabil und bestän-
dig wie in Italien, das in einem vom Klientelismus geprägten
Umfeld die bürokratische Entwicklung gemäß der Matrix von
Michels mit dem unermüdlichen Streben nach Konsens verbinden konnte.

Um so erstaunlicher ist es, daß die einst so ungewöhnlichen
Konzepte und Begriffe der »politischen Klasse« und »classe politique« seit den neunziger Jahren nicht nur in den Medien, son-

dern auch in wissenschaftlichen Arbeiten in Frankreich wie auch
in Deutschland einen deutlichen Aufschwung erlebten. (Man
muß nur einmal im Internet die Titel der Library of Congress
überfliegen, um zu sehen, welchen Einfluß Autoren wie Hans
Herbert von Arnim oder aber Erwin K. und Ute Scheuch ausüben.) Dabei stellt sich die ironische Frage, ob die Italiener hier
vielleicht eine Möglichkeit gefunden haben, sich für die strengen
finanzpolitischen Vorgaben zu rächen, die ihnen von den wichtigsten europäischen Partnern auferlegt wurden.

Vielleicht sind diese allerdings gerade dabei, sich zu italiani-
sieren und damit die Last für die Italiener zu mindern . . .

Gewiß war die »politische Klasse« in Italien mit vielen Fehlern
behaftet, doch wäre es falsch, ihre tatsächlichen großen Vorzüge
zu übersehen. Das post-faschistische Italien, ein rückständiges
und tief gespaltenes Land, verdankte die außerordentliche Modernisierung der letzten Jahre in viel stärkerem Maße seiner
politischen Klasse als seinen Unternehmern. Heutzutage gilt die
politische Klasse allerdings als eine Anomalie, doch weder Italien noch Deutschland oder Frankreich gelingt es, sich von ihr zu
befreien.

So erscheint die Frage legitim, ob das späte Interesse, das man
in Deutschland und Frankreich am Konzept der politischen
Klasse bekundet, nicht das Ergebnis einer Art symbolischer Manipulation ist. Könnte eine solche Vorstellung, die die Legitimität der Politiker in Abrede stellt, nicht in Wahrheit das Ergebnis einer geschickten Strategie von politischen Unternehmern
sein, die sich im Einvernehmen mit den Medien und ruhmsüchti-
gen Intellektuellen gegen das Establishment wenden, wobei sie
die seit langem währende Krisenstimmung und das allgemeine
Mißtrauen gegenüber der Politik ausnutzen. Es ist allerdings
fraglich, ob diese Hypothese zutreffender ist als jene, wonach
sich Einstellungen und Verhaltensweisen der Politiker im Lauf
der letzten Jahre so grundlegend gewandelt haben, daß eine radikale Veränderung der bisher üblichen Vorstellungen zur Politik gerechtfertigt erscheint.

Noch vor kurzem erweckten diese Demokratien den Eindruck
weitgehender Konfliktfreiheit. Der Klassenkampf war neutrali-

siert, die alten ideologischen Gegensätze waren verschwunden
und die einstigen religiösen Spaltungen versöhnt, so daß weithin
ein Bild der Einheit und Integration entstand. Die fortgeschrittenen Gesellschaften erschienen sozial und kulturell befriedet,
politisch stabil und darüber hinaus von staatlichen Einrichtungen regiert, die verläßlich, legitimiert und in einem Maße demokratisch gefestigt waren, daß die hinreichend starke Opposition
zwischen rechts und links die Erstarrung der politischen »Eliten«
verhinderte und zugleich den Bürgern das Wort erteilte. Gewiß
gab es Abweichungen von diesem Modell. Aber in den Vorstellungen der Allgemeinheit ebenso wie der politischen Akteure
(bekanntermaßen ist bei den Intellektuellen der Pessimismus
eine berufliche Deformation) handelte es sich dabei um vorüber-
gehende Krankheitssymptome, die zwangsläufig wieder heilen
würden.

Heute sieht die Wirklichkeit jedoch ganz anders aus. Die Zeit
der großen Konflikte ist vorüber. Doch an die Stelle der in erster
Linie politischen Solidarität der früheren sozialen Klassen, vor
allem der Arbeiterklasse, sind unzählige kleinere Auseinandersetzungen getreten, die keineswegs weniger gefährlich sind, und
auf die die politischen Systeme der westlichen Länder reagier-
ten, indem sie sich gegen das Volk schützten und Abstand schufen zu den Bürgern und den einzelnen Interessensphären. Deren
Fähigkeit, die eigenen Ansprüche selbst zu vertreten, konnte
sich als fruchtbar erweisen, doch dürfte sie nichtsdestoweniger
zu einer sozialen Aufsplitterung führen, die nicht unterschätzt
werden sollte und die zweifelsohne Ursache für die Umwandlung der politischen »Eliten« in eine politische Klasse ist. In
Deutschland wie auch in Frankreich ist eine neuartige Spezialisierung der Funktionen zu beobachten, die in einem profit-
lichen, genau auf die Klientel zugeschnittenen Kapillarsystem
eine tagtägliche Mittlerrolle zwischen den Instanzen von Regierung, Zentralbürokratien, Interessengruppen, lokalen Körperschaften und Wählern spielen. Zugleich entsteht aber auch eine
wirkliche »politische Klasse«, die die »politischen Produktions-
mittel« monopolisiert, über die der klasseninterne Konsens gefe
stigt werden kann. Diese politische Klasse erscheint nicht nur in

der kollektiven Vorstellung, sondern auch hinsichtlich ihrer speziellen Interessen, ihrer Werte, ihrer moralischen Normen, ihrer Verhaltensweisen und ihres Lebensstils (das heißt ihrer Privilegien) eine Einheit zu bilden.

Die Demokratien in Deutschland und in Frankreich haben sich grundlegend verändert. In Deutschland sind die Parteien infolge des gesellschaftlichen Wandels verkümmert, wie Otto Kirchheimer in seiner Analyse deutlich machte. In Frankreich wurden die Parteien neutralisiert, wofür vor allem die Verfassung von 1958 verantwortlich ist, die geradezu gegen die Parteien gerichtet ist und dabei das Entstehen einer administrativen Monarchie fördert, deren Wurzeln weit in die Geschichte Frankreichs zurückreichen.

Eine Analyse der Zusammensetzung der politischen Klasse zeigt, daß sich in den letzten Jahren offenbar wenig verändert hat. Die zwei grundsätzlichen Trennungslinien, die das politische Personal bereits früher an zentraler Stelle teilten, blieben bestehen. In beiden Ländern gibt es nach wie vor einen »inner circle«, der von den Inhabern der Regierungsämter gebildet wird. Dieser wird in Deutschland vor allem unter den Mitgliedern des Parlaments und in den Ländern unter den Abgeordneten der Landtage ausgewählt, während die »Zuchtstätte« für das französische Regierungspersonal schon eh und je in der Fünften Republik hauptsächlich das hohe Beamtentum gewesen ist, das man sorgfältig aus den Abgängern der Grandes Ecoles herauspickt (nur die sozialistischen Regierungen haben sich davon zumindest in Worten, kaum aber in der Praxis distanziert).

Schließlich gibt es noch einen zweiten Kreis, der die politische Klasse bildet, nämlich die Parlamentarier, wobei ein deutlicher Unterschied zwischen rechts und links erkennbar ist. Die politische Mannschaft der Linken entstammt vor allem den Spitzen von Parteien, Gewerkschaften und Verbänden sowie aus dem Unterrichtswesen. Dagegen haben in Deutschland wie auch in Frankreich die Politiker der Rechten eine höhere soziale Herkunft. Im allgemeinen rekrutieren sie sich aus dem Bürgertum, den freien Berufen sowie den Führungsspitzen von Wirtschaft und öffentlichem Dienst. Hier ist vor allem auf die rückläufige

Bedeutung der Parteiorganisationen hinzuweisen, womit zugleich auch die Demokratisierung der Eliten zurückging. Dabei bestand eines der Verdienste der traditionellen Massenparteien anerkanntermaßen darin, mit der Förderung der sozialen Durchlässigkeit nach oben eine Alternative zur wirtschaftlichen Macht zu schaffen, indem sie den unteren sozialen Schichten der Bevölkerung den Zugang zur Spitze der Gesellschaft ermöglichten – wenn auch dieser Weg weitaus schwieriger war. Die Schwächung der Parteien, die in Deutschland vor allem auf die Veränderungen innerhalb der Gesellschaft und in Frankreich auf die Verfassung von 1958 zurückzuführen war, zeigt, daß ein individuelles soziales Kapital immer unerläßlicher wird, um reelle Erfolgschancen auf eine politische Karriere zu haben.

Wollte man die politischen Klassen unserer beiden Länder ausführlicher beschreiben, müßten natürlich zahlreiche andere Elemente berücksichtigt werden. So dürfte beispielsweise die in Frankreich immer noch übliche Praxis der Ämterhäufung nicht übersehen werden. Mitglieder von Regierung und Nationalversammlung streben geradezu besessen nach öffentlichen Aufgaben auf lokaler Ebene, die es ihnen ermöglichen, in ihrem Wahlkreis fester Fuß zu fassen und damit die spürbar fehlende Macht auf der nationalen Szene zu kompensieren. Auch die deutlich unterschiedlichen Rollen, die die Parteien in beiden Ländern spielen, wären hervorzuheben. In Frankreich ist die ideologische Position der gemäßigten Parteien zweitrangig, während sich die Sozialistische Partei fieberhaft darum bemüht, die Verbindung mit der Tradition zu erhalten. Im Gegensatz dazu ist Deutschland nach wie vor das Beispiel für ein »party government«. Zwar fungieren die Parteiorganisationen heutzutage vor allem als Wahlkampfapparat, und der traditionelle kämpferische Geist gehört mehr und mehr der Vergangenheit an; dennoch sind die Parteien immer noch unumgängliche Durchgangsstation für alle, die eine politische Karriere einschlagen und in die politische Klasse eintreten wollen. Dieser stellen sie die Ressourcen zur Verfügung, die ihnen durch Protektion der Parteispitze ermöglicht wurden und die sich die politische Klasse in Frankreich kaum erhoffen kann.

Diese Unterschiede sind zwar nicht unerheblich, aber doch weitaus weniger beträchtlich als die Gemeinsamkeiten, die man hinter dem gemeinsamen Nenner der »politischen Klasse« vermutet. In Deutschland und Frankreich ebenso wie im übrigen Europa entfernen sich die Politiker immer weiter von ihrer gesellschaftlichen Basis. Der Erfolg der Demokratie und die Beendigung der großen Konflikte, die wiederum von einer wahrhaften Explosion von Partikularismen abgelöst wurde, haben unter anderem dazu geführt, daß ein Aspekt des politischen Systems, nämlich der »output«, den »input« in den Hintergrund drängte und daß der Akt der Entscheidung über die Interessenvertretung und Beteiligung der Bevölkerung gestellt wird. Eine solche Vereinfachung ist sicherlich überzogen, doch im großen und ganzen zutreffend. Wichtige Entscheidungen, die für die europäischen Bürger eine Hypothek für künftige Jahrzehnte darstellen, werden inzwischen überwiegend in den Kabinetten getroffen, in streng abgeschotteten, undurchschaubaren Zirkeln von Technikern und Experten oder von unabhängigen Behörden, die direkt mit den großen Interessenverbänden verhandeln und darüber den Parlamenten sowie den Wählern mehr oder weniger Rechenschaft ablegen.

Über die politische Klasse sind die Volksvertreter inzwischen dabei, Rache zu üben. Hunderte von Menschen, die in einem heftigen, mühsamen und kostspieligen Wahlkampf ausgesiebt wurden und die erkannt haben, daß in den Parlamenten wenig diskutiert und noch weniger entschieden wird, sind vor allem darauf bedacht, aus ihrer Position hohe Vorteile zu ziehen, weshalb sie sich an eine Art Mittlerrolle gewöhnt haben. Sie vermitteln zwischen einem politischen Gipfel, der sich immer weiter entfernt, und einer gesellschaftlichen Wirklichkeit, die sich immer stärker differenziert und fragmentiert; diese Aufgabe ist natürlich bei weitem nicht so vornehm wie die Vertretung des Volkes, die ihnen theoretisch übertragen wurde.

Vielleicht könnte man diese Entwicklung als Modell für eine gelungene und produktive Umschulung einer Berufskategorie betrachten, die ansonsten vielleicht nicht direkt zur Arbeitslosigkeit, aber zumindest zu Marginalität und Frustration verurteilt

wäre. Jene Bürger, die nicht so denken und die von den Gegen-
Eliten, die das politische Potential dieses Themas erkannt haben, mobilisiert werden, hegen gegenüber den Politikern einen
ebenso wütenden wie beunruhigenden Groll, der entweder
durch ihre persönlichen Probleme oder durch die vielen erkleck-
lichen und ungerechten Privilegien begründet ist, die die Politiker in schönem Einvernehmen über alle Parteigrenzen hinweg
um sich herum aufgebaut haben. In einem Umfeld erbitterter
Wahlschlachten haben die beteiligten Parteien untereinander
Abkommen oligopolistischen Typs getroffen und dabei die Regeln für die öffentliche Finanzierung ihrer Aktivitäten festgelegt, wobei sie ein doppeltes Ziel verfolgen: Bei einem Wahlmiß-
erfolg soll ihr Überleben gesichert sein, und Neulinge auf der
politischen Szene sollen abgeschreckt werden. Die eigene Person betreffend, neigen die Politiker schließlich dazu, sich selbst
das höchste Einkommensniveau zuzuerkennen, während sie in
scharfem Kontrast dazu von den Bürgern einschneidende Opfer
verlangen.

Korruption und Straffreiheit, von der die politische Klasse im
großen und ganzen profitiert, rufen bei der Bevölkerung ebenfalls Unwillen hervor. Natürlich muß man sich notwendigerweise fragen, womit die Korruption zusammenhängt, sofern sie
tatsächlich zugenommen hat, oder ob die Medien das Phänomen
lediglich aufgebauscht haben. Zahlreiche Ermittlungen durch
die Justiz haben ergeben, daß das Ausmaß solcher Vorgänge
doch nicht so schwerwiegend ist, wie es allgemein vermutet wird.
Sicher ist jedoch, daß die Trennung zwischen politischer Klasse
und den Kreisen, aus denen sich diese rekrutiert, dazu führt, daß
sich deren Moralkodex von dem der übrigen Gesellschaft unterscheidet. Parallel dazu sind die Bürger angesichts der derzeitigen
politischen Mißerfolge, die häufig real, sehr oft aber auch eine
Folge der wachsenden Erwartungen an den Sozialstaat sind, immer weniger bereit, die Korruption, das heißt die private Verwendung öffentlicher Mittel, hinzunehmen.

Geht man zusammenfassend davon aus, daß die Veränderung
der politischen Eliten hin zu einer politischen Klasse die schäd-
liche Frucht einer übermäßigen »Vertikalisierung« der Politik,

ihrer Reduktion auf eine einfache Technik der Regierungsführung ist, die nicht mehr auf der persönlichen Verpflichtung auf das Gemeinwohl gründet, dann könnte diese Entwicklung gefährliche Ergebnisse zeitigen. Die Geschichte hat nun einmal die unangenehme Tendenz, sich zu wiederholen. So hing die erfolgreiche Entstehung einer politischen Klasse im Frankreich und Italien des 19. und 20. Jahrhundert eng damit zusammen, daß sie Argumente für eine antiparlamentarische Polemik lieferte. Heutzutage wurde das Thema zwar offensichtlich neu formuliert und enthält eine zumindest kritische Einstellung zwar nicht mehr gegenüber der Demokratie, wohl aber gegenüber den Politikern. Sobald es jedoch in Gesprächen auftaucht, ruft es leidenschaftliche »anti-politische« Bekundungen hervor und trifft in der Verunsicherung und Orientierungslosigkeit der Bürger auf fruchtbaren Boden. Möglicherweise liegt darin die heimtükkischste Bedrohung für die fortgeschrittenen Demokratien, nicht nur in Deutschland und Frankreich, sondern auch darüber hinaus.

Peter Theiner
Eliten

Wer von Eliten spricht, darf vom Adel nicht schweigen. Den durch Ausbildung und Leistung charakterisierten Eliten unserer heutigen Nationalstaaten gehen die adligen Führungsschichten in Staat und Kirche im vormodernen Europa zeitlich voraus, und sie gingen ihnen auch prägend voran. Die Vorstellung einer dem Luxus und der Verschwendung frönenden Oberschicht vor den neuzeitlichen Revolutionen ist längst als Klischee erkannt, das von den nachdrängenden bürgerlichen Eliten sorgfältig entwikkelt und gepflegt wurde. Noch im späten 19. Jahrhundert wurde Großbritannien als führende Weltmacht von einem Kabinett des Hochadels regiert. Es kann also mit der Erinnerungskraft des Bürgertums etwas nicht stimmen. Zu den Karrierevoraussetzungen des Adels gehörten, jenseits der Privilegierung durch Geburt, häufig eine umfassende Bildung, die Fähigkeit zur Überzeugung durch gewandte Rede, auch Prüfungen zur Feststellung der Eignung für höhere Weihen und Ämter. Die Kontinuitäten von der ausdifferenzierten staatlichen Organisation des spätrömischen Reiches mit seinen tragenden Führungsgruppen und ihren Idealen und Leitbildern durch das nur vermeintlich finstere europäische Mittelalter zur modernen Welt waren langlebiger und stabiler als uns dies der Geschichtsunterricht mit seinen »Zäsuren« gelehrt hat. Die Erforschung der europäischen Höfe öffnet den Blick für das Fortleben der antiken Traditionen und die Überleitungsfunktion dieser vormodernen Machtzentren zum modernen Staat. Dabei hatte der Adel das Monopol der Macht und der Bildung. Letztere mußte das moderne Bürgertum nicht allererst erfinden und entfalten, sondern entmonopolisieren, umprägen und sich aneignen, als es den Adel, die »Mehrzweck-Elite vor der Moderne« (K. F. Werner) aus der politischen Führung verdrängte. Die Vorgeschichte der modernen bürgerlich geprägten Leistungseliten in Staat, Wirtschaft, Gesellschaft und Kultur der neuzeitlichen Nationalstaaten ist zugleich auch eine länderübergreifende Gesellschafts- und Kulturgeschichte des Adels vor den nationalen Differenzierungen der letzten zweihundert Jahre. Die heutigen Eliten in Frankreich und Deutschland hatten insofern gemeinsame intellektuelle und soziale Wurzeln im vormodernen Europa.

Ungeachtet dieser gemeinsamen Wurzeln hat die Geschichte der modernen bürgerlich geprägten Leistungseliten in Frankreich und Deutschland einen sehr unterschiedlichen Verlauf genommen. Max Weber, der sich gerne einen »klassenbewußten Bourgeois« nannte, war als solcher keineswegs ein typischer Vertreter seiner Schicht. Er litt als Angehöriger einer bürgerlichen Minderheit unter dem politischen Machtvakuum nach Bismarcks Sturz, forderte ein stolzes und machtbewußtes Bürgertum, eine aufgeklärte Leistungselite bürgerlichen Zuschnitts, die sich an die Schalthebel der politischen Macht setzt. In Deutschland teilte das Bürgertum die Spitzenpositionen in Politik, Verwaltung und Armee mit dem Adel, setzte sich nur an der Peripherie des politischen Systems schrittweise durch, namentlich in den süddeutschen Staaten, in den Kommunalverwaltungen, im Bildungswesen und in der Rechtssprechung. Ein französischer Deutschlandkenner schrieb 1897:»Das deutsche Denken hat stets versucht, sich mit den Mächten der Vergangenheit, so gut es konnte, in Einklang zu bringen... Anstatt einen logisch gegliederten Staat aus einem Guß zu schaffen, [hat es] der Tradition unendlich Rücksicht erwiesen, der monarchischen Autorität seinen Respekt bezeugt, nichts unterlassen, um erworbene Rechte nicht zu verletzen und die Entwicklung der Demokratie nicht zu überstürzen.«

Das »Anschlußbedürfnis an die bestehende agrarische Oberschicht«, im Habitus verfestigt durch »Dienen und Schnarren« (F. Naumann), verweist auf die Krise der liberalen Bewegung in Deutschland, die Zersplitterung der liberalen Parteien und den Umstand, daß der erste deutsche Nationalstaat, eine Leistung Bismarcks, nicht die bürgerlich geprägter Führungsschichten war. Hinzu kam der beschleunigte Industrialisierungsprozeß in Deutschland, der eine anschwellende und gleichsam preußisch durchorganisierte Arbeiterbewegung mit eigenen Gegeneliten hervorbrachte. Zwischen diesen und den hergebrachten Machteliten blieb das deutsche Bürgertum als Substrat einer bestimmenden Leistungselite gleichsam eingeklemmt. Das deutsche Bürgertum war sozial fragmentiert, die Trennung zwischen Bildung und Besitz relativ ausgeprägt. Zwar strebten Unternehmersöhne in bildungsbürgerliche Berufe, aber der umgekehrte Weg blieb selten, und Teile der Bildungseliten ergingen sich nachhaltig in rückwärtsgewandten Formen der Kulturkritik. Der Interventionsstaat als Gegenüber des deutschen Bürgertums begünstigte die soziale Zerklüftung zusätzlich. Dazu gehörte die Reglementierung von Berufsbildern und Aufstiegsmustern ebenso wie ein feinsinnig abgestuftes Titel- und Ordenswesen. Oft übersehen wird der Einfluß der konfessionellen Spaltung Deutschlands mit ihren Auswirkungen auf die Entstehungsbedingungen einer geschlossenen bürgerlichen Elite mit gemeinsamen Werten und Erziehungsidealen. Gewiss: die von bürgerlichen Gesellschaftskritikern in Deutschland vor 1914 begründete These einer umfassenden Feudalisierung der bürgerlichen Eliten ist irreführend und übersieht das Innovationspotential und den Aufstieg einer selbstbewußten Unternehmerschaft als Funktionselite.

Aber es bleibt der Kontakt zum französischen Nachbar, der Unterschied zwischen Machtteilung mit dem Adel und Machtübernahme durch das Bürgertum in Frankreich (H. Kaelble). Dem französischen Bürgertum gelang die Fusion von Besitz und Bildung besser. Im Antiklerikalismus schuf es sich eine verbindende Ideologie. Armee und öffentliche Verwaltung waren, anders als in Deutschland, von bürgerlichen Eliten kontrolliert. In administrativen Spitzenpositionen führten zunehmend die anonymen »concours«. Der Staat war im Erscheinungsbild und in seinen Organen ein Gemeinwesen der bürgerlichen Eliten, und diese sahen sich in Frankreich weitaus weniger bedroht durch ein aufstrebendes und anwachsendes Industrieproletariat oder eingeengt durch Kräfte der Beharrung aus dem Ancien Régime. Das französische Erziehungssystem, die fehlende konfessionelle Zerklüftung und die weitaus gemächlicher verlaufende Hochindustrialisierung ermöglichten die Formierung bürgerlicher Eliten, die im politischen Handeln, im Lebensstil, in der Sprache und in ihren Wertüberzeugungen entschieden geschlossener wirkten – und tatsächlich waren – als dies für unser Land galt.

Wenden wir von hier aus den Blick mehr als ein halbes Jahrhundert nach vorn: »Das ist noch ein Staat!« soll ein deutscher Staatsmann ausgerufen haben anläßlich der Machtübernahme von François Mitterrand (1981). Damit meinte er die im Elyséepalast angetretenen »Grands Corps«. Zu diesen, den Mitgliedern des Conseil d'Etat, der Inspection des Finances und dem Corps der Präfekten gibt es in dieser Ausprägung in keinem anderen Land eine Entsprechung, ungeachtet der Funktionen, die in anderen institutionellen Formen natürlich auch in anderen Ländern erfüllt werden müssen. Exklusivität und Geschlossenheit gelten auch für die Grandes Ecoles, die als Nadelöhr vor dem Aufstieg in die französischen Führungseliten liegen. Von ihnen gibt es ca. 300, aber nur sehr wenige bereiten in hochselektiven Concours und durch hartes Training auf Spitzenpositionen in Staat und Gesellschaft vor. Auffällig ist das starke historische

Kontinuitätsbewußtsein der französischen Führungsschichten, das Gefühl, einem übergreifenden Gemeinwohl jenseits parteipolitischer Grenzen in einem immer noch starken Zentralstaat zu dienen, und die Fähigkeiten, aus Spitzenstellungen der Grands Corps heraus in andere Führungsaufgaben in Wirtschaft und Gesellschaft überzuwechseln – und wieder in staatliche Spitzenämter zurückzukehren. Durch die Grandes Ecoles, in den Führungspositionen in Staat und Gesellschaft wird zugleich ein kulturelles Kapital weitergetragen und vererbt, das ungeachtet formal gleicher Zugangschancen einen hohen Selbstrekrutierungsgrad der Führungseliten begünstigt. Hierzu bedarf es einer gemeinsamen Sprache, der sorgfältig angeeigneten Kunst, Probleme nach gemeinsamen Regeln zu zerlegen und in geschliffener Rede Lösungen anzubieten. Jenseits der Sprache pflegen französische Eliten auch heute noch die feinen Unterschiede im Lebensstil, in der Ernährung, beim Wohnen, in der Kleidung und bei den Freizeitgewohnheiten, einen sozialen Kult mithin, dessen Erforschung sich ein eigener Strang der Soziologie widmet. Mit Recht wurde betont, ein deutscher Bourdieu sei schwer vorstellbar.

In Deutschland war nach 1945 für die Ausbildung einer hochgradig geschlossenen, selbstbewußten politisch-administrativen Elite mit starker Durchlässigkeit zur unternehmerischen Wirtschaft wenig Raum. Wir verfügen über keine Ecole Nationale d'Administration und keine Ecole Polytechnique, in denen der Staat seine Eliten formt. Es gibt auch in der Sprache zwischen Deutschland und Frankreich auffällige Unterschiede. Schon der Begriff der Eliten war durch den Nationalsozialismus diskreditiert und pervertiert worden. Auch die Gelassenheit, mit der in Frankreich von den Eliten selbst, sodann von den »Grands Corps«, von »patron« und von »bourgeois«, gesprochen wird, hat hierzulande bis heute keine Entsprechung. Wer heute in Deutschland eine staatliche oder private Elite-Hochschule ins Leben rufen wollte, wäre vermutlich noch immer gut beraten, einen anderen Namen zu wählen. Dem entspricht in der sozialen Beschreibung unseres Landes nach dem Zweiten Weltkrieg ein überwiegend diffuses Bild. Unbeschadet relativ hoher Meßwerté bei der Ermittlung von Selbstrekrutierungsgrad und Kontinuität der deutschen Führungsschichten in Schlüsselpositionen der frühen Bundesrepublik über die historischen Umbrüche hinweg, sprach man von »Vielfalt ohne Einheit« (R. Dahrendorf). Anders als in Frankreich möchte sich in Deutschland niemand selbst der Oberschicht zurechnen. Nicht untypisch war lange die deutsche Selbsteinschätzung, die Sozialstruktur kenne nur noch den Mittelstand. Die Eigenart der deutschen Eliten und ihre Entwicklungsgeschichte hat nach diesem Modell der Vielfalt ohne Einheit gleichsam zu einem sozialen Vakuum an der Spitze geführt, und es gibt ja bis heute nicht den sozialen Raum einer Hauptstadt. Es hat den Anschein, als werde noch die Bundesrepublik von der Diagnose Max Webers eingeholt. Zwar gibt es eine Pluralität von Teileliten in Wirtschaft, Politik, Verwaltung, Wissenschaft und Kultur, aber sie bleiben auf ihre Funktionen bezogen, und der Wechsel von der einen Arena in eine andere ist eher selten. Die offene Konkurrenz der Teileliten im Wettbewerb der Ideen findet selten statt, und es kommt in der föderativen Ordnung nicht zur Entfaltung einer homogenen Machtelite mit zwar unterschiedlichen politischen Präferenzen, aber einem gemeinsamen Ausbildungshintergrund und einem verbindenden sozialmoralischen Milieu (M. R. Lepsius) hauptstädtischer Prägung. Im Grenzfall kann eine solche Pluralisierung der Teileliten ohne sichtbaren Wettbewerb und soziale Verflechtung zur Unbeweglichkeit führen, wenn die wirtschaftliche Entwicklung Konfliktbewältigung durch Umverteilung von Wachstum nicht mehr zuläßt. Auch hat die Pluralisierung der Eliten namentlich nach der Wiedervereinigung eher zugenommen. In der DDR war die bürgerliche Elite gezielt abgesetzt und vertrieben worden, um einer hoch selektiven Parteielite Platz zu machen. Die Schwächen der Wiedervereinigung haben auch damit zu tun, daß in Westdeutschland nur fragmentierte und schwache Eliten sich um die Ablösung der DDR-Funktionärsschicht bemühten.

Deutschland und Frankreich sind heute gleichermaßen einer neuen Unübersichtlichkeit und den Herausforderungen der wirtschaftlichen Globalisierung ausgesetzt. Schrieb man in Frankreich lange unwidersprochen den wirtschaftlichen Auf-

stieg und die Modernisierung des Landes seiner homogenen
Elite in Staat und Wirtschaft zu, so gerät diese heute zunehmend
ins Kreuzfeuer: Sie müsse sich, so das Fazit der vielschichtigen
Kritik, sozial öffnen, im Denken und Handeln internationali-
sieren, sich dezentralisieren und entbürokratisieren, kurz: sich
dem gesellschaftlichen Dialog, der »démocratie de délibération«
(M. Crozier), anstelle der technokratischen »Selbstführung der
Verwaltung« (T. Ellwein) öffnen.

In Deutschland sehen sich die Teileliten in Politik und Wirtschaft nicht weniger kritischen Nachfragen ausgesetzt. Die politisch-administrativen Eliten sind mehr und mehr mit dem Vorwurf der mangelnden Glaubwürdigkeit und Sachkompetenz
konfrontiert. Vermißt werden handwerkliche Solidarität, langer
Atem und visionäre Kraft. Heute ist nicht erkennbar, wie die in
Jahrzehnten aufgebaute Selbstüberforderung der Politik zurückgeführt und wie neuer Gemeinsinn der Bürger und neue Be-
scheidenheit einer qualifizierten politischen Führungselite entstehen und in zukunftsweisenden zivilgesellschaftlichen Formen
zusammengeführt werden können. Zugleich sehen sich die wirtschaftlichen Führungseliten stärker als je zuvor mit den Herausforderungen der globalen Märkte konfrontiert. Die Verbindung
von wirtschaftlichem Erfolg auf den Weltmärkten und Wohlstand im Inland sind längst gestört, mit noch nicht absehbaren
Folgen für das Modell einer sozialen Marktwirtschaft.

Frankreich und Deutschland und mithin die Eliten der Nachbarn am Rhein haben die Aufgabe vor sich, Rolle und Zukunft
des Nationalstaats nach dem Ende der Blöcke und auf dem be-
schwerlichen Weg zur europäischen Einigung neu zu bestimmen. Frankreichs Gestalt als Nationalstaat war bisher recht
deutlich belichtet, Deutschlands Rolle als Nationalstaat bleibt
bis heute eher schwach konturiert. In beiden Ländern haben die
Eliten bis heute keinen die jeweiligen Gesellschaften umgreifen-
den Dialog über die europäische Einigung ins Werk gesetzt.

Die Eliten in Frankreich und Deutschland haben gemeinsame
historische Wurzeln. Vor dem 21. Jahrhundert sind sich die Eliten in den Nachbarländern nach einer langen Phase der Auseinandersetzung wieder ähnlicher geworden in der Lebensführung

– wie wir von den Sozialhistorikern wissen – und zugleich vor den
Aufgaben, die ihnen gestellt sind. Die Umrisse der nationalen
Eliten mögen im Zeichen wachsender Globalisierung von Entscheidungen und Märkten zerfließen, aber die Menschen in den
Nachbarländern erwarten von ihnen, so will es scheinen, mehr
denn je gelebte Glaubwürdigkeit, vor allem die vielleicht altmo-
dische, sicherlich aber nicht unmoderne Fähigkeit zum Dienst
am Gemeinwohl.

Chantal Delsol
Subsidiarität

In einer Phase, da dem Wohlfahrtsstaat der Atem ausgeht, sollte
man meinen, daß für Frankreich der ideale Augenblick gekommen sei, um seine Strukturen zu dezentralisieren, das nicht mehr
angemessene Jakobinertum aufzugeben, mit anderen Worten,
bei manchen seiner Nachbarn Nachhilfestunden in Subsidiarität
zu nehmen. So leicht ist die Sache aber nicht. Denn Subsidiarität
ist nicht einfach ein technisches Instrument, es setzt vielmehr
einen umfassenden Bezugsrahmen voraus, beispielsweise den
Vorrang der Unabhängigkeit vor der Gleichheit. Und genau dieser Bezugsrahmen deckt sich nicht mit den Werten, die in der
französischen Anwendung des Subsidiaritätsprinzips eine nahezu vollständige Infragestellung des Systems voraussetzen, die
nicht zur Debatte steht. So sind zusammengefaßt zweierlei Ar-
ten von Widerständen zu beobachten.

1 – In einer föderalistischen Gesellschaft ist die Sache des »Gemeinwohls«, um den alten Ausdruck zu verwenden, die Aufgabe
aller. Man kann sagen, daß durch das Subsidiaritätsprinzip das
Gemeinwohl als Zweck der Politik vom Staat abgelöst wird oder
sogar, daß es die Politik nicht dem Staat überlassen will: jeder
Bürger, jede juristische Person ist Handelnder im Interesse des
Gemeinwohls. Der Staat hat die Aufgabe, Initiativen der Bürger
von allgemeinem Interesse anzuregen, sie dann finanziell zu unterstützen, sicherzustellen, daß die öffentlichen Gelder rechtmä-

ßig verwendet werden, und erst bei erwiesener Unzulänglichkeit vorübergehend an deren Stelle zu treten und alles Notwendige zu unternehmen, damit deren Unabhängigkeit wieder hergestellt wird. Dies setzt voraus, daß in allen das Gemeinwohl betreffenden Bereichen (Bildung, Gesundheit, Kultur, Fürsorge) die juristischen Personen (Vereine, Stiftungen, private Einrichtungen) oder öffentliche, nicht staatliche Körperschaften spezifische Aufträge wahrnehmen, und diese mit negativer oder positiver Unterstützung (Steuerbefreiung oder Subvention) des Staates umzusetzen.

Dieses Verfahren steht in krassem Gegensatz zur zentralistischen Tradition in Frankreich, wonach ausschließlich die öffentliche Instanz für das Gemeinwohl sorgt und der Bürger sich auf seine eigenen Angelegenheiten beschränkt. In Frankreich herrscht die verbreitete Ansicht, daß sich private Personen und Gruppen nicht in Bereiche des Gemeinwohls einmischen sollten, damit der Sinn des »Gemeinen« nicht entstellt wird. Daher überträgt man die Sorge darum einer Gruppe, die speziell dafür ausgebildet wird und durch ihren unbeirrten Dienst am Staat eine nüchterne und uneigennützige Sicht erlangt. So hat das Land eine Klasse von integren und treuen hohen Beamten herangebildet, im reinsten Stil der historischen Legisten (man könnte hier an die chinesischen Rechtsberater der ersten Jahrhunderte ebenso wie an die der »Könige, die Frankreich schufen« erinnern). Das Problem liegt allerdings darin, daß diese Gruppe inzwischen verdorben ist: nicht durch persönliche Bestechlichkeit, sondern wegen ihres Abstands zur Wirklichkeit des Landes. Dennoch pflegt Frankreich nach wie vor das zum Mythos gewordene reine Ideal eines Allgemeinwohls, das frei von jeglichen Privatinteressen ist und dem nahezu körperlose Personen dienen.

Eine wirkliche Dezentralisierung würde eine Neugestaltung der Zivilgesellschaft erfordern, so daß diese nicht mehr aus Bürgern als Klienten, sondern aus aktiv handelnden Gruppen gebildet wurde. Diese Gruppen träfen im Sinne des Gemeinwohls menschliche Entscheidungen, die somit Subjektivität und Fehlern unterlägen. Dagegen setzt der Wohlfahrtsstaat über eine

Organisation, die man mit Max Weber bürokratisch-rational
nennen könnte, auf den technischen, objektiven Charakter der
von Beamten getroffenen Entscheidungen, die die Aufgaben des
Allgemeinwohls in Monopolstellung wahrnehmen. Aus zentralistischer Sicht geht die Logik der Subsidiarität mit der Furcht vor
der Zufälligkeit der Entscheidungen einher, glaubt sie doch,
Entscheidungen ohne Zufälligkeiten, nämlich technokratisch,
treffen zu können.

Wegen der bisherigen Ergebnisse ruft die seit 1981 eingelei-
tete Dezentralisierung in Frankreich im allgemeinen wenig
Begeisterung hervor. Die Franzosen sind schnell bereit, die
Auswüchse der Dezentralisierung heftig anzuprangern (die
Herrschaft kleiner Chefs, lokale Korruption), während sie die
Auswüchse der Zentralisierung mit Nachsicht betrachten oder
gar schamhaft verschweigen (ein aufgeblasener Verwaltungsap-
parat, zuweilen geradezu surrealistische Entscheidungen, die in
viel zu großem Abstand von den Regierten getroffen werden).
Das Prinzip der Subsidiarität wurzelt in der aristotelischen Sicht
der Politik als Kunst, die mit Umsicht betrieben werden muß,
während der Wohlfahrtsstaat die Politik als eine Wissenschaft
betrachtet, die der Vernunft unterliegt und heute als letzte Ver-
körperung des aufgeklärten Despotismus Platons gilt. Die Umsicht (im Sinne der griechischen »phronesis«) erscheint einem
Volk, das die Vernunft bevorzugt und ihr eine gleichsam über-
menschliche Erhabenheit zuerkennt, als gefährlich und zu stark
der Subjektivität unterworfen.

2 – Das Subsidiaritätsprinzip beinhaltet eine Auffassung von
Gleichheit, die sich deutlich von der eines Fürsorgestaates unterscheidet. Man kann zwar sagen, daß gewisse Ziele bei beiden
übereinstimmen, doch sind die Wege so verschieden, daß die
jeweiligen Gesellschaften ein völlig anderes Bild abgeben. Die
Idee der Subsidiarität basiert auf gleichen Bedingungen und
einer gewissen Gleichheit der Situationen, die durch Ansprüche
und Leistungen garantiert wird. Hierbei geht man davon aus,
daß die öffentliche Macht die Mängel je nach Ausmaß der Bedürftigkeit behebt. Auch das Fürsorgesystem des Staates appel-

liert an eine Gleichheit, die von der Solidarität garantiert und von öffentlichen Instanzen organisiert wird. Mit anderen Worten, in beiden Fällen erhalten die Bürger schließlich das, was die jeweilige Epoche als notwendig erachtet. Die Idee der Subsidiarität rechtfertigt die Hilfe jedoch nur im Falle der Bedürftigkeit. Dagegen macht der Wohlfahrtsstaat die Gesamtheit seiner Bürger und Körperschaften zur Klientel, ohne vorher zu prüfen oder zu berücksichtigen, ob diese selbst in der Lage sind, sich die Güter und Dienstleistungen zu verschaffen, die sie benötigen. In diesem Sinne hebt die Anwendung des Subsidiaritätsprinzips die Anonymität auf, der die Wohlfahrtsgesellschaften einen hohen Wert beimessen. Im Wohlfahrtsstaat erfolgt die solidarische Umverteilung, ohne daß Empfänger oder Geldgeber persönlich in Erscheinung treten. Dagegen rückt die Praxis des Subsidiaritätsprinzips die Person des Empfängers ins Licht der Öffentlichkeit: Die Unterstützung durch die Gesellschaft wird nur jenen zuteil, die ihre Bedürftigkeit anzeigen und damit künftig selbst identifiziert werden können. Und auch der Geldgeber tritt ins Licht der Öffentlichkeit: Die Hilfe durch die Gesellschaft wird nicht nur über die Steuer und Staatsbedienstete verteilt, sondern auch über aktive Gruppen von Bürgern, die ihren Namen mit einem Werk verbinden (Mäzenatentum). Der Unterschied zwischen jenen, die Hilfe leisten, und jenen, die Hilfe empfangen, tritt sichtbar zutage. In beiden Systemen herrscht dieselbe Gleichheit. Doch nach außen hin ist die Gleichheit verschwunden.

Eine Gesellschaft, die nach dem Subsidiaritätsprinzip organisiert ist, mißt der Unabhängigkeit von Personen und Gruppen einen eminenten Wert bei. Sie geht davon aus, daß persönliches Handeln größeres Glück bringt als die Entgegennahme der benötigten Güter: Wer erbt, ist ein Zwerg, Unterstützung macht den Menschen kleiner. Auch akzeptiert sie den nach außen hin sichtbaren Unterschied zwischen jenen, die sich selbst das Lebensnotwendige verschaffen und vielleicht noch das gemeinsame Vermögen durch ihre Spenden an Geld und Zeit vergrößern, und den anderen, die gezwungen sind, Leistungen zu empfangen, da sie sich nicht in ausreichendem Maße selbst versorgen

können. Diese Gesellschaft geht davon aus, daß ein solcher nach
außen hin sichtbarer Unterschied die Unabhängigkeit und die
noch unzureichend ausgebildete Eigenverantwortung fördern
wird. Dagegen steht für die Wohlfahrtsgesellschaft die Gleichheit mit all ihren Aspekten im Vordergrund, wozu auch die
Gleichheit in der Unabhängigkeit zählt. Dies bedeutet nicht, daß
sie letztlich tatsächlich egalitärer ist. Denn das Bedürfnis nach
Unabhängigkeit und nach Eigenverantwortung gilt nach wie vor
für viele als gleichermaßen natürlich, und der Wohlfahrtsstaat
kann die gesellschaftlichen Bedingungen nicht nivellieren, ohne
direkt in den Zustand des realen Sozialismus zu verfallen. Und
schließlich neigen im Wohlfahrtsstaat die aktiven Personen, deren Vermögen sich vergrößert, aus steuerlichen Gründen dazu,
ihre Tätigkeiten einzuschränken (die Solidarität äußert sich hier
ausschließlich über die Steuer). Ihre Freizeit und ihre Kreativität
widmen sie ausschließlich der Bestellung ihres privaten Gärt-
chens, da es ihnen verwehrt ist, sie in den Dienst der Kollektivi-
tät zu stellen, indem sie Mäzene werden.

Aus diesen Gründen erscheint es natürlich, daß die Idee der Subsidiarität in einem alten zentralistischen Land wie Frankreich
wenige Befürworter findet. Allerdings könnte die Erschöpfung
des Wohlfahrtsstaats davon überzeugen, daß Initiativen der Bürger zugunsten des Allgemeinwohls wiederbelebt werden sollten.
Diese Tendenz ist derzeit in vielen Bereichen zu beobachten.
Erstaunlicherweise ist dieser neuerdings einsetzende Umschwung in Richtung Dezentralisierung und die jüngste Neuent-
deckung privater Aktivitäten zugunsten des Allgemeinwohls
keineswegs mit weiterreichenden Überlegungen zu den Folgen
dieser Umorientierung verbunden. Die Franzosen, die über den
Rückgang der staatlichen Dienstleistungen besorgt sind, appel-
lieren jetzt an die Zivilgesellschaft, doch Initiativen seitens der
Zivilgesellschaft halten sie nach wie vor für überaus gefährlich.
Vielleicht liegt hier eine der Erklärungen für das heutige Unbe-
hagen in der französischen Gesellschaft.
    Auch in Deutschland verlangt ein solches auf Eigeninitiative
der Bürger beruhendes Konzept von Subsidiarität, das die Kon-

sequenzen aus der Krise des Sozialstaats zieht, mehr und anderes, als der Föderalismus und die Verteilung der Wohlfahrtspflege auf Verbände zu leisten bereit sind. Probleme zentralistischer Bürokratie stellen sich auch auf Länder- und Gemeindeebene; auch ursprünglich nach dem Prinzip der Subsidiarität aus weltanschaulichen Gruppierungen hervorgegangene Institutionen wie Caritas oder Arbeiterwohlfahrt sind der Überreglementierung des Wohlfahrtsstaates unterworfen.

Soll die künftige europäische Gesellschaft tatsächlich auf dem im Maastricht-Vertrag verbrieften Prinzip der Subsidiarität beruhen, müssen sich beide Systeme und auch die anderen europäischen Partner erheblich bewegen.

Ute von Reibnitz
Umgang mit der Zukunft

Entwicklung der Zukunftsforschung in Frankreich

Aus der Erkenntnis, daß die Zukunft weder determinierbar noch aus Tendenzen und Vergangenheitsdaten extrapolierbar ist, sind in Frankreich die ersten Ansätze der Zukunftsantizipation oder *Zukunftsvorausschau* – wie die deutsche Übersetzung von »la prospective« heißt – entstanden. Pioniere auf diesem Gebiet waren Bertrand de Jouvenel und Gaston Berger.

Man war vor ca. 20–30 Jahren das erste Mal mit Brüchen und Diskontinuitäten konfrontiert, die das Vertrauen in die Vorhersehbarkeit von Entwicklungen und in die klassische Prognose schwinden ließen. Gleichzeitig versuchte man genauer zu erkennen, was die Kontinuitäten der Zukunft sind und welche Rolle/ Funktion der einzelne Entscheider übernehmen kann, um seine Zukunft zu gestalten. Diese Entwicklung hat wie überall – vielfach ausgelöst durch die Energiekrise – die neue Zukunftsforschung erst ins Leben gerufen, unter anderem auch in Frankreich. Vor dieser Phase herrschte in Frankreich ein streng cartesianisches Weltbild vor. Die Welt – und damit die Zukunft – sah man als eine zwar komplexe, aber kalkulierbare Maschine ähnlich wie ein Uhrwerk. Zukunft wurde aus den Fakten und Gegebenheiten der Gegenwart berechnet. Auf dieser Philosophie bauten auch die Prognosen und die ökonometrischen Input-Output-Modelle auf. Prognosen erstellen heißt aus einem Istzustand, der mit seinen Parametern erfaßt wurde, die Zukunft hochzurechnen. Ökonometrische Input-Output-Modelle, die ihre Blüte in den sechziger und siebziger Jahren erlebten, versuchen bereits der zunehmenden Komplexität gerecht zu werden, indem sie Verknüpfungen herstellen. Aber auch hier glaubte man, das Ergebnis – den Output – anhand des Inputs und seiner Vernetzungen berechnen zu können.

Vor dieser Phase war das Denken über Zukunft davon geprägt, daß man glaubte, in einem von der Natur (durch Naturgesetze und immer wiederkehrende Natur-Rhythmen) und der Obrigkeit bestimmten System zu leben.

Das zur Zukunftsforschung oder »la prospective« gehörende Bemühen um eine deutlich artikulierte Vision war bisher nur in Ansätzen vorhanden, entwickelt sich aber derzeit weiter und nimmt deutlichere Gestalt an. Hier orientiert man sich am amerikanischen Vorbild.

Die französischen Zukunftsforscher oder »prospectivistes« waren zunächst entweder strikt quantitativ oder literarisch orientiert, auf jeden Fall aber immer humanistisch geprägt. »Prospective« wurde grundsätzlich als intellektuelle Aufgabe und Herausforderung gesehen.

Vier Thesen über die Zukunft prägen das Bild:
1. Die Zukunft ist nicht determiniert und nicht determinierbar.
2. Zukunft ist mit Unsicherheiten behaftet.
3. Die Erkenntnis, daß es nicht *die*, sondern immer *mehrere alternative* Zukünfte geben muß, bedingt durch Unsicherheiten; die einzige Möglichkeit mit Unsicherheit umzugehen ist das Denken in Alternativen.
4. Erkennen der Möglichkeiten, die Zukunft zu gestalten auf der Basis der Machtverhältnisse der einzelnen Akteure.

Anwendungen von »La Prospective« in Frankreich

Die ersten Anwender solcher Zukunftsvorausschau in Frankreich waren Ministerien, die öffentliche Verwaltung, das Commissariat Général du Plan und das Raumordnungsinstitut DATAR: Letzteres hatte auf Basis quantitativer Daten begonnen, sich später aber auch qualitativen Methoden zugewendet.

Für die unabhängigen »prospectivistes« gibt es in Frankreich eine als führend und anerkannte Zentrale, nämlich Futuribles International in Paris, die sich seit der Gründung durch Bertrand de Jouvenel und später durch seinen Nachfolger Hugues de Jouvenel als unabhängiges Zukunftsforschungsinstitut auch über den französischsprachigen Raum hinaus etabliert hat.

Interessant ist in diesem Zusammenhang auch die französische Wortschöpfung »Futuribles«; die eine Zusammenführung von »Futurs possibles«, also mögliche Zukünfte bedeutet. Dieses treffende neue Kunstwort hat sich sogar bei der anglo-amerikanischen Fachwelt als neue Terminologie für mögliche Zukünfte durchgesetzt. Dies ist einer der wenigen Fälle, wo ein neuer Begriff einer Fachsprache nicht im Englischen entstanden ist. Futuribles bietet heute eine Reihe verschiedener Dienstleistungen wie die monatlichen »Futuribles – Analyse et Prospective«, »Vigie« (eine Art Trend-Monitoring Service einmal im Quartal) und »Octave«, einen Informationsdienst über Veröffentlichungen auf dem Gebiet der Zukunftsforschung sowie »Oscar«, eine Information über Zukunftsforschungsinstitutionen in Europa. Um eine größere Reichweite in Europa zu erzielen, veröffentlicht Futuribles immer mehr in Englisch und hat dadurch seinen Markt wesentlich erweitert.

In Frankreich kann man wie in vielen Ländern eine Professionalisierung der Zukunftsforschung beobachten. Gleichzeitig geht damit auch eine weitere Kommerzialisierung einher. Viele der üblichen internationalen und nationalen Consultants bieten mittlerweile »prospective« als einen Baustein ihres Methodenbaukastens speziell in Verbindung mit strategischer Planung und Visionenentwicklung an. Besonders zu erwähnen ist hier Michel Godet, der mit seinem Institut LIPS in Paris Grundlagen-

arbeit leistet und eine Vielzahl prospektiver Methoden, u. a.
auch die Szenario-Technik, weiterentwickelt hat.

Im Bereich der öffentlichen Verwaltung und der Ministerien
hat die Anwendung der Prospektive an Bedeutung verloren,
während bei den Unternehmen das Bewußtsein für Zukunft und
die Antizipation möglicher Zukünfte gewachsen ist.

Strategische Planung, strategische Frühaufklärung oder Mo-
nitoring, im Zusammenhang mit der Anwendung eines Methodenbaukastens, sind mittlerweile weit verbreitet. Bei den Unternehmen mischt sich allerdings Zukunftsvorausschau mit ganz
pragmatischer strategischer Planung.

Generell kann man *ein wachsendes Zukunftsbewußtsein und
-denken* in Frankreich beobachten, weil:
- viele Entscheider aufgrund des sich beschleunigenden Wandels im Unternehmensumfeld immer unsicherer werden
- die Veränderungen der Arbeitsstrukturen (Globalisierung,
  Standortverlagerung und Telearbeit, um nur einige zu nennen) erheblich größere Anforderungen an unternehmerische
  Flexibilität stellen
- nach den Phasen des Reengineering und der permanenten Ko-
  stenreduzierung jedem Entscheidungsträger bewußt ist, daß
  Zukunftsvorausschau auch *Verantwortung für die Zukunft des
  Unternehmens* bedeutet und nur mit Innovationen für morgen
  erzielt werden kann.
Genau die gleichen Aspekte gelten übrigens auch für das Bewußtsein in deutschen Unternehmen bzw. generell in Europa.

Im Bereich der breiten Öffentlichkeit sieht man in Frankreich,
aber auch überall in Europa, eine Tendenz zu wachsendem Pessimismus, was die Zukunft angeht. Die Sorgen überlagern die
positiven Aspekte, während noch vor 10 oder 20 Jahren Zukunft
eher mit Optimismus verbunden war. Diese pessimistische Sicht,
die man in allen Gesellschaftsschichten, in der Wirtschaft und
vor allem bei der politischen Opposition findet, ist auf die Tatsache zurückzuführen, daß alle europäischen Regierungen vor
schwerwiegenden Problemen stehen: wie z. B. bevorstehender
Finanzkollaps der Sozialsysteme, Haushaltsdefizite, eine Re-
kordzahl von Arbeitslosen und nicht zuletzt die Frage: Quo va-

dis Europa und Euro? Gerade bei diesen Problemen spürt man, daß die Rezepte der Vergangenheit nicht mehr greifen, sondern eher alles noch schlimmer machen. Daher ist das Suchen nach dem Allheilmittel aus der Misere ein neuer europäischer Volkssport geworden.

Entwicklung der Zukunftsforschung in Deutschland

Die korrekte deutsche Übersetzung des französischen Wortes »prospective« heißt *Zukunftsvorausschau*. Interessant ist in diesem Zusammenhang, daß das Wort *Zukunftsvorausschau* im Deutschen nicht gebräuchlich ist. Statt dessen bevorzugt man Begriffe wie Zukunftsforschung oder lieber noch Zukunftsplanung, obwohl jeder weiß, daß Zukunft nicht planbar ist.

Ähnlich wie in Frankreich war auch im Deutschland der fünfziger und sechziger Jahre das Weltbild cartesianisch geprägt. Dies führte zu einem Boom bei klassischen Prognosen; besonders Technologieprognosen waren sehr beliebt und wurden gerne als Entscheidungsgrundlagen im politischen und unternehmerischen Bereich genutzt. Um so größer war dann die Enttäuschung, als diese nicht eintraten. Auch ökonomische Input-Output-Modelle hatten in den siebziger Jahren ihre Hochkonjunktur in Deutschland. Dies ist jedoch kein spezifisch deutsches bzw. französisches Phänomen, sondern entsprach dem Zeitgeist in der gesamten industrialisierten westlichen Welt.

Die eigentliche Zukunftsforschung in Deutschland hat Mitte der siebziger Jahre begonnen, als man nach der Ölkrise erkannt hat, daß die Zukunft keine Verlängerung der Vergangenheit ist, sondern daß Veränderungen und Brüche zu erwarten sind. In Deutschland hat sich primär das Battelle-Institut in Frankfurt der Zukunftsforschung angenommen. Dort hat man mit Prognosen, Delphi-Methode und Szenario-Technik experimentiert und diese Ende der siebziger, Anfang der achtziger Jahre weiterentwickelt. Im Vergleich zu Frankreich kann man allerdings sagen, daß die Ansätze des Battelle-Institutes – bedingt durch den Einfluß des amerikanischen Mutterinstitutes – eher pragmatisch und auf kommerzielle Nutzung ausgerichtet waren, während in

Frankreich intellektuelle Reflexion bzw. ein philosophisches Konzept immer das oberste Ziel waren.

Interessant ist z. B. die Tatsache, daß die ersten großen Szenariostudien von Ministerien in Bonn in Auftrag gegeben wurden, ähnlich wie in Frankreich die Ministerien und das Commissariat Général du Plan Vorreiter waren. Doch später wurden auch in Deutschland der Focus und das Interesse der Politik kurzfristiger, und man hat solche Instrumente einfach beiseite gelegt. Lediglich das Forschungsministerium betreibt nach japanischem Vorbild großangelegte Technologie-Delphis, also Umfragen, bei denen Experten abschätzen, wann welche Technologien verfügbar sein werden. Dem Ministerium für Forschung und Technologie (BMFT) hat man den zusätzlichen Titel Zukunftsministerium gegeben; ein Hinweis dafür, daß auch die Politik die Wichtigkeit der Zukunft erkannt hat. Einzelne Bundesländer wie Bayern, Sachsen und neuerdings Baden-Württemberg haben eigene Zukunftskommissionen eingerichtet.

In Deutschland – sicher auch typisch für den deutschen Föderalismus – gibt es kein Zukunftsforschungszentrum, das sich aufgrund seiner Arbeit und seines Spektrums mit Futuribles vergleichen läßt.

Anwendungen der Zukunftsforschung in Deutschland

Die Unsicherheiten in der Automobilindustrie und im Verkehr generell haben bei Daimler Benz dazu geführt, daß man ein Forschungsinstitut installiert hat, das zunächst Studien für die eigene Verkehrsforschung erstellte. Da die Zukunftsentwicklungen des Verkehrs in starker Vernetzung zu anderen Bereichen stehen, hat man sich dem Szenarien- und dem Issue-Management zugewandt. Diese Forschungsgruppe ist mittlerweile soweit ausgebaut, daß sie einen Teil ihrer Kapazität nicht nur dem Daimler Benz-Konzern, sondern auch externen Klienten zur Verfügung stellt.

Weitere Zukunftsforschungs-Institutionen in Deutschland sind z. B. an die Universitäten angelagert; sie beschäftigen sich mit ganz konkreten Themen und haben eher einen Bezug zu den

Naturwissenschaften. Daneben gibt es noch das Wissenschafts-zentrum in Berlin, die Fraunhofer Institute und die Max-Planck-Institute mit mehreren verteilten Standorten, das Sekretariat für Zukunftsforschung in Gelsenkirchen, das Nixdorf-Institut in Paderborn, das Wuppertal-Institut mit starker ökologischer Ausrichtung und weitere kleine »Zukunftszellen«. Alle genannten Institute beschäftigen sich jedoch nicht ausschließlich mit Zukunftsforschung, sondern das Thema »Zukunft von...« konstituiert ihre fachliche Ausrichtung. Was in Deutschland nach der Schließung des Starnberger Max-Planck-Institutes eindeutig fehlt, ist ein Institut, das sich fachübergreifend und intellektuell mit Philosophie, Themen und Methoden der Zukunftsforschung beschäftigt, um damit die gleiche intellektuelle humanistische und methodische Kompetenz von Futuribles International in Paris zu erreichen.

Teilweise wird Zukunftsforschung oder, besser gesagt, Zukunftsplanung in den Unternehmensberatungs-Instituten praktiziert, aber auch hier mit einem sehr stringenten kommerziellen Ansatz; das, was der Markt will und bezahlt, wird erforscht, während alles andere weniger interessiert. Dieser Bereich ist allerdings sehr stark geprägt von Moden, die durch die amerikanische Futurist-Szene und die Harvard Business-School dominiert werden. Hier stoßen wir übrigens auf ein typisch deutsches Phänomen: statt über die Grenze nach Frankreich schaut man lieber über den Atlantik nach USA, weil man von dort das Allheilmittel oder die Wunderdroge für alle heutigen und künftigen Probleme erwartet.

Was sind die Gemeinsamkeiten und die Unterschiedlichkeiten zwischen der französischen und der deutschen »Prospective«?

In Frankreich war die Bedeutung des literarischen, philosophischen und humanistischen Ansatzes immer deutlich stärker als in Deutschland. Außerdem ist das intellektuelle Selbstbewußtsein in Frankreich groß genug, um die eigenen geistigen Stärken im Hinblick auf Zukunftsantizipation zu nutzen, statt wie in Deutschland relativ unkritisch die amerikanischen Ideen

und Rezepte zu übernehmen. Daß diese dann nicht immer 1 zu 1
transferierbar sind, merkt man erst in der Praxis. Natürlich
schaut man auch in Frankreich auf das, was die Amerikaner vor-
denken, entwickeln und tun. Dann prüft man, was übertragbar
ist und was dem französischen Kontext angepaßt werden muß.
In Deutschland hat man eher der angelsächsischen Mentalität
des praktischen Anwendens den Vorzug gegeben, daher fehlt es
hier noch weitgehend an einem intellektuellen und philosophischen Unter- bzw. Überbau der Zukunftsforschung. Hier
ist Frankreich – auch wenn die deutschen Zukunftsforscher es
nicht gerne hören – deutlich einen Schritt weiter. Einerseits wird
in deutschen Unternehmen zwar nicht so viel intellektuell über
die Zukunft philosophiert, andererseits wird sehr intensiv und
pragmatisch an der Vorbereitung auf mögliche Veränderungen
der Zukunft gearbeitet.

Ein weiterer Unterschied zwischen beiden Ländern besteht
darin, daß in Frankreich im wesentlichen Futuribles mit seiner
langjährigen Tradition der Zukunftsforschung *die* Anlaufstelle
für »la prospective« ist, während man in Deutschland – ein Spie-
gelbild der föderalen Struktur – vergeblich *das* Zentrum für Zukunftsvorausschau und -forschung sucht.

Beiden Ländern ist gemeinsam, daß Zukunftsforschungsan-
sätze grundsätzlich interdisziplinär erstellt werden. Weil Zu-
kunftsthemen immer eine starke Vernetzung mit vielen Bereichen aufweisen, bedient man sich des heterogenen fachlichen
Know-hows der verschiedensten Disziplinen.

*Wie könnte die »Zukunft der Zukunftsvorausschau und der
Zukunftsforschung« in beiden Ländern aussehen?*

Deutschland und Frankreich sind in vielen Aspekten der Wirtschaft, der Lebensformen, der Kultur, und vor allem in der
Mentalität sehr unterschiedlich, man kann fast sagen komplementär. Was die eine Nation nicht hat oder kann, ist ein typi-
sches Charakteristikum der anderen. Statt die Unterschiedlichkeit als Ärgernis, Quelle für Mißverständnisse und Behinderung
zu sehen – wie dies im Alltagsleben oft geschieht – wäre beiden

geholfen, wenn sie die Unterschiedlichkeit als wertvolle Ergänzung und Bereicherung begreifen würden. Nicht umsonst spricht
man in Frankreich gern vom »couple franco-allemand«, dem
»deutsch-französischen Paar«, das das Herz Europas bildet und
von dem weitgehend abhängt, ob Europa ein Erfolg wird.

Daher wäre es sicher interessant, auch auf dem Gebiet der
Prospektive eine deutsch-französische Initiative zu bilden, die
das Know-how und die Stärken beider zusammenführt und im
Sinne einer dialektischen Synthese weiterentwickelt. Hierdurch
könnte Europa endlich aufhören, wie gebannt nach USA zu
schauen und alles, was von dort kommt, als überragend und in-
novativ zu betrachten – selbst, wenn es keineswegs immer diesen
Anspruch erfüllt. Ein deutsch-französisches »Institut de la prospective« könnte die unterschiedlichen Stärken des »couple
franco-allemand«, z. B. die intellektuelle französische und die
pragmatische deutsche Seite – um nur eine von vielen zu nennen
–, ausbauen und ein europäisches Zukunftsmodell, das natürlich
auch andere Nationen einschließt, ausarbeiten. Dies könnte
auch helfen, die unterschiedlichsten europäischen Gruppierungen zusammenzuführen und uns Europäern wieder zu mehr
Selbstbewußtsein gegenüber den Amerikanern zu verhelfen.

So hätten wir die Chance, eine »prospective européenne«
nicht nur in Deutschland und Frankreich, sondern auch im Sinne
einer europäischen Identität und Einzigartigkeit zu entwickeln
und zu gestalten.

IV. WIRTSCHAFT
IM
UMBRUCH

Henrik Uterwedde
Wirtschaft

Die Wirtschaft spielt eine Schlüsselrolle in den deutsch-französischen Beziehungen wie der Europäischen Union. Die enge Handels- und Investitionsverflechtung hat ebenso wie die Zusammenarbeit bei der Gestaltung eines EU-Wirtschafts- und Währungsraumes zu einer Interessengemeinschaft geführt, in der die Ökonomien beider Länder fundamental aufeinander angewiesen sind. Gleichzeitig aber erscheint gerade die Wirtschaft immer wieder als Stolperstein der ansonsten so vertrauensvollen Kooperation der Regierungen. Bemerkenswert ist dabei weniger, daß die deutschen und französischen Positionen sich häufig unterscheiden und Anlaß zu Kontroversen geben, als vielmehr die Tatsache, daß wirtschaftspolitische Divergenzen gerade zwischen Bonn und Paris so emotional aufgeladen und teilweise zu Prestigefragen hochstilisiert werden.

Die Chronik der Europäischen Union ist übersät mit kleinen und großen deutsch-französischen Psychodramen: Das erfolgreiche französische Begehren, die Industriepolitik im Vertrag von Maastricht in den Katalog der gemeinsamen EU-Politiken aufzunehmen, wurde in deutschen Wirtschaftskreisen als gefährlicher Einstieg in strukturpolitischen Dirigismus à la française kritisiert. Das Beharren Frankreichs auf Ausnahmeklauseln für die Landwirtschaft und die Filmindustrie bei den weltweiten GATT-Verhandlungen über Handelsliberalisierungen Anfang der neunziger Jahre galt in Deutschland einmal mehr als Beweis dafür, daß Frankreich nach wie vor dem Colbertismus verhaftet sei und den EU-Binnenmarkt zu einer protektionistischen »Festung Europa« mißbrauchen wolle. Dagegen ließ der ostentative Freihandels-Liberalismus der deutschen Seite in Frankreich Zweifel darüber aufkommen, ob Deutschland überhaupt einen europäischen Wirtschaftsraum gestalten wolle. Auch stand die deutsche Subventionspraxis in den neuen Bundesländern nicht immer in Einklang mit den Bekenntnissen zur Marktwirtschaft.

Geradezu dramatisch aber wurde es immer, wenn es um die europäische Währungspolitik ging: Während Frankreich wiederholt Anlässe sah, sich über Arroganz und Dominanzstreben des deutschen Nachbarn zu erregen (Wortspiele und Begriffe wie die Politik des »Franc fort« oder die »Buba« sind längst zu Inbegriffen dieser Perzeption französischer Abhängigkeiten geworden), sieht sich die deutsche Seite umgekehrt als Opfer (schließlich opfern die Deutschen doch ihre Mark) und wirft dem französischen Nachbarn vor, vereinbarte Stabilitätsregeln nicht ernst zu nehmen oder gar unterminieren zu wollen.

Bei diesen Psychodramen geht es um mehr als um Interessengegensätze oder unterschiedliche Wirtschaftskonzepte. Die Wirtschaft spielt eine wichtige Rolle im subtilen psychologischen Gleichgewicht der deutsch-französischen Beziehungen nach 1945, in der die deutsche Wirtschaftskraft vom französischen Statusvorteil im diplomatisch-militärischen Bereich ausbalanciert wurde, bis die deutsche Einheit und die Neuordnung Europas dieses Gleichgewicht empfindlich durcheinanderbrachte. Der Bezug auf den deutschen Nachbarn – mit wechselnden Themen – bestimmt seit Jahrzehnten zahlreiche wirtschaftspolitische Debatten in Frankreich, wobei sich Bewunderung und Abwehr mischen.

Aber natürlich gibt es auch einen realen Kern, der in den deutsch-französischen Kontroversen und Mißverständnissen steckt. Er besteht in unterschiedlichen Problemen und kollektiven Erfahrungen, die trotz aller Gemeinsamkeit die Wirtschaftsentwicklung beider Länder prägen; er besteht auch in unterschiedlichen Vorstellungswelten, Konzepten und Diskursen, die mit der Wirtschaft verbunden werden und die die ökonomische Realität jeweils überlagern, ja verdecken können.

Frankreich und Deutschland standen trotz vordergründiger Parallelen seit 1945 vor unterschiedlichen Herausforderungen und haben dabei auch verschiedene Wege eingeschlagen. Frankreich wies 1945 erhebliche Entwicklungs- und Modernisierungslücken auf, was die neuen Führungseliten dazu veranlaßte, die ökonomisch-gesellschaftliche Modernisierung des Landes zur nationalen Aufgabe zu erklären. Der Wille, die Modernisierungslücke durch eine Politik forcierter industrieller Entwicklung zu schließen, ist ein Schlüssel zum Verständnis der französischen Wirtschaftspolitik der Nachkriegszeit, impliziert er doch eine Rangskala der Zielsetzungen, in denen die industrielle Entwicklung, eine möglichst hohe Wachstumsdynamik sowie der Aufbau und der Erhalt einer möglichst kohärenten nationalen Produktionsstruktur Vorrang vor anderen Zielen genossen. Der Weg in die Europäische Wirtschaftsgemeinschaft und später die wachsende Internationalisierung stellten für die trotz aller Erfolge teilweise noch zerbrechliche und ungleichmäßig entwikkelte französische Wirtschaft daher eine schwierige Herausforderung ersten Ranges dar. Europäische Anpassungszwänge haben vor allem in jüngerer Zeit mehrfach zu empfindlichen wirtschaftspolitischen Kurskorrekturen gezwungen. Von daher sind auch die wiederholten ambivalenten französischen Reaktionen gegenüber derartigen europäischen und internationalen Einbindungen zu verstehen; das Bekenntnis zur Öffnung der Wirtschaft konkurriert häufig mit nationalen wirtschaftspolitischen Zielsetzungen.

Die Bundesrepublik dagegen konnte den Wiederaufbau auf der Grundlage eines hohen industriellen Entwicklungsstandes, einer traditionellen Exportorientierung und einer günstigen Spezialisierung ihrer Wirtschaft vollziehen und diese Vorteile durch rechtzeitige Strukturanpassungen weiter ausbauen. Ihre hochentwickelte internationale Wettbewerbsfähigkeit erlaubte es, den Weg in die europäische Wirtschaftsintegration und den intensivierten Welthandel offensiv und erfolgreich zu beschreiten und auch die weltweite Wachstums- und Strukturkrise seit den siebziger Jahren relativ erfolgreich zu bestehen. Von daher ergaben sich andere Prioritäten: das Entwicklungsziel spielte faktisch keine Rolle, während das binnen- und außenwirtschaftliche Gleichgewicht und vor allem die Preisstabilität einen hervorgehobenen Wert innerhalb der wirtschaftspolitischen Präferenzskala einnahmen. Das starke Gewicht der deutschen Wirtschaft in Europa und ihre leistungs- und anpassungsfähige Exportwirtschaft führten dazu, daß die Europäisierung und Internationalisierung der Wirtschaft weniger als Anpassungszwang denn als

Chance für die deutsche Wirtschaft begriffen wurden; auch
konnte die deutsche Seite, etwa bei der Konstruktion des Europäischen Währungssystems, ihre Präferenzen auf europäischer
Ebene weitestgehend durchsetzen, so daß nur wenig Zielkon-
flikte zwischen nationaler und europäischer Wirtschaftspolitik
auftraten.

Für die gemeinsame Gestaltung des europäischen Wirtschafts-
und Währungsraums immer bedeutender sind die unterschiedlichen Rollenvorstellungen von staatlicher Steuerung, Markt-
prozessen und zivilgesellschaftlichen Regulierungsformen. Sie
werden damit ein wichtiges Problem.

In Frankreich führte der Entwicklungsrückstand und die mangelnde Dynamik des Kapitalismus à la française dazu, daß die
Modernisierungspolitik nach 1945 im wesentlichen staatlichen
Impulsen übertragen wurde. Der Staat übernahm gleichsam die
Rolle einer »Modernisierungsagentur«, wobei er auch die nur
unzureichend ausgebildete Fähigkeit der Wirtschaftsverbände
und Sozialparteien zur Selbstregulierung ausgleichen mußte.
Die Planification, ein starker staatlicher Wirtschaftssektor, später eine ehrgeizige sektorale Industrie-Entwicklungspolitik waren Kernelemente einer zentralstaatlichen »Modernisierung von
oben«, die zwar im marktwirtschaftlichen Rahmen erfolgte und
ihre Formen und Methoden im Verlauf der Zeit änderte, aber
doch stets eine führende Rolle einnahm. Dahinter stand und
steht ein über alle politischen Grenzen hinweg verbreitetes Mißtrauen gegenüber dem »kurzsichtigen« Markt, der allein die vielfältigen Struktur- und Modernisierungsprobleme Frankreichs
nicht lösen könne und deshalb eine Steuerung durch den Staat
benötige. Erst in den achtziger Jahren erfolgte eine liberale
Kertwende: Die Ernüchterung über die – begrenzten – Möglichkeiten einer staatlichen Krisenbekämpfung, aber auch die
Vorbereitung auf den EU-Binnenmarkt führten zu weitreichenden Privatisierungs- und Deregulierungsmaßnahmen sowie zu
einer marktwirtschaftlichen Grundorientierung. Heute ist
Frankreich dabei, die Grenzen zwischen Staat und Markt neu zu
bestimmen. Dies ist – neben den damit verbundenen politischen
und ideologischen Kontroversen – vor allem deshalb so schwie-

rig, weil häufig die notwendigen Relais in der Gesellschaft, in
den Verbänden und bei den Sozialpartnern fehlen, die an die
Stelle des Zentralstaats treten und die notwendigen Regulierun-
gen übernehmen könnten. Nicht zuletzt deshalb hat in Frankreich das Modell des »rheinischen Kapitalismus« (Michel Al-
bert) mit seinem austarierten Gleichgewicht zwischen Staat,
Markt und Zivilgesellschaft eine so hohe Aufmerksamkeit
gefunden.

Der deutsche Weg zeichnet sich dadurch aus, daß sich ab 1948
– nach den Erfahrungen einer jahrelangen Kriegs- und Zwangs-
wirtschaft, später auch in Abgrenzung zur kommunistischen
Planwirtschaft im anderen Teil Deutschlands – mit der »sozialen
Marktwirtschaft« ein ordnungspolitisches Leitbild durchgesetzt
hat, dessen Grundlagen die wirtschaftspolitischen Orientierungen bis heute prägen: Vorrang des Marktes, Beschränkung
staatlicher Aufgaben auf die Bereitstellung von Infrastrukturen,
auf die Wahrung der Rahmenbedingungen für den Wettbewerb
und auf sozialen Ausgleich. Zwar hat auch in Deutschland eine
Ausweitung des Sozial- und Interventionsstaates stattgefunden
und ist die wirtschaftspolitische Praxis im Verlauf der letzten
Jahrzehnte immer interventionistischer geworden. Zwischen
Anspruch und Wirklichkeit der sozialen Marktwirtschaft klafft
längst eine tiefe Lücke. Aber die Pluralität der staatlichen Akteure (Bund, Länder, Bundesbank usw.) trägt dazu bei, daß der
staatliche Interventionismus in der Bundesrepublik als diffuser
erscheint. Eine wichtige Rolle spielt auch die gängige Praxis der
Auslagerung öffentlicher Aufgaben auf Verbände und private
Organisationen. Die kooperative Kultur in Wirtschaft und
Gesellschaft und die hohe Bereitschaft und Fähigkeit der Wirtschaftsverbände zur Selbstorganisation und -regulierung reduzieren den Bedarf direkter staatlicher Interventionen erheblich.
Allerdings hat in den neunziger Jahren eine kontroverse Stand-
ortdebatte eingesetzt, die dieses konsens- und kooperations-
orientierte »deutsche Modell« radikal in Frage stellt, weil es
notwendige Strukturanpassungen zugunsten einer marktwirtschaftlichen Erneuerungen im Zeitalter einer globalisierten
Konkurrenz behindere. Es ist nicht das geringste Paradox im

deutschfranzösischen Dialog, daß die französische Seite in dem Augenblick die Vorzüge des »rheinischen Kapitalismus« entdeckt, in dem sich Teile der deutschen Wirtschaft von ebendiesem Modell zu verabschieden beginnen. Heute stehen beide Staaten vor der Aufgabe, ihre Wirtschaft an die veränderten Bedingungen der Globalisierung anzupassen. Gesucht wird ein Wirtschaftsmodell, das die ökonomische Wettbewerbsfähigkeit sichert und gleichzeitig den gesellschaftlichen Zusammenhang bewahrt. Dabei sucht Frankreich nach dem Abschied vom übermächtigen Zentralstaat nach einer neuen gleichgewichtigen Rollenverteilung zwischen Staat, Gebietskörperschaften, Marktmechanismen und Kräften der Zivilgesellschaft. Deutschland hingegen kämpft mit den Verfestigungen, dem Status-quo-Denken und der nachlassenden Innovationsbereitschaft, d. h. den Kehrseiten seiner jahrzehntelang erfolgreichen Wirtschafts- und Gesellschaftsstruktur. Der eigentliche Horizont dieser Entwicklungen aber ist die Zukunft und Selbstbehauptungskraft der europäischen Wirtschaft. Ein vertiefter deutsch-französischer Dialog, der nicht bei den Reizworten stehenbleibt, sondern den jeweiligen nationalen Diskursen und Praktiken nüchtern auf den Grund geht und die Agenda für künftiges gemeinsames Handeln herausarbeitet, ist dazu notwendiger denn je.

Rémi Lallement
Außenwirtschaftliche Verflechtung / Globalisierung

Da die Arbeitslosenquote sowohl in Frankreich als in Deutschland eine Rekordhöhe erreicht, wird in beiden Ländern vielerorts versucht, die Probleme durch die Teilnahme am internationalen Verkehr von Personen, Waren, Dienstleistungen und Kapitalien zu erklären. In beiden Ländern stehen Themen wie »Sozialdumping«, »Arbeitsplatzexport« oder »Produktionsverlagerung« sogar im Zentrum der wirtschaftspolitischen Debatte der neunziger Jahre. Im Bereich der außenwirtschaftlichen Beziehungen – wie übrigens bei der Währungspolitik – sind die deutsch-französischen Beziehungen weiterhin zuweilen durch grundsätzliche Dissonanzen gekennzeichnet. Dieser Beitrag vertritt die These, daß diese Unterschiede nicht zu verkennen sind, aber daß sie sich im Laufe der Zeit reduzieren, so daß sie sich in Wirklichkeit nicht mehr auf die üblichen Klischees einer Auseinandersetzung zwischen einem liberal gesinnten Deutschland und einem protektionistisch gesinnten Frankreich reduzieren lassen. Die Hauptursache dafür ist die Tatsache, daß sich die Volkswirtschaften der beiden Partnerländer mit immer mehr gleichgelagerten Problemen auseinandersetzen müssen, auch wenn die zugrundeliegenden Strukturen westlich und östlich des Rheins unterschiedlich bleiben. Diese Konvergenz läßt sich insbesondere auf der Ebene des Außenhandels, der internationalen Kapitalverflechtung und der Migration nachvollziehen.

Es ist nicht zu leugnen, daß Protektionismus in Frankreich noch über eine breite Basis in verschiedenen politischen Lagern verfügt. Die als Maastricht-Gegner profilierten Parteien bemängeln die angebliche Schwäche der Brüsseler Handelspolitik. Dazu zählen die kommunistische Partei, die ehemaligen Minister und Parteiführer Jean-Pierre Chevènement und Philippe de Villiers sowie die Nationale Front. Als Hauptfeind der französischen Interessen gelten in der Ideologie der von Jean-Marie Le Pen gegründeten Partei nicht nur – wie zuvor – die Gastarbeiter, sondern auch das Gespenst der Globalisierung (»le mondialisme«). Dazu sind manche angesehene Arbeitgeber wie der Peugeot-Chef Jacques Calvet der Meinung, daß die »Eurokraten« den Geist der Römischen Verträge verraten hätten, indem sie den äußeren Schutz der EG (»la préférence communautaire«) allmählich reduziert haben. Dazu muß aber daran erinnert werden, daß die französischen Arbeitgeber 1957 die Bildung eines gemeinsamen Marktes nur sehr halbherzig akzeptiert hatten, da sie damals die Konkurrenz nicht nur außerhalb, sondern auch innerhalb der EG befürchteten. Deswegen hatten sie zuvor von der französischen Regierung eine Senkung der Sozialbeiträge verlangt, damit sie insbesondere das »Sozialdumping der Deutschen« (so ihre Vorstellung und die Verhältnisse damals!) ertragen könnten. Seitdem haben sich auch in Frankreich die meisten Arbeitgeber der EU pragmatisch angepaßt, und zurückhaltende Positionen *à la* Jacques Calvet sollten nicht mehr als repräsentativ betrachtet werden. Eine ähnliche Entwicklung ist teilweise auch bei den Gewerkschaften zu spüren. Im Laufe der Zeit wird den französischen Tarifpartnern mehr und mehr bewußt, daß die schrittweise und multilaterale Senkung der Handelshemmnisse auf die Dauer zusätzliche inländische Arbeitsplätze durch vermehrte Ausfuhren und billigere Einfuhren schafft.

In Deutschland sehen die Verhältnisse ganz anders aus, wo fast das ganze Spektrum der politischen und sozialen Akteure den Liberalisierungskurs der EU-Handelspolitik als nicht nur unausweichlich und unwiderruflich, sondern auch als an sich wünschenswert bewertet. Daß der freie Welthandel in Bonn, Frankfurt oder Kiel so regelmäßig und pauschal beschworen wird, klingt aus französischer Sicht oft ein bißchen verdächtig. Jenseits der ideologischen Starrheiten sind jedoch abweichende Meinungen beiderseits des Rheins zu finden. So bleibt weder in Deutschland noch in Frankreich die herrschende Denkweise der Experten immer im engen Rahmen eines auf komparativen Kostenvorteilen beruhenden Freihandelsmodells *à la* David Ricardo. Nicht nur französische Ökonomen wie der Nobelpreisträger Maurice Allais erklären die Wechselkursinstabilität als eine wesentliche – wenn nicht die größte überhaupt – Verzerrung der internationalen Wettbewerbsbedingungen. Mehrere deutsche Kollegen befürworten nicht nur die Einführung einer europäischen Währungsunion, sondern sogar eine grundlegende Reform der monetären Rahmenbedingungen weltweit. Darüber hinaus ist die in den beiden Ländern und in Brüssel durchgeführte Politik meistens nicht so rein wie die Theorie mancher Lehrbücher. So wird die Einführung eines internationalen Patentschutzes sowohl von Paris als auch von Bonn für wichtig und legitim gehalten, obwohl sie von einigen deutschen Ordnungstheoretikern als zynischer Versuch interpretiert wird, eine Quasi-Rente auf Kosten der Entwicklungsländer zu erzielen. Zum Glück sind beide Regierungen grundsätzlich davon überzeugt, daß sich die europäischen Industrieländer auf lange Sicht in der Konkurrenz der Billiglohnländer nicht durch eine Herabsetzung ihrer Kosten für standardisierte Ressourcen durchsetzen können, sondern daß sie mit Hilfe eines internationalen Schutzes der geistigen Eigentumsrechte lieber eigene spezifische Ressourcen akkumulieren und entwickeln sollten.

Im allgemeinen wird in Deutschland weitgehend zu Recht für eine stufenweise multilaterale »Abrüstung« in der Handelspolitik plädiert und vor der Gefahr eines willkürlichen Protektionismus gewarnt. Die durch die Liberalen verbreitete Furcht vor der Bildung einer »Festung Europa« ist aber weitgehend übertrieben, wenn nicht gar fehl am Platz. Als GATT-Nachfolgeorganisation hat selbst die neugegründete Welthandelsorganisation (WTO) von vorneherein erklärt, daß die Bildung von regionalen Wirtschaftsblöcken (EU, NAFTA, ASEAN und Mercosur) eine politische Realität darstellt, die die Entwicklung des Welthandels nicht behindert, sondern eher fördert. In diesem Sinne verkennen viele deutsche Ökonomen die wirkliche Bedeutung der Antidumping-Maßnahmen der EU, die GATT-konform sind, und nicht mit irgendeiner bürokratischen Industriepolitik *à la française* verwechselt werden sollten. Übrigens bleibt das Instrumentarium der EU in diesem Bereich auch nach seiner Verstärkung im Jahre 1995 vermutlich liberaler als in den meisten anderen Ländern und auf jeden Fall als in den USA.

Auch in der Diskussion über die Einführung von »Sozialklauseln« oder »Umweltstandards« im Welthandel sind die Deutschen genauso aktiv wie die Franzosen, auch wenn es den letzteren besser gelingt, das Wort »Protektionismus« sorgfältig zu vermeiden oder zu umgehen. Zwar ist dabei meistens nicht buchstäblich von Schutzmaßnahmen oder Zollrestriktionen die Rede, aber statt derer wird oft von Zollpräferenzen, von Subventionen oder – lieber noch – von Anreizen gesprochen, was eigentlich genau dieselbe Logik einer bewußten Korrektur der Marktmechanismen bedeutet. Genauer handelt es sich nicht darum, die Marktkräfte außer Kraft zu setzen, sondern faire Regeln und Rahmenbedingungen sicherzustellen, um die zerstörerische Wirkung eines ungezügelten Wettbewerbs zu begrenzen und konkret Menschen und Natur gegen die schlimmsten Formen der Ausbeutung weltweit abzuschirmen.

Es muß aber auch erkannt werden, daß es sich beim Thema »Sozialdumping« manchmal schlicht und einfach darum handelt, die ausländische Billiglohnkonkurrenz zu stoppen, wie zum Beispiel im Fall der sogenannten Entsenderichtlinie der Bundesregierung, die für das Bauhauptgewerbe und für eine begrenzte Zeit gilt, und die in Deutschland *de facto* der Einführung eines allgemeinverbindlichen Mindestlohns gleichkommt. Dieses umstrittene Gesetz stößt auf ordnungspolitische Bedenken der Liberalen, die dieses Verfahren als »Sündenfall gegen den freien Geist des Wettbewerbs« sowie gegen »die Aufhebung von innereuropäischen Barrieren« betrachten. In Frankreich, wo es einen gesetzlichen Mindestlohn *für alle Branchen* seit Jahrzehnten gibt, klingt die Debatte ein bißchen merkwürdig, wenn sie nicht sogar einfach ignoriert wird.

Hier sollte auch die umstrittene Bananenmarktordnung erwähnt werden, die auf Deutschland erst mit dem Inkrafttreten des Binnenmarktes im Jahre 1993 übertragen wurde. Sie wird als zusätzliches dirigistisches Einfuhrregime und von Otto Graf Lambsdorff sogar als der schlimmste Fall von Protektionismus in die Geschichte der EU bezeichnet. Dieser Fall hat nicht nur Symbolcharakter, da ein Urteil des Bundesverfassungsgerichtes zu diesem Thema im Jahre 1995 offensichtlich gezeigt hat (wie schon 1993 beim »Maastricht-Urteil« des BVG), daß das Gemeinschaftsrecht in Deutschland nicht unbedingt anwendbar ist. Wie der Ökonom und Mitglied des Sachverständigenrates Jürgen Donges einmal geschrieben hat, sollte aber Deutschland im Bereich der Landwirtschaft die Schuld für den Agrarprotektionismus und die Überschußproduktion der EG nicht auf andere Länder schieben, da die Bundesrepublik Deutschland selbst dabei eine viel aktivere Rolle gespielt hat, als es meistens in der Öffentlichkeit dargestellt wird. Jedenfalls ist Deutschland größtenteils eben aufgrund dieser Agrarpolitik zum viertgrößten Agrarexporteur der Welt (nach den USA, Frankreich und den Niederlanden) geworden.

Zwischen den zwei Partnerländern kommt bei solchen gemeinsamen Zügen nicht nur die Konvergenz, sondern auch die Rivalität zum Ausdruck. Beide Volkswirtschaften erzielen seit Jahren wachsende Überschüsse im Außenhandel, nicht zuletzt den Billiglohnländern gegenüber. Im Güterhandel ist Deutschland weltweit der zweitgrößte Exporteur (nach den USA). Seinerseits ist Frankreich das viertgrößte Exportland in diesem Bereich, aber steht an zweiter Stelle (auch nach den USA) für die Ausfuhr von Dienstleistungen. Hinter diesen globalen Ähnlichkeiten verstecken sich aber spürbare strukturelle Unterschiede in bezug auf die räumliche Orientierung des Außenhandels, insofern als die deutsche Wirtschaft verhältnismäßig mehr Handel mit Ländern außerhalb der EU treibt als die französische Wirtschaft, die sich immer noch durch eine relativ geringe Öffnung zu diesen Ländern auszeichnet. Dadurch erklärt sich teilweise, warum der Handel mit den Drittländern für Deutschland wichtiger ist als für Frankreich. Gegebenenfalls auftretende abweichende Positionen von Bonn und Paris bei der EU-Handelspolitik kommen also nicht ganz von ungefähr und sind nicht nur Ausdruck unterschiedlicher ideologischer Hintergründe.

Seit dem Abschluß der letzten GATT-Runde im Jahre 1994 hat sich die Agenda der handelspolitischen Verhandlungen sowieso erheblich verändert. In diesem Zusammenhang wird erkannt, daß neuere Formen der Globalisierung viel an Gewicht gewonnen haben. Das gilt insbesondere für die grenzüberschreitenden Direktinvestitionen, die sich seit Mitte der achtziger Jahre rund doppelt so schnell wie der Welthandel entwickelt haben. Inzwischen ist die französische Wirtschaft unter diesem Gesichtspunkt relativ stärker internationalisiert als die deutsche, was sich zum Teil durch die Konsequenzen der Wiedervereinigung erklären läßt. Teilweise im Zusammenhang mit einer koordinierten »Einwerbungspolitik« ist es Frankreich in den letzten Jahren gelungen, immer mehr ausländische Investoren anzulokken, so daß sich die Bilanz zwischen den ein- und ausfließenden Direktinvestitionen trendmäßig fast ausgeglichen hat. Daß dies in Deutschland dagegen nicht der Fall ist, gibt Bonn Anlaß zu Besorgnis, wie im 1993 erschienenen Standortsicherungsbericht der Bundesregierung zu lesen ist.

Da die Direktinvestitionen eigentlich keinen guten Indikator
für Standortqualität darstellen, sind solche Befürchtungen über
die Konsequenzen der wachsenden Globalisierung auch in Paris
zu finden. Jean Arthuis und Franck Borotra, die nach dem Wahl-
sieg von Jacques Chirac im Jahre 1995 in die Regierung von Premier Alain Juppé – als Wirtschafts- bzw. Industrieminister – berufen wurden, haben im Jahre 1993 als Parlamentarier jeweils für
die Nationalversammlung und für den Senat kurz nacheinander
ein Gutachten zum Thema der Produktionsverlagerungen (»dé-
localisations«) erstellen lassen. Auch wenn in diesen zwei Studien der umstrittene Zusammenhang zwischen inländischer Arbeitslosigkeit und internationaler Standortverlagerung ziemlich
unterschiedlich dargestellt wurde, ist diese Konstellation auf jeden Fall ein deutliches Zeichen für die politische Brisanz, die
dieses Thema auch in Frankreich besitzt.

Ferner müssen die Neo-Merkantilisten in beiden Ländern
feststellen, daß die Verflechtung des weltweiten Kapitalmarktes
der Ethik des Patriotismus widerspricht, und daß sich die »nationalen Champions« immer mehr in heimatlose Unternehmen verwandeln. Deswegen wird es zu einer Hauptaufgabe staatlicher
Politik, die nationalen Standorte zu pflegen, um die international agierenden Unternehmen zu gewinnen oder zu halten.

Freilich bedeutet dieser Standortwettbewerb keinesfalls, daß
Deutschland und Frankreich gezwungen wären, ihr jeweiliges
sozio-ökonomisches Modell schlicht und einfach aufzugeben.
Leider besteht beiderseits des Rheins immer noch die Tendenz,
die außenwirtschaftlichen Beziehungen als Sündenbock für die
inländischen Probleme zu betrachten, obwohl letztere in den
meisten Fällen hauptsächlich durch das Versagen der einheimischen Politik und Verhaltensweisen verursacht werden. So ist im
Frankreich der achtziger Jahre unter einer sozialistischen Regierung das Schlagwort des Außenzwangs (»la contrainte exté-
rieure«) als Rechtfertigung für unpopuläre Maßnahmen systematisch benutzt worden. Auch im Deutschland der bürgerlichen
Koalition ist in den neunziger Jahren regelmäßig die Globalisierung als solche Ausrede instrumentalisiert worden. In Ländern,
die sich bisher durch eine insgesamt erfolgreiche Eingliederung

in die Weltwirtschaft auszeichnen, hätte man allerdings erwarten
können, daß die Globalisierung nicht als Bedrohung und Einschränkung der nationalen Handlungsspielräume, sondern als
Chance und Herausforderung für eine anspruchsvolle Modernisierung der einheimischen Strukturen wahrgenommen wird.

Ingo Kolboom
Unternehmer/Patron

»Der französische Führungsstil, langsam in der Zeit gereift, wird
von den Franzosen als natürlich empfunden, mag er auch im
europäischen Umfeld als überholt wirken. Er hat etwas Obrig-
keitsstaatliches an sich und läßt die Nähe des Staats in der Wirtschaft spüren. Er wurde auch immer kritisiert. Aber angesichts
der nüchternen Führungsweise in deutschen Unternehmen erscheint er gar nicht so abwegig. Hier stimmt die Hierarchie noch,
die Menschen respektieren sich, genießen trotzdem ihre Gestal-
tungsfreiheit und arbeiten nicht weniger.« So heißt es in einer
1994 in Paris veröffentlichten Schrift für deutsch-französische
Führungs- und Personalberatung. Und wenn auch im Gegensatz
zur ersten Auflage dieser Schrift (1987) die Worte Manager und
Führungskraft häufiger genannt werden, so taucht doch immer
wieder das alte, nirgendwo erklärte Wort »patron« für Unternehmer auf. »Im Unternehmen kreist das Bild des Managers, sei
er Elsässer, Südfranzose oder Pariser, stets um das Vorbild des
Patrons, der seiner Sache und Sendung sicher, sich niemals in
Frage stellt.«
   Unsere beiden Sprachen verfügen über mehrere Bezeichnungen für die Repräsentation der Wirtschaft. Aber trotz weitgehender Anomysierung des Kapitals in beiden Ländern bleibt die
traditionell personalisierte Wortgestalt allgemein dominant: in
Deutschland als »Unternehmer« – ergänzt durch den »Arbeitgeber« –, in Frankreich als »patron«. Und wenn in Deutschland
»die Unternehmer« oder »die Arbeitgeber« oder gar »die Wirt-

schaft« in geschlossener Front mit den »Tarifpartnern« verhandeln oder den »Standort Deutschland« beschwören, dann ist es in Frankreich der »patronat«, der als singulares Wirtschaftssubjekt das Gesamt der Unternehmer repräsentiert, zumal die französische Umgangssprache keinen Unterschied zwischen »Unternehmern« und »Arbeitgebern« macht, sondern beide Bedeutungen im »patron« bzw. »patronat« zusammenfaßt.

Die Gründe für die unterschiedliche Begrifflichkeit mit allem, was zu Recht oder zu Unrecht ein Eigenleben als »typisch französischer Patron« oder »typisch deutscher Unternehmer« erlangt hat, liegen in der Entwicklung der unterschiedlichen Gesellschafts- und Wirtschaftsverfassung beider Länder sowie ihrer mentalen Varianten.

Im »Unternehmer« spiegelt sich die stürmische Entwicklung Deutschlands im 19. Jahrhundert wider, die Deutschlands Industrieproduktion zwischen 1870 und 1914 mehr als versechsfachte und sinnbildlich ihre industriellen »Gründer« und »Pioniere« hervorbrachte. Alfred Vierkandt beschrieb diese Entwicklung des deutschen Kapitalismus 1931 in seinem Handwörterbuch der Soziologie als die eines »ökonomischen Rationalismus« mit einer Polarisierung der Lebensführung auf dem Gebiet der Wirtschaft, mit Hilfe derer alles der Gliederung und dem Gegensatz von reinem Mittel und Zweck unterworfen worden sei. In diesem Lichte erhob sich das Wirtschaftsubjekt »Unternehmer« aber nicht als kühler Rationalist, sondern als vitaler »Schöpfer und Leiter der gesamten Güterproduktion« (*Wörterbuch der Volkswirtschaft*, 1911), als »Führer« und Verkörperer industrieller Dynamik; sein »Unternehmensgeist« war der Geist der »Neuerung«.

Durchsetzung und Akzeptanz des »Unternehmers« im allgemeinen Sprachgebrauch illustriert das Auseinanderstreben gesellschaftlicher Teilbereiche im Übergang von der ständischen zur bürgerlichen Gesellschaft: Im Unterschied zum frühneuzeitlichen Feudalherrn wird der bürgerliche Unternehmenschef in erster Linie über seine wirtschaftlich »unternehmende« Funktion definiert, seine »Persönlichkeit« vorwiegend liberal-individualistisch konzipiert: als Beherrscher der technischen und öko-

nomischen Gegebenheiten, emanzipiert von überindividuellen
Bedingungen der Kultur, Tradition, sozialen Herkunft und Religion. Die vom »Unternehmer« abgetrennte soziale bzw. sozial-
politische, später dann auch tarifpolitische Funktion wird in die
separate Kategorie »Arbeitgeber« überführt. Eine ganze Avant-
garde nationalökonomischer und soziologischer Denker hat seit
Ende des 19. Jahrhunderts diesen wirtschaftlichen »Phänotyp
der Stunde« mit wissenschaftlich begründeten Umrissen verse-
hen: Werner Sombart, Kurt Wiedenfeld, Gustav Schmoller,
Max Weber und vor allem Joseph A. Schumpeter, mit dessen
Schriften das »Unternehmer«-Bild als »schöpferische Persönlichkeit« untrennbar verbunden bleibt.

In diesem begrifflichen Ideal-(Selbst-)Bild formte sich ein bür-
gerliches Persönlichkeits-Passepartout, in dem sich der Geist der
»industriellen Moderne« in Deutschland darstellte – in dem aber
auch der »Wirtschaftsführer« der nationalsozialistischen Wirt-
schaftsideologie Entfaltung finden konnte. Die westdeutschen
Gründerjahre im Zeichen des »Wirtschaftswunders« und der von
Ludwig Erhard inkarnierten sozialen Marktwirtschaft haben das
Ihrige dazu beigetragen, das Bild einer »unternehmerischen«
Wirtschaft zu festigen, in der jenseits zerstörter oder gestörter
tradioneller Hierarchien oder sozialer Barrieren jedem Bank-
lehrling der Weg zum Bankdirektor offenstand – wenn er nur
»unternehmerisch tüchtig« war. Dies alles aber vor dem Hintergrund einer realen Wirtschaftsentwicklung, die das Unternehmen an die Stelle des Unternehmers rückte und die kein Geringe-
rer als Schumpeter selbst als wirtschaftlichen, technologischen
und organisatorischen Fortschritt analysierte, der der »unternehmerischen Führungsfunktion« die Grundlagen entziehe.

Der Fortgang der Wirtschaftskrise im vereinten Deutschland
hat erstmals auch das Unternehmertum und sein Selbst-Bild
»schöpferischer Neuerung« in Mißkredit gebracht. Mit den
sprichwörtlichen »Nieten in Nadelstreifen« stehen Unternehmer
in Deutschland einmal nicht als zwar herzlose, aber erfolgreiche
Kapitalisten am Pranger, sondern erstmals schlicht als Versager,
denen der Mißerfolg vorgeworfen wird. So hat in diesem Kontext in den neuen Bundesländern der betrügerische Zusammen-

bruch des Frankfurter Baulöwen Dr. Schneider mehr zur Stereo-
typisierung des Unternehmers beigetragen als jedweder Versuch
einer Wiederbelebung des unternehmerischen Tüchtigkeitside-
als.

Im übrigen wurde gerade in den neuen Bundesländern das
Auseinanderdriften zwischen unternehmerischer Begrifflichkeit
und realer Entwicklung evident. Der Versuch einer Wiederbelebung des Ludwig-Erhard-Mythos scheitert hier an einem von
Treuhand, Großbanken, Konzernen, Investmentgesellschaften,
Wirtschaftsförderungsbürokratien und West-Managern dirigier-
ten Wirtschaftsleben, in dem der selbständige Mittelstand »aus
eigenem Hause« als prägender sozialer Träger des Unterneh-
mertums (noch) keine Auferstehung feiert. Immerhin scheinen
erfolgreiche Jungunternehmer aus dem »Osten« so exotisch, daß
sie eigens dem Bundespräsidenten vorgestellt werden mußten.

Begriffe sind eben mehr als bloße Bezeichnungen; sie sind
komplexe Interpretationen von Realität, sind Umformungen,
Verdrängungen und Projektionen, sind Träger von Wünschen
und sozialen Strategien. Dies zeigt sich auf andere Art, fast anti-
thetisch, am Beispiel des »patron« in Frankreich.

Halten wir zunächst fest, daß seit dem 13. Jahrhundert der
dem späteren deutschen »Unternehmer« direkt entsprechende
französische Begriff »entrepredeur«, später »entrepreneur«
(von »entreprendre« = unternehmen) existiert. In den historischen Wörterbüchern wurde er in diesem Sinne fixiert, und wir
finden ihn in frühen amtlichen Texten seit 1791 als explizite Un-
ternehmerbezeichnung, und inspirierte auch das Englische zum
»entrepreneurship«. Dieser »moderne« Begriff bleibt zwar im
Laufe des 19. Jahrhunderts in den Wörterbüchern bestehen,
wird aber in der Sprachpraxis zur Bezeichnung der Unternehmer
abgelöst von dem feudal-kirchlichen Begriff »patron« =
»Schutzheiliger«. In dieser und verwandten Bedeutungen hat
sich der Begriff seit dem 12. Jahrhundert aus dem lateinischen
»pater« (Vater) bzw. »patronus« (Herr eines Sklaven oder Frei-
gelassenen) entwickelt. Die Übertragung des vorindustriellen
»patron« auf die Ökonomie vollzog sich seit 1830, als in Frankreich die »große Industrie« entstand. Dies gilt auch für das »pa-

tronat«, das bis dahin den »Schutz des Saint-Patron«, ab 1870 auch die Autorität des Unternehmers bezeichnete und seit Ende des 19. Jahrhunderts zum einzigen bis heute gültigen Gattungsnamen in der Bedeutung von »Unternehmerschaft« bzw. »Unternehmertum« avancierte.

Die Refeudalisierung der Arbeitswelt durch den sozialen Paternalismus war eine Antwort auf die Veränderungen der vorindustriellen Arbeitsbeziehungen durch die »große Industrie« und auf die »soziale Frage« als *der* Frage des 19. Jahrhunderts. Dieser Vorgang fand seinen begrifflichen Ausdruck in der Bezeichnung »patron«, dem sozialen Beschützer. Im Gegensatz zum deutschen »Unternehmer« definiert sich der französische »patron« nicht über seine wirtschaftliche Funktion, sondern über sein Autoritätsverhältnis, als »Chef gegenüber seinen Arbeitern und Angestellten«. Was den Paternalismus französischer Unternehmer von dem deutschen Unternehmer abhebt, ist dessen Systematisierung, gesamtgesellschaftliche Verstärkung und begriffliche Fixierung.

Somit entwickelte sich in Frankreich, wo bis ins 20. Jahrhundert hinein eine stabile Dualität zwischen vorindustriell-agrarischen und industriellen Strukturen bestand, unter der Hegemonie traditioneller Wertevorstellungen der unternehmerische »Paternalismus« als liberale oder autoritäre Ideologie der sozialen Fürsorge gegenüber den Arbeitern und wurde zu einem sozialpolitischen Konzept der Unternehmer (»système de patronage«) und damit zu einem integralen Bestandteil des französischen Liberalismus selbst, der das kollektive Arbeitsrecht ablehnte. Diese neofeudale Interpretation der modernen Arbeitsbeziehung konnte hierarchische Abhängigkeit und das Prinzip des absoluten Gehorsams dem Unternehmer gegenüber unter Verstärkung außerökonomischer Zwänge rechtfertigen. Sie wurde in dem Maße entwickelt, wie der »Industrialismus« der vorindustriell-feudalen (gegenseitigen) Loyalität die Grundlagen entzog, sie gestattete zugleich, a priori jede Einmischung der Arbeiter oder des Staates in die innerbetriebliche Ordnung als illegitim zurückzuweisen, was nicht hieß, daß anderweitige staatliche Interventionen zugunsten der Wirtschaft abgelehnt wurden.

Dieser Neo-Traditionalismus im Kontext der Moderne funktionierte auch als eine Korrektur des Ungleichgewichts zwischen der modernen Wirtschaftsbourgeoisie und den vorindustriellen politischen Eliten. Nur so konnte die industrielle Fraktion des Bürgertums ihre eigene Position im sozialen Gefüge der Eliten absichern, zumal mit der wirtschaftlichen Modernisierung das politische Gewicht der traditionellen Mittelklassen zunahm. Dies erklärt, daß gerade die modernen Großindustrien die neofeudale »patronale« Begrifflichkeit in ihren Verbänden systematisierten, zumal sie den Vorteil hat, die sozialen Unterschiede zwischen den Unternehmern selbst zu neutralisieren und die Existenzvernichtungen kleiner und mittlerer Familienbetriebe begrifflich zu verschleiern: Der populäre Begriff »patron«, idealiter ein »petit patron«, wurde der letzte Ort, in dem die gerade seit den fünfziger Jahren schrumpfende Welt des traditionellen Mittelstandes vergrößerte Heimstatt fand.

Darüber hinaus erwies sich seit der Volksfront und Massenstreikbewegung von 1936 der populäre Begriff »patron« als nützlich gegenüber einer sozialistisch-kommunistisch geführten Arbeiterbewegung, die kein positives Unternehmerbild pflegte, den »petit patron« aber schätzte (wer will keiner sein?), und gegenüber den kleinen Unternehmern, die gegen die »200 großen Familien« in der Wirtschaft aufmuckten.

Eine neue Entwicklung vollzog sich in den achtziger Jahren durch die doppelte »Ökonomisierung« der französischen Sozialisten: einmal durch die Verstaatlichungswelle, die eine linke Wirtschaftselite schuf, und dann durch die unerwartete Glorifizierung des Marktes durch die Mitterrand-Linke, die auch die Entstaatlichung von Rundfunk und Fernsehen durchsetzte. Der Kult um den Selfmademan, Tausendsassa und Millionär Bernard Tapie, der es bis zum Mitterrand-Minister schaffte, illustrierte diesen Nachholkomplex der französischen Linken in Sachen Wirtschaft. Dabei blieb der »patron« eine allseits populäre Gestalt – ganz im Gegenteil zu den »cadres«, als welche sich die höheren Führungskräfte immer weniger gern bezeichnen. Zwar änderte sich das reale Unternehmerprofil radikal, aber »die feste Hand des ›Patrons‹ in Frankreich (ist) unverändert nützlich.

Sie ist nicht nur zulässig, sondern erwünscht und vereinfacht die
Führung und den Entscheidungsprozeß«, so notiert die eingangs
zitierte Schrift über »Führungskräfte in Frankreich« aus dem
Jahre 1994. Welcher der auf den streng hierarchisierten staatlichen Eliteschulen (Grandes Ecoles) ausgebildeten linken Führungskräfte würde dem widersprechen? »Unternehmer« und
»patron« – beide Begriffe sind Kinder, Träger, Stifter und Tätige
der industriellen Moderne in Deutschland und Frankreich. Während der deutsche Industrielle als »Unternehmer« den Gestus
eines Herolds der Moderne annahm, wählte sein französischer
Kollege als »patron« die neofeudale Mimikry. Fortbestehen und
Akzeptanz beider Begriffe unter den Bedingungen der schon von
A. Vierkandt 1931 prognostizierten »Entmenschlichung der Arbeit« durch den »Rationalismus auf dem Gebiet der Wirtschaft«
lassen die abschließende Frage aufkommen, ob die Begriffe
»Unternehmer« und »patron« heute nicht gleichermaßen ein no-
stalgischer Ort des heimlichen Widerstands gegen die globale
Entwicklung der »Entmenschlichung« in der Wirtschaft sind. Das
semantische Signal beider Begrifflichkeiten entfernt sich jedenfalls gleichermaßen von der Wirklichkeit, so wie auch Bernard
Tapie nur eine schnell verglühende, aber vielbestaunte Stern-
schnuppe am Wirtschaftshimmel war.

Jacques Pateau
Management

Management ist die Kunst, ein Unternehmen oder eine Organisation zu leiten. Bei unserem deutsch-französischen Vergleich
wollen wir uns auf eine der Grundfragen des Managements kon-
zentrieren: das Autoritätsverhältnis zwischen den Akteuren als
Vorgesetzte und Untergebene insbesondere bei der Vorbereitung, der Findung und der Umsetzung von Entscheidungen. In
den letzten vierzig Jahren galten zunächst amerikanische, dann
japanische Führungsmodelle weltweit als vorbildlich. Ein Vergleich deutscher und französischer Managementstile führt un-

weigerlich zur Frage nach Konvergenz oder Divergenz: Beobachten wir im Verlauf der Globalisierung auch eine Angleichung der Unterschiede oder bestehen starke Besonderheiten fort, die durch Kultur, Bildungswesen und Gesellschaft bedingt sind, aber durch das Verhalten der Akteure im System relativiert oder verändert werden können?

Alle empirischen Managementstudien zeigen deutlich, wie unterschiedlich eine vorgeblich universelle Theorie in den verschiedenen Kulturen umgesetzt wird. Eine oberflächliche Betrachtung der Managementmoden in beiden Ländern (Management by ...) könnte die Unterschiede für nebensächlich halten: Management durch Mitwirkung, Qualitätsmanagement, Reengineering etc. werden in gleicher Weise in den Betrieben proklamiert. Aber bereits das vor Jahrzehnten von Drucker, einem der amerikanischen Managementpäpste, geforderte *Management durch Zielvereinbarung* hatte in beiden Ländern keineswegs die gleichen Auswirkungen. Dieses Verfahren setzt bei den Mitarbeitern eines Unternehmens gewisse tief in der amerikanischen Kultur verwurzelte Grundeinstellungen voraus:
– tatsächlich mit einem Vorgesetzten verhandeln können;
– sich durch Leistung hervortun wollen;
– Risikobereitschaft zeigen.
Die deutsche Version des Managements durch Zielvereinbarung führt zu einer Umgestaltung des ursprünglichen Modells. Sie betont die Rolle des Teams bei der Festlegung der Ziele und reduziert damit das persönliche Risiko. Das deutsche Verfahren des kollektiv gefundenen Kompromisses, ein Grundpfeiler der deutschen Kultur, ist auch in diese Managementtechnik eingegangen, so daß sie sich in *Führung durch Zielvereinbarung* gewandelt hat. In Frankreich wird sie zur *Partizipatorischen Führung durch Zielvereinbarung*, einer Wunschvorstellung der Achtundsechziger. Sie blieb insofern illusionär, als sie zwar dem alten Gleichheitsstreben der französischen Gesellschaft entsprach, aber in nichts die tatsächliche Abhängigkeit von der Autorität des Vorgesetzten berücksichtigte, die zwar heftig kritisiert wird, aber personenbezogen bleibt. Die in Frankreich übliche hierarchische Distanz kommt den Bedürfnissen der Untergebenen

ebenso entgegen wie denen der Chefs; eine Verinnerlichung gemeinsam getroffener Zielvorgaben entspricht einfach nicht der französischen Kultur.

Das Prinzip der Matrixorganisation bietet ein zweites Beispiel für die Schwierigkeit, pseudo-universale Techniken bestimmten Kultursystemen zu implantieren. Diese Organisationsform, die für jeden Untergebenen mindestens zwei Vorgesetzte vorsieht, beruht darauf, daß sich zumindest zwei Linien ständig kreuzen müssen, beispielsweise eine funktionale Ebene, die verschiedene Länder betrifft, und eine operationelle Ebene, die sich auf verschiedene Produkte bezieht.

Auf der französischen Seite wird diese doppelte Abhängigkeit oft als Element der Spaltung und des ständigen Kräftemessens empfunden, das Zeit kostet, Verzögerungen verursacht oder sogar Entscheidungen verhindert. Die Deutschen betonen nach unseren Untersuchungen dagegen eher die Stärkung der kollektiven oder kollegialen Seite der Vorgänge und bestehen darauf, daß die Rollen und Zuständigkeiten genau zu definieren sind. Viele vertreten die Ansicht:»Je mehr Leute über eine Entscheidung nachdenken, desto größer ist die Wahrscheinlichkeit, daß sie auch die richtige ist«.

Man darf also feststellen, daß die vorgeblich universalen Managementmethoden durch die jeweiligen Kulturen in deren Sinne korrigiert werden. Wenn aber diese Kulturen aufeinandertreffen oder in Konflikt geraten, wie dies bei allen deutsch-französischen Unternehmen der Fall ist, welche immer häufiger aus Fusionen und Joint-ventures hervorgehen, treten unweigerlich Schwierigkeiten auf. Die Akteure der betroffenen Organisationen haben nie gemeinsam über ihre alltägliche Routine und die Methoden künftiger Zusammenarbeit nachgedacht. In sämtlichen Bereichen (beim Militär, bei der grenzübergreifenden Verwaltungszusammenarbeit, in der Industrie, im Dienstleistungsbereich...) stellt man paradoxerweise fest, daß Franzosen und Deutsche sich gegenseitig eine Überbetonung der Hierarchie im Managementstil des anderen vorwerfen. Wie ist dies zu deuten?

Wenn Franzosen das Management à l'allemande erklären wol-

len, sprechen sie zunächst von Organisation; sie betonen meist
die übermäßigen Kompetenzabgrenzungen, die weitgehende
Fragmentierung der Aufgaben, die in ihren Augen zu starre
Festlegung von *Zuständigkeitsbereichen*, die gewiß zur perfekten
Deckungsgleichheit von Funktion, Person, Verantwortungsbe-
reich und Entscheidungsfähigkeit auf Mikroebene führt, die
aber zugleich jede schnelle Entscheidungsfindung erschwert,
umfassende Visionen ausschließt und vor allem die Verknüpfung verschiedener Aufgaben verhindert. Die Vorteile eines solchen Systems liegen auf der Hand. Der Entscheidungsprozeß
nötigt zur Konsensfindung, die auf das Zusammenführen der
verschiedenen Zuständigkeitsbereiche nicht verzichten kann;
die Organisationspläne sind relativ transparent, die Delegation
von Entscheidungsbefugnissen wirkungsvoll. Aber auch viele
deutsche Unternehmen haben in der Zwischenzeit die Schwächen dieses *Kästchendenkens* erfahren und machen deshalb immer neue Versuche, *Teamorganisation* einzuführen oder eine
fraktale Fabrik zu schaffen, die über die bloße Logik des *Fach-
manns* hinausführt, welcher von sich aus wenig Neigung zum horizontalen Vorgehen des *vernetzten Denkens* zeigt.

Wenn deutsche Mitarbeiter über das hierarchische Management à la française diskutieren, betonen sie die Macht von Individuen: ihnen fällt vor allem die Willkür dieser Macht auf, das
patronale Denken, das Fehlen jeglicher wirklicher Delegation
und vor allem die Mißachtung von Entscheidungen, die Arbeits-
gruppen im Konsens gefunden haben. Die Nachteile dieses Systems liegen in der Schwierigkeit, sich mit Entscheidungen zu
identifizieren, die von zu weit oben hereinbrechen, und in der
ständigen Ungewißheit über den tatsächlich bestehenden Handlungsspielraum. Die Strategien der einzelnen beziehen sich deshalb mehr auf Personen als auf Systeme; es ist deshalb im
Umkreis eines französischen Managers unerläßlich, ständig im-
plizite Kommunikation als *politisches Kalkül* zu üben.

Der Entscheidungsprozeß folgt also in unseren beiden Ländern einer von Grund auf gegensätzlichen Logik, die man so auf
den Punkt bringen könnte: agieren versus reagieren. Das Ergebnis ist ein komplexes Gleichgewicht zwischen Zwängen und Frei-

heitsspielräumen: in der Phase der Entscheidungsfindung ist die
Freiheit oder, mehr noch, die Fähigkeit, Vorschläge in der Hoffnung zu machen, daß diese auf höherer hierarchischer Ebene
auch zur Kenntnis genommen werden, in Deutschland sicher
größer als in Frankreich. Der Glauben an das effiziente Ingang-
setzen einer Aktion durch Kumulierung einer Vielzahl von
Kompetenzen, die von der Hierarchie anerkannt und damit zur
Geltung gebracht werden, ist in Deutschland tiefer verankert als
in Frankreich, wo wir ein viel höheres Maß von Resignation oder
Herumtasten, häufig auch schwankendes Zögern beobachten
können. Wenn die Entscheidung dann aber einmal gefällt ist,
scheint ihre Umsetzung auf der französischen Seite oft flexibler
und angemessener. Je nach Situation kann das in Form von Widerspruch, Aufstand und Ablehnung erfolgen oder in kreativer
Anpassung an die realen Verhältnisse.

So wichtig der Beitrag der Organisationssoziologie und Herbert Simons Begriff der begrenzten Rationalität auch sein mögen, muß doch nachdrücklich darauf hingewiesen werden, daß
die deutsch-französischen Unterschiede im Management vor allem aus einer anderen Einstellung zur Autorität hervorgehen,
die auf gegensätzliche kulturelle Orientierungen zurückzuführen ist. Entscheidend ist hier, daß Deutschland durch das Fortbestehen einer Gemeinschaftskultur geprägt ist, einer Kultur des
kleinen Territoriums, des Zwergstaats, der *verspäteten Nation*.
Sie führt dazu, daß in einem beschränkten Raum, wo jeder die
anderen gut kennt, die Autorität durch einen Chef verkörpert
wird, der traditionell meist gewählt wurde als *primus inter pares*,
wenn man an die ursprüngliche Organisationsform germanischer
Stämme – aber auch in gewisser Hinsicht an die Funktionsweise
von Aktiengesellschaften – denkt, und eine von jedermann anerkannte Autorität ausübt. Da diese Autorität so nahegelegen ist,
wird sie leicht von den einzelnen, die keinerlei Veranlassung haben, sich grundsätzlich gegen sie aufzulehnen, verinnerlicht. In
dieser Gemeinschaftskultur muß jedes Individuum im Interesse
der Gruppe eine genau bestimmte Funktion ausüben, die von
jedermann begriffen und anerkannt wird, um das Überleben und
den Wohlstand der Gemeinschaft zu gewährleisten. Um weiter-

zukommen, muß jede Gruppe sämtliche ihr zur Verfügung stehenden Kompetenzen zu einem, dann als *verbindlich* geltenden, Konsens zusammenführen. Dieser verpflichtet die Mitglieder der Gruppe untereinander und verknüpft die Einzelaufgaben eng miteinander. Diese Art der Autorität ist deshalb nicht nur nahe und verinnerlicht, sondern auch funktional und spezialisiert. Die gewissenhafte Erfüllung der jedem einzelnen übertragenen Aufgabe, die Sachkompetenz jedes Spezialisten schafft so die Grundlagen eines Managementstils, der auch heute noch in deutschen Unternehmen vorherrscht. Schlüsselbegriffe des deutschen Managements wie *Auseinandersetzung, Abstimmungsgespräche, Entscheidungsfindung* oder gar *verbindlich* lassen sich nur mit langwierigen Umschreibungen ins Französische übertragen.

Das französische Territorium entwickelte sich dagegen früh zum Nationalstaat. Die Vereinheitlichung Frankreichs vollzieht sich vom Zentrum aus durch Politik, Religion aber auch durch das Bildungs- und Verwaltungssystem und vertieft sich unabhängig von den jeweils herrschenden Regimen kontinuierlich weiter. Die Kapetinger, die Revolution mit ihrem Jakobinertum und der Aufteilung Frankreichs in Departements, Napoleon mit seiner Rechtsprechung verstärken einen Zentralismus, zu dem auch die Vereinheitlichung des Schulsystems, die Schaffung der napoleonischen Elitehochschulen oder die Bildungsreform Jules Ferrys beigetragen haben, die mit Einführung eines weltanschaulich neutralen, kostenlosen und für alle verbindlichen Schulsystems die gleichen Lehrstoffe und Wertvorstellungen einheitlich in ganz Frankreich verbreitete. Im Laufe der Jahrhunderte und unter allen politischen Regimen haben sich die Franzosen daran gewöhnt, von einer mächtigen und fernen Autorität abhängig zu sein, für die die Hauptstadt Paris ebenso symbolisch ist wie in den Unternehmen die Zentrale oder der nur als PDG bezeichnete »président-directeur général«. Norbert Elias hat die anhaltenden Auswirkungen der von einem einzigen Zentrum aus dominierenden höfischen Gesellschaft auf die französischen Verhaltensformen zutreffend analysiert. Die außerordentliche Rolle von Versailles hat zur Entwicklung von Verhaltensformen und Werten geführt, wie sie in der klassischen Literatur des 17. Jahrhunderts bei Corneille, Racine, La Rochefoucault und La Bruyère zum Ausdruck kommen und Teil der französischen Kultur geworden sind. Die Aristokraten verbringen sechs Monate bei Hofe und sechs Monate in ihrer Provinz und verbreiteten damit rasch ein Modell, das von der Bourgeoisie, die nur davon träumte, sich ihrerseits wie Molières Bürger als Edelmann distinguiert verhalten zu können, nach ihrer Machtübernahme in der Revolution übernommen wurde. In einer solchen Kultur kommt es selbstverständlich vor allem darauf an, sein Verhalten klug und nuanciert zu kalkulieren, sich geschickt in bezug auf die Mächtigen zu positionieren, die anderen zu beobachten, seine Leidenschaften zu beherrschen, das Prestige des Stils und der Etikette zu nutzen, kurz all jene Künste zu entwickeln, die als Diplomatie à la française gilt. Man hört deshalb so oft in deutschen Unternehmen: *Die Franzosen sind Politiker und Diplomaten.*

Anders als die deutsche Gemeinschaftskultur, die sich systematisch auf ihre Fachleute und Experten verläßt, führt die französische Kultur zu zwei sich ergänzenden Tendenzen, deren Zusammenwirken im Ausland nicht immer richtig verstanden wird. Die erste ergibt sich aus der Abhängigkeit von einem mächtigen, aber fernen Zentrum und der Vorherrschaft der Generalisten. Im Unternehmen führt dies zur Willkür der Macht, die die Fehlentwicklung vieler Gesellschaften in der Hand eines einzigen Mannes verursachte, der als allmächtiger PDG von Vorstand und Aufsichtsrat kaum kontrolliert und in Frage gestellt wurde. Es führt zum Fehlen wirklicher Kompetenzübertragungen und einer kulturellen Neigung vieler Entscheidungsträger, sich in einsamer Machtausübung zu verschließen, die durch eine egoistische Entourage, die lieber Schmeicheleien als Rat erteilt, noch verstärkt wird. Dies ist aber nur der eine Aspekt des Verhältnisses zu Autorität in Frankreich.

Denn im Laufe der Jahrhunderte haben es die Franzosen ebenso gut gelernt, sich gegen einen absoluten, aber fernen Machtanspruch abzuschirmen und Gegenkräfte zu entwickeln, die in Murren, Protest, Aufstand oder in passivem Widerstand zum Ausdruck kommen. Die Franzosen haben gelernt, eifersüchtig ihre Unabhängigkeit zu wahren. Anders als im Konformismus der funktionalen, hochspezialisierten deutschen Autorität wird in Frankreich eine scheinbar absolute, aber diffuse Autorität ständig in Frage gestellt; dieser Widerstand bremst unweigerlich die Umsetzung ihrer Entscheidungen. Wir stoßen hier an den Nerv der Autorität von außen, die die französische Kultur des Dissenses prägt, während die Verinnerlichung der deutschen Autorität zur ständigen Suche nach Konsens nötigt. Die deutsche Kultur ist aktionsorientiert, während die französische Dissenskultur auf Reaktionen bezogen ist, die sich gegen den von oben kommenden Druck erheben. Derartige Gegensätze führen in deutsch-französischen Unternehmen unweigerlich ebenso zur Verwirrung wie in der Verwaltung.

Trotz aller demonstrativen Bemühungen um *management of change* scheinen uns diese grundlegenden Merkmale im Managementstil beider Länder von Dauer zu sein. Die Legitimität der Machtausübung durch französische Manager wird durch ihre weitgehende Herkunft aus den Grandes Ecoles, den brillante Generalisten schulenden Elitehochschulen mit ihrem Korpsgeist, noch zusätzlich gestärkt. Die Merkmale des oben skizzierten französischen Entscheidungsprozesses – rasche und globale Entscheidungen von oben, die vor Ort auf unterer Ebene korrigiert werden – werden durch dieses Gefälle der Bildungsgänge und durch den Graben, der Führungskräfte von den einfachen Angestellten und Arbeitern (cadre/non-cadre) trennt, noch verstärkt. Dies gilt allerdings in kleinen und mittleren Unternehmen in geringerem Maße.

In Deutschland ist das Wort *Macht* dagegen verpönt. Die Manager gebrauchen es nicht gerne und sprechen lieber von *Mitarbeitergesprächen*, wenn es darum geht, hierarchische Beziehungen einzusetzen. Die Generationen deutscher Manager, die an diesem Jahrhundertende in ihre Positionen einrücken, sind stark durch antiautoritäre Erziehung geprägt. Sie sind auch später und auf anderen Wegen in ihre Funktionen aufgestiegen als ihre französischen Kollegen. Zunächst als Fachleute ausgebildet, suchen sie unweigerlich nach der oft viel zu langwierigen Logik des Konsenses. Ein solches Heranreifen der Entscheidung hat allerdings den Vorzug, daß sie dann wortgetreu durch Mitarbeiter umgesetzt wird, die sich ohne Schwierigkeiten mit einem Projekt identifizieren, zu dem sie selbst beigetragen haben.

Geschichte, Bildungswesen und grundlegende Organisationsformen führen also dazu, daß französischer und deutscher Managementstil auch in Zukunft unterschiedlich bleiben werden. Doch sollte man sich bei der Beurteilung konkreter Situationen nicht auf solche Kulturunterschiede fixieren. Manch andere Faktoren kommen ins Spiel: das psychologische Profil einzelner Akteure, deren Strategien, Betriebsgröße, Unternehmens- und Fachkulturen, regionale Besonderheiten und selbstverständlich auch Teilangleichungen durch Globalisierung. Dennoch bleibt der interkulturelle Vergleich und seine Diskussion in der Praxis der beste Weg, französischen und deutschen Managern zu gemeinsamer Handlungsfähigkeit im Team zu verhelfen: die Freiheit des einzelnen besteht darin, kulturelle Determiniertheiten insofern zu überwinden, als er die Unterschiede nicht mehr nur als Hindernisse, sondern als Chance sieht, in deutsch-französischer Komplementarität neue Kräfte zu entwickeln.

René Lasserre
Gewerkschaften / Syndicats

Sowohl in Frankreich als auch in der Bundesrepublik Deutschland sind die Gewerkschaften rechtlich und praktisch als legitime Interessenvertretungsorgane der Arbeitnehmer anerkannt und spielen folglich bei der Gestaltung der wirtschaftlichen und sozialen Ordnung eine maßgebende Rolle. Jedoch weisen die Gewerkschaftsbewegungen beider Länder große Unterschiede auf hinsichtlich der Organisationsprinzipien sowie der Zielsetzungen und Formen gewerkschaftlichen Handelns. Es besteht ein solcher Kontrast, daß man in vielerlei Hinsicht von zwei antithetischen »Gewerkschaftsmodellen« sprechen kann, welche sich in der Perspektive der Europäischen Union nicht etwa annähern,

sondern aus denen sich weiterhin, trotz gemeinsamer Herausforderungen und Interessen, unterschiedliche Handlungsstrategien
und gesellschaftspolitische Konzeptionen entwickeln.

Die französische Gewerkschaftsbewegung und ihr deutsches
Pendant sind sich jedoch nicht vollkommen fremd, da sie sich
weitgehend am gemeinsamen Ideengut der europäischen sozialistischen Bewegung orientieren. Dennoch sind sie Bestandteil
von zwei unterschiedlichen sozialen Kulturen, die ihrerseits Produkt ihrer jeweiligen Geschichte sind.

Die französische Gewerkschaftsbewegung steht seit ihren Anfängen, die bis ins letzte Viertel des 19. Jahrhunderts zurückreichen, unter dem Zeichen des Pluralismus.

Pluralismus der Organisationsformen: Berufsgewerkschaften,
lokale Gewerkschaften mit den Arbeiterbörsen und Industrie-
gewerkschaften existierten bis zum Auftauchen der Angestell-
ten- und Beamtengewerkschaften lange Zeit nebeneinander.
Ideologischer Pluralismus: Anarchisten, Marxisten und reform-
orientierte Gewerkschafter unterschiedlicher politischer Richtung rivalisierten schon vor 1914 in der CGT. Seit 1920 führte die
Trennung von Kommunisten, Sozialisten und christlichen Ge-
werkschaftern durch zahlreiche Aufspaltungen im Laufe der
Jahre zur Existenz von vier miteinander konkurrierenden Gewerkschaftsorganisationen. Diese Spaltung in Richtungsgewerk-
schaften hatte natürlich niedrige Mitgliederzahlen zur Folge:
Selbst in den günstigsten Phasen überstieg der Organisationsgrad
kaum 25 Prozent und sank in der letzten Periode sogar auf unter
10 Prozent. Die französische Gewerkschaftsbewegung ist – gewissermaßen naturbedingt – eine Minderheitsbewegung.

Darüber hinaus ist die französische Gewerkschaftsbewegung
bis in ihre gemäßigten Tendenzen hinein nach wie vor relativ
stark geprägt durch eine Tradition des Klassenkampfes und eine
Position außerhalb der etablierten sozialen Ordnung. Diese Tradition wurzelt in der ursprünglichen Lehre des Anarchosyndika-
lismus und in den Grundprinzipien der Charte d'Amiens von
1906, denen zufolge die Gewerkschaft nicht so sehr ein Instrument zur Förderung der Arbeiterinteressen ist als vielmehr eine
agierende Minderheit, die sich als Faktor der Veränderung des

kapitalistischen Systems und als Keimzelle einer zukünftigen
Gesellschaft auffaßt. Selbst wenn sich die französischen Gewerkschaften seit langem nicht mehr auf die revolutionäre ge-
werkschaftliche Praxis berufen und auf vielfältige Weise am wirtschaftlichen und sozialen Leben mitwirken, so begegnen sie dem
sozialen Dialog doch nach wie vor mit Mißtrauen und bleiben in
erster Linie auf Autonomie bedacht. Ihr Handeln konzentriert
sich weitgehend auf die Geltendmachung von Ansprüchen bzw.
auf die Erhaltung von Besitzständen, und dies auf Kosten jeglicher Form von Engagement oder Mitwirkung, die ihre Handlungsfreiheit einschränken könnte. Sie verweigern in der Regel
jede konstruktive Zusammenarbeit mit den Arbeitgebern oder
dem Staat, die eine Mitverantwortung implizieren könnte.

Die deutsche Gewerkschaftsbewegung entstand unter ganz
anderen Bedingungen, da sie sich quasi von Anfang an als Massenbewegung in enger Verbindung mit der Sozialdemokratie
konstituierte. Nach der Aufhebung des Bismarckschen Verbots
im Jahre 1890 und im Kontext der beschleunigten Industrialisierung Deutschlands um die Jahrhundertwende gaben die deutschen Gewerkschaften der modernen Form der Industriege-
werkschaft den Vorzug und schufen bereits vor 1914 mächtige,
leistungsfähige Organisationen.

Erst mit Ende der Weimarer Republik und während der großen Krise schwächten Streitigkeiten zwischen Sozialdemokraten
und Kommunisten sowie Rivalitäten mit den christlichen Gewerkschaften die Gewerkschaftsbewegung und führten schließlich zur Kapitulation vor den Nationalsozialisten. Die Gewerkschaftsbewegung der Nachkriegszeit zog aus dieser bitteren Erfahrung die Konsequenzen. Ihre Neuentwicklung basierte auf
parteipolitischer Neutralität und der fast vollständigen Entwicklung der Einheitsgewerkschaft. Dies kommt darin zum Ausdruck, daß allein die große Mehrheitsbewegung des DGB
9,3 Millionen Mitglieder, d. h. fast 35 Prozent aller deutschen
Arbeitnehmer vereinigt.

So sehr die französischen Gewerkschaften lange Zeit den
Kompromiß und die Integration im Namen einer utopischen Zukunft zurückwiesen, so sehr strebte die deutsche Gewerkschafts-

bewegung frühzeitig die Verbesserung der unmittelbaren Lebensbedingungen der Arbeiter und die Durchsetzung sozialer
Rechte innerhalb der existierenden Gesellschaft an. Während
sich die französischen Gewerkschaften zu Anfang des Jahrhunderts fieberhaft auf den Generalstreik vorbereiteten, der den
Kapitalismus von heute auf morgen kippen sollte, räumten die
deutschen Gewerkschaften aus Realitätssinn und Sorge um Leistungsfähigkeit schon ganz entschieden den Tarifverhandlungen
Vorzug ein. Und in der Folge ließen die deutschen Gewerkschaften nicht nach bei ihrem Kampf um Wirtschaftsdemokratie und
Ausweitung der Mitbestimmungsrechte der Arbeitnehmer bei
Entscheidungen, die ihr Arbeitsleben unmittelbar betreffen. In
dieser Hinsicht stellt die deutsche Gewerkschaftspraxis keinen
Bruch mit der existierenden sozialen Ordnung dar, sondern
orientiert sich am Konzept der Kontrolle wirtschaftlicher Macht
auf gleichberechtigter Basis, was sowohl Kooperationsbereit-
schaft als auch Übernahme sozialer Verantwortung impliziert.

Aus diesen unterschiedlichen Grundelementen der gewerkschaftlichen Identität französischer und deutscher Prägung ergibt sich eine sehr stark kontrastierende soziale Praxis in beiden
Ländern. Die Vielfalt wie die Schwäche der französischen Gewerkschaftsorganisationen und ihre mangelnde Bereitschaft zu
Kompromissen und der damit einhergehenden Mitverantwortung stehen einer tatsächlichen Tarifautonomie im Weg, wie sie
in der Bundesrepublik wahrgenommen wird. Die fehlende Dia-
logbereitschaft der französischen Gewerkschaften kommt auch
darin zum Ausdruck, daß sie dem Arbeitskampf Vorrang einräumen gegenüber der Kompromißsuche. Im Unterschied zur Bundesrepublik, wo der Streik nur als letztes Mittel zum Einsatz
kommt, stellt der Arbeitskampf in Frankreich gewissermaßen
eine jedweder Verhandlung vorausgehende Etappe dar.

Diese hartnäckige Zurückhaltung der französischen Gewerkschaften hinsichtlich des sozialen Dialogs findet sich ebenfalls
auf betrieblicher Ebene wieder, wo man es im Unterschied zu
den deutschen Interessenvertretungen vorzieht, die Entscheidungen des Arbeitgebers anzufechten und jede Form der Mitbestimmung zurückweist.

Die mangelnde Bereitschaft zum sozialen Dialog charakterisiert jedoch in Frankreich nicht allein die Gewerkschaften, sondern ist auch auf Arbeitgeberseite noch weit verbreitet, insbesondere in den kleinen und mittelständischen Unternehmen. Dieser »negative« Konsens führt zu politischen Konsequenzen: Er macht das ständige Eingreifen des Staates erforderlich, der in der Praxis den wirklichen Ordnungsfaktor in den sozialen Beziehungen darstellt. Im Unterschied zur Bundesrepublik Deutschland, wo der Staat sich darauf beschränkt, allgemeine Spielregeln und Mindestarbeitsbedingungen festzusetzen, greift der Staat in Frankreich auf vielfältige Weise, ja sogar als permanent berufener Schlichter unmittelbar in die Tarifpolitik ein und regelt als Gesetzgeber alle wichtigen Bereiche des Arbeitslebens.

Während sich die Gewerkschaften in der Bundesrepublik darum bemühen, alle ihr zur Verfügung stehenden Mittel so effizient wie möglich einzusetzen, um eigenständig die Vertretung der Arbeitnehmerinteressen zu gewährleisten, führen in Frankreich die Schwäche der Organisationen und die mangelnde Bereitschaft zur Mitverantwortung die Gewerkschaften dazu, den sozialen Fortschritt dem Staat zu überantworten. Diese dem Staat eingeräumte Vorrangstellung in den Arbeitsbeziehungen wirkt sich wiederum nicht gerade fördernd auf das Verantwortungsbewußtsein wie auch auf die Legitimität der Gewerkschaftsorganisationen aus.

Letztendlich haben wir es in der Tat mit zwei gegensätzlichen Auffassungen der Gewerkschaftsbewegung zu tun. Auf der einen Seite betrachtet man die Gewerkschaft als aufgeklärte Minderheit, die lediglich ein Minimum an Verantwortung innerhalb der gegebenen sozialen Ordnung übernehmen will und dafür sogar ein geringeres Maß an Einfluß und Leistungsfähigkeit in Kauf nimmt. Auf der anderen Seite hingegen gilt die Gewerkschaft als Massenbewegung, deren Aufgabe darin besteht, die Gesamtheit der Arbeitnehmer zu vertreten, und die sich darum bemüht, deren Interessen und Rechte innerhalb einer ausgewogenen Gesellschaft unter Einsatz aller zur Verfügung stehenden Mittel zu verteidigen.

Der Kontrast zwischen diesen beiden Tendenzen scheint nicht

an Schärfe zu verlieren. Zwar sind die Gewerkschaften in
Deutschland und Frankreich, wie in allen Industrieländern, mit
den sozialen Auswirkungen des wirtschaftlichen Strukturwan-
dels unmittelbar konfrontiert. Die anhaltende Beschäftigungs-
krise, die Senkung der Arbeitskosten und die Einschnitte im Sozialstaat betreffen die Gewerkschaften sowohl in ihrer Substanz
als auch in ihrer Durchsetzungsfähigkeit. Trotz anscheinender
Konvergenz gehen die deutschen und französischen Gewerkschaften unterschiedliche Wege. Während es den deutschen Gewerkschaften trotz wachsender Anpassungsprobleme gelungen
ist, durch zähes Verhandeln und pragmatische Kompromißfin-
dung ihre Macht und ihren Einfluß im Kern zu erhalten, zeigte
die Kontinuität des französischen Gewerkschaftsmodells zunehmend ihre Grenzen. Die Diskrepanz zwischen Forderungsmaxi-
malismus und wirtschaftlichen Sachzwängen, der Gegensatz zwischen permanent zur Schau getragener Konfliktbereitschaft und
tatsächlicher Durchsetzungsfähigkeit haben nach und nach die
Glaubwürdigkeit der Organisationen unterhöhlt. Sie erklären
den alarmierenden Mitgliederschwund und die tiefe Vertrauens-
krise, die die französische Gewerkschaftsbewegung seit den
achtziger Jahren durchmacht und die zu ihrem kontinuierlichen
Machtverlust führte. Versuche, wie die der CFBT, im Dialog mit
fortschrittlichen Unternehmern und reformistischen Teilen der
Regierung neuartige Antworten auf die Herausforderungen der
Krise zu finden, blieben Minderheitspositionen.

Dieser Gegensatz sowohl in den Konzeptionen als auch in den
konkreten Strategien gewerkschaftlichen Handelns steht der
Entwicklung einer konzertierten Gewerkschaftspolitik im Rahmen der europäischen Wirtschafts- und Währungsunion spürbar
im Wege. Die Schwierigkeiten beim vielleicht sogar unmög-
lichen Brückenschlag zwischen den Gewerkschaften auf beiden
Seiten des Rheins bilden eines der wichtigsten Hindernisse für
die notwendige Gestaltung eines europäischen Sozialstaates.

Wolfgang Neumann
Sozialstaat

Der Übergang in das 21. Jahrhundert wird sich wohl auch als Wendepunkt einer wohlfahrts- und sozialstaatlichen Politik erweisen, die in bemerkenswerter Weise die zweite Hälfte des 20. Jahrhunderts geprägt hat. Es waren vor allem die Jahrzehnte nach dem Ende des Zweiten Weltkriegs, jene »dreißig glorreichen« Jahre (J. Fourastié), in denen Frankreich den Sprung in die industriegesellschaftliche Moderne vollzog und die Bundesrepublik Deutschland ihr »Wirtschaftswunder« erlebte, die vom Ausbau des Sozialstaats bestimmt wurden. Mehr noch: Als ebenso verläßlicher wie unerläßlicher Garant gesellschaftlichen Zusammenhalts begründet der soziale Wohlfahrtsstaat in beiden Ländern eine neue Legitimationsbasis politisch-demokratischer Herrschaft. In der Bundesrepublik Deutschland etwas früher, in Frankreich etwas später, in beiden Ländern aber in entscheidender Weise, löste der Sozialstaat die macht- oder nationalstaatliche Führung der politischen und gesellschaftlichen Ordnungen ab.

Die konkrete Ausgestaltung des sozialen Wohlfartsstaates in beiden Ländern zeigt bemerkenswerte Gemeinsamkeiten aber auch auf charakteristische Ungleichzeitigkeiten. Gemeinsam ist beiden die Option im Kernbereich sozialer Sicherung für das sogenannte »Bismarck-Modell« mit seiner Betonung des Versicherungsprinzips, der Beitragsfinanzierung und der Selbstverwaltung durch die Sozialpartner. Durchaus vergleichbar ist auch die grundlegende Architektur dieser Systeme und die darin angelegte Dynamik des Ausbaus: Der Kernbereich sozialer Sicherung umfaßt alle Erwerbstätigen und ihre Familien; er wird schrittweise ausgeweitet, d. h., staatlich finanzierter sozialer Hilfe bzw. privater Vorsorge kommt in dieser Konzeption nur residuale, abnehmende Bedeutung zu.

Unterschiedlichkeiten sind in erster Linie Ungleichzeitigkeiten in Hinblick auf den Ausbau einer umfassenden sozialen Sicherung. Im Vergleich zur Bundesrepublik Deutschland kann die französische Entwicklung seit 1945 als Prozeß »nachholender

IV. Wirtschaft im Umbruch

Modernisierung« charakterisiert werden. Im Bereich der Familienpolitik und der Arbeitszeitpolitik war Frankreich jedoch früher weitergegangen als die deutsche Seite.

Sozialstaat bezeichnet allerdings sowohl in Frankreich als
auch in der Bundesrepublik Deutschland erheblich mehr als
diese institutionalisierten Systeme sozialer Sicherung wie Alters-
Unfall-Krankenversicherung, Absicherung gegen Arbeitslosigkeit u. v. m. Über dieses in beiden Ländern gleichermaßen
ausdifferenzierte Netz von sozialen und familienpolitischen Ver-
sicherungsleistungen und Transfers hinaus, ist es vor allem die
schrittweise Ausdehnung des »Sozialen« auf nahezu alle Gesell-
schafts- und Politikbereiche, die epocheprägendes Gewicht bekommt.

Darin spiegelt sich zum einen die Vorstellung einer politisch
zu garantierenden, umfassenden sozialen Sicherheit, die (seit
der berühmten Rede des amerikanischen Präsidenten Roose-
velt 1934 bis in die zweite Hälfte unseres Jahrhunderts) einen
»geradezu meteorhaften Aufstieg aus dem Nichts zu einem der
Grundrechte der Menschen« (Franz-Xaver Kaufmann) vollzogen hat. Allerdings hat in beiden Ländern die umfassende
wohlfahrtsstaatliche Sicherung, die Etablierung eines sozialen
Bürgerrechts, einer »citoyenneté sociale«, durchaus ihre historischen Wurzeln. Der moderne Sozialstaat der Bundesrepublik
ist nicht zuletzt als historisch gewachsene, demokratisch gewen-
dete Version des von oben verfügten Sozialstaats bismarckscher
Prägung zu verstehen. Und auch der französische »état provi-
dence« ist eine politische Schöpfung, in Anfängen unter Napoleon III. konzipiert, in der Dritten Republik weiterentwickelt
und von der Vierten Republik 1946 in seine heutige Form ge-
gossen.

Dieses Zusammenwirken von historisch gewachsener und le-
gitimationsstiftender Kraft hat sich in der Bundesrepublik
Deutschland in spezifischer Weise zum Leitbild einer wohlfahrtsstaatlich abgesicherten, sozialpartnerschaftlichen Gesellschaft verdichtet, während in Frankreich eher ein republikanisches Verständnis fortbesteht, das schärfere soziale Konflikte
für legitim hält, dafür aber dem Staat eine wichtige Rolle zu-

schreibt. In dieser gesellschaftspolitisch tiefen Verankerung liegt
ein wesentlicher Erklärungsgrund für das Beharrungsvermögen
traditioneller sozialstaatlicher Strukturen, deren notwendige
Veränderungen und Anpassungen politisch außerordentlich
schwierig durchzusetzen sind. Dies zeigt sich beispielhaft in der
seit nunmehr fast zwei Jahrzehnten dauernden Diskussion in der
Bundesrepublik Deutschland über die »Grenzen« bzw. den
»Umbau« des Sozialstaats. Oder, schlaglichtartig beleuchtet, in
dem mehrwöchigen, teilweise erbitterten Konflikt um die umfassende Reform des französischen Sozialversicherungssystems im
Herbst 1995.

Der Abschied vom traditionellen Sozialstaat gestaltet sich
auch deswegen so mühevoll, weil in beiden Ländern die Geschichte des Wohlfahrts- oder Sozialstaats über weite Strecken
als erfolgreiche Phase der Inklusion erlebt wurde, in der eine
ständig erweiterte Einbindung von Gruppen und Individuen in
eine wohlfahrtsstaatlich abgesicherte und integrierte Gesellschaft gelang.

Vor diesem Hintergrund erst wird die tatsächliche Reichweite
der Krise des sozialen Wohlfahrtsstaates sichtbar, die in beiden
Ländern in den neunziger Jahren eine neue Qualität erlangt hat.
Drei Merkmale dieser Krise sind in beiden Ländern in den Mittelpunkt der Diskussionen um die Zukunft des Sozialstaats gerückt. Dies ist zum einen die Frage der Finanzierbarkeit der umfassenden Systeme sozialer Sicherheit, die in weitem Umfang
von Beiträgen der Arbeitgeber und Arbeitnehmer alimentiert
werden. Infolge einer selbst in Phasen des Wachstums steigenden Arbeitslosigkeit in Frankreich und der Bundesrepublik
Deutschland und damit abnehmender Beiträge, droht der So-
zialversicherungsstaat bismarckscher Provenienz unter der Fülle
finanzieller Strukturprobleme zusammenzubrechen.

Das ist um so dramatischer, als in beiden Ländern ein außerordentlich problematisches Spannungsfeld zwischen ökonomischer Wettbewerbfähigkeit, Schaffung neuer Arbeitsplätze
unter Globalisierungsbedingungen und Erhalt eines vergleichsweise hohen sozialen Sicherungsniveaus besteht. Die Sozialleis-
tungsquote, d. h. der Anteil der Sozialausgaben am Bruttoso-

zialprodukt, hat diesseits wie jenseits des Rheins die 30-Pro-
zent-Marke deutlich überschritten. Eine weitere Belastung des
Faktors Arbeit ist ökonomisch nicht vertretbar. Damit bleibt
als Alternative nur ein substantieller Leistungsabbau oder in-
terne Kostenverlagerungen. Es zeichnet sich mit anderen Worten das Dilemma ab, daß in Frankreich ebenso wie in der Bundesrepublik Deutschland die Kernsysteme sozialer Sicherung
zugleich Mitverursacher und Opfer der Probleme des Arbeits-
markts sind.

Drittens schließlich und in ganz besonderer Weise ist der
Wohlfahrtsstaat in beiden Ländern durch das Aufkommen
neuer Problemlagen in eine neue soziale und legitimatorische
Krise geraten, die sich zusammenfassend so beschreiben läßt:
Soziale Spaltungstendenzen in der Gesellschaft, hohe und weiter ansteigende Dauer- und Jugendarbeitslosigkeit, die Zunahme prekärer Arbeits-, Wohn- und Lebensbedingungen führen zu einem dauerhaften gesellschaftlichen Ausgrenzungspro-
zeß für bestimmte Bevölkerungsgruppen. Der traditionelle Sozialstaat deutscher und französischer Ausprägung ist nun von
seinem arbeits- und beitragsbezogenen Konstruktionsprinzip
her immer weniger in der Lage, gerade für die sozial Schwäch-
sten Schutzfunktionen wahrnehmen zu können. In der Tat hat
sich durch die krisenbedingte Ausweitung sozialer Bedürftigkeit, durch das Entstehen »neuer Armut« als Folge der Massenarbeitslosigkeit, die ursprüngliche Perspektive in der Auf- und
Ausbauphase der sozialen Sicherungssysteme in ihr Gegenteil
verkehrt. Derzufolge sollten staatlich finanzierte soziale Hilfen
außerhalb der institutionalisierten Sozialversicherungssysteme
nur fallweise gewährt werden. Eine »neue« Armut, die dauerhafte staatliche Interventionen erfordert, war nicht vorgesehen.
Heute, da der Staat in beiden Ländern mit chronischen Defizi-
ten konfrontiert ist und zusätzliche Staatsverschuldungen nur
tiefer in den Teufelskreis führen, erweist sich auch das Fehlen
wirksamer subsidiärer Strukturen als schwere Hypothek.

In der Ausprägung dieser neuen sozialen Fragen, in der Pro-
blemwahrnehmung des drohenden Übergangs von einer Phase
der Inklusion in eine von Exklusion bedrohte Gesellschaftsepo-

che, bestehen sowohl charakteristische Unterschiede als auch erhebliche Zeitverschiebungen.

So kommt es bereits in den achtziger Jahren in Frankreich zu einem besorgniserregenden Anstieg des Personenkreises, der unterhalb der Armutsgrenze lebt und zudem über keinerlei sozialversicherungsrechtliche Ansprüche (mehr) verfügt. Die Anzahl der Langzeitarbeitslosen steigt dramatisch, ein Viertel der jungen erwerbsfähigen Generation Frankreichs ist von Arbeitslosigkeit betroffen. Die offenen Konflikte steigen an und vor allem weisen sie eine starke räumliche Konzentration in den Vorstädten der urbanen Zentren auf. »Die französische Gesellschaft entdeckt die Stadt wieder als Figur der sozialen Probleme, der Ausgrenzung, der Ungleichheiten. Keines dieser Probleme stellt ein wirkliches Novum dar, aber dieses Bild der Stadt ist Zeichen eines tiefgreifenden Wandels: die Sozialstruktur besitzt eine Art innerer Grenze, die die integrierten Gruppen von den ausgeschlossenen trennt. Diese soziale Grenze ist auch eine räumliche. Die Tatsache, in dem einen oder anderen Stadtviertel zu leben, ist nicht nur ein Handicap, sie wird zu einem regelrechten Stigma.« (Dubet)

Der soziale Erosionsprozeß der französischen Gesellschaft geschieht gewissermaßen von seinen städtischen Rändern her. Die Vorstädte sind in dieser Perspektive der betonierte Ausdruck einer zweigeteilten Gesellschaft, sie sind deren »Armutstaschen« (Lapeyronnie), in denen sich alle sozialen Probleme zusammenballen: Arbeitslosigkeit, ethnische Konzentrationen bis hin zur Gettobildung, Schulversagen, Delinquenz, Gewalt, familiäre Instabilität, Armut, Drogenhandel und -konsum.

Demgegenüber blieb die Bundesrepublik bislang von solchen »Krisen der Vorstädte« verschont, die problematischen Viertel deutscher Großstädte sind mit den »banlieues« (noch) nicht vergleichbar. Ethnische Segregation spielte bislang eine eher geringe Rolle, sozialstaatliche Regelungen schwächten in der Vergangenheit die unmittelbare Diskriminierung vom Arbeitsmarkt auf den Wohnungsmarkt ab. Allerdings lassen sich mittlerweile auch in der vereinten Bundesrepublik Deutschland mit ihren enormen ökonomischen und sozialen Herausforderungen, vor

allem in den neuen Bundesländern, die Probleme, die als Folgen
der Massenarbeitslosigkeit bzw. der ansteigenden Jugendarbeitslosigkeit immer drängender werden, nicht mehr übersehen.
Ein neues Armutsphänomen wird sichtbar, wachsende Armuts-
risikogruppen wie Unqualifizierte, Ausländer, kinderreiche Familien, Alleinerziehende, Jugendliche und Alte drohen in ein
dauerhaftes gesellschaftliche Abseits zu geraten. Die französische Debatte um »exclusion« scheint die deutsche Wirklichkeit
eingeholt zu haben.

Alle Antworten auf die hier nur skizzierte Krise des traditionellen Sozialstaats, die in der Reparatur bestehender sozialer
Sicherungssysteme eine Lösung sehen, greifen ebenso zu kurz,
wie jene, die im sukzessiven Abbau des Sozialstaats – »in dieser
Rückkehr ins 19. Jahrhundert« (Dupeyroux) – eine zukunftswei-
sende Perspektive suchen. Dennoch zeichnen sich die meisten
der bisherigen Reformversuche in Frankreich – seit Mitte der
siebziger Jahre sind dies immerhin 18 umfassende Korrektur-
und Anpassungsmaßnahmen allein im Bereich der »sécurité sociale« gewesen – ebenso wie die rasch aufeinanderfolgenden
»Strukturreformen« in der Bundesrepublik in erster Linie durch
eine solche Reparatur- oder Abbaulogik aus.

Betrachtet man die Wirksamkeit und politisch-mediale Be-
gleitmusik dieser Vorgehensweisen, so erscheint höchst zweifelhaft, ob die schwindende Integrationskraft des Sozialstaats auf
diesem Weg zurückgewonnen werden kann. Vielmehr kommt es
darauf an, neue Ansätze zur Stärkung sozialer Kohäsion zu entwickeln. Die aktuellen Diskussionen beiderseits des Rheins zeigen, daß die wegbrechenden ökonomischen und sozialen Grundlagen des tradierten Wohlfahrts- und Sozialstaats ein Vakuum
erzeugt haben, in dem die Verständigung über einen neuen Ge-
sellschaftsvertrag nicht gelingen kann. Solange die einen nur
über Kosten, andere über Selbstbestimmung, wieder andere
über den Weltmarkt und schließlich über Gerechtigkeit reden,
können nur schwer längerfristige politische Strategien entwikkelt werden. Statt reflexhafter Reaktion auf jeweils ausschnitt-
haft wahrgenommene Wirklichkeiten, brauchen wir gemeinsame Situationsdeutungen und ihre Umsetzung in eine neue

Handlungspraxis. Von besonderer Bedeutung sind hier Versuche, soziale Kohäsion auf dezentraler Ebene, in Netzwerken, durch aufeinander abgestimmte Aktivierung wirtschaftlicher, sozialer und kultureller Initiativen aller Art zu stärken.

Klaus-Peter Schmid
Über den Umgang mit Geld

Beim Umgang mit Geld zählt – ob in Frankreich, Deutschland oder anderswo – ein Faktor vor allen anderen: Vertrauen. Die Präferenzen für Geld oder Gold, die Organisation des Geldwesens und der Währungsinstitutionen, die Art zu sparen und zu bezahlen – all das hat primär mit Vertrauen zu tun: Vertrauen in den langfristigen Wert des Geldes. Vertrauen in den Staat als Garant dieser Stabilität, Vertrauen auch in die Solidität des Bankensystems. Daß sich die kollektiven Verhaltensweisen der Deutschen und Franzosen in diesem Bereich nicht unwesentlich unterscheiden, hat vor allem einen Grund: unterschiedliche historische Erfahrungen.

Diese Erfahrungen begründen das, was die Deutschen für sich in Anspruch nehmen und was sie an den Franzosen vermissen: eine ausgeprägte Stabilitätskultur. Die Franzosen haben eine viel längere und zweifellos weniger leidvolle Erfahrung mit ihrem Franc als die Deutschen mit der Mark. Der Franc tauchte zum erstenmal 1360 in Compiègne als Goldmünze auf, und nicht nur der Goldgehalt, auch der Name signalisierte Solidität. Franc. France, Français: Territorium, Bewohner und Geld leiteten ihren Namen aus der gleichen Wurzel her. 1795 von der Convention offiziell zur Währung des Landes erhoben, ist der Franc seitdem amtliches Zahlungsmittel. Die Karriere der Mark als nationales Zahlungsmittel ist dagegen viel jünger. Sie entstand erst 1871 als Währung des neuen Deutschen Reiches, übrigens auf der Basis von fünf Milliarden Francs, die den Franzosen nach verlorenem Krieg abverlangt wurden.

Der Franc schwankte oft, ging aber nie unter. Gewiß, die

Währungskatastrophen blieben nicht aus: 1722 wurden die von John Law eingeführten Geldscheine verbrannt, 1796 die wertlosen Assignaten. Doch das war Papiergeld, und es trug nicht die Bezeichnung Franc, sondern Pfund. Seit zweihundert Jahren geht in Frankreich der Kampf zwischen den Befürwortern eines starken und eines schwachen Franc hin und her. Abwertungen und zweistellige Inflationsraten gehören seit jeher zum Währungsalltag. Aber das Grundvertrauen in den Franc ging nie verloren.

Die Mark dagegen erlitt in ihrer relativ kurzen Geschichte zweimal totalen Schiffbruch. Die erste Hyperinflation setzte nach dem Ersten Weltkrieg ein: Ende 1915 kostete der Dollar 8,20 Mark. Ende 1922 waren es 7600 Mark und Ende 1923 über vier Billionen Mark (eine Zahl mit zwölf Nullen!). Am Ende stand der brutale Währungsschnitt. Gleiche Erfahrung nach dem Zweiten Weltkrieg. Die Währungsreform von 1948 zerstörte zum zweitenmal innerhalb einer Generation unzählige Vermögen. Seitdem ist die Angst vor der Geldentwertung in Deutschland entschieden stärker ausgeprägt als in Frankreich.

Geldwertstabilität ist in der Bundesrepublik (anders als in Frankreich) ein Wert an sich und hat die Qualität eines sozialen Konsenses. In Frankreich wurden zweistellige Teuerungsraten (wie in den Tagen der beiden Ölkrisen) nie als Katastrophe empfunden, eine gewisse Inflationierung wurde geradezu als Instrument der Konjunkturpolitik benutzt. Auch Abwertungen des Franc galten lange als durchaus angemessenes Mittel zur Förderung der Exporte und damit zur Belebung der Konjunktur, beides gehörte bis in allerjüngste Zeit zum traditionellen Instrumentarium der Wirtschaftspolitik. Für den durchschnittlichen Bundesbürger, dem nichts über stabile Preise und Wechselkurse geht, wäre das eine Todsünde wider die ökonomische Vernunft. Auf dieser Diskrepanz basiert der deutsche Vorwurf an die Adresse Frankreichs, es habe keine solide Stabilitätskultur – auch wenn ab Mitte 1991 die französische Inflationsrate eindeutig niedriger war als die deutsche.

Das ausgeprägte deutsche Stabilitätsdenken hatte auch zur Folge, daß die Bundesbank – und vor ihr die Bank Deutscher

Länder – anders als in Frankreich stets auf ihre Unabhängigkeit von der Regierung pochen konnte. In der Bundesrepublik ist die Notenbank gesetzlich auf die Stabilität der Preise verpflichtet, in Frankreich diente sie der Regierung noch vor kurzem als Instrument ihrer Politik. Dabei verlief in beiden Ländern die Entwicklung lange ähnlich. Die Banque de France entstand 1800 als private, von der Regierung unabhängige Emissionsbank mit über 40000 Anteilseignern, von denen 200 (die vielzitierten »200 Familien«) die Entscheidungen trafen. Aber schon Napoleon bestand darauf, den Gouverneur und dessen beide Stellvertreter zu ernennen. Erst 1945 wurde die Banque de France formal verstaatlicht, aber da unterlag sie längst politischen Einflüssen und Abhängigkeiten. Mit der Vorbereitung der Europäischen Währungsunion setzte dann eine Rückwärtsbewegung ein: 1994 wurde die Zentralbank gegen viele Widerstände von der Regierung juristisch wie faktisch unabhängig. Ein nach wie vor umstrittener Zustand, immer wieder von Politikern ganz unterschiedlicher Parteien kritisiert.

Auch das Kapital der ersten deutschen Zentralbank, nämlich der Reichsbank, lag bei ihrer Gründung im Januar 1876 in privaten Händen, allerdings blieben die Befugnisse der Anteilseigner gering. Das Reichsbankdirektorium unterstand dem Reichskanzler, und der nutzte die Notenbank bei Bedarf als Geldquelle für die Deckung des Staatshaushalts und vor allem zur Kriegsfinanzierung. 1924 stellte das Bankgesetz zwar eine weitgehende Unabhängigkeit von der Regierung her. Aber schon 1933 war es damit wieder vorbei: Die Reichsbank betrieb erneut Kriegsfinanzierung, an ihrem Ende standen erneut gewaltige Inflation und Währungsreform. Erst 1948 kam dann die Wende.

Aus der Sicht der Bundesbank liest sich das so: »Nach den zweimal durchlebten unglückseligen Erfahrungen mit einer an Weisungen der Regierung gebundenen Notenbank war das Prinzip einer unabhängigen Zentralbank nach dem Zweiten Weltkrieg nicht strittig.« Diese Unabhängigkeit wurde sogar im Grundgesetz festgeschrieben, zusammen mit der alles dominierenden Verpflichtung, den Geldwert zu garantieren. Dies ist heute in einem solchen Maße selbstverständlich, daß Deutschland bei der Vorbereitung der Europäischen Währungsunion von seinen Partnern quasi ultimativ verlangte, ihre Währungsinstitutionen nach dem deutschen Vorbild zu gestalten.

Generell gilt, daß Geld in Frankreich mit mehr Tabus behaftet ist als in Deutschland. Ein Franzose wird einem andern nie die Frage nach der Höhe seines Gehalts oder seines Vermögens stellen. Reichtum ist natürlich keine Schande, aber man verbirgt ihn. In Deutschland sind viele Vermögen aufgrund der beiden Währungsreformen in diesem Jahrhundert relativ jungen Datums, demonstrative Zeichen des Reichtums kommen dem Bedürfnis nach sozialer Anerkennung entgegen. Auch in Deutschland ist man noch weit vom amerikanischen Brauch entfernt, wie selbstverständlich Auskunft über die eigenen Einkünfte zu geben: aber eine entsprechende Frage, mit der nötigen Diskretion gestellt, ist kein Verstoß gegen die guten Sitten.

Daß die Geheimniskrämerei in Frankreich ausgeprägter ist, mag auf alte provinzielle, wenn nicht bäuerliche Wurzeln vieler Franzosen zurückgehen. Es hängt aber sicher auch mit dem Bemühen zusammen, den eigenen Wohlstand vor dem Fiskus zu verbergen – bis hin zur Steuerhinterziehung, die als eine Art Nationalsport gilt. Auch in Deutschland steht es mit der Steuerehrlichkeit nicht zum besten. Aber das gibt es nur in Frankreich: Weil der Fiskus dem Steuerzahler prinzipiell mißtraut, verlangt er von ihm neben Angaben über sein Einkommen auch Hinweise auf leicht überprüfbare »äußere Zeichen des Reichtums« (wie Schlösser, Jachten, Rennpferde, Hausangestellte).

Auch bei der Frage, wie die Sparer ihr Geld anlegen, spielt in Frankreich die Besteuerung eine wichtige Rolle. Bestimmte Typen von Sparbüchern sind steuerbegünstigt oder steuerfrei und deshalb besonders populär. Daß auch deutsche Anleger stark auf das Sparbuch zurückgreifen und so fast 20 Prozent ihres Geldvermögens anlegen, ist dagegen schwer verständlich: denn diese Sparform wird schlecht verzinst und bietet keinerlei steuerliche Vorteile. Das läßt sich nur damit erklären, daß der deutsche Sparer (mehr als der französische) das Risiko scheut und das Sparbuch als eine risikofreie Anlageform nutzt. So ist es auch nicht verwunderlich, daß in Deutschland nur ein Siebtel des Aktienkapitals im Besitz von privaten Haushalten ist, in Frankreich dagegen mehr als ein Fünftel.

Keine Parallele gibt es in Deutschland für die geradezu mythische Rolle, die Gold nach wie vor in Frankreich spielt (abgesehen davon, daß man es leicht dem Zugriff des Fiskus entziehen kann). Wenn vom Sparstrumpf die Rede ist, dann denkt der Franzose auch an den Napoléon, die erstmals 1803 geprägte 20-Franc-Goldmünze. Und die Vorstellung, daß Goldbarren unter der Matratze, im Wäscheschrank oder in der Anonymität eines Banktresors aufbewahrt werden, gehört nicht nur ins Reich der Komödie. Immerhin liegen schätzungsweise über 6000 Tonnen Gold in privaten Händen.

Vom Mythos Gold profitierten auch bis in die jüngste Zeit Finanzminister, die Staatspapiere attraktiv machen wollten. 1952 gab die Pariser Regierung die erste goldindizierte (und zudem von der Einkommen- und Erbschaftsteuer befreite) Staatsanleihe aus. Auch Valéry Giscard d'Estaing griff noch 1973 als Finanzminister zu dem vertrauensbildenden Trick. Zinsen und Rücknahmekurs seiner Staatsanleihe an den Goldpreis zu binden – ein glänzendes Geschäft für die Anleger, die zeitweise fast 70 Prozent Zinsen im Jahr kassierten. Selbst die Banque de France huldigt dem Goldkult. Vor zwanzig Jahren hielt sie über zwei Drittel ihrer Währungsreserven in Gold, heute ist es immer noch die Hälfte. Die Bundesbank dagegen hortet lediglich Gold im Wert von 13,7 Milliarden Mark – gerade elf Prozent ihrer Reserven.

Ganz eindeutig sind diese Charakteristika für den Umgang mit Geld nicht, weder im einen noch im andern Land. In Frankreich haben die panische Furcht vor dem Fiskus und das schier blinde Vertrauen ins Gold etwas Irrationales, was in Deutschland ohne Entsprechung ist: Andererseits pflegten die Franzosen schon viel früher als die Deutschen einen rationalen Umgang mit ihrem Geld und nutzten bargeldlose Zahlungsmittel, vom Scheck über die Telefonkarte bis zur elektronischen Geldbörse, während in Deutschland immer noch Bargeld dominiert.

So ist wohl auch zu erklären, warum es einen 1000-Mark-Schein gibt, die höchste Franc-Note aber nur einen Nennwert von 500 Francs (also nicht einmal 150 Mark) hat. Dafür sind die französischen Geldscheine moderner und bunter gestaltet. Das wiederum würde die Mark kaum vertragen. Als Symbol für Wiederaufbau und Wohlstand, ja als Gegenstand nationaler Identifizierung, verlangt die Mark offensichtlich ein konservatives Erscheinungsbild.

Schließlich sei noch vor einem Trugschluß gewarnt: Der von Molière unsterblich gemachte Geizhals (der keine Entsprechung in der deutschen Literatur hat) verweist keineswegs auf eine typisch französische Eigenart. Im Gegenteil: Die private Sparquote ist in beiden Ländern seit Jahren fast identisch.

René Lasserre
Währungsunion

Seit dem Vertrag von Maastricht verfolgen dessen Hauptinitiatoren und Architekten, Frankreich und Deutschland, gleichermaßen entschlossen das gemeinsame Ziel einer europäischen Währungsunion, in deren Rahmen in Europa eine einheitliche Währung eingeführt werden soll. Für beide Nationen handelt es sich um einen historischen Schritt, denn er setzt voraus, daß jeder der beiden Staaten auf ein wesentliches Element seiner Souveränität verzichtet und einwilligt, seine Währung zugunsten des neuen Euro aufzugeben. Damit zeugt dieses Vorhaben von einem Grundkonsens, mit dem sich die beiden Länder verpflichten, einen entscheidenden, unwiderruflichen Schritt in Richtung der Europäischen Union zu tun.

Abgesehen von einem Grundkonsens über dieses gemeinsame politische Ziel, haben die Diskussionen im Vorfeld der Verwirklichung der Europäischen Währungsunion und des Übergangs zur einheitlichen Währung seit dem Gipfeltreffen des Europäischen Rates in Madrid im Dezember 1995 jedoch deutlich gemacht, daß in der öffentlichen Meinung beider Länder gelegent-

lich unterschiedliche Sichtweisen und Vorstellungen von der
Währungsunion zum Ausdruck kommen. Die Meinungsverschiedenheiten betreffen sowohl die allgemeinen Leitlinien der
gemeinsamen Währungspolitik als auch die Voraussetzungen,
unter denen diese definiert werden soll. In diesen unterschiedlichen Sichtweisen, die zur Folge haben, daß beiderseits Arg-
wohn gegen den anderen gehegt wird und manche Bürger rechts
und links des Rheins an der Berechtigung des ganzen Vorhabens
zweifeln, kommen unterschiedliche währungspolitische Traditionen und Kulturen zum Ausdruck, die in der Geschichte beider
Länder wurzeln.

Die Stabilitätsdiskussion

Der erste strittige Punkt kristallisierte sich anhand der Diskussion um die Einhaltung der Konvergenzkriterien und die
Forderung von Bundesfinanzminister Waigel, einen »Stabilitäts-
pakt« zu verabschieden, in dessen Rahmen sich die zur Währungsunion zugelassenen Staaten unter Androhung finanzieller
Sanktionen zu einer auf Dauer sparsamen Haushaltsführung
verpflichten sollen. In den Forderungen nach einer strengen
Einhaltung der Haushalts- und Finanzdisziplin, die von den führenden Vertretern der Bundesbank und der Bundesregierung
immer wieder vorgebracht wurden, kommt das Bestreben der
deutschen Behörden, aber auch der deutschen Öffentlichkeit
zum Ausdruck, sicherzustellen, daß die zukünftige europäische
Währung mindestens ebenso stabil sein wird wie die Deutsche
Mark. Im Bestreben, sich gegen die Gefahr zu wappnen, die
D-Mark gegen eine schwache europäische Währung eintauschen
zu müssen, verhandeln die deutschen Stellen doppelt vorsichtig, um für den Übergang zur einheitlichen Währung drastische
Bedingungen durchzusetzen.

Die Deutschen können sich mit einem Verzicht auf ihre Währung tatsächlich nur dann einverstanden erklären, wenn ihnen
zugesichert wird, daß der Euro ebenso stabil und hart sein wird,
wie heute die D-Mark. Dabei sind sie der Meinung, sie müßten
einen wesentlichen Teil ihrer Identität aufgeben, da die Deut-

sche Mark von 1948 an das wichtigste Attribut einer wiederge-
wonnenen Souveränität war und ein höchst solides Unterpfand
für den Erfolg des Landes darstellt. So wie das Grundgesetz für
die Wiedergeburt der Demokratie in Deutschland steht, so verkörpert die D-Mark den wirtschaftlichen Erfolg des Landes und
seine Rehabilitierung durch die großen Nationen. So hat sie in
gewisser Weise mit Staatsräson zu tun, und gleichzeitig wirkt sie
als besonders fester Kitt für nationale Identität und National-
stolz.

Abgesehen von dieser patriotischen Bindung an die Härte der
Deutschen Mark, wird die Währungsstabilität in Deutschland
auch als grundlegende Spielregel des Wirtschaftssystems betrachtet, der ein besonderer Status zuerkannt wird, eine Art
Vorrang unter den wirtschaftspolitischen Prioritäten. Sie gehört
zu den ordnungspolitischen Grundsätzen der sozialen Marktwirtschaft, denn sie sorgt für gesunde, berechenbare Voraussetzungen für die Fortentwicklung der Wirtschaftätigkeit im Inland und wirkt sich zugleich stimulierend auf die Steigerung der
internationalen Wettbewerbsfähigkeit aus. So hat sich im Laufe
der Jahre in Deutschland eine »Stabilitätskultur« herausgebildet, die zu einer dauerhaften Gegebenheit des Wirtschaftslebens
geworden ist und von allen Wirtschaftsakteuren akzeptiert wird.
Diese haben sich auf die Haltung geeinigt, daß die Währungsstabilität eine Art kategorischer Imperativ für Leistung und Erfolg
ist und den Eckstein der Wirtschaftspolitik des geeinten Europa
bilden sollte.

Während die Währungsstabilität in Deutschland ein zentraler
Bestandteil des ökonomischen Konsenses ist, wird sie in Frankreich keineswegs einhellig akzeptiert, obwohl sie seit nunmehr
15 Jahren dort ebenfalls zu einer Konstante der Wirtschaftspolitik der Regierung geworden ist. Dazu kam es jedoch weniger aus
Überzeugung denn aus Notwendigkeit, aufgrund der Sachzwänge der Verflechtung in Europa. Die Tragweite der Veränderungen, die in der Währungspolitik Frankreichs vor sich
gegangen sind, darf in der Tat nicht unterschätzt werden: Frankreich hat 1983 mit einer Inflationstradition gebrochen, die fast
ein halbes Jahrhundert alt war, und bemerkenswerte Leistungen

in puncto Preisstabilität vollbracht. Die französische Gesellschaft und ihre Ökonomenelite scheinen die Abkehr von den
trügerischen Versuchungen der Abwertung aus Wettbewerbs-
gründen tatsächlich vollzogen zu haben. Dennoch haben sich die
Franzosen der Währungsstabilität nicht so weit zugewandt, daß
sie den harten Franc zum Dogma erhoben hätten. Auch wenn
Wirtschaftskreise und Sparer die Vorteile einer stabilen Währung erkennen, ist ein Teil der französischen Öffentlichkeit weiterhin der Meinung, ein wenig Inflation sei nicht unbedingt
schädlich, vor allem wenn es darum geht, die Wirtschaftstätig-
keit anzukurbeln oder die Exporte kurzfristig hochzudrücken.
Und in politischen Kreisen gibt es in jenen rechten wie linken
Strömungen, die der europäischen Integration von jeher zurück-
haltend gegenüberstehen, einige wenige unverbesserliche, be-
redte Großsprecher gegen eine strikte Geldpolitik und die
vorherrschende stabilitäts- und marktorientierte Dogmatik
(»pensée unique«): Sie sehen in dieser die Hauptursache für
das gnadenlose Ansteigen der Arbeitslosigkeit und die Risse im
sozialen Netz.

Neben den Diskussionen der Maastricht-Befürworter und –
Gegner aber rückt bei dem französischen Ansatz auch eine
soziologische Dimension ins Blickfeld, nach der sich das Sta-
bilitätskriterium in einer jüngeren Gesellschaft mit niedrigerem
Lebensstandard nicht ganz auf dieselbe Weise mit dem Wachs-
tumsbedarf in Einklang bringen läßt wie in einer reifen Volkswirtschaft mit einem deutliche Schwächen zeigenden Binnenmarkt. Hier spiegelt der französische Relativismus bei der
Währungsstabilität eine andere Hierarchie der wirtschaftlichen
und sozialen Interessen wider, die eher den Entwicklungsmerk-
malen und Bedürfnissen der Länder Südeuropas nahekommt.
Daher ist es logisch, daß in einer Wirtschafts- und Währungsunion, in der Souveränität abgetreten werden soll, und im
Rahmen der von den Verträgen vorgegebenen Regelungen
unterschiedliche wirtschaftspolitische Traditionen und Inter-
essenlagen zum Ausdruck kommen können.

Diese Unterschiede in der Denkweise verursachen jedoch
Zweifel an der Entschlossenheit der Partner, zum Gelingen des

Vorhabens beizutragen. Die Stimmen, die für eine Aufweichung der WWU-Zugangskriterien plädieren, vergrößern in Deutschland die Fraktion der Euro-Gegner und untermauern die deutschen Forderungen. Dies führt so weit, daß führende deutsche Politiker sich das Recht angemaßt haben, von vornherein festzulegen, welche Länder zur gemeinsamen Währung zugelassen werden, und einen so wichtigen Partner wie Italien heute schon auszuschließen. Die demonstrative Unnachgiebigkeit der deutschen Stellen wiederum führt in Frankreich immer wieder zu Zweifeln an deren Willen, die Union innerhalb des festgesetzten Zeitplans zu verwirklichen, und ist gleichzeitig Wasser auf die Mühle der Kritiker einer strikten Währungspolitik.

Die Souveränitätsdiskussion

Noch problematischer sind die deutsch-französischen Differenzen in der Frage der Ausübung der monetären Souveränität und Macht. Haben sich Franzosen und Deutsche im Rahmen des Vertrages im Grundsatz auf eine unabhängige europäische Zentralbank geeinigt, die derzeit im Aufbau befindlich ist und über eine weitreichende Autorität verfügen wird, so fordern gewisse politischen Instanzen Frankreichs nun die Einsetzung einer »europäischen Wirtschaftsregierung«. Dadurch zeigen sie ihr Bemühen, ein Gegengewicht zu der währungspolitischen Macht der zukünftigen Zentralbank zu schaffen, die in ihren Augen übergroß werden könnte. Diese Sorge auf französischer Seite mag überraschen, da die französische Zentralbank Banque de France durch die auf Initiative des Wirtschafts- und Finanzministers Edmond Alphandéry durchgeführte Reform von Dezember 1993 von der Regierung unabhängig wurde und ihre währungspolitische Autonomie damit nach einer Verfassungsreform gesetzlich verankert ist.

Die Überlegungen zu einer europäischen Wirtschaftsregierung gehen sicherlich nicht so weit, daß die zukünftige Europäische Zentralbank bevormundet werden soll, beruhen jedoch auf der klassischen französischen Auffassung von der Ausübung der Währungssouveränität, nach der das Geld als wesentliches Instrument staatlicher Souveränität an sich der Zuständigkeit der Politik unterliegt. Man mag zwar akzeptieren, daß seine Verwaltung im Gemeinschaftsrahmen einem unabhängigen Gremium übertragen wird, doch es ist aus französischer Sicht zumindestens wünschenswert, daß diese Verwaltung im Rahmen einer umfassenden Wirtschaftspolitik erfolgt, deren Leitlinien und Prioritäten von der Politik – in diesem Falle im Rahmen der WWU vom Finanzministerrat der Europäischen Union – auf höchster Ebene festgelegt werden müssen. Hierbei zeigt sich die französische Regierung allerdings weniger darauf bedacht, ihre Souveränität zu wahren, als vielmehr bestrebt zu verhindern, daß die europäische Wirtschaftspolitik allzusehr auf bloße Währungspolitik zugespitzt wird.

Obwohl die Forderung Frankreichs letztlich nur zu einem informellen »Rat für Stabilität und Wachstum« geführt hat, hat sie in Deutschland doch viel Unruhe hervorgerufen, da man in ihr die immerwährende, gefährliche Versuchung sieht, die Verwaltung des Geldes wieder in die Politik zurückzuführen und zum Verhandlungsgegenstand von Regierungen zu machen. Daraus wird gelegentlich geschlossen, daß die Unabhängigkeit der zukünftigen Zentralbank auf französischer Seite immer noch nicht ganz akzeptiert wird und folglich politisch noch nicht vollständig erreicht ist. Hier besteht eine tiefgreifende Meinungsverschiedenheit im Verhältnis zu der deutschen Auffassung, nach der die Währung eingedenk der katastrophalen Erfahrungen der Vergangenheit jeglicher Instrumentalisierung durch die Exekutive entzogen und von einer Stelle verwaltet werden muß, die von der Politik unabhängig ist. Außerdem haben die Erfahrungen mit fünfzig Jahren sozialer Marktwirtschaft und wirtschaftlicher Subsidiarität in Deutschland den Gedanken verankert, daß das Geld nicht nur Sache des Staates, sondern der gesamten Gesellschaft ist, seine Verwaltung langfristig geregelt werden muß und allein vom Vertrauen der Märkte abhängt, weswegen es vor politischen Interessen und Wechselfällen geschützt werden muß. In dieser Diskussion wirken zwei Auffassungen von der auf die europäische Ebene transponierten Währungssouveränität fort. Obwohl in Frankreich eine große Mehrheit der Entscheidungsträger sich mit der »Stabilitätskultur« identifiziert, bringen manche Stimmen die alte französische Vision von einer europäischen Währungsgewalt zum Ausdruck, die durch eine voluntaristische Wechselkurspolitik in der Lage wäre, den Welthandel zum Nutzen Europas zu beeinflussen. In Deutschland ist dagegen die öffentliche Meinung fast einhellig der Ansicht, daß die Währungsstabilität der Union der eigentliche Ansatzpunkt für ein Zurück zu Wettbewerbsfähigkeit und zu einem mittel- und langfristigen Wachstum darstellt.

Wirtschaftsunion und politische Union

Umgekehrt weckt die deutsche Voreingenommenheit gegenüber dem französischen Vorschlag einer Wirtschaftsregierung, die imstande wäre, eine Gesamtwirtschaftspolitik mit größeren Dimensionen durchzusetzen, in Frankreich den Verdacht, Deutschland wolle die Wirtschafts- und Währungsunion auf die reine Währungsdimension reduzieren, um den Status quo besser zementieren und seine monetäre de-facto-Hegemonie auf Dauer festigen zu können. Auf dieses Argument antwortet der deutsche Partner nicht zu Unrecht, das von Frankreich beklagte Defizit an politischer Lenkung sei dessen standhafter Weigerung zuzuschreiben, einer umfangreicheren Abtretung von Souveränität zuzustimmen und sich stärker für den Aufbau eines politischen Europa einzusetzen.

Man sieht: Trotz eines unentwegt bekräftigten gemeinsamen politischen Willens und der weiten Strecke, die auf dem Weg zur Konvergenz der Wirtschaftspolitiken bereits zurückgelegt worden ist, bleiben bestimmte deutsch-französische Meinungsverschiedenheiten über die Währungsunion bestehen. Diese führen auf beiden Seiten zu Bedenken gegen dieses große Vorhaben und belasten sein Gelingen dadurch mit nicht unerheblichen politischen Risiken. Auch wenn der Übergang zur gemeinsamen Währung nun wohl nicht mehr rückgängig zu machen ist, ist ihr tatsächlicher Erfolg noch lange nicht erreicht. Es wird zum großen Teil von der Fähigkeit der Franzosen und der Deutschen abhängen, ihre Voreingenommenheiten hinter sich zu lassen und durch öffentliche Diskussion nicht nur bei der Definition einer gemeinsamen Wirtschafts- und Währungsphilosophie, sondern auch auf dem Weg zu einer echten politischen Union Europas Fortschritte zu machen.

V. EUROPA UND INTERNATIONALE BEZIEHUNGEN

Christian Lequesne
Europäische Union

Wenn von der Europäischen Union die Rede ist, denkt man sofort an Deutschland und Frankreich. Aus historischer Perspektive ist dieser Bezug gerechtfertigt, ging doch der Gründungsakt
für den Aufbau Europas auf eine französische Initiative zurück,
die Schuman-Erklärung vom 9. Mai 1950. Darin wird vorgeschlagen, beide Länder sollten gemeinsam die »gesamten Kohle-
und Stahlvorkommen (...) innerhalb einer Organisation nutzen,
die für die Beteiligung der anderen Länder Europas offen ist«.
Symbolisch betrachtet, war dies eine schwierige Aufgabe, sollte
hier doch auf dem Hintergrund einer konfliktträchtigen Vergangenheit künftig ein gemeinsames Schicksal gestaltet werden.
Fünfzig Jahre später ist es offenbar, daß dieses Unterfangen, das
einige »aufgeklärte« Eliten in Frankreich und Deutschland (aber
auch in Italien, Belgien, Luxemburg und in den Niederlanden) in
die Wege geleitet haben, eine überwiegend positive Bilanz vor-
weisen kann.

Die Europäische Union wurde nach und nach von sechs auf
15 Mitglieder erweitert. Gewiß sind noch lange nicht alle in den
Verträgen vereinbarten Ziele erreicht, vor allem in den Bereichen Währung, Diplomatie und Verteidigung, doch ist die
Union weltweit der erste Handelsblock, der über einen organisierten Markt, gemeinsame politische Ziele und rechtliche Vereinbarungen verfügt. So hat sie einen spezifischen Integrations-
stand geschaffen, der eine starke Anziehungskraft auf die Länder Mittel- und Osteuropas ausübt, die vor kurzem vom kommunistischen Joch befreit wurden.

Frankreich und Deutschland wirkten stets unbestritten als
»Motor«, wenn es darum ging, die Europäische Union zu vertiefen, doch haben sich ihre Ansichten zu Anliegen und Zukunft
der Gemeinschaft keineswegs immer gedeckt. Unter heutigen
Verhältnissen nach dem Kalten Krieg mag man sich zu Recht
fragen, ob eine Europäische Union, die bis zu Beginn des näch-

sten Jahrhunderts rund 30 Mitglieder umfassen könnte, die Positionen der beiden Länder weiter anzunähern vermag oder ob diese vielmehr auseinanderdriften werden, wenn es um Wege und Ziele des gemeinsamen Unternehmens geht.

Es ist erstaunlich, daß in Deutschland auch heute noch keine politische Äußerung und/oder Erklärung zu den Interessen des Landes vorstellbar ist, die nicht explizit auf die Priorität der Europäischen Union Bezug nimmt. Zwar hat sich der parteienübergreifende Konsens seit dem Vertrag von Maastricht (vor allem wegen des Vorschlags, die D-Mark durch eine europäische Währung zu ersetzen) spürbar gewandelt, doch würde es immer noch keine der großen politischen Parteien wagen, in ihrem Wahlprogramm nicht den Schwerpunkt auf die Europäische Union zu legen, die nach den Worten des Politologen Hans-Peter Schwarz »als höchstes Ziel der deutschen Außenpolitik« gilt. In Frankreich waren die Positionen der politischen Parteien stets von weitaus größeren Unterschieden geprägt. Natürlich haben der Binnenmarkt und der Vertrag von Maastricht dazu geführt, daß der Aufbau eines gemeinsamen Europa seit Mitte der achtziger Jahre zwangsläufig zum Gegenstand parteipolitischer Auseinandersetzungen wurde; doch die unterschiedlichen Meinungen zu diesem Thema treten in der politischen Klasse Frankreichs viel offener zutage.

Um die deutsch-französischen Unterschiede zu erläutern, muß man notwendigerweise weiter ausholen. Das neue demokratische Deutschland, das durch den Nationalsozialismus eines Teils seiner Geschichte beraubt wurde, fand nach dem Ende des Zweiten Weltkriegs in der Idee eines vereinten Europa eine Art moralische Legitimation, von der noch heute das Verhalten seiner Regierenden geprägt ist. Helmut Kohl verkörpert auf geradezu idealtypische Weise die von Adenauer übernommene Geisteshaltung, die man folgendermaßen zusammenfassen könnte: Das Deutsche Engagement innerhalb der Europäischen Union ist fundamental, denn es ermöglichte die Rückkehr in die »Normalität« im Konzert der Nationen, es trug dazu bei, daß die zunächst zurückhaltenden französischen und britischen Nachbarn die deutsche Vereinigung akzeptierten und schließlich auch, daß die Angstreflexe entschärft wurden, die die Aussicht auf eine neue Weltmacht Deutschland bei den anderen, aber auch im eigenen Land weckten. Diesen letzten Aspekt halte ich für besonders wichtig. Im Unterschied zu manchen französischen Kommentatoren, die von Marie-France Garaud bis hin zu Jean-Pierre Chevènement gerne das Bild von einem selbstgewissen und machthungrigen vereinigten Deutschland zeichnen, sehe ich das wesentlich Problem dieses Landes ganz im Gegenteil darin, daß es ihm schwerfällt, die Machtposition, die ihm de facto zukommt, voll und ganz auszufüllen. Man muß sich dazu nur einmal die Diskussionen anhören, die seit der Vereinigung zumindest in Intellektuellenkreisen zu der Frage geführt werden, ob Deutschland eine »mittlere Macht« oder eine Mittelmacht in Europa sei, oder zu dem noch heikleren Thema, ob es eine »Zentralmacht« oder »Großmacht« sei.

Dagegen sah sich Frankreich im Nimbus der Erinnerung an die Revolution von 1789 und damit als Träger eines universal bedeutsamen Erbes stets in der Idee bestärkt, auf die Welt auszustrahlen. So bestand die Bedeutung der Europäischen Union weniger darin, sich vor der Geschichte zu legitimieren, als vielmehr französische Interessen zu maximieren. In Frankreich ist die demokratische Legitimation fest im republikanischen Staat verankert. Dies erklärt, warum jede europäische Aktion, die dieses Erbe antastet – ob es dabei um die Fragen der Nationalität oder das Konzept des öffentlichen Dienstes geht –, automatisch zu heftigen politischen Kontroversen führt. Die Bewahrung des republikanischen Modells führt darüber hinaus zu einer anderen Frage. Sie betrifft den Status Frankreichs als Großmacht, den manche Eliten von rechts ebenso wie von links um so stärker fordern, als unter heutigen Verhältnissen nach dem Kalten Krieg diplomatische Strategien immer bedeutungsloser werden. Zwar hat Frankreich zusammen mit Großbritannien einen beachtlichen Anteil zu den Operationen der UNPROFOR- und der IFOR-Truppen im ehemaligen Jugoslawien beigesteuert, doch führte dieses aktive Engagement, das viele französische Menschenleben kostete, in nur erstaunlich geringem Maße zur internationalen Steigerung seines Ansehens.

In einem zweiten Ansatz ist es nützlich, sich mit dem Begriff
»Europäische Union« auseinanderzusetzen. Er wurde zum ersten Mal offiziell im Oktober 1972 in Paris beim Gipfel der
Staats- und Regierungschefs der damals neun Mitgliedsländer
verwendet, die damit ihre Absicht bekundeten, noch vor dem
Ende des Jahrzehnts »ihre gesamten Beziehungen zu verändern«. So verweist die Europäische Union mehr als jede andere
Idee auf ein voluntaristisches Vorgehen, dessen Bedeutung häufig von der deutschen und französischen Regierung unterstrichen wird. Im Vordergrund steht dabei die Notwendigkeit, das
gemeinsame Ziel zu verfolgen, während man sich über den ein-
zuschlagenden Weg anschließend einigt.

Bei allen Diskussionen über die Vertiefung der Europäischen
Union war diese Methode im übrigen seit 1973 eine stete Quelle
großen Unverständnisses zwischen Frankreich und Deutschland
einerseits und Großbritannien andererseits. So hat ein Mitglied
des britischen Oberhauses bereits 1985 angemerkt: »Eines der
Probleme zwischen unseren westlichen Partnern und uns liegt
darin, daß die meisten von ihnen es für wesentlich erachten, ein
Ziel zu definieren, da diese Definition bereits einen Fortschritt
in Richtung auf dieses Ziel einschließe (...) Wir ziehen es vor,
voranzuschreiten und auf lange Sicht dieses Ziel zu erreichen,
ohne es zuvor als Ideal definiert zu haben.«

Seither gelangen die Protagonisten der Europäischen Union
beim Versuch einer solchen Definition oft zu einer Art »Sam-
melsurium«, in das sie versöhnlich all das hineinpacken, was
eigentlich am schwierigsten zu vereinen ist: die greifbaren
wirtschaftlichen Ziele (Binnenmarkt, gemeinsame politische
Strategien, gemeinsame Währung) zusammen mit neuartigen
politischen Regelungen (Staatsbürgerschaft, Außenpolitik), die
unabhängige Stellung der gemeinschaftlichen Institutionen bei
gleichzeitiger Rücksicht auf die Souveränität der Staaten.

Die verschiedenen nationalen Akteure messen der Europäischen Union deutlich erkennbar unterschiedliche Prioritäten
bei; welche Erwartungen verbinden damit aber die deutsche und
die französische Regierung seit den Maastrichter Vertragsver-
handlungen? Auch wenn Bundeskanzler Kohl unmißverständ-

lich für die Einführung der gemeinsamen Währung am 1. Januar
1999 eintritt, während dieser Zeitplan bei den französischen
politischen Parteien von rechts bis links starke Kontroversen
hervorruft, ist die politische Klasse in Frankreich nach wie vor
fester von den Vorteilen dieses Schritts überzeugt als in Deutschland. Dieser Unterschied spiegelt sich auch in den Tendenzen in
beiden Gesellschaften wider: Im März 1997 zeigte der viertel-
jährliche Ipsos/AFP-Barometer, daß 50 Prozent der Franzosen
eine positive Einstellung zum künftigen Euro haben, während
60 Prozent der Deutschen dessen Einführung fürchten. Da die
Verantwortlichen in Frankreich in stärkerem Maße als ihre deutschen Partner die Einführung der gemeinsamen Währung für
eine Frage des politischen Ermessens halten, sehen die französischen Befürworter darin ein »politisches Projekt«, das zur Vertiefung der europäischen Integration beitragen kann.

In der Frage der europäischen Verteidigung stimmen Deutsche und Franzosen darin überein, daß diese die Form »einer
fortschreitenden Eingliederung der WEU in die Europäische
Union« annehmen (vgl. den gemeinsamen Brief von Kohl und
Chirac vom 9. Dezember 1996 an den irischen Präsidenten des
europäischen Rats) und in eine reformierte NATO eingefügt
werden soll, in deren Rahmen den Europäern unabhängige
Maßnahmen erlaubt wären. Allerdings scheint die deutsche Regierung eher als ihr französischer Partner dazu bereit, Fragen zur
inneren Sicherheit im Rahmen der Gemeinschaft zu regeln. So
kam der Vorschlag zur Schaffung von Europol oder auch zur
Aufnahme der Asylpolitik in die Liste der Themen gemeinsamen Interesses (Artikel K1) bei den Verhandlungen zum
Maastrichter Vertrag von seiten der deutschen Delegation.
Deutschland war bereit, die Asylpolitik (wegen des Zustroms
von Immigranten auf sein Staatsgebiet, die sich auf das Asylrecht
berufen) ebenso wie alle Vorgänge, die den Grenzübertritt betreffen, zu vergemeinschaften, mußte aber in Maastricht infolge
des entschiedenen Widerstands der dänischen und britischen Regierung ebenso wie der reservierten Haltung der Franzosen seine
Hoffnungen enttäuscht sehen. Diese wollten allenfalls eine all-
mähliche Vergemeinschaftung der Außen- und Sicherheitspolitik

akzeptieren. Im Rahmen der Reform des Maastrichter Vertrags tauchen genau dieselben deutschen Hoffnungen und dieselben französischen Ängste bezüglich der Sicherheitspolitik wieder auf. Während das eine Land zu einer Vergemeinschaftung aller Verfahren, die den Übertritt über die äußeren Grenzen betreffen (Stellung der Ausländer, Einwanderung, Asyl, gemeinsame Regeln zur Grenzkontrolle) bereit wäre, lehnt das andere Land diese Perspektive zwar nicht gänzlich ab, bevorzugt jedoch Zwischenlösungen, um die Entscheidungsbefugnis der Staaten zu erhalten, so z. B. gemeinsame Initiativen von Kommission und Rat oder eine formelle Befragung der nationalen Parlamente. Die Gründe für diese vorsichtige Haltung der französischen Regierung sind vielfältig. So ist die französische Gesellschaft traumatisiert von Attentatswellen, die das Land seit 1986 erschütterten. Zu nennen wäre hier aber auch die Existenz des Front National mit einem Stimmanteil von bis zu 15 Prozent bei nationalen Wahlen, der sich bei Kommunalwahlen mit der Schlagwortkombination »Arbeitslosigkeit und heimliche Einwanderung« immer stärker durchsetzen kann.

Was die institutionelle Konfiguration der Europäischen Union anbelangt, wäre es sicher müßig, die Positionen Frankreichs oder Deutschlands einem eindeutigen Modell zuordnen zu wollen, sei es integrationistischen (oder föderalistischen) oder im Gegensatz dazu intergouvernementalen Typs. Zwar weckt die Verbindung des Föderalismusbegriffs mit der Europäischen Union aus kulturellen Gründen bei der deutschen Regierung weniger Ängste als bei der französischen, doch unterstreichen beide Seiten regelmäßig, daß sie auf die in manchen Bereichen noch vorhandenen intergouvernementalen Mechanismen nicht so bald verzichten möchten. So war die Idee, die gemeinsame Außen- und Sicherheitspolitik in einem intergouvernementalen Pfeiler zu isolieren, zwar das Ergebnis der französischen Diplomatie, doch genoß sie die volle Unterstützung von deutscher Seite. Im übrigen hat Bundeskanzler Kohl seinen Einwand gegen die Aufnahme eines Absatzes zur Industriepolitik (Artikel 130) in den Maastrichter Vertrag erst zurückgenommen, nachdem dieser der Einstimmigkeitsregel unterworfen wurde.

Die immer wieder auftauchende Differenz zwischen den Regierenden in Frankreich und Deutschland liegt vor allem in der Legitimität, die beide Seiten dem Europaparlament im europäischen Entscheidungsprozeß zuzugestehen bereit sind. So plädiert Bonn bei jeder institutionellen Reform dafür, die Befugnisse des Parlaments (Zustimmungsverfahren, Mitentscheidungsverfahren) zu verstärken. Die französische Delegation dagegen hat Vorbehalte gegenüber einem europäischen Parlament, das sich nach Ansicht eines französischen Außenministers um Dinge kümmert, »die es nichts angehen, nämlich französische Gesetzgebung«, und erinnert bei jeder Gelegenheit daran, daß die demokratische Legitimität vor allem vom Rat (das heißt, der Exekutive) verkörpert wird, während die demokratische Kontrolle stärker von den nationalen Parlamenten wahrgenommen werden sollte, die sich in einem gesonderten gemeinschaftlichen Organ zusammenschließen sollten.

Nach langem Zögern, bedingt durch das doppelte Motiv, die Partnerschaft mit den Mittelmeerländern nicht aufzugeben, andererseits aber auch nicht untätig zuzusehen, wie Bonn kurzerhand ein diplomatisches »Einflußgebiet« aufbaut, nahm die französische Regierung schließlich 1993 die Erweiterung der Union auf die Länder Mittel- und Osteuropas als unvermeidlich hin. Diese deutsch-französische Annäherung führte zu der gemeinsamen Erkenntnis, daß differenzierte Formen abgestufter Integration erforderlich sind, damit eine solche Erweiterung der Union nicht deren Vertiefung in Frage stellt. Das Papier, das die CDU/CSU-Fraktion im Bundestag im September 1994 vorlegte und das eine solche Unterscheidung vorsah (vor allem mit Blick auf die Währungsunion), hat eine breite Diskussion zu diesem Thema nicht nur in Deutschland, sondern auch in Frankreich ausgelöst. Die Vorschläge, eine Union der konzentrischen Kreise zu schaffen, die Premierminister Balladur im September 1994 äußerte und die der Präsidentschaftskandidat Jacques Chirac in seiner Rede zur Außenpolitik im März 1995 aufgriff, scheinen auf den ersten Blick von der gleichen Philosophie beseelt zu sein: Regierungen, die bereit und in der Lage sind, ein von der Gemeinschaft geplantes Ziel zu verwirklichen, sollten dies können, ohne zwingend auf alle anderen Partner warten zu müssen. Die Möglichkeit der »erhöhten Solidarität«, die Jacques Chirac in seiner Rede vom März 1995 als Weg für einzelne Unionsmitglieder definierte, verschiedene Formen engerer Zusammenarbeit, sowohl was die Akteure als auch die Bereiche anbelangt, zu entwickeln, unterscheidet sich von dem von der CDU/CSU vorgeschlagenen Ansatz durch ein wesentliches Element: Sie greift in keiner Weise die Idee eines zentralen Kerns von Staaten (Kerneuropa) auf, die die Funktion eines politischen Motors übernehmen würden, indem sie in allen Bereichen der Vertiefung fortzuschreiten bereit wären. In diesem Sinne scheint der gemeinsame Brief der Außenminister Charette und Kinkel vom 17. Oktober 1996, der in einem reformierten Maastricht-Vertrag eine allgemeine Klausel der »verstärkten Zusammenarbeit« sowie verschiedene Klauseln für die einzelnen Pfeiler vorschlägt, der Vorstellung der französischen Regierung näher als dem ursprünglichen Vorschlag der CDU/CSU-Fraktion.

Denkt man an die künftige Dynamik der europäischen Integration, dann ist der Unterschied zwischen beiden Vorgehensweisen nicht unerheblich. Auch wenn die Bereiche des Binnenmarktes und der gemeinsamen Politiken künftig davon nicht betroffen wären, ist letztlich nicht auszuschließen, daß solche »verstärkten Kooperationen«, die nebeneinanderher liefen, ohne von einem zentralen Motor angetrieben zu werden, die Europäische Union zu einem »Europa à la carte« (John Major würde von einem »flexiblen Europa« sprechen) werden lassen, das die französische ebenso wie die deutsche Regierung gerade vermeiden wollen. Damit stellt sich wiederum die Aufgabe, die gemeinsame Europapolitik neu zu definieren.

Jörg Monar
Maastricht

Nur wenige Städte sind durch Vertragsabschlüsse in diesem
Jahrhundert in Deutschland und Frankreich gleichermaßen zur
Bekanntheit gelangt. Für viele Jahrzehnte galt dies eigentlich
nur für zwei Verträge, die kennzeichnend für den deutsch-französischen Antagonismus nach dem Ersten Weltkrieg waren: den
umstrittenen Versailler Vertrag (1919) und das Abkommen von
Rapallo (1922), das in Frankreich den Alptraum einer antifran-
zösischen deutsch-sowjetischen Allianz heraufbeschwor. Seit
1992 hat sich nun auch die südniederländische Stadt Maastricht
einen festen Platz im politischen Vokabular diesseits und jenseits
des Rheins erobert, im Unterschied zu Versailles und Rapallo
jedoch nicht als ein Element des Gegensatzes, sondern als Ausdruck des unausgegorenen inneren Verhältnisses beider Nationen zu ihrer wohl bedeutsamsten gemeinsamen politischen
Schöpfung, dem europäischen Einigungsprozeß. Als Ort der
Unterzeichnung des »Vertrages über die Europäische Union«
wurde »Maastricht« in Deutschland zum Kernbegriff einer erstmals in der Nachkriegsgeschichte sehr kritischen öffentlichen
Auseinandersetzung über Inhalte und Ziele des Integrationspro-
zesses und in Frankreich zum Ausgangspunkt einer nationalen
europapolitischen Debatte, wie sie das Land seit der Kontroverse über die Europäische Verteidigungsgemeinschaft (1954)
nicht mehr gekannt hatte. Die Karriere des Wortes »Maastricht«
in Frankreich und Deutschland seit 1992 offenbart sowohl Gemeinsamkeiten als auch Unterschiede in der Einstellung zur
europäischen Integration, die Grundfragen der Identität und der
Rolle beider Nationen in Europa berühren.
    Eine der Gemeinsamkeiten ist, daß »Maastricht« in beiden
Ländern eine Debatte auslöste, die weit über die begrenzten inhaltlichen Neuerungen des Maastrichter Vertragswerkes hinaus-
gingen. Zwar führte der Vertrag einen Stufenplan zur Errichtung der Wirtschafts- und Währungsunion mit dem Endziel einer
einheitlichen Währung ein, doch deren Verwirklichung wurde
an eine ganze Reihe von Konditionen gebunden, und Pläne zu

einer Wirtschafts- und Währungsunion hatten bereits seit Anfang der siebziger Jahre immer wieder auf der politischen
Agenda gestanden. Gewiß, der Vertrag führte eine »Gemeinsame Außen- und Sicherheitspolitik« und eine formalisierte Zusammenarbeit in den Bereichen »Justiz und Inneres« ein, aber
diese klangvollen Namen bezeichnen kaum mehr als eine Kodifi-
zierung und begrenzte prozedurale Reform bestehender Formen
intergouvernementaler Zusammenarbeit zwischen den EG-Mit-
gliedstaaten. Von ebenso limitierter Natur waren die wenigen
institutionellen Reformen und die im wesentlichen symbolhafte
Einführung einer »Unionsbürgerschaft«. Warum also löste
»Maastricht« in beiden Ländern eine fundamentale Auseinandersetzung über Europa aus, wie sie bei wichtigen vorherigen
Etappen wie beispielsweise bei der Maastricht entscheidend vor-
bereitenden Einheitlichen Europäischen Akte (1996) nicht stattgefunden hat?

Auslösender Faktor waren tiefgreifende Probleme nationaler
Identität und Rollensuche in einem sich wandelnden europäischen Umfeld zu suchen, mit denen sich – eine andere Gemeinsamkeit – beide Länder seit Anfang der neunziger Jahre auseinanderzusetzen hatten und teilweise immer noch haben. Die
Gründe hierfür waren in beiden Ländern allerdings recht unterschiedlich.

In Frankreich stellte der Zusammenbruch des sowjetischen
Imperiums und die deutsche Wiedervereinigung den europapolitischen Konsens der Ära Mitterrand in Frage. In den achtziger
Jahren hatte die Regierung den europäischen Integrationsprozeß als Königsweg zur Sicherung des internationalen Einflusses
Frankreichs und zur Einbindung Deutschlands dargestellt. Im
Kontext des Umbruchs von 1989–90 erschien Frankreich dann
jedoch wie ein ohnmächtiger Zuschauer, der weder Einfluß auf
die Entwicklungen noch eine effektive Kontrolle über den mit
Beunruhigung aufgenommenen Prozeß der deutschen Wiedervereinigung ausüben konnte. Die von der Regierung immer
wieder beschworene Schlüsselposition Frankreichs in Europa
erwies sich mit einem Mal als weitaus schwächer, als weithin angenommen, und Unsicherheit über die Rolle und Identität

Frankreichs nach dem Wegfall der Ost-West-Polarisierung brei-
tete sich aus. Das Festhalten Mitterrands an einer weiteren Vertiefung der europäischen Einigung erschien vielen angesichts
der neuen Herausforderung wie die bloße Repetition eines
zumindest teilweise gescheiterten und nunmehr gefährlich in-
adäquaten politischen Konzepts.»Maastricht« spitzte diesen
Gegensatz zwischen einer verunsicherten und nach neuer Orientierung suchenden Öffentlichkeit und Mitterrands anscheinend
von den Ereignissen überholtem Primat der europäischen Integration auf die Spitze: Anstelle der gesuchten neuen außenpolitischen Identität und Rolle schien »Maastricht« dem Land nur die
Aussicht auf ein weiteres Aufgehen in Europa an, ein Europa, das
nach den jüngsten Umbrüchen und im Zeichen des wiedervereinigten Deutschlands weit weniger stabil und berechenbar erschien als zuvor. Von diesem Eindruck war es nur ein kleiner
Schritt zum Schreckbild einer Selbstaufgabe Frankreichs in der
europäischen Konstruktion, und dieses Bild dominierte dann
auch in Gestalt des angeblich mit »Maastricht« verbundenen
nationalen Souveränitätsverlustes die öffentliche Debatte. Die
Kontroverse über »Maastricht« entließ die traditionellen gaullistischen Konzepte der nationalen Unabhängigkeit und der un-
antastbaren Souveränität der Nation zumindest temporär aus ihrer seit den siebziger Jahren verordneten offiziellen Zwangsehe
mit der europäischen Integration und ließ alte Antagonismen der
fünfziger und sechziger Jahre wieder aktuell werden.

Das Phänomen der Maastricht-Debatte in Frankreich be-
schränkte sich jedoch nicht auf die Frage des Souveränitätsverlustes. Zwei andere kamen durch die von Mitterrand initiierte und
sich rasch als politisches Vabanquespiel herausstellende Volksbe-
fragung zu »Maastricht« hinzu. Die hastigen und teilweise ausgesprochen ungeschickten Anstrengungen der Regierung, den
Vertrag der Bevölkerung nahezubringen – Hunderttausende von
Exemplaren des schwerverständlichen Vertragstextes wurden
beispielsweise einfach an die Haushalte verteilt –, verstärkten nur
den Eindruck der Komplexität und mangelnden Transparenz der
neuen Europäischen Union. »Maastricht« wurde damit auch zum
Synonym für die zunehmende Undurchschaubarkeit des europäi-

schen Systems. Eine weitere belastende Verbindung war die mit
der Person Mitterrands. 1992 erreichte die Popularität des Präsidenten einen Tiefpunkt, und der von ihm so offenkundig befür-
wortete Vertrag geriet zum exponierten Angriffspunkt für eine
breitgefächerte Opposition, die »Maastricht« mit einem angeblich abgewirtschafteten Präsidenten identifizierte.

Auch nach dem positiven, wenn auch außerordentlich knappen
Ausgang des Referendums im September 1992 versuchten oppo-
sitionelle Kräfte auf der äußeren Rechten und Linken »Maastricht« als Synonym für den Ausverkauf nationaler Souveränität
am Leben zu erhalten. Sie konnten sich darin durch die 49 Prozent
der Wähler gestärkt sehen, die »Maastricht« im Referendum abgelehnt und dies (so das Ergebnis von Meinungsumfragen) getan
hatten, um Frankreich nicht in die Hände der »technocrates de
Bruxelles« fallen zu lassen. Die breite öffentliche Debatte ver-
ebbte jedoch nach dem Referendum, und die Verbindung mit
dem Bild eines politisch angeschlagenen Präsidenten verlor sich.
Geblieben ist »Maastricht« als Bezeichnung für ein verändertes
Europa, ein »Après-Maastricht«-Europa, das zwar wenig Enthu-
siasmus weckt, aber doch als politische Gegebenheit akzeptiert
wird. Ausgenommen von dieser nüchtern-resignierten Akzeptanz ist nur die von »Maastricht« vorgesehene Verwirklichung der
Wirtschafts- und Währungsunion, die von der Regierung Juppé
1996 zum Anlaß für heftig umstrittene Austeritätsmaßnahmen
genommen wurde und »Maastricht« erneut in einen negativen
Kontext brachte. Zwar wird die Währungsunion durchaus als ein
eigenständiges Thema gesehen, aber Kritiker des Projektes haben es nicht versäumt, einen Zusammenhang zwischen dem angeblichen Ausverkauf nationaler Souveränität durch »Maastricht« und der neuen der französischen Bevölkerung auferlegten
Austerität herzustellen.

Auch in Deutschland fiel der Vertrag von Maastricht in eine
Zeit fundamentaler politischer Veränderungen. Die Wiedervereinigung warf für viele die Frage nach einer Revision der Rolle des
vergrößerten Deutschlands in Europa und der Welt auf. Der Umbruch in Mittel- und Osteuropa hatte zudem an Deutschlands
Ostgrenzen einen großen Raum neuer politischer und wirtschaft-

licher Möglichkeiten, aber auch Gefahren, entstehen lassen, der die bisherige einseitige Westorientierung zumindest diskutabel erschienen ließ. Ein weiterer Faktor waren die ökonomischen und finanziellen Konsequenzen der Wiedervereinigung, die 1991/92 erstmals in vollem Umfang sichtbar wurden und zunehmend den Handlungsspielraum der Regierung einengten.

Bemüht, allen Befürchtungen und Versuchungen hinsichtlich eines neuen selbstbewußten und revisionistischen Deutschlands den Boden zu entziehen, reagierte Bundeskanzler Kohl auf diese fundamentalen Veränderungen jedoch – ähnlich wie Mitterrand – mit einer entschiedenen Bekräftigung des bestehenden Primats der europäischen Integration. Das erklärte Ziel der Einbindung des wiedervereinigten Deutschlands in eine vertiefte politische Union wurde jedoch rasch von der Frage der Teilnahme Deutschlands an der Errichtung der Wirtschafts- und Währungsunion überlagert, die auch in offiziellen Verlautbarungen als ein notwendiges Zeichen der Glaubwürdigkeit des deutschen Festhaltens am europäischen Einigungswerk dargestellt wurde. Eine breitere öffentliche Diskussion dieser Frage fand allerdings während der Verhandlungen über den Unionsvertrag nicht statt und wurde von der auf die übliche passive Akzeptanz der Bürger in der Europapolitik vertrauende Regierung auch nicht gesucht.

Nach der Unterzeichnung von »Maastricht« wurde das Währungsunionsprojekt dann allerdings rasch zu einem äußerst kontroversen politischen Thema und belastete die gesamte öffentliche Perzeption des Vertragswerkes. Zum einen wurde deutlich, daß Experten aus Wissenschaft und Praxis trotz der im Vertrag definierten Qualifizierungskriterien für die Währungsunion über die Risiken des Projekts für die Währungsstabilität, die weithin als Garant der wirtschaftlichen Stärke des Landes angesehen wurde, sehr geteilter Meinung waren. Nachdem bereits während der Verhandlungen gewisse Vorbehalte der Bundesbank bekanntgeworden waren, kam es nach »Maastricht« zu dem sogenannten »Krieg der Manifeste«, in dem führende Wissenschaftler – ein einmaliger Vorgang in Deutschland – in ganzseitigen Manifesten für und gegen »Maastricht« und das Währungsunionsprojekt Stellung nahmen. Dies führte zu einer zunehmenden Verunsicherung der Öffentlichkeit, die durch kritische Analysen der begrenzten Fortschritte von »Maastricht« in anderen Politikbereichen und Fragen wie der demokratischen Kontrolle der Unionsorgane noch verstärkt wurde. Deutschlands Beteiligung an der Währungsunion war von der Regierung als notwendige Konzession zur Verwirklichung der politischen Union dargestellt worden, aber vielen schien es, als ob dieses angebliche »Opfer« der Aufgabe des nationalen Symbols »Mark« nun gebracht worden war, ohne daß gleichzeitig entscheidende Fortschritte hinsichtlich der vielbeschworenen politischen Union gemacht worden waren. Das »Maastricht«-Urteil des Bundesverfassungsgerichts vom Oktober 1993 gab diesem Eindruck zusätzliche Nahrung, indem es die Union als einen »Staatenverbund« charakterisierte, in welchem sich politische Entscheidungen auch weiterhin vor allem durch die demokratischen Systeme der Mitgliedsstaaten und nur sekundär durch das Europäische Parlament legitimieren könnten. Denjenigen, die bewußt oder unbewußt nach einer neuen Rolle des wiedervereinigten Deutschlands suchten, bot »Maastricht« auch nur die wenig attraktive Perspektive einer weiteren Beschränkung der nationalen Autonomie an. Die Ratifizierung des Vertrages war zwar politisch nie ernsthaft gefährdet, aber die Schärfe der öffentlichen Diskussion ließ erstmals massive Verwerfungen in der deutschen Einstellung zur europäischen Einigung und mögliche Grenzen für weitere Integrationsfortschritte deutlich werden. »Maastricht« ist daher in Deutschland zum Synonym sowohl für eine mögliche Gefährdung der Teil der nationalen Identität bildenden wirtschaftlichen Stabilität durch den Integrationsprozeß als auch für das Ende des europapolitischen Konsenses geworden. Die anhaltenden Unsicherheiten hinsichtlich der Verwirklichung des Währungsunionsprojekts und des Kreises der teilnehmenden Länder sowie die auch in Deutschland hergestellte Verbindung zwischen ohnehin erforderlichen öffentlichen Sparmaßnahmen und den »Maastrichter Kriterien« zur Qualifizierung für die Währungsunion haben dem Wort bis heute seine kontroverse Dimension erhalten.

Die unterschiedlichen Reaktionen auf »Maastricht« in

Deutschland und Frankreich – hier vor allem Besorgnisse um
den Verlust des nationalen und wirtschaftlichen Symbols der
Mark, dort um den Verlust nationaler Souveränität und Unabhängigkeit – reflektieren fundamentale Unterschiede der historischen Erfahrung und politischen Kultur. Die Kontroversen
um »Maastricht« haben jedoch gezeigt, daß es ungeachtet der
Schlüsselrolle und langjährigen engen Zusammenarbeit beider
Länder in Europa diesseits und jenseits des Rheins tiefe Bruch-
linien in der Einstellung zum europäischen Einigungswerk gibt.
Diese durch »Maastricht« ans Tageslicht gekommenen Bruch-
linien gefährden nicht notwendigerweise die in ihren Grundlagen proeuropäische Orientierung beider Länder, verweisen aber
auf den auf beiden Seiten vorhandenen Bedarf nach einer kontinuierlichen und vertieften öffentlichen Debatte über Ziele und
Etappen des Einigungsprozesses. In diesem Sinne bezeichnet
»Maastricht« diesseits und jenseits des Rheins das Ende der Ära
der angeblichen europapolitischen Selbstverständlichkeiten.

Mathias Jopp
Sicherheit – NATO

Selten sind sich Frankreich und Deutschland in der Sicherheitspolitik so nahegekommen wie in jüngerer Zeit, und dies, obwohl
beide Länder in ihrem Verhältnis zur Sicherheitspolitik und zur
NATO traditionell sehr verschieden sind. Für Deutschland bedeutete unter den Bedingungen des Kalten Krieges die Mitgliedschaft in der NATO und die Unterstellung unter amerikanischen
Schutz eine existentielle Notwendigkeit. Die militärische Integration im westlichen Bündnis wurde wie die ökonomische Integration in der EG als Weg zur schrittweisen Wiedergewinnung
von Souveränität und Gleichberechtigung angesehen, als Mittel
zur Akzeptanz in der demokratischen Staatengemeinschaft und
auch als Möglichkeit der Sicherung von Einfluß und der Bewahrung deutscher Interessen.

Für Frankreich hingegen war und ist Sicherheitspolitik eng

verbunden mit nationaler Größe und dem Streben nach Unabhängigkeit. Sicherheitspolitik ist in der Fünften Republik immer auch als Statuspolitik begriffen worden und mithin als Instrument zur Unterstreichung der Statusdifferenz gegenüber der Bundesrepublik Deutschland – einerseits bis 1989/90 als Siegermacht mit Verantwortung für Berlin und Deutschland als Ganzes, andererseits als Großmacht, die über Nuklearwaffen und einen ständigen Sitz im Sicherheitsrat verfügt. Sicherheit wurde zudem vor dem Hintergrund des Traumas von 1940 als Sicherheit vor Deutschland durch Einbindung und Kontrolle des östlichen Nachbarn verstanden. Die NATO hatte daher aus französischer Sicht sowohl die Funktion, die sowjetische Bedrohung abzuwehren wie auch die Bundesrepublik Deutschland fest im Westen zu verankern.

Problematisch war Frankreichs Verhältnis zur militärischen Integration der NATO. Sie galt als Instrument amerikanischer Hegemonie und widersprach gaullistischen Prinzipien der nationalen Souveränität und Handlungsfreiheit sowie dem Anspruch, europäische Führungsmacht zu sein. Konsequenterweise zog sich Frankreich unter de Gaulle aus der militärischen Integration der NATO 1966 zurück (nicht aber aus den politischen Gremien der NATO), nachdem Versuche einer Reform des Bündnisses durch die Errichtung eines Direktoriums der Großen Drei (USA, Großbritannien und Frankreich) gescheitert waren. Hinzu kam, daß Pläne der Schaffung eines europäischen Gegengewichts zur amerikanischen Führungsmacht durch eine politische Union der EG-Staaten (Fouchet-Pläne 1961/62) ebenso fehlgeschlagen waren wie das Bemühen um eine engere militärische Zusammenarbeit mit Deutschland im Rahmen des Elysée-Vertrags (1963).

Deutschland blieb damals aufgrund seiner großen Abhängigkeit von amerikanischen Garantien gar nichts anderes übrig, als sich in der Sicherheitspolitik für Washington und gegen Paris zu entscheiden. Frankreich hingegen konnte sich den Rückzug aus dem militärischen Bereich der NATO während des Kalten Krieges leisten, weil seine historische und geostrategische Situation anders war als die Westdeutschlands, und die NATO die Absicherung des strategischen Vorfeldes wie auch des politischen Status quo (Blockstruktur, Teilung Deutschlands) gewährleistete. Um seine Sonderrolle in der Sicherheitspolitik spielen zu können, hätte Frankreich, wie einmal Michael Stürmer treffend ausdrückte, die NATO geradezu erfinden müssen. Um so härter traf Frankreich das Ende des Ost-West-Konflikts, das die Wiederherstellung der deutschen Einheit zur Folge hatte und außerdem für kurze Zeit die Frage nach der raison d'être der NATO aufwarf. Was sich für Deutschland als geschickte Nutzung einer Fügung der Geschichte zur Wiederherstellung der nationalen Einheit bei voller Souveränität und vermindertem Schutzbedürfnis ergab, verursachte in Frankreich die Heraufbeschwörung alter Dämonen und rückte erneut die Furcht vor den »incertitudes allemandes« in den Vordergrund.

Kaum jemand in Deutschland dachte freilich an ein Ausscheren aus dem Atlantischen Bündnis oder eine Lockerung der europäischen Integration. Im Gegenteil, die Sorge um die Zukunft der NATO und das Ausmaß des weiteren amerikanischen Engagements in Europa beschäftigten deutsche wie französische Außen- und Sicherheitspolitiker. Frankreich sah sich jedenfalls einem größer gewordenen Deutschland gegenüber, das sich anschickte, wie Hans-Peter Schwarz analysierte, zur Zentralmacht in Europa aufzurücken. Eine vielleicht weiterreichende Konsequenz bestand aber darin, daß Frankreich aufgrund völlig gewandelter Prämissen seine Sicherheitspolitik einer fundamentalen Revision unterziehen mußte. Dies führte zum Bemühen um eine intensivere europäische Zusammenarbeit in der Sicherheits- und Verteidigungspolitik und letztlich, nach jahrelangem Widerstreben, zur schrittweisen Annäherung an die militärischen Strukturen der NATO.

Frankreichs neues Verhältnis zur NATO ist keinesfalls mißzudeuten als eine Aufgabe gaullistischer Grundsätze. Zu diesen gehörte immer schon die Absicherung des amerikanischen Engagements in Europa. Problematisch und ambivalent war und ist freilich das französische Verhältnis gegenüber den USA. Einerseits führten Befürchtungen vor einem amerikanischen Disengagement insbesondere nach dem Ende des Kalten Krie-

ges zu europäischen Initiativen Frankreichs, um ein Abdriften
Deutschlands nach Osten zu verhindern und den USA die Bereitschaft zu größerer europäischer Verantwortungsübernahme
in der Sicherheitspolitik zu dokumentieren und damit isolationi-
stischen Tendenzen im amerikanischen Kongreß entgegenzuwir-
ken. WEU-Initiativen stehen in diesem Kontext genauso wie die
Akzeptanz der Unterordnungsmöglichkeit des Eurokorps im
Krisenfall unter den amerikanischen NATO-Oberbefehlshaber
in Europa. Andererseits vertritt Frankreich traditionell einen
europäischen Führungsanspruch und konzentrierte sich bis 1993
darauf, die Rolle der NATO auf die verminderte Bedeutung der
kollektiven Verteidigung zu begrenzen und damit die Reetablie-
rung amerikanischer Dominanz in der europäischen Sicherheit
zu verhindern.

Deutsche und französische Interessen konnten sich nach dem
Ende des Kalten Krieges insoweit treffen, als auch im traditionell atlantisch orientierten Deutschland die strategische Lage
anders bewertet und zudem auf amerikanischer Seite eine größere Verantwortungsübernahme Europas in der Sicherheitspolitik gefordert wurde. Aus deutscher Sicht ging und geht es vor
allem aus integrationspolitischen Gründen um die Entwicklung
einer europäischen Sicherheits- und Verteidigungspolitik, wobei
diese immer als Pfeiler in der NATO und nicht außerhalb oder
losgelöst von ihr gedacht wird. Die Möglichkeit, die WEU als
Scharnier zwischen der Union und der NATO zu nutzen, hat dabei u. a. die Funktion, Frankreich enger an die NATO heranzu-
führen. Französische Ambitionen, die WEU in Rivalität zur
NATO einzusetzen und gleichzeitig eine neue Rollendefinition
der NATO zu blockieren oder abzubremsen, stießen allerdings
auf Widerstände bei Deutschland und den anderen europäischen
Bündnispartnern.

Die partielle Rückkehr Frankreichs in den militärischen Bereich der NATO begann deshalb schon in den beiden letzten
Amtsjahren Mitterrands und wird unter Chirac konsequent wei-
terbetrieben. Für sie ist aber zusätzlich eine ganze Reihe von
Gründen verantwortlich, die von französischer Frustration über
die geringe Leistungs- und Einsatzfähigkeit des GASP/WEU-

Gespanns bis zu den militärischen Lektionen reichen, die sich aus dem Verlauf des Golfkrieges und des Krisenmanagements im ehemaligen Jugoslawien ergaben. Der Golfkrieg hatte die amerikanische Überlegenheit bei der militärischen Machtprojektion verdeutlicht. Die Jugoslawienkrise offenbarte die Angewiesenheit der Europäer auf NATO-Strukturen und amerikanische Ressourcen. Eine Rolle spielte sicherlich auch die Überlegung, daß nur eine funktionierende und den neuen Gegebenheiten angepaßte NATO neben den noch relativ schwachen europäischen Sicherheits- und Verteidigungsstrukturen eine zusätzliche Einbindung Deutschlands garantieren und gleichzeitig auch eine Beteiligung des östlichen Nachbarn an Out-of-area-Operationen erleichtern könnten. Von ausschlaggebender Bedeutung war schließlich die Tatsache, daß sich der Transformationsprozeß der NATO in ein flexibles und funktionstüchtiges Instrument militärischen Krisenmanangements relativ dynamisch vollzog und sich Frankreich selbst um seine Einflußnahme brachte, solange es nicht in den entscheidenden militärischen Gremien einer sich rasch wandelnden NATO vertreten war.

Frankreichs militärische Rückkehr in eine »neue NATO«, wie es von französischer Seite immer wieder betont wird, hat auch ihren Preis. Nach französischen Vorstellungen sollen hochrangige NATO-Positionen verstärkt mit europäischen bzw. französischen Offizieren besetzt werden. Die gegenwärtige französisch-amerikanische Auseinandersetzung um das NATO-Südkommando, das traditionell von einem amerikanischen Offizier geleitet wird, steht in diesem Kontext und ist symbolischer Ausdruck für den Machtkampf um die Neuorganisation der NATO.

Für Frankreich ist zudem die Annäherung an eine sich transformierende und zeitlich vor der EU erweiternde NATO eng verknüpft mit der Stärkung und Erweiterung der europäischen Sicherheits- und Verteidigungsidentität. Dementsprechend gilt es, die WEU operativ auszubauen und enger mit der EU zu verzahnen. Die NATO aber soll in einer Weise reformiert werden, daß die Europäer im Bedarfsfall über die WEU auf NATO-Ressourcen zurückgreifen können. Dies findet mittlerweile auch auf seiten der USA Unterstützung. Aus französischer Sicht bleibt diese

Option aber ambivalent, da sie ein amerikanisches »droit de regard« über europäisches Krisenmanagement nicht ausschließt.

Auf deutscher Seite dominiert hingegen das Interesse, durch die enge Verbindung von WEU und NATO die Entwicklung eines europäischen Pfeilers innerhalb der Allianz abzusichern und gleichzeitig die Duplizierung von militärischen Strukturen zu verhindern. Bonn unterstützt in der Auseinandersetzung um das NATO-Südkommando bislang Paris, da es am Erfolg einer militärischen Einbindung Frankreichs in die NATO interessiert ist. Aus deutscher Sicht gilt es, die Allianz langfristig in eine binäre Struktur umzugestalten, in der die Europäische Union mit einer entwickelten sicherheits- und verteidigungspolitischen Dimension den europäischen Pfeiler der NATO bildet und nicht die ungeliebte WEU. Konsequenterweise setzt sich die Bundesregierung in der gegenwärtigen Regierungskonferenz zur Reform der Europäischen Union und auch ihrer gemeinsamen Außen- und Sicherheitspolitik für einen Stufenplan zur Absorption der WEU in die Union ein. Dies trifft sich u. a. mit der französischen Auffassung, daß nur die Europäische Union über die ausreichende politische Autorität verfügt, ein Gegengewicht zu Washington zu bilden.

Die Schlüsselfragen zu einer Reform der euro-atlantischen Sicherheitsgemeinschaft liegen derzeit in der NATO wie in der Europäischen Union und der WEU auf dem Tisch. Von ihrer Beantwortung wird das Ausmaß der Annäherung Frankreichs an die NATO abhängen einschließlich eines Grundmaßes an Mit- und Selbstbestimmung der Europäer über ihre Sicherheit. Trotz teilweise unterschiedlicher Motive und Interessen ziehen Frankreich und Deutschland hierbei an einem Strang. Dies verdeutlicht, wie nahe sich beide Staaten gekommen sind und wie wenig der eine auf den anderen in der Sicherheitspolitik verzichten kann.

Lothar Rühl
Armee

Während für Deutschland das Wort Armee nicht länger allgemein gebraucht wird und keine eindeutige Vorstellung mehr zum
Ausdruck bringt, ist im französischen Sprachgebrauch »l'armee«
der unveränderte feste Begriff für eine die französische Geschichte von Beginn des 14. Jahrhunderts bis heute umspannende
Realität des Wehrwesens, seit der Französischen Revolution
auch verbunden mit »la défense nationale« oder der »Nationalen
Verteidigung«. Darin ist über die eigentliche Landesverteidigung
Frankreichs hinaus die Sicherheit der verbliebenen Überseeterri-
torien und die Wahrung der nationalen Interessen in der Welt
eingeschlossen, obwohl der Einsatz des Wehrpflichtkontingents
grundsätzlich der Landesverteidigung vorbehalten ist, solange
die Wehrpflicht nach der Reform von 1996 vom Staat noch in
Anspruch genommen wird. Dieser Einschnitt in die Kontinuität
der Wehrpflichtarmee seit Beginn des Jahrhunderts, in der älteren Tradition der Revolutionszeit und des napoleonischen Kaiserreichs, hat mit der Verkündung der Reform durch Präsident
Chirac im Februar 1996 Frankreich eine nationale Sinnfrage des
staatsbürgerlichen Dienstes gestellt. Chiracs Hauptargument für
die erstrebte, von de Gaulle schon vor dem Zweiten Weltkrieg
empfohlene »armée de metier« (damals als professioneller Kern
in Gestalt des »gepanzerten Korps« des Heeres im Rahmen der
Wehrpflichtarmee) ist das Kriterium der »projection de force« in
internationalen Krisen, d. h. die Bildung von Interventionskräf-
ten nach britischem Vorbild.

Damit löst die Armee sich nicht nur von der Volksbasis der
allgemeinen Wehrpflicht, sondern auch vom historischen
Hauptauftrag der Landesverteidigung, für die in Europa seit
1990 kein unmittelbarer Bedarf mehr besteht, der aber natürlich
auch heute und künftig noch, wenngleich ohne die Aufwuchs-
fähigkeit einer Wehrpflichtarmee in der allgemeinen Mobil-
machung der Reserven, erfüllt werden muß. Die neue Sicher-
heitslage in Europa und in der NATO gestattet dies mit weniger
Truppen. Dafür soll die Armee als Gesamtheit der französischen

Streitkräfte zum Reservoir für stets einsatzbereite militärische
Instrumente der Außen- und Sicherheitspolitik auch weltweit
werden. Dieser Auftrag fügt sich an die Tradition der See- und
Kolonialmacht Frankreich.

Die deutsche Militärpolitik folgte der französischen 1997 nicht
auf den Weg zur Berufsarmee, sondern hielt aus mehreren
Gründen an der allgemeinen Wehrpflicht fest, obwohl sie diese
weder vollkommen durchsetzen noch ausnutzen konnte. Die
beiden Hauptgründe für das Beharren auf der deutschen Wehrpflichtarmee sind zum einen die Sorge vor den Folgen einer
Preisgabe der Wehrpflichtbasis für die Rekrutierung des Perso-
nalbedarfs und die Mobilmachungsfähigkeit im Verteidigungs-
fall, zum anderen die Scheu vor der gesellschaftlichen Isolierung
der Bundeswehr als Freiwilligenarmee und die Furcht vor den
falschen Freiwilligen: »Rambos und Legionärstypen«, wie Bun-
desverteidigungsminister Volker Rühe 1996 zur Begründung
volksnah und politisch korrekt erklärte. Der erste Grund ist
praktisch und seriöser als der zweite, ideologisch-psychologi-
sche. Die Bundeswehr zieht Jahr für Jahr etwa die Hälfte ihrer
Unterführer und Truppenoffiziere über die freiwillig länger die-
nenden Zeitsoldaten aus den Wehrpflichtigen während des
Grundwehrdienstes. Sie ist auf diese Auswahl stolz und kann
den damit verbundenen Vorteil eines breiten Fächers persönlicher Fähigkeiten und besonderer Eignung für den Bedarf an
Soldaten nutzen. Beide Gründe sind in der deutschen Gesellschaft und Wirtschaftslage gute Gründe, die eine allgemeine
Einstellung der zivilen Gesellschaft zum Militär in der Demokratie widerspiegeln: Die westdeutsche Nachkriegsgesellschaft fand
sich zwar mit Wiederbewaffnung und Bundeswehr wie mit der
Atlantischen Allianz ab, jedoch nur mit zähen Vorbehalten, zu
denen im übrigen die ehemaligen Soldaten der Wehrmacht, die
sich nach dem Kriege nicht verstanden und gewürdigt fühlten,
erheblich beitrugen. Das »Ohne mich!« war 1952–56 eine Parole
gegen die Alliierten als Besatzungsmächte wegen der pauschalen
moralischen Verurteilung und politischen Diskriminierung der
jüngeren Soldaten, besonders Offiziere, denen das Studium erschwert wurde, auch wenn sie (die meisten) nicht Mitglied der

NSDAP oder der SS und SA gewesen waren. Die Bewegung der Verweigerung wurde damals ebensosehr von rechts wie von links genährt, obwohl die meisten alten Soldaten wie die meisten alten Sozialisten nicht zum Wehrdienst aufgefordert wurden. Der SPD-Vorsitzende Kurt Schumacher, selber Kriegsinvalide von 1914–18 in der preußischen Armee, erkannte die Gefährlichkeit dieses Bündnisses der Ressentiments gegen die Armee der Demokratie noch vor der Gründung der Bundeswehr und öffnete die SPD als »internationale und nationale Partei« auch den ehemaligen Berufssoldaten und Kriegsoffizieren der Wehrmacht, um der Kriegsgeneration eine politische Heimat anzubieten. Adenauer auf der Gegenseite wollte keine neue deutsche Nationalarmee und hielt schon darum am Projekt der »europäischen Armee« fest, obwohl diese zu Beginn der fünfziger Jahre in Frankreich von Anfang an zum Scheitern verurteilt war.

Die politischen Parteien der Bundesrepublik machten zwar ihren Frieden mit den Soldaten, jedoch mit vielen Vorbehalten, zu denen ein Vorurteil gegen Berufssoldaten in Deutschland kommt, obwohl gerade die Berufssoldaten sich stets politisch korrekt verhielten und weder 1918 am Ende des Krieges die demokratische Revolution vereitelten noch danach die Weimarer Republik gestürzt oder auch nur durch einen Militärputschversuch in Gefahr gebracht hätten. Die zumeist rechtsradikalen nationalistischen Freikorps waren weniger aus Berufssoldaten der alten Armee zusammengesetzt als aus Reservisten und Kriegsoffizieren. Die Niederschlagung kommunistischer Revolten kann ihnen allerdings im Lichte der späteren kommunistischen Diktatur nach 1945 in der DDR kaum im Namen der Demokratie vorgehalten werden. Doch bleibt ein Schleier der Ambivalenz über das Verhältnis der Gesellschaft zur Bundeswehr ausgebreitet. Die Erwiderung der Militärreformer in der Bundeswehr um die jungen Generale Graf Baudissin, de Maizière und Graf Kielmansegg, die in Opposition zu Hitler standen, auch wenn sie nicht an der Verschwörung vom 20. Juli 1944 beteiligt waren, waren die »Innere Führung« und »der Staatsbürger in Uniform«. Mit diesen der Bundeswehr eigentümlich gebliebenen Neuerungen, die bisher auch in der französischen Armee nicht eingeführt

wurden, gelang es ihnen, die neue deutsche »Armee in der Demokratie« zu legitimieren und zum sozialen Integrationserfolg
zu führen. Dabei half auch die Einordnung der Bundeswehr
in die NATO-Militärintegration als eine »Bündnisarmee« ohne
nationalstaatliche Sonderinteressen oder Selbstzweck. Ohne
Wehrpflicht wäre dies nicht möglich gewesen, und ohne Wehrpflicht würde dieser Erfolg sich nicht fortsetzen lassen. Die Ironie der Geschichte liegt in der Konvergenz der Probleme in
Frankreich und Deutschland: Von zwei konträren Ausgangs-
punkten marschieren beide Armeen in die Reduzierung und in
eine internationale Mission, die nach beiden nationalen Doktrinen außerhalb der Bündnisverteidigung nur mit Freiwilligen für
die Krisenreaktionskräfte erfüllt werden kann. Eine Differenz
bleibt jedoch: In Paris wird der militärische Akzent auf Interven-
tionskräfte gesetzt, in Bonn bisher nicht.

Hier liegen die Hauptunterschiede zum deutschen »Armee-
Verständnis«: Frankreichs Armee bedarf keiner Rechtfertigung. Der Einsatz der Armee als Werkzeug der nationalen Politik ist selbstverständlich. Wo »Armee« in Deutschland von den
Etiketten der politischen Brüche und des Partikularismus abgelöst wurde: Reichsarmee, Bundesheer, königliche Armeen,
Reichswehr, Wehrmacht, Bundeswehr, hat diese in Frankreich
die zahlreichen Regimewechsel seit dem Ende der alten Monarchie trotz konstitutioneller Diskontinuität zwischen 1789 und
1959 im Identitätskern überstanden und dabei eine militärische
Kontinuität gewahrt, die ihre Stellung im Staat als nationale Institution befestigt und legitimiert hat. Als solche hat General de
Gaulle sie auch 1952–54 vor einer Eingliederung in eine »europäische Armee« bewahren helfen, später, während seiner Regierung und Präsidentschaft 1958–69 jeder »supranationalen«
Autorität vorenthalten und 1966–67 durch den Rückzug Frankreichs aus dem Militärverband der NATO der militärischen »Integration« in den Alliierten Streitkräften Europa entzogen. Drei
seiner Nachfolger behielten diesen Sonderstatus in der Allianz
bei. Erst der Präsident Chirac leitete 1995–96 eine Wiederan-
näherung an die NATO ein, schloß jedoch eine Rückkehr der
französischen Armee in die »Integration« aus.

Mit dem Begriff »armée«, bestehend aus »l'Armée de Terre, l'Armée de Mer et l'Armée de l'Air« sowie der »Gendarmerie Nationale«, verbindet Frankreich die Gesamtheit der bewaffneten Streitkräfte, deren »Oberster Befehlshaber« der Präsident der Republik ist, als Staatschef übt er die oberste Befehls- und Kommandogewalt über die Nuklearstreitkräfte der »nationalen Abschreckung« aus. Die von der Verfassung von 1958 vorgeschriebene Teilung der obersten Verantwortung an der Spitze der Exekutive zwischen Präsident und Premierminister mit der Regierung legt eine gewisse politische Ambivalenz auch über den Oberbefehl. Doch im Unterschied zur Dritten und Vierten Republik ist die politische Position des Präsidenten der Fünften Republik gegenüber der Regierung dominant. Ein Zweifel an der unbedingten Prärogative des Staatschefs über Armee und Verteidigung entstand erst während der ersten »cohabitation« der Präsidentschaft Mitterrands mit der die Parlamentsmehrheit vertretenden konservativen Regierung des Premier Chirac 1986–88, als es zu Differenzen über bestimmte Aspekte der Militärpolitik kam. Doch blieb die Sache zum Vorteil des Präsidenten ungeklärt in der Schwebe: Das von de Gaulle erneuerte »droit régalien«, das alte Kronrecht der Monarchie, die oberste Befehlsgewalt über Frankreichs Armee zu führen, weil diese als Institution untrennbar von der höchsten Staatsmacht war und seither auch ohne die Verpflichtung der Soldaten auf die Person des Staatschefs noch immer geblieben ist, wurde dadurch zugunsten der Präsidialgewalt mit der höchsten, vom Volk direkt verliehenen Autorität bestätigt. So besteht dieser letzte Überrest der Bindung der französischen Armee an das einst absolute, gekrönte Staatsoberhaupt fort.

In diesem Kernbereich staatlicher Souveränität und nationaler Identifikation mit den von der Armee repräsentierten patriotischen Werten der »nationalen Verteidigung« unterscheiden sich zwischen Kontinuität und ungebrochener Tradition in Frankreich und Kontinuitätsbrüchen mit Zweifeln an legitimer Tradition Begriff und Realität »Armee« zwischen Frankreich und Deutschland erheblich. Der unterschiedliche, über weite Strecken gegensätzliche Verlauf der Geschichte beider Nationen erklärt den Kontrast: Die französische Armee ging am Ende der beiden großen Kriege des 20. Jahrhunderts zumindest moralisch unbesiegt, auch 1945 jedenfalls rehabilitiert nach der Niederlage von 1940 aus dem Zweiten Weltkrieg hervor. Das Gedenken an ihre Schlachten und ihre Sieger, die Generale Leclerc de Hautecloque, König, de Lattre de Tassigny und Juin, sämtlich zu Marschällen erhoben, wird in nationalen Kundgebungen sorgsam gepflegt.

»L'armée française« hat im Gegensatz zu den diversen deutschen Armeen seit dem ausgehenden 18. Jahrhundert auch eine politisch zentrale Rolle im Staat gespielt. Zeitweilig war sie der Machtfaktor schlechthin wie in den ersten Jahren des Algerienkrieges 1955–58, die zum Ende der Vierten Republik führten, wie das Kriegsjahr 1940 zum Ende der Dritten Republik geführt hatte. Die Eingriffe des Militärs in die Politik des Landes und seine Benutzung durch die Regierungen für deren politische Zwecke haben einen roten Faden der Verquickung gesponnen, der sich durch die vergangenen 150 Jahre zieht. Die Verkörperungen dieser immer wiederkehrenden Wechselbeziehung, die Frankreichs Armee im freiheitlichen Westeuropa eine singuläre Karriere mit dem »politischen Militär« par excellence gab und damit die Rolle und Bedeutung der Armee so stark von denen in Deutschland und – auf andere Weise – in Großbritannien unterscheidet, sind Generale wie Condé, Turenne, Lafayette, der erste Kommandant der Bürgermiliz »Nationalgarde«, Dumourier, Hoche, Desaix, Bernadotte und schließlich Bonaparte in seiner Zwei-Phasen-Doppelrolle in der Revolution und Wandlung zu Napoleon I., Ney, Murat, später Bugeaud, dann der operettenhafte Boulanger, schließlich Pétain und de Gaulle, als unrühmlicher Abschluß Salan.

»Bonapartisme, »boulangisme«, »pétainisme«, »gaullisme« waren als politische Bewegungen für die Eroberung der Macht in Frankreich bei allen unterschiedlichen Wesensmerkmalen doch Geschöpfe eines plebiszitären Cäsarismus, der sich mit der Idee des Soldatenkaisertums auf die aktive Armee und die Kriegsveteranen stützte. Das Verhältnis zu Gesetz und Verfassung war in allen Fällen ambivalent: »Demokratisch« war nur der Gaullismus. Wesentlich ist die Verwicklung von Politik und Militär in Frankreich bis zum Ende des Algerienkrieges, an dem die französische Armee wirklich in ihre Kasernen zurückgeführt wurde. Ohne General de Gaulle als Präsident der Republik wäre dies wohl nicht gelungen. Hier liegt ein weiterer Unterschied zwischen Armee in Frankreich und Armee in Deutschland: In Frankreich ist sie trotz aller äußerlichen Zurückhaltung, früher als »la Grande Muette« (die große Schweigsame) gepriesen, seit dem Ende des 18. Jahrhunderts meist politischer gewesen als in Deutschland, auch stärker an der Regierung des Landes beteiligt, jedenfalls zu Zeiten der Dritten und der Vierten Republik.

Frankreichs Armee ist integraler Bestandteil des Staates etwa seit dem Regnum Philipps IV., »Philippe Le Bel«, der an der Wende zum 14. Jahrhundert mit den königlichen Edikten zur zentralen Rechtsetzung das erste Fundament des Nationalstaates legte. Das Heer der französischen Krone war seit dem Begründer des französischen Etatismus und Legalismus, der die Feudalzeit der Vasallität in seinem Königreich politisch beendete, eines der Hauptwerkzeuge französischer Königsmacht. Die Gravur auf ihren Kanonen »ultima ratio regis« unter dem königlichen Wappen bezeichnete vom 17. Jahrhundert an den Auftrag der Armee als Ganzes: Schutz des Monarchen nach außen und innen als »des Königs letztes Wort« gegenüber allen seinen Feinden. Darin lag die nationale Bedeutung der Armee als einer zentralen Institution des sich territorial durch Eroberungen erweiternden Frankreichs. Nach kurzem Schwanken 1789–93 in der Revolution, in der die Armee im Zeichen der Republik nationalisiert wurde, dabei aber auch ihr militärisches Gewaltmonopol zugunsten der »Nationalgarde«, einer aus lokalen Bürgerkompanien und regionalen Regimentern der neuen Departements zusammengesetzten Miliz, zeitweilig einbüßte, festigte sich das Dienstverhältnis der Armee zum Staat unter dem schon postrevolutionären »Directoire« der Republik wieder. Napoleon stellte die Einheit von Staat und Armee im »Empire«, das sowohl das Volkskaisertum als auch das französische Kaiserreich war, wieder her. Die wiedergefundene Einheit war in den Revolutionskriegen vom nationalen »patriotisme« auf der

Grundlage der Bürgerwehrpflicht mit der vom Revolutionär
Danton verordneten Massenrekrutierung, der »levée en masse«,
im Bündnis zwischen Armee und Nation angereichert: »Armée-
-Nation« ist ein staatspolitisches Begriffspaar geblieben, das alle
Erschütterungen überdauert hat. Selbst die schwere moralisch-
psychologische Belastung des algerischen Unabhängigkeitskrie-
ges nach dem in Indochina ließ in den Krisenjahren 1955–63 das
alte Band nicht zerrreißen – die Bindung der Volksmehrheit zur
Armee, in der nahezu alle tauglichen jungen Franzosen dienten.
Die Armee blieb trotz allem die Armee »der Nation und des
Vaterlands«. Hier liegt der Schlüssel zum Verständnis sowohl
des französischen Armeebegriffs als auch des französischen Nationalgefühls – in der historischen Einheit von Nation und Armee, deren erste Zeugin die in diesem Jahrhundert zur National-
heiligen Frankreichs erhobene Johanna von Orleans mit Schwert
und Banner war.

Eine fundamentale Kontinuität bleibt in der Stellung der französischen Armee als konstitutivem Element des Staates erhalten. Ihre Existenz wird nicht im Prinzip in Frage gestellt: Frankreichs Armee ist fest vom nationalen Konsens umschlossen: eine
nationale und republikanische Institution, ein nationales Monu-
ment auch: Alle Heerführer Frankreichs aller Epochen haben
ihre Straßenschilder und Denkmäler, darunter die Marschälle
des napoleonischen Empire, außer Grouchy, der 1815 bei Wa-
terloo zu spät kam, um Napoleon vor der Niederlage zu retten.

John Ardagh
Großbritannien und Europa

»Sobald wir versuchen, einander näherzukommen, müssen die
Spannungen zwischen uns zunehmen«, so der Kommentar eines
Deutschen zur Lage der deutsch-britischen Beziehungen in den
letzten Jahren. Im Lauf der letzten Jahre haben Franzosen und
Deutsche wiederholt und auf mancherlei Weise versucht, ihre
anfällige Ehe auf einen herzlicheren »ménage à trois« zu erwei-

tern, den auch die Briten begrüßen – allerdings zu ihren eigenen Bedingungen. Das Ergebnis der Bemühungen waren end-
lose Rivalitäten innerhalb der Dreiecksbeziehung, die um so
leidenschaftlicher ausgetragen wurden, als hier einstige Feinde
zu Freunden wurden.

Zum derzeitigen Stand möchte ich drei Anmerkungen voran-
schicken:

– In den ersten Jahrzehnten nach dem Zweiten Weltkrieg waren die britischen Beziehungen zu Deutschland in vielerlei Hinsicht besser als zu Frankreich, vor allem nachdem de Gaulle
1963 sein Veto gegen die britische Mitgliedschaft in der Europäischen Wirtschaftsgemeinschaft eingelegt hatte. Heute steht
Großbritannien jedoch in zahlreichen Fragen zur Europäischen
Union und vor allem zur Verteidigung ganz offensichtlich
Frankreich näher als Deutschland. Auch die Franzosen selbst
sehen ihre Position in einer mittleren Stellung zwischen beiden
Partnern.

– Die Haltung von John Majors Regierung zur Europäischen
Union rief, vor allem in Bonn, auf offizieller Ebene erhebliche
Verärgerung hervor. Dennoch haben die menschlichen, kulturellen und wirtschaftlichen Beziehungen darunter nicht gelit-
ten. London liegt bei jungen französischen und deutschen Besuchern, die sich vergnügen und auch Englisch lernen wollen, voll
im Trend. Und für französische und deutsche Investoren ist das
preisgünstige Großbritannien mehr denn je begehrtes Anlage-
ziel, dem man angesichts der neuerwachten Stärke der britischen Volkswirtschaft widerwillige Bewunderung zollt.

– Die deutsch-französische Ehe ist nach wie vor von entscheidender Bedeutung, doch war und blieb sie eine Vernunftehe
und nicht das Ergebnis einer Liebesheirat. Und da keiner der
beiden Partner mit dem anderen ganz allein bleiben will, waren
ihnen engere Beziehungen zu Großbritannien durchaus willkommen, wenn nur die Briten eine andere Einstellung hätten.
So fällt auf menschlicher Ebene auf, daß sich Franzosen und
Deutsche bei offziellen, politischen Begegnungen mit ihren britischen Kollegen häufig besser verstehen als untereinander. Sie
freuen sich über die aufgeschlossene Haltung von Tony Blairs

Regierung, erwarten aber keine grundlegend andere britische
Politik mit Ausnahme der europäischen Sozialcharta.

Die Geschichte steckt voller Paradoxe. Nachdem England
fünf Jahrhunderte lang gegen Frankreich gekämpft hat, ist es
seither sein Verbündeter. Im Verhältnis zu Frankreich gilt nahezu das Gegenteil: Bis hin zur Tragödie der beiden Weltkriege
waren Briten und Deutsche stets befreundet. Die Deutschen
wußten um die gemeinsamen ethnischen und kulturellen Wurzeln – sind doch beide Völker mehr oder weniger Angelsachsen –
und um die deutschen Vorfahren im britischen Königshaus.
Norddeutsche Hafenstädte wie Hamburg waren stets außerordentlich anglophil, Goethe bewunderte Großbritannien, und
den liberalen Köpfen im Deutschland des 19. Jahrhunderts galt
das britische Parlament als Modell für die Demokratie.

Der Ärger begann gegen Ende des 19. Jahrhunderts, als Großbritannien den machtvollen industriellen und militärischen Aufstieg Deutschlands mit einer Mischung aus Furcht und Mißfallen
beobachtete und die Hohenzollernfürsten den Briten unverhoh-
lene Geringschätzung entgegenbrachten. Und nach 1918 traf
Briten und Franzosen gleichermaßen der deutsche Vorwurf, der
Versailler Vertrag sei von Rachsucht und Ungerechtigkeiten geprägt.

Dagegen übernahm Großbritannien nach 1945 die Vorreiter-
rolle und verfuhr mit dem zerstörten Deutschland weitaus groß-
zügiger und umsichtiger: Es half nicht nur, den Hunger der
Deutschen zu lindern, sondern kümmerte sich um deren »Umer-
ziehung« und schuf eine solide neue Basis für demokratische
Einrichtungen, für die Beziehungen zwischen den Sozialpartnern, für die Presse und die Medien. Später trug Großbritannien
dazu bei, Deutschland über die NATO im westlichen Bündnis zu
verankern. Die Deutschen zeigten sich dafür außerordentlich
dankbar, und hierin könnte auch die Ursache ihrer bis zum heutigen Tage unverbrüchlichen Anglophilie liegen. Im Gegenzug
dazu hat Deutschland an vorderster Stelle Großbritannien dazu
gedrängt, der Europäischen Wirtschaftsgemeinschaft beizutre-
ten.

Von 1949 an zeigten sich Adenauer und auch andere enttäuscht über die Vorbehalte der Briten gegenüber der europäischen Einigung, die mit der Ablehnung des Schuman-Plans einsetzte. Diese Situation setzte sich in den späteren Jahren mit Höhen und Tiefen fort, um während der Amtszeit von Margaret Thatcher ihren Tiefpunkt zu erreichen. Die Premierministerin hielt es nie für nötig, ihre Angst und den Haß gegen die Deutschen zu verbergen und trachtete danach, die deutsche Vereinigung zu vereiteln. Bundeskanzler Kohl zeigte seine Verärgerung in der Öffentlichkeit nicht, doch fühlten sich er wie auch viele andere zutiefst vor den Kopf gestoßen.

Mit John Major konnte Helmut Kohl von 1990 an gewissermaßen einen neuen Anfang versuchen. Aber bald kühlten sich die Beziehungen wieder ab, da die Briten ihre Haltung zu Europa im Grunde nicht änderten. Zwar zeigte man in Bonn Verständnis für die Probleme, die Major mit den Euroskeptikern hatte, doch die Verstimmung blieb: »Vielleicht hatte de Gaulle doch recht«, ist dort häufig zu hören. Die deutsche Öffentlichkeit, die sich ebenfalls Sorgen über die Einführung des Euro macht, bringt inzwischen jedoch mehr Verständnis für die britischen Vorbehalte zu diesem Thema auf, und Helmut Kohl sollte dies berücksichtigen. Allerdings läuft die Diskussion darüber in beiden Ländern in unterschiedliche Richtungen. In Deutschland dreht sie sich um praktische Fragen der Währungsstabilität, in Großbritannien geht es um Patriotismus und Souveränität. Und auch die neue Labourregierung zeigt erhebliche Zurückhaltung gegenüber einer gemeinsamen Währung.

Schon seit jeher war die Schaffung eines übernationalen Gebildes in Europa Ursache für grundsätzliche Uneinigkeit zwischen Briten und Deutschen. Die Deutschen denken dabei an ein föderalistisches System. Da die Briten damit keine Erfahrung haben, setzen sie dies mißverständlich mit Zentralismus gleich, wo es doch für die Deutschen nahezu das Gegenteil bedeutet. Andere tiefe Divergenzen betreffen die Rolle des Europäischen Parlaments, die politische Union, die Sozialcharta (bis zu den Wahlen), offene Grenzen (Schengener Abkommen) sowie die Beziehung zwischen Westeuropäischer Union und Europäischer Union – also beinahe alles. Auch ärgern sich die Deut-

schen darüber, daß ihnen immer wieder die Schuld an spezifisch
britischen Problemen gegeben wird: So geschehen 1992 beim
britischen Debakel während der Erschütterungen des europäischen Währungssystems (wofür man die Bundesbank verantwortlich machte), beim deutschen Boykott gegenüber »wahnsin-
nigem« britischen Rindfleisch oder sogar beim Krieg in Bosnien,
der durch die deutsche Anerkennung Kroations »provoziert«
worden sei.

Die heutigen Deutschen stören sich auch an der verbreiteten
Unkenntnis und den Vorurteilen über die Kriegsjahre, die von
der britischen Boulevardpresse ausgeschlachtet werden, indem
sie sogar im Fußballstadion unablässig das Bild vom häßlichen
Deutschen zeichnet. Allerdings verkennen die Deutschen wohl
zuweilen, daß die tiefsitzende Verklärung der Kriegszeit mehr
mit der britischen Psyche zu tun hat als mit den Deutschen. Die
Folge davon ist jedoch, daß für britische Kinder, die mit Kriegs-
filmen geradezu gefüttert werden, Deutschland mit einem zutiefst negativen Bild besetzt ist und sie es für das »langweiligste«,
ja sogar das »schlechteste« Land in Europa halten, wie eine
neuere Umfrage ergab. Viele Deutsche meinen, Großbritanniens Führung könne mehr tun, um diesen Tendenzen entgegen-
zuwirken, beispielsweise über das Erziehungssystem oder indem
sie den Mut aufbringt, die deutschen Erfolge der Nachkriegszeit
und die Bedeutung der deutsch-britischen Freundschaft lobend
hervorzuheben.

Das Paradox bleibt also bestehen. Ungeachtet der Differenzen zur Frage der Europäischen Union und der in Großbritannien verbreiteten Vorurteile kommen Deutsche und Briten gut
miteinander aus, sobald sie einander begegnen und sich kennen-
lernen. Und in Deutschland werden britische Lebensart, Kultur
und Wertvorstellungen nach wie vor geschätzt.

Im Verhältnis zu Frankreich stellt die Vergangenheit eine
schwächere Belastung dar, auch wenn manche Franzosen den
Briten immer noch die Verbrennung der Jeanne d'Arc oder deren
Überlegenheit im Zweiten Weltkrieg übelnehmen. Auch sind die
Franzosen, allerdings weniger stark als die Deutschen, unge-
halten wegen der britischen Obstruktion gegenüber Europa,

und manche meinen, de Gaulle hatte 1963 vielleicht doch recht. Auch zwischen Margaret Thatcher und Staatspräsident Mitterrand herrschte eine Kluft, die allerdings weniger tief war wie gegenüber Helmut Kohl.

Seit dem Amtsantritt von Jacques Chirac haben sich die Beziehungen verbessert. Der französische Staatspräsident spricht gut englisch, und er liebt Großbritannien, das er gut kennt. Zudem ist seine Ansicht zur Bedeutung des Nationalstaats nicht allzu weit von den Vorstellungen vieler Briten entfernt. Er und John Major schlossen persönliche Freundschaft, und Chirac war ihm dankbar für die Unterstützung anläßlich der französischen Nukleartests im Jahre 1995 (über die Bonn verärgert war). So konnte Jacques Chirac ein gewisses Einvernehmen mit London herstellen, ohne deshalb die Verbindung zu Bonn zu schwächen – ein wahrhaft kluger Balance-Akt.

Die wichtigste Veränderung innerhalb dieser Beziehungen ist im Verteidigungsbereich zu beobachten, wo die Franzosen eine enge Verwandtschaft zu den Briten verspüren. Beide sind Nuklearmächte, beide haben einen ständigen Sitz im Sicherheitsrat der Vereinten Nationen. Nicht nur in den Weltkriegen, auch im Golfkrieg und vor allem in Bosnien haben sie Seite an Seite gekämpft und zuletzt so vorzüglich zusammengearbeitet, daß sie aufrichtigen Respekt füreinander empfanden. Und bei der Vorlage seines Plans zur Abschaffung der allgemeinen Wehrpflicht (der wiederum in Bonn Beunruhigung hervorrief) berief sich Chirac lobend auf das britische Modell der Berufsarmee. In dem Augenblick, da sich die Franzosen auf die NATO zubewegen, bemerken sie, wie sich die Briten allmählich vom Schürzenzipfel der Vereinigten Staaten lösen. All dies schürt bei vielen französischen Offizieren derzeit eine wahrhaft euphorische Anglophilie. »Wir sind ihnen so ähnlich, viel ähnlicher als den Deutschen«, erklärte ein führender Militär.

Divergenzen bestehen nach wie vor hinsichtlich der Rolle der WEU, die Großbritannien im Unterschied zu seinen Partnern nicht mit der Europäischen Union verschmelzen möchte. Doch scheinen die Franzosen in dieser Frage zumindest hinter vorgehaltener Hand flexibler zu sein als die Deutschen. Verkürzt gesprochen, die Franzosen haben den Eindruck, Deutschland blicke mit einer gewissen Eifersucht auf die neue militärische Entente zwischen London und Paris und sorge sich darüber, daß von den jüngsten Abrüstungsmaßnahmen in Frankreich deutsch-französische Joint-ventures stärker betroffen werden könnten als französisch-britische.

Auch beim Thema Europäische Union steht Frankreich der britischen Position etwas näher als Deutschland. Gewiß herrschen noch tiefe Uneinigkeit über die gemeinsame Agrarpolitik sowie Meinungsverschiedenheiten zur Währungsunion, zum Schengener Abkommen und zu einigen Aspekten bei Abstimmungen nach dem Mehrheitsprinzip. Doch sind sich Paris und London in ihrem Widerstand gegen jede Art von Machtzuwachs für das Europäische Parlament oder für die Kommission ebenso einig wie in der Ansicht, daß die Zusammenarbeit in außenpolitischen Fragen in Händen der nationalen Regierungen bleiben soll. So kann man im Grunde festhalten, daß die Franzosen zwar nationale Interessen fast ebenso zäh verteidigen wie die Briten, sie zugleich aber bereitwilliger zugestehen, daß sich europäische und französische Belange häufig decken können und daß Europa wohl die beste Möglichkeit zur Verteidigung der Nation bietet. Die Franzosen wissen sehr wohl, daß Großbritannien keine umfassende Vision oder Strategie, sondern immer nur situationsbezogene Taktiken verfolgt.

Großbritannien gilt den europäischen Regierungen sicherlich als schwieriger EU-Partner, doch halten die meisten Firmen und Privatpersonen das Land für attraktiver denn je. Für deutsche Anleger ist Großbritannien derzeit die erste Wahl. In den letzten Jahren hat BMW Rover übernommen, die Deutsche Bank hat die Morgan Grenfell Bank gekauft, und Siemens engagierte sich mit 2 Milliarden DM in Tyneside. Zudem haben in jüngster Zeit mehr als 1200 große und kleinere französische Firmen ihre Tätigkeit nach Großbritannien verlagert. Die Gründe für diese Beliebtheit liegen auf der Hand: Der Arbeitsmarkt in Großbritannien ist flexibler, die Sozialleistungen sind weitaus geringer und die Löhne in vielen Sektoren niedriger als in Frankreich oder in Deutschland.

Diese nicht uneingeschränkt ruhmreichen Faktoren verliehen Großbritannien manche Vorteile eines unterentwickelten Landes – als solches wurde es von Helmut Schmidt tatsächlich auch bezeichnet. Zudem weckt die relativ niedrige Arbeitslosenquote Bewunderung und Neid, ist sie doch nur etwas mehr als halb so hoch wie bei seinen Partnern. Von der anderen Seite des Kanals betrachtet, präsentiert sich Großbritannien als ein höchst liberales Land, das ideal für das freie Unternehmertum, wenn auch weniger ideal für die Arbeitslosen oder die schlecht Bezahlten ist (denn es gibt kein Äquivalent zum französischen Mindestlohn SMIC). Allerdings erwarten die gelasseneren Briten auch nicht denselben hohen Lebensstandard wie die anspruchsvolleren Franzosen oder die Westdeutschen, die jahrelang vom höheren Wohlstand verwöhnt wurden und ein Realeinkommen erzielten, das um 20 bis 30 Prozent über dem Niveau in Großbritannien liegt.

Vielleicht vermag die liberalere Einstellung der Briten auch mehr Kreativität in der Kunst und im gesellschaftlichen Leben freizusetzen. London gilt heute gewiß als weitaus innovativer und interessanter als das weiterhin träge Paris oder als irgendeine deutsche Stadt (doch scheint Berlin im Kommen zu sein). Das Bild der Swinging Sixties ist wieder aufgelebt, und – nicht nur junge – Deutsche und Franzosen strömen in Scharen über den Kanal zu Pubs und Parties, Theatern und Galerien oder zum Shopping. Selbst Pariser gestehen zu, daß man heutzutage in London fast genauso gut essen kann. Neue Filme, Romane und Unterhaltungsmusik aus Großbritannien kommen bei Franzosen und Deutschen viel stärker an als umgekehrt.

Die Partnerschaften zwischen Städten, von denen es 400 französisch-englische und weitere 400 deutsch-englische gibt, und der Jugendaustausch werden fortgesetzt, doch geht der Impuls überwiegend vom Festland aus. Bei den jungen Leuten steht der Wunsch dahinter, Englisch zu lernen. Auch die Vorstellung, daß Großbritannien das Tor zur weiten amerikanischen Welt sei, spielt eine wichtige Rolle.

Viermal mehr Deutsche besuchen jährlich Großbritannien zu Ferien- oder Studienaufenthalten als umgekehrt. Für Frankreich sieht dies anders aus, denn das Land der Sonne, des Weines, der guten Küche und der ländlichen Idylle hat für britische Touristen eine unvermindert starke Anziehungskraft. Weitaus mehr Briten machen Urlaub in Frankreich als umgekehrt. 60 000 von ihnen haben eine französische Zweitwohnung, und Bücher über das ländliche Frankreich zählen zu den Bestsellern in Großbritannien. Wo bleibt dagegen der Peter Mayle des Schwarzwalds?

Manche Deutsche sind eifersüchtig auf diese Faszination, die von Frankreich ausgeht, und bedauern es, daß sich so wenige Briten die Mühe machen, auch Deutschland wirklich kennenzulernen, denn dann würden die Vorurteile sicher schwinden. Immer wieder hat sich gezeigt, daß der große Feind die Unkenntnis ist, und daß die Menschen sich gut verstehen und einander mögen, sobald sie in direkten Kontakt miteinander treten. Für Frankreich gilt dies ebenso, denn ungeachtet der Bedeutung des Tourismus haben die Briten auch zahlreiche Vorurteile gegenüber den Franzosen. Die offizielle Politik des deutsch-französischen Jugendaustausches hat seit den fünfziger Jahren reiche Früchte getragen: Doch wird dafür zehnmal soviel Geld ausgegeben wie für den Austausch zwischen Großbritannien und Deutschland oder Frankreich.

Das Paradox behält also seine Gültigkeit. Auf der einen Seite stehen die massiven britischen Ängste und Vorurteile hinsichtlich der Europäischen Union und seiner Partner, auf der anderen Seite die ausgezeichnet verlaufenden Kontakte und Begegnungen, bei denen Franzosen und Deutsche häufig besser mit den Briten auskommen als untereinander. Heutzutage wünschen sie nicht, daß sich de Gaulles Haltung als richtig erweisen soll. Sie wollen und brauchen Großbritannien. Und sie wissen, daß in Großbritannien ein hohes Potential an proeuropäischen Einstellungen latent vorhanden ist, das geweckt und gefördert werden muß. Tony Blairs neuer Regierung wird die Aufgabe zufallen, dabei mit gutem Beispiel voranzugehen und eine neue Richtung zu weisen.

Joachim Rogall
Deutschland – Frankreich – Polen

Die deutsch-französischen Beziehungen nach 1945 wurden stets als Vorbild für das künftige deutsch-polnische Verhältnis angesehen. So lag es nahe, Polen nach dem Zerfall des Ostblocks als dritten Partner in die bewährten Strukturen der deutsch-französischen Kooperation einzubeziehen. Ein entsprechendes Vorgehen wurde von den drei Außenministern Genscher, Dumas und Skubiszewski 1991 in Weimar vereinbart, weshalb sich der Begriff des »Weimarer Dreiecks« für den Trialog Paris–Bonn–Warschau eingebürgert hat.

Die hohen Erwartungen, welche vor allem in Polen, aber auch in Deutschland in dieses »Euro-Trio« gesetzt wurden, haben sich bislang nur teilweise erfüllt. Einer der Gründe hierfür ist das Ungleichgewicht der Partner. Deutschland und Frankreich stehen sich ebenbürtig als die beiden wichtigsten Länder der EU gegenüber, Polen dagegen wird auch nach einem künftigen Beitritt zur Union lediglich einen Platz in der zweiten Reihe einnehmen können.

Allzu häufig wird auch die Bedeutung der historischen deutsch-französischen und deutsch-polnischen Beziehungen unterschätzt. Traditionell bestand eine politische Interessengemeinschaft zwischen Frankreich und Polen, wobei die jeweils andere Seite als Gegengewicht zum deutschen Einfluß in Mitteleuropa angesehen wurde. Während jedoch die französische Politik ihren polnischen Partner hierbei meist nur als reines Mittel zum Zweck betrachtete, verband sich im polnischen Bewußtsein mit diesen Beziehungen die romantische Vorstellung einer Waffenbrüderschaft und Geistesverwandtschaft. Dieses idealisierte Bild wurde zwar bei entsprechenden Belastungsproben regelmäßig zerstört, etwa bei der Instrumentalisierung der polnischen Frage durch Napoleon Bonaparte, der die zur Befreiung ihrer Heimat gebildeten polnischen Legionen bedenkenlos in Spanien oder der Karibik für seine imperialistischen Ziele einsetzte. Weitere Beispiele sind das Ausbleiben der französischen Hilfe beim deutschen Überfall 1939 oder die pragmatische Billigung der so-

wjetischen Hegemonie über Polen durch de Gaulle und seine
Nachfolger, beginnend schon mit der Anerkennung des Lubliner
Komitees im Dezember 1944.

Dennoch rangieren die Franzosen laut einer CBOS-Umfrage
von 1996 auf der polnischen Sympathieskala hinter den Italie-
nern und vor den Amerikanern an zweiter Stelle. Die Deutschen
kommen dagegen, noch nach den Japanern, lediglich auf Platz
zehn.

Obgleich vor allem in der jüngeren Generation die Sympa-
thien für Deutschland im Steigen begriffen sind, wirken sich hier
noch die in Polen weitverbreiteten Vorstellungen eines »ewigen«
deutsch-polnischen Gegensatzes aus. Betrachtet man die rund
tausendjährigen deutsch-polnischen Beziehungen in ihrer Gesamtheit, so finden sich zumindest ebenso viele Beispiele für ein
friedliches Mit- wie für ein kriegerisches Gegeneinander. Es waren aber die Entwicklungen der beiden letzten Jahrhunderte, beginnend mit den polnischen Teilungen Ende des 18. Jahrhunderts, als zwei der drei Teilungsmächte deutsche Staaten waren,
bis zur Eroberungs- und Vernichtungspolitik der Nationalsozialisten im Zweiten Weltkrieg, welche das Deutschlandbild vieler
Polen bis heute entscheidend geprägt haben. Während die polnische Nation als Gesamtheit, deren staatliche und physische Existenz durch Deutsche noch vor wenig mehr als einem halben
Jahrhundert massiv bedroht war, verständlicherweise ein sehr
emotionales Verhältnis zu Deutschland hat, trifft dies umgekehrt nur für einen Teil der Deutschen zu. Polen war stets nur
eines von mehreren kleineren östlichen Nachbarländern, von
den deutsch-polnischen Beziehungen waren lediglich die Ostdeutschen direkt betroffen. Nach 1945 war für die Mehrheit der
Westdeutschen das Bewußtsein der Nachbarschaft zu Polen
durch den Eisernen Vorhang und die dazwischenliegende DDR
verlorengegangen, das Verhältnis zu Polen von Gleichgültigkeit
geprägt. Die Minderheit der Poleninteressierten zerfiel in zwei
sich diametral gegenüberstehende Lager. Entweder hatten sie,
wie viele Vertriebene aus den heute zu Polen gehörenden Oder-
Neiße-Gebieten, ein negatives Verhältnis zu Polen, das ganz
überwiegend durch die Geschehnisse der ersten Jahre nach 1945

bestimmt war, oder, wie ein großer Teil der westdeutschen Intellektuellen, ein aus Scham und Schuldgefühl resultierendes positives Verhältnis zu Polen aufgrund der deutschen Politik vor 1945.

In der DDR war zwar das Bewußtsein der direkten Nachbarschaft zu Polen durchaus lebendig, unter dem Firnis der sozialistischen Brüderlichkeit bestanden aber massive antipolnische Ressentiments, gespeist aus nicht aufgearbeiteter Vergangenheit und der Konkurrenzsituation der sozialistischen Mangelgesellschaft.

Es ist sicherlich eines der überraschendsten und spannendsten Ergebnisse der letzten Jahre, wie positiv angesichts dieser historischen Belastungen die deutsch-polnischen Beziehungen seit 1989 voranschreiten, hierin tatsächlich den westdeutsch-französischen Beziehungen nach 1945 vergleichbar.

Zwar wird dieser Prozeß derzeit noch in erster Linie von den beiderseitigen Eliten getragen und ist durch das fortbestehende Desinteresse vieler Deutscher an Polen und die Zählebigkeit alter Vorurteile auf beiden Seiten gehemmt. Der politische Wille der Entscheidungsträger alleine hätte hier nicht geholfen. Noch heute sind die Beziehungen der Deutschen aus der ehemaligen DDR zu Polen durch die verordnete Freundschaft belastet. Der mitreißende Elan der zahlreichen deutsch-polnischen Initiativen von unten sorgt aber dafür, daß die positive Entwicklung – wenn auch langsam – voranschreitet.

In der deutsch-polnischen Grenzregion wurde eine bilaterale Regierungskommission mit je einem Komitee für regionale und für grenzüberschreitende Zusammenarbeit gebildet. Ihre Mitglieder werden von der deutschen und der polnischen Regierung berufen und befassen sich mit der Förderung der Wirtschaft, des Ausbaus der Infrastruktur, der Kommunalarbeit, der Raumplanung, des Umweltschutzes, der Forschung, des Informationsaustauschs und der Jugendbegegnungen.

Hoffnungsvolle Ansätze sind gemeinsame Projekte wie der Naturpark »Unteres Odertal« zu beiden Seiten der Grenze und die Euroregionen Pomerania, Pro Europa Viadrina, Spree-Neiße-Bober und Neisse, aber auch die Europa-Universität Viadrina in Frankfurt/Oder mit einem Drittel polnischer Studenten.

Ein Problem aller deutsch-polnischen Projekte ist derzeit noch das wirtschaftliche Gefälle zwischen beiden Ländern. Auf deutscher Seite stehen zwar nur wenige, aber immerhin doch einige Mittel zur Förderung entsprechender Maßnahmen zur Verfügung, auf polnischer Seite aber praktisch keine, da die westpolnischen Gebiete innerhalb Polens den höchsten Entwicklungsstandard haben und keine staatlichen Subventionen erhalten. Ein weiteres Problem der Zusammenarbeit stellt auch die Sprachbarriere dar.

Als förderlich hat sich erwiesen, daß Polen und Deutsche sich trotz aller politischen und wirtschaftlichen Schieflagen als gleichberechtigte Partner anerkennen und erzwungene Rücksichtnahmen auf jeweilige Empfindlichkeiten die Ausnahme sind. Auch gibt es heute zwischen Polen und Deutschen praktisch keine Tabuthemen mehr. Selbst das schwierige Kapitel der Vertreibung der Deutschen wird in Polen derzeit durchaus kontrovers, aber offen diskutiert und von deutschen und polnischen Wissenschaftlern gemeinsam aufgearbeitet.

Schien bis 1990 eine Einbeziehung Frankreichs hilfreich, um die deutsch-polnischen Beziehungen aus der politischen Sackgasse herauszuführen, wie sie noch bei der Diskussion um die Anerkennung der polnischen Westgrenze bestand, so könnte heute gerade das unverkrampfte deutsch-polnische Verhältnis als Vorbild für eine Belebung und Verbesserung der deutsch-französischen Zusammenarbeit herangezogen werden.

Denn trotz aller demonstrativen und gleichwohl mittlerweile etwas bemüht erscheinenden Eintrachtsbeteuerungen auf oberster Ebene ist auf der Arbeitsebene im deutsch-französischen Verhältnis eine Katerstimmung festzustellen. Französische Empfindlichkeiten, häufiges Beharren auf einem Sonderstatus und offenkundiges Mißtrauen gegenüber dem durch Wiedervereinigung und Wende in Osteuropa bevorzugt erscheinenden deutschen Partner sind unter anderem dafür verantwortlich. Nicht ohne Auswirkungen ist auch der angelaufene Generationenwechsel geblieben. Die beiderseitigen Begründer und Moto-

ren der deutsch-französischen Aussöhnung und Zusammenarbeit wollen und müssen aus Altersgründen den Stab an Jüngere
weitergeben, aber vielfach fehlt es an Nachfolgern, welche die
gleiche Energie für diese Aufgabe einzusetzen bereit sind. Die
guten Beziehungen zwischen Deutschland und Frankreich erscheinen bereits als zu selbstverständlich, als daß sie noch besonderer Anstrengungen bedürfen. Hinzu kommt, daß die politischen Veränderungen der letzten Jahre die Aufmerksamkeit
der Franzosen vermehrt auf den Mittelmeerraum, diejenige der
Deutschen mehr nach Ostmittel- und Osteuropa gelenkt haben.

Die polnisch-französischen Beziehungen sind durch die polnische Enttäuschung über nicht ausreichendes französisches
kulturelles, politisches und vor allem wirtschaftliches Engagement in Polen bestimmt. Traditionell ist Frankreich im Osten
vor allem in Rußland, Tschechien, der Slowakei und Ungarn
aktiv.

Der im Jahre 1991 abgeschlossene französisch-polnische
Freundschafts- und Solidaritätsvertrag sieht vor allem Hilfen
bei der Ausbildung, unter anderem von Wirtschaftsexperten
und Führungskräften, Journalisten oder Lokalpolitikern, vor.
Bereits 1989 war eine Stiftung Frankreich-Polen gegründet worden, die ebenfalls einen Schwerpunkt ihrer Förderung in der
Ausbildungshilfe sieht.

Einen wesentlichen Anteil an den polnisch-französischen Beziehungen haben dezentralisierte Aktivitäten, etwa seitens einzelner Regionen, Städte und Gemeinden, aber auch von Universitäten oder Unternehmen bis hin zu den Gewerkschaften.

Insgesamt bleibt aber das französische Engagement bedeutend schwächer als das deutsche und weit hinter den polnischen
Erwartungen zurück.

Frankreich hatte sich, im Gegensatz zu Deutschland, auch
nicht etwa aktiv für eine Mitgliedschaft Polens in der EU eingesetzt, sondern, vor allem unter Mitterrand, eher als Bremser
gewirkt.

Eine Öffnung der westlichen Märkte für Polen wurde von
Frankreich bislang behindert, da die wichtigsten polnischen Ex-
portprodukte wie Kohle, Nahrungsmittel, Stahl und Textilien

eine starke Konkurrenz für wichtige französische Wirtschaftsbereiche darstellen.

So setzte Frankreich beim Assoziierungsvertrag Polens mit der EG 1991 eine Vorbehaltsklausel zur Verteidigung der Gemeinsamen Agrarpolitik und eine Verlängerung der Liberalisierungsfristen für sogenannte empfindliche Produkte durch, wozu gerade die genannten polnischen Exportschlager zählen.

Als sich der französische Staatspräsident Chirac bei seinem Besuch in Warschau im September 1996 für eine rasche Westintegration Polens aussprach, wurde dies allgemein als Wende der französischen Ost- und speziell Polenpolitik gedeutet. Inwieweit dies zutreffend ist, wird erst die Zukunft zeigen.

Eine Bilanz der bisherigen Ergebnisse des Weimarer Dreiecks wird, je nach den damit verbundenen Erwartungen, unterschiedlich ausfallen.

Im Vergleich mit den gegenseitigen Beziehungen in der Vergangenheit ist es durchaus als beachtlicher Erfolg zu werten, daß drei für die Stabilität Europas so entscheidende Staaten ihren festen Willen bekundet haben, ihre Interessen zu koordinieren und auf politischem, militärischem und kulturellem Gebiet eng zusammenzuarbeiten. Neben regelmäßigen Begegnungen und Vereinbarungen auf politisch-diplomatischer Ebene (Außenministertreffen) sind vor allem auf dem Gebiet der Sicherheitspolitik durch Treffen der Verteidigungsminister, gemeinsame deutsch-französisch-polnische Manöver und Personalaustausch wichtige Schritte im Hinblick auf die Osterweiterung der NATO vollzogen worden.

Davon abgesehen ist jedoch bislang der 1991 beschworene »Geist von Weimar« weitgehend ein Gespenst geblieben. Die erfolgreiche trilaterale Zusammenarbeit beschränkt sich derzeit noch im wesentlichen auf gemeinsame Unternehmungen des deutsch-französischen und deutsch-polnischen Jugendwerks. Eine Reihe kleinerer Gemeinschaftsprojekte im Bereich der Jugend- und Kulturarbeit hat Zufallscharakter, ein vernünftiges Konzept hierfür gibt es derzeit nicht. Bezeichnenderweise konnte selbst ein solches Prestigeprojekt wie die 1993 von den »Weimarer« Außenministern beschlossene gemeinsame Unter-

bringung eines französischen, deutschen und polnischen Kultur-
instituts in einem Gebäude in Warschau bis heute nicht realisiert
werden.

Tatsache ist, daß nicht nur in der Wirtschaft, die sowieso ungeachtet aller »Weimarer« Beschlüsse und Empfehlungen allein ihren eigenen Gesetzen folgt, sondern auch in anderen Bereichen
derzeit noch die bilateralen Beziehungen die entscheidende
Rolle spielen. Deutsche und Polen klagen dabei, daß viele Versuche, die zweiseitigen Projekte und Programme zu trilaterali-
sieren, am offensichtlich mangelnden Interesse der französischen Wunschpartner scheitern. Wohlgemerkt der offiziellen
Partner, denn auf lokaler Ebene ist ein durchaus vorhandenes,
sicherlich noch erheblich zu steigerndes Interesse an trilateralen
Begegnungen festzustellen.

Ganz allgemein gibt es ein starkes Interessengefälle an dieser
Dreierpartnershaft von Ost nach West. Während z. B. polnische
Jugendliche sehr stark für Austauschmaßnahmen mit Deutschland, aber auch mit Frankreich zu begeistern sind, gilt dies in
umgekehrter Richtung nicht entsprechend. Der Blick ihrer deutschen Altersgenossen ist noch immer überwiegend nach Westen
gerichtet.

So erscheint heute ein Ausbau des »Weimarer Dreiecks« dringend erforderlich. Durch die Einbeziehung Frankreichs kann
Befürchtungen über eine mögliche deutsche Sonderrolle in Ostmitteleuropa vorgebeugt und den in Polen vorhandenen Ängsten vor einer Dominanz des großen deutschen Nachbarn entge-
gengewirkt werden.

Der Einsatz Deutschlands für eine Einbeziehung Polens in die
Europäische Union zieht auch den zögerlichen französischen
Partner mit und beschleunigt auf diese Weise den Prozeß der
Osterweiterung.

Polen seinerseits kann in dieser Dreierbeziehung als Anwalt
der ostmitteleuropäischen Interessen auftreten und damit wesentlich zur Schaffung solider Grundlagen für die künftige Osterweiterung beitragen. Für Deutsche wie für Franzosen ist die
Zusammenarbeit mit Polen wichtig zur notwendigen Korrektur
ihres Europabildes. In den Köpfen der meisten Westdeutschen

und Franzosen führte die Abgrenzung des Ostblocks zum Verlust der europäischen Mitte. Man sprach nur noch von West- und Osteuropa, es kam zu einer faktischen Reduzierung des Europabegriffs auf die Gebiete westlich des Eisernen Vorhangs. Europa wurde nicht mehr in erster Linie als Kulturraum, sondern als politische Größe angesehen. Seit ihrer Befreiung von sowjetischer Hegemonie wehren sich Balten, Polen, Tschechen und Slowaken vehement dagegen, als Osteuropäer bezeichnet und damit ausgegrenzt zu werden. Sie verweisen darauf, wie Deutschland und der Osten Frankreichs ein Teil der kulturell und historisch auf lateinisch-christlichen Fundamenten begründeten Mitte Europas zu sein und wollen auch politisch der westlichen Gemeinschaft zugehören.

In der Vergangenheit spielte Deutschland in Mitteleuropa eine entscheidende, in unserem Jahrhundert teilweise verhängnisvolle Rolle. Die unterschiedlichen Interessen Frankreichs, Deutschlands und Polens in diesem Raum waren eine beständige Quelle von Konflikten. Die Konstruktion des Weimarer Dreiecks kann dem künftig vorbeugen. Durch eine enge Zusammenarbeit der drei Staaten kann eine neuerliche Teilung des Kontinents verhindert und Mitteleuropa zu einer Zone der Stabilität in einer größeren, nach Osten erweiterten Europäischen Union entwickelt werden. Dem französisch-polnisch-deutschen Trialog kommt damit eine ähnliche Bedeutung zu, wie sie die deutsch-französischen Beziehungen zwischen 1945 und 1989 für Westeuropa besaßen.

William Safran
Das Bild der Vereinigten Staaten in Frankreich und Deutschland

Seit dem Ende des Zweiten Weltkriegs gelten die Vereinigten Staaten in den Köpfen von Franzosen und Deutschen stets entweder als Vorbild oder als irritierendes Negativbeispiel. Diese Wahrnehmungsweise drängte sich auf, weil die Nachkriegszeit in

Frankreich und in Deutschland nachhaltig von der Präsenz und der weltpolitischen Stellung der Amerikaner geprägt war. Amerika rief eine ganze Bandbreite von Gefühlen hervor, die von Bewunderung und Neid bis hin zu Groll und Verachtung reichte. Manche Stereotypen zu Amerika findet man in Frankreich und Deutschland ebenso wie in allen wichtigen westlichen Ländern Europas: eine hochtechnisierte, aber wenig kultivierte Zivilisation; eine Gesellschaft, die vom Geld, nicht aber von beständigen Werten geprägt ist; eine dynamische Geschäftswelt, die auf einem überzogenen Individualismus gründet, der zum Sozialdarwinismus führt; Familien mit unvorstellbarem Reichtum, die in abgeschotteten Gemeinden leben, während zugleich andere Menschen im Elend und Schmutz der städtischen Slums hausen. Einige dieser Klischees stammen aus amerikanischen Filmen und Fernsehserien, die erfolgreich in Konkurrenz zu den heimischen Produktionen getreten sind. Die Vereinigten Staaten wurden so sehr zum Inbegriff für technologische Innovation, daß »Amerikanisierung« inzwischen als eine Metapher für Modernisierung gilt. Die Intellektuellen in Europa schätzen die erheblichen Forschungsleistungen der großen amerikanischen Universitäten, weisen jedoch unablässig auf das mangelhafte Ausbildungssystem für die breite Bevölkerung hin. Die Bundesrepublik Deutschland und Frankreich haben eine Reihe politischer und gesellschaftlicher Verfahrensweisen aus den Vereinigten Staaten – mehr oder weniger bewußt – übernommen. Besonders deutlich zeigte sich der amerikanische Einfluß in der Justiz, wo immer mehr gerichtlich überprüfbar wurde, in der Politik, wo sich dynamische Interessenlobbys bildeten, in der fortschreitenden Demokratisierung des Bildungssystems, in der Reform der Lehrpläne für die Schulen und in der Auflockerung der Beziehungen zwischen den sozialen Klassen.

Frankreich hat mit den Vereinigten Staaten vieles gemein, so zum Beispiel eine lange republikanische Vergangenheit, die Trennung von Kirche und Staat sowie die Definition der Nation nach funktionalen (staatsbürgerlichen) und nicht nach organischen (ethnischen) Aspekten – und damit die Tradition als Einwanderungsland. Was noch wichtiger ist, beide Länder haben

noch nie gegeneinander Krieg geführt, die Franzosen unterstützten die Amerikaner in ihrem Kampf um die Unabhängigkeit,
und die Amerikaner kamen ihrerseits den Franzosen während
der beiden Weltkriege zu Hilfe. Die Amerikaner trugen in ent-
scheidendem Maße zur deutschen Niederlage im Zweiten Weltkrieg bei. Daher erscheint es zunächst schwer verständlich, daß
die Franzosen ein negativeres Bild von den Amerikanern hatten
als die Deutschen. Die französischen Klagen über die »Angelsachsen«, die de Gaulle in der Nachkriegszeit immer wieder vor-
brachte, bezogen sich vor allem auf die Vereinigten Staaten und
deren Supermacht-Status. Daß Frankreichs frühere weltpoliti-
sche Bedeutung und sein kultureller Einfluß zurückgingen,
schrieb man der »Dollar-Diplomatie« und dem amerikanischen
Kulturimperialismus zu. Um den eigenen Ansehensverlust zu
kompensieren, schufen die Franzosen damals das Bild vom
»häßlichen Amerikaner«, der infolge seiner Naivität auf diplomatischer Ebene sich in verheerende Abenteuer wie den Viet-
namkrieg und die Intervention in Somalia verstrickte.

Seit dem Ende des Vietnamkriegs und vor allem seit dem Untergang des Marxismus und dem Zusammenbruch der Sowjetunion stehen die Vereinigten Staaten bei den Franzosen in einem
günstigeren Licht. Die Franzosen kritisierten die USA nach wie
vor wegen ihrer »fehlgeleiteten« Vorgehensweise im Mittleren
Osten, die unter anderem auf deren relativ israelfreundlichen
Haltung gründete und, so hieß es, das Prinzip der Selbstbestimmung und die Rechte der Palästinenser mißachtete. Solche Vorwürfe wurden nach Mitterrands Wahl zum Staatspräsidenten
etwas weniger selbstgerecht. Dennoch hat ein großer Teil der
politischen Elite in Frankreich die amerikanische Intervention
am Persischen Golf kritisiert, da ihr Beweggrund vor allem der
Zugang zum Erdöl war. Dabei betrieben die Franzosen (ebenso
wie die Deutschen) ihre eigene Realpolitik, indem sie zwar gegen den Terrorismus wetterten, zugleich aber in einen »kritischen Dialog«, das heißt ins übliche Geschäft, mit Staaten eintraten, die den Terrorismus unterstützen. Gewiß haben beide
Länder den Amerikanern ihre, wie sie meinten, sture und über-
hebliche Haltung gegenüber der Europäischen Union bei den

GATT-Verhandlungen übelgenommen, während Frankreich ebensowenig wie Deutschland auf den eigenen Protektionismus in ausgewählten Bereichen verzichtete. Dies gilt vor allem für den Agrarsektor, der in hohem Maße von der Gemeinsamen Agrarpolitik der Europäischen Union profitiert.

Ein anderes traditionelles Bild von den Vereinigten Staaten bezieht sich auf die dort herrschenden verschiedenen Spielarten des Pluralismus. Der institutionelle Pluralismus (oder auch Polyarchie) ist nach Ansicht des politischen Establishments in Frankreich, vor allem der »Enarchen«, ein Hindernis für effektive Entscheidungsprozesse. Und der ethnokulturelle Pluralismus (oder »Multikulturalismus«) tendiert nach Ansicht der herrschenden jakobinischen Elite in Frankreich dazu, die Nation zu fragmentieren. Doch auch in diesem Punkt haben sich die Einstellungen teilweise geändert: Die Franzosen klagen inzwischen zunehmend über den allmächtigen Staat, der sich allenthalben zu stark einmischt, sie entdecken die Vorteile des freien Marktes und fordern die Stärkung der Zivilgesellschaft.

In Deutschland waren die Vorstellungen über die Vereinigten Staaten komplexer. Unmittelbar nach dem Krieg gaben viele Deutsche den Amerikanern die Schuld an ihrer Niederlage und an der Aufsplitterung ihres Landes, da diese angeblich beabsichtigten, es (gemäß dem Morgenthau-Plan) in eine Agrargesellschaft zu verwandeln, und (in Jalta) dazu beitrugen, daß ihm ein großer Teil seiner Gebiete genommen wurde. Mit dem Marshallplan, der zu Beginn des Kalten Krieges eine Wende der amerikanischen Deutschlandpolitik darstellte, änderte sich das Bild: Die USA wurden zum Vorbild; wirtschaftliche, politische und kulturelle »Amerikanisierung« bedeutete den Ausbruch aus der Enge des besiegten Deutschlands. In den fünfziger Jahren vertrat nur die Sozialdemokratische Partei Deutschlands eine antiamerikanische Haltung, die zum einen wirtschaftsideologisch begründet war, zum anderen das Engagement für die eigene Nation unterstreichen sollte. Zur gleichen Zeit schätzten viele Deutsche den Beitrag der Amerikaner zur Demokratisierung ihres Landes und zum Schutz gegen kommunistische Expansionsbestrebungen. Vor allen Dingen waren sie außerordentlich dankbar für das amerikanische Engagement in West-Berlin, das als Insel der Freiheit bewahrt wurde, ein Engagement, das in der amerikanischen Luftbrücke seinen sichtbaren Ausdruck fand. Tatsächlich wiesen viele politische Einrichtungen und Strukturen im Nachkriegsdeutschland eine starke Ähnlichkeit mit jenen in den Vereinigten Staaten auf. Dies betrifft den Föderalismus, den Schutz der bürgerlichen Freiheiten, das Entstehen von Parteien als »Sammelbecken« für verschiedene Gruppierungen, die Tarifverhandlungen zwischen relativ unabhängigen »Sozialpartnern« und die Entwicklung einer dynamischen Wirtschaft. Während die deutsche Elite zunächst eine überlegene deutsche Kultur der raschen »Amerikanisierung« gegenüberzustellen suchte, begann sie bald eine Sprache zu sprechen, die mit Amerikanismen gespickt war. Zwischen Westdeutschland und den USA war eine besondere Form der Symbiose entstanden.

Ursprünglich wurde die Rolle der Vereinigten Staaten als Geburtshelferin für die europäische Einigung und damit indirekt für die Aussöhnung zwischen Frankreich und Deutschland von beiden Ländern begrüßt. Auch die NATO, eine Erfindung der Vereinigten Staaten, wurde von Deutschen und Franzosen gleichermaßen geschätzt, doch aus verschiedenen Gründen: die Franzosen betrachteten sie als Möglichkeit, die militärische Macht des wiederaufgebauten Deutschlands in eine übernationale Konstellation einzubinden, während sie den Deutschen als Möglichkeit galt, sich gegen einen sowjetischen Angriff zu schützen und zugleich international wieder zu Ansehen zu gelangen. In einer späteren Phase nahmen es die Franzosen den Amerikanern jedoch übel, daß diese auf der Hegemoniestellung innerhalb der NATO beharrten und daß sie, vor allem während der Präsidentschaft Eisenhowers, Deutschland offenbar bevorzugten – das besiegte und geteilte Land wurde gleichrangig mit Frankreich behandelt, das doch eine Siegermacht mit eigenen Atomwaffen war. Zudem kritisierten die Franzosen den vermeintlichen Wunsch der Amerikaner, den Weltpolizisten zu spielen, und bekundeten tiefe Zweifel darüber, daß das System der NATO und amerikanische Atomwaffen jemals zur Verteidigung spezifisch französischer Interessen eingesetzt würden.

In den siebziger Jahren nahmen auch die Deutschen eine etwas ambivalentere Haltung gegenüber dem Atlantischen Bündnis ein: dem Gefühl, durch den atomaren Schirm der Amerikaner geschützt zu sein, standen die deutschen Ängste gegenüber, daß ihr Land bei einer Konfrontation mit der Sowjetunion zum Hauptkriegsschauplatz werden könnte. Die Vereinigten Staaten hatten ihre eigenen Gründe dafür, gegenüber den Franzosen als Vormacht und gegenüber den Deutschen als Ziehmutter aufzutreten. Während sich die Amerikaner vor den französischen Kommunisten fürchteten, schätzten sie Deutschland, da das Land Dreh- und Angelpunkt für die konventionelle Verteidigung innerhalb des NATO-Systems war sowie wegen der Amerika-Freundlichkeit und wachsenden Vorliebe der Deutschen für die amerikanische Kultur.

Die mit wesentlicher amerikanischer Unterstützung herbeigeführte deutsche Vereinigung und die abnehmende Bedeutung eines antiamerikanischen Gaullismus trugen dazu bei, daß die Hindernisse, die der Annäherung zwischen Deutschland und Frankreich in ihrer Einstellung zu den USA im Wege standen, verringert und auch hier die Zusammenarbeit zwischen beiden Ländern verstärkt werden konnten. Zur gleichen Zeit gewann der kulturelle Austausch zwischen den USA und jeweils Frankreich und Deutschland eine größere Bedeutung als zwischen beiden europäischen Staaten untereinander. Das beliebteste ausländische Ziel für angehende französische und deutsche Wissenschaftler sind heute die USA. Wenn es allerdings einen Schatten auf den deutsch-amerikanischen Beziehungen gibt, dann hat er mit dem Umgang zur Nazi-Vergangenheit zu tun. Als Präsident Reagan vor rund zehn Jahren dem Soldatenfriedhof in Bitburg einen Besuch abstattete, führte dies in der Öffentlichkeit beider Länder zu erregten Debatten. Ebenso löste die fortgesetzte Erinnerung an den Holocaust, wie sie im vergangenen Jahr in dem Buch von D. J. Goldhagen *Hitlers willige Vollstrekker* zum Ausdruck kam, auf beiden Seiten heftige Irritationen aus. Häufig wird den Amerikanern vorgeworfen, sich in die deutschen Bemühungen zur »Vergangenheitsbewältigung« einzumischen.

Auch die Ressentiments der Franzosen gegenüber den Vereinigten Staaten haben abgenommen, doch aus anderen Gründen. Die einstige Ablehnung des »ungezügelten Kapitalismus« in Amerika schlug während der Regierung Reagan kurzweg in Bewunderung für die amerikanische Wirtschaftspolitik um; allerdings fand die Kritik am Liberalismus im Börsenkrach an der Wall Street von 1987 einen neuen Nährboden. Doch auch die französische Faszination für das sogenannte »rheinische« Modell, einer auf harmonischer Partnerschaft beruhenden sozialen Marktwirtschaft, das daraufhin in Mode kam, wurde wieder in Frage gestellt, nachdem Deutschland seinerseits mit wirtschaftlichen Schwierigkeiten zu kämpfen hat. Angesichts der zunehmenden Arbeitslosigkeit in Frankreich und in Deutschland wird der amerikanische (oder anglo-amerikanische) Weg in der Wirtschaftspolitik inzwischen wieder etwas positiver beurteilt. Die Franzosen (auch die Sozialisten) haben die Vorzüge einer globalisierten Marktwirtschaft entdeckt und sahen sich bereits gezwungen, Einschnitte in den Wohlfahrtsstaat vorzunehmen. In gleicher Weise ist die einstmalige Verurteilung des amerikanischen »Multikulturalismus« umgeschlagen, und die Franzosen gestehen inzwischen widerwillig zu, daß sich ihre Gesellschaft zunehmend zu einem ethno-pluralistischen Mosaik entwickelt.

Zu den wichtigeren, nach wie vor wirksamen Aspekten antiamerikanischer Affekte zählt die Sprache. Dabei geht es vor allem um die weltweit abnehmende Bedeutung des Französischen, wofür häufig der aggressive amerikanische Medien- und Sprachimperialismus verantwortlich gemacht wird. Die Beunruhigung darüber, die sich in Frankreich in verschiedenen (weitgehend aussichtslosen) gesetzgeberischen Maßnahmen für die Erhaltung der »Reinheit« der Sprache niederschlug, dürfte auf die intellektuelle Elite des Landes begrenzt bleiben. Die Masse der Bevölkerung übernimmt nach wie vor die populäre Kultur der Amerikaner ebenso wie viele Elemente ihrer Sprache, in der diese zum Ausdruck kommt.

Renata Fritsch-Bournazel
Rußland

»Denk ich an Rußland in der Nacht, so bin ich um den Schlaf gebracht!« So könnte man in geographischer Abwandlung von Heinrich Heines berühmtem Stoßseufzer über Deutschland (der ja eigentlich der alten Mutter daheim galt...) die Grundstimmung vieler Europäer an der Schwelle zum 21. Jahrhundert prägnant umschreiben. Fast scheint es so, als sei die neue Unübersichtlichkeit im Osten unseres Kontinents, entstanden aus einer Welt im Umbruch, an die Stelle der traditionellen – tatsächlich vorhandenen oder imaginären – »incertitudes allemandes« getreten. So verwundert es nicht, daß bei Franzosen und Deutschen das Nachdenken über ihr künftiges Verhältnis zum postsowjetischen Rußland untrennbar mit der Aufarbeitung der Vergangenheit verknüpft ist. Unterschiedliche historische Traditionen im Umgang mit dem Zarenreich spielen hier ebenso eine Rolle wie Erfahrungen während der Dominanz des Ost-West-Konflikts.

1. Ostpolitische Traditionen unterschiedlicher Prägung

Die deutsch-russischen Beziehungen haben sich im Laufe der Jahrhunderte entlang verschiedenen Traditionssträngen entwickkelt, die unterschiedlich verliefen. Bei den Handelsbeziehungen wäre auf die beherrschende Vermittlerrolle der Städte der deutschen Hanse zu verweisen; politisch muß unterschieden werden zwischen dem Heiligen Römischen Reich und dem Einfluß von Brandenburg-Preußen sowie dem Deutschordensstaat bei der Kolonisierung im Osten. Seit dem 18. Jahrhundert kam als zusätzliche diplomatische Dimension die enge Verbindung der Romanows mit den deutschen Fürstenhäusern hinzu, während es machtpolitisch wiederholt zum deutsch-russischen Zusammenschluß gegen als bedrohlich angesehene liberale Strömungen kam.

Der Wiederaufstieg Preußens aus der Niederlage gegen Napo-

leon vollzog sich im Bündnis mit Rußland. Das Neutralitätsab-
kommen von Tauroggen stand am Anfang der Auflehnung
gegen den französischen Imperator, die dann in die Befreiungskriege mündete. In ihnen wurde Zar Alexander I. für die Deutschen zum »Befreier Europas«, und als die Kosaken 1813 in Berlin einzogen, wurden sie von den Bewohnern der Stadt mit Jubel
begrüßt. Nach der Reichsgründung 1871 spielte der Rückversi-
cherungsvertrag mit Rußland eine wichtige Rolle in der Staats-
kunst Bismarcks. Zumal der intime Umgang zwischen »Willi«
und »Nicki« – wie sich Kaiser Wilhelm II. und Zar Nikolaus II.
gegenseitig titulierten – galt beiden und einem großen Teil der
Öffentlichkeit als Unterpfand besonderer Beziehungen. Der
Ausbruch des Ersten Weltkrieges zeigte, wie wenig Gewicht die
familiären Beziehungen der beiden Dynastien tatsächlich hatten, doch kam es nach Kriegsende trotz des Regimewechsels in
Rußland bald wieder zu privilegierten Beziehungen. Im französischen historischen Bewußtsein steht hier vor allem das Reiz-
wort »Rapallo« als Symbol für eine Politik, mit der sich die
Weimarer Republik 1922 gegen den Westen und für das Zusammengehen mit der östlichen Flügelmacht entschieden habe. Der
deutsch-sowjetische Nichtangriffspakt 1939 schließlich besiegelte das Zusammengehen zweier Diktatoren, die Europa und
vor allem Polen, das schon in früheren Jahrhunderten Opfer
deutsch-russischer Koalitionen wurde, unter sich aufzuteilen ge-
willt waren.

   In den französisch-russischen Beziehungen prägte die geographische Ferne lange die Vorstellung von einer nicht genau defi-
nierbaren Übergangszone zwischen dem europäischen Kontinent
und Asien. Der Zusammenprall von französischen und russischen
Großmachtinteressen in Europa während der napoleonischen
Eroberungskriege markierte das Scheitern der französischen He-
gemonialbestrebungen und ließ gleichzeitig die Konturen des
machtpolitischen Dreiecks Paris – Berlin – Moskau hervortreten,
das in der Folgezeit eine wichtige Rolle im europäischen Gleichgewicht spielen sollte. Als sich Franzosen und Russen im Zwei-
bund von 1894 aus Furcht vor einer gefährlichen Isolierung gegenüber einem übermächtigen Deutschland zusammenfanden und

Frankreich sich finanziell am Ausbau der russischen Industrie und Eisenbahn beteiligte, waren umgekehrt gerade die geopolitischen Faktoren zu Determinanten geworden, die eine Verbindung zwischen den beiden Randstaaten des europäischen Kontinents als naturgegeben erscheinen ließen.

Um so größer war die Enttäuschung und Verbitterung in der Dritten Republik, als die Bolschewiki 1917 nicht nur die Vorkriegsallianzen aufkündigten, sondern sich darüber hinaus entschlossen, die Schulden des Zarenreiches sowie die Kriegsschulden nicht anzuerkennen. Immerhin besaßen damals ein Sechstel aller französischen Familien russische Anleihen, und die vehementen Proteste 1996, als Präsident Jelzin sich nach langem Zögern endlich zu einer (lächerlich geringen) Entschädigung bereit erklärte, machten deutlich, wie sensibel diese Frage auch ein Jahrhundert später noch war! Erst angesichts der vom Dritten Reich ausgehenden Gefahr für Frankreichs vitale Interessen kam es 1935 zu einer Wiederaufnahme der Allianz mit Moskau, bis die Unterzeichnung des Hitler-Stalin-Pakts 1939 das Trauma der Unzuverlässigkeit des Partners im Osten wiederaufleben ließ.

2. Die Ära der Ost-West-Konfrontation

Der Zweite Weltkrieg hatte weitreichende Auswirkungen auf die außenpolitische Lage der UdSSR und auf die westlichen Perzeptionen der Sowjetmacht. Zum einen übertraf das Sowjetimperium, das mit dem Vorfeld seines engeren Machtbereiches bis in die Mitte Europas ragte, an räumlicher Ausdehnung und bald auch an militärischer Stärke bei weitem das Russische Reich. Zum anderen verfestigte sich in der Herausbildung des Kalten Krieges das Bild der UdSSR als einer Macht mit ausgeprägtem Expansionswillen und als Zentrum des zunächst als monolithisch eingeschätzten Weltkommunismus. Für den alten Kontinent war der Ausbruch des Ost-West-Konflikts gleichbedeutend mit dem Ende des Versuchs, noch einmal eurozentrische Politik und Herrschaft zu praktizieren, doch setzte sich diese Erkenntnis vor allem in Frankreich erst zögerlich durch, während Deutschland durch den totalen Machtverlust bei Kriegsende schon früher zu einem Umdenken gezwungen war.

Die Erhaltung der Handlungsfreiheit im neuen internationalen Kontext und der Versuch, eine unabhängige Politik zwischen den Supermächten zu führen, waren wichtige Triebfedern gaullistischer Ostpolitik, solange sich die Fronten des Kalten Krieges noch nicht verfestigt hatten. Der Bündnis- und Beistandspakt, den der General im Dezember 1944, kaum ein Vierteljahr nach der Befreiung von Paris, mit Moskau abschloß, sollte die »alliance de revers« gegen Deutschland mit neuem Inhalt füllen, aber auch Frankreichs Position gegenüber seinen westlichen Verbündeten stärken und so sein Mitspracherecht bei der Gestaltung der europäischen Nachkriegsordnung absichern. Erst in den sechziger Jahren gab es wiederum eine aktive Phase in den französisch-sowjetischen Beziehungen, als Charles de Gaulle, nun als Präsident der Fünften Republik, die zeitweilige Entspannung des Ost-West-Konflikts für eine autonome Ostpolitik zu nutzen suchte.

Genau 45 Jahre nach de Gaulles erstem Kremlbesuch stand Präsident Mitterrand vor der weitaus schwierigeren Herausforderung, gleichzeitig das über die Jahrzehnte gewachsene deutsch-französische Sonderverhältnis in der Substanz zu bewahren und der Marginalisierung Frankreichs in einem Europa mit veränderten Konturen entgegenzuarbeiten. Diese doppelte Zielsetzung bewirkte kurzfristig einen Rückgriff auf die gaullistische Doppelstrategie und motivierte zwei umstrittene Entscheidungen: kurz vor Ablauf von Frankreichs turnusmäßiger EG-Präsidentschaft im zweiten Halbjahr 1989 vereinbarte Mitterrand nicht nur ein Treffen mit Präsident Gorbatschow, sondern stattete sogar dem absterbenden kommunistischen Regime in Ost-Berlin in letzter Minute einen Staatsbesuch ab.

Anders als in Frankreich, wo die Existenz einer starken kommunistischen Partei noch bis zu Anfang der achtziger Jahre zu den innenpolitischen Determinanten von Ostpolitik gehörte, war der Antikommunismus im westlichen Teil Deutschlands eine zentrale Integrationsklammer und wesentlich für die Ausbildung der eigenen Identität. Bis zur Mitte der sechziger Jahre war die Ostpolitik der Bundesrepublik weitgehend eine Funktion der Deutschlandpolitik. Bonns Verbündete im Westen sollten die Sowjetunion zur Preisgabe der DDR bewegen, die Hallstein-Doktrin andere Länder von der Anerkennung eines zweiten deutschen Staates abhalten. Ohne die Erfahrung von Flucht und Vertreibung, die Millionen Deutsche traf, und ohne die repressiven Züge der SED-Herrschaft hätte der Antikommunismus in der Bundesrepublik wohl schwerlich diese Wirksamkeit als Integrationsideologie entfalten können. Umgekehrt bestimmten die traumatischen Erfahrungen der Kriegsjahre, die Verwüstungen und menschlichen Verluste, die sich tief in das Kollektivbewußtsein der sowjetischen Bevölkerung eingegraben hatten, die Einstellung der UdSSR gegenüber der Bundesrepublik und trugen entscheidend dazu bei, daß bis in die sechziger Jahre hinein eine von Mißtrauen und Bedrohungsvorstellungen geprägte Feindseligkeit die Beziehungen zwischen Bonn und Moskau beherrschte.

Erst nach Abschluß der Ostverträge zu Beginn der siebziger Jahre verzichtete die Sowjetunion darauf, das Problem der europäischen Sicherheit ausschließlich unter dem Aspekt der Sicherheit vor Deutschland darzustellen. Die Bundesrepublik, die in mancher Hinsicht ein Kind des Kalten Krieges war, paßte sich ihrerseits der neuen Lage an und setzte sich zeitweise sogar an die Spitze der Entspannungsbemühungen des Westens. Unter Verzicht auf territorialen Revisionismus setzte die Ostpolitik der sozialliberalen Koalition auf Kommunikation zwischen Ost und West, vor allem auf wirtschaftlichem Gebiet. Auf diese Weise würde es zu einer langsamen Öffnung des Ostblocks kommen und die sowjetische Hegemonialmacht zu einer Politik des friedlichen Wandels veranlaßt werden. In den Augen ihrer Befürworter ermöglichte diese Strategie die Absicherung Berlins, erleichterte die menschlichen Kontakte im geteilten Land und verschaffte der Bundesrepublik einen größeren Handlungsspielraum. Die Kritiker betonten dagegen, die Ostpolitik habe einer Verharmlosung des kommunistischen Systems Vorschub geleistet und zu einer politisch-psychologischen Abnahme des westlichen Verteidigungswillens geführt.

3. Partnerschaft mit Rußland?

Während in der Vergangenheit deutsch-französische Übereinstimmung gegenüber der Sowjetunion schon deshalb nicht wirklich zu erreichen war, da es zwar beiden Partnern wesentlich um
die Sicherheit, doch den Deutschen darüber hinaus auch um die
Fortexistenz der Nation ging, gibt es in den neunziger Jahren
Ansätze zu einer abgestimmten Rußlandpolitik. Ähnlich wie die
Entspannungspolitik der siebziger Jahre ruht diese auf zwei Pfei-
lern: Zusammenarbeit mit den Reformkräften und institutionelle Anbindung an westliche Strukturen einerseits, Ablehnung
gegenüber imperialem Machtverständnis und Zurückweisung
eines russischen »droit de regard« in Ostmitteleuropa andererseits.

Seit der Wiedervereinigung im Oktober 1990, zu der die kapi-
talen Konzessionen Moskaus entscheidend beigetragen haben,
stellt sich abermals das Problem der Privilegierung der deutsch-
russischen Beziehungen, nunmehr im Positiven nach den langen
Perioden mit negativem Vorzeichen. Es geht seither nicht um
einen Rückweg nach Rapallo, wie manche französischen Beobachter argwöhnen, sondern um eine Balance der deutschen Beziehungen zu Rußland mit denen zu den übrigen Ländern des
europäischen Ostens. Die Verlagerung des politischen Schwer-
punktes nach Berlin, wo er zwischen 1866 und 1945 lag, könnte
unter veränderten Rahmenbedingungen deutscher Westpolitik
auch die Rolle der Bundesrepublik als »Zentralmacht Europas«
favorisieren. Käme es in Nordamerika über einen neuen Unila-
teralismus amerikanischer Weltpolitik mit einer starken Neigung zum pazifisch-ostasiatischen Raum als Gegentendenz zu
einer europäischen Versuchung verstärkter Emanzipation von
der atlantischen Bindung oder zu einer Reduzierung des amerikanischen Engagements in Europa, würde eine neue Lage entstehen. Ohne die USA als eine engagierte »europäische Macht«
könnte sich eine neue Dynamik der Kräfte in Zentraleuropa entfalten, wenn nicht zuvor die Europäische Union als integrierte
politische, ökonomische und monetäre Aktionseinheit etabliert
wäre. Darin liegt auch die besondere Bedeutung einer Oster-

weiterung des Atlantischen Bündnisses und der Europäischen
Union für die Bundesrepublik, deren proklamiertes Ziel es ist,
an allen ihren Grenzen von Demokratien umgeben zu sein.
Gewährleistung von Sicherheit auf dem Kontinent und Unterstützung der östlichen Reformstaaten stehen auch für Frankreich in einem unauflöslichen Zusammenhang, ebenso wie das
Bestreben, einer Ausgrenzung Rußlands aus Europa entgegen-
zuwirken. Im Gegensatz zu Deutschland ist Frankreich jedoch
nicht ständig der Gefahr ausgesetzt, von russischen Vorstellungen und Wünschen überfordert und in seiner finanziellen Hilfs-
bereitschaft überschätzt zu werden. Es hat auch weniger als die
Bundesrepublik unter dem russischen Unmut in Sachen NATO-
Osterweiterung zu leiden, da es nicht als treibende Kraft in dieser Frage agiert. Hingegen gab es bei der Aushandlung des Abkommens über Partnerschaft und Zusammenarbeit zwischen
Rußland und der EU in den Jahren 1992 bis 1994 wiederholt
Spannungen, da Paris in vielen Fragen wesentlich restriktivere
Positionen einnahm, als etwa Bonn. Präsident Chiracs historische Entscheidung vom April 1997, durch vorgezogene Neuwah-
len seinen Handlungsspielraum »im Namen Europas« zu verstärken, signalisiert darüber hinaus französische Entschlossenheit,
bei der anstehenden Neuordnung des alten Kontinents wesentlich mehr als eine Statistenrolle auf der diplomatischen Bühne zu
spielen.

Rußland befindet sich heute in einer tiefen Selbstverständnis-
krise. Mit dem Ende der Sowjetunion steht das russische Volk
vor einem Scherbenhaufen mit einem geistig-moralischen Vakuum, einer ökonomischen und sozialen Krise, vor einer Lage
der politischen Instabilität und der Verunsicherung. Der Verlust
des Weltmachtstatus wiegt auch deshalb so schwer, weil dieser
aufs engste mit der Identität als Staat und Gesellschaft verbunden war. Der Nachfolgestaat der Sowjetunion ist heute weder
der Feind des Westens noch dessen integraler Bestandteil, sondern will als eine Großmacht sui generis betrachtet und respektiert werden. Die größten Chancen, Rußland als berechenbaren
und kontruktiven Mitspieler in der europäischen Politik zu gewinnen, verspricht eine langfristig angelegte deutsch-französi-

sche Ostpolitik im EU-Rahmen mit dem Ziel der Partnerschaft.
Sie ist eingebettet in eine westliche Strategie, die Sicherheit in
Europa *mit* Rußland organisieren will, anstatt sich wie in der
Zeit des Kalten Krieges auf die Sicherheit *vor* der östlichen Flü-
gelmacht zu beschränken.

War es nicht genau dieser kooperative Ansatz, der im Frankreich der fünfziger Jahre entscheidend zur Überwindung des
Mißtrauens gegen den ehemaligen Kriegsgegner Deutschland
beitrug? »Das Schicksal des Westens«, mahnt Vaclav Havel,
»entscheidet sich im Osten. Wenn der Westen nicht den Schlüssel zur demokratischen Entwicklung des Ostens findet, wird er
letztlich den Schlüssel zur Lösung seiner eigenen Probleme verlieren.«

Hans Stark
Jugoslawien

Mit der Intervention der jugoslawischen Volksarmee in Slowe-
nien am 26. Juni 1991 sahen viele Politiker der EG die »Stunde
Europas« gekommen. Die Troika und die Kommission waren
aufgerufen, den Bürgerkrieg, der unter den jugoslawischen Teil-
republiken ausgebrochen war, zu beenden und dadurch aller
Welt zu beweisen, daß der Wille der Zwölf am Ende des Jahres
die EPZ und die GASP umzuwandeln, kein utopisches Unterfangen, sondern Ausdruck der Bemühung war, die europäische Si-
cherheitsarchitektur eigenständig zu gestalten. Doch es kam
ganz anders. In Wirklichkeit sah sich die Gemeinschaft mit einer
schier unlösbaren Konfliktsituation konfrontiert. Daß die meisten Schlichtungsversuche bisher (trotz des Daytoner Friedens-
abkommens) mit einem Fiasko für alle beteiligten Akteure und
internationale Organisationen endeten, hat mehrere Ursachen.
Von der Schwierigkeit ganz zu schweigen, die »internationale
Gemeinschaft« für einen Konflikt zu mobilisieren, der ihre vita-
len Interessen nicht berührte, war es bis heute unmöglich, innerhalb der Staatengemeinschaft einen Konsens bezüglich der
Ursachen, des Charakters und der Lösungsmöglichkeiten des

Jugoslawienkrieges herzustellen. Handelte es sich um einen Bür-
ger-, um einen Religions- oder gar um einen klassischen Aggres-
sionskrieg? Wenn der »Auflösungsprozeß« des ehemaligen
Jugoslawiens unaufhaltsam und die Anerkennung der Teilrepu-
bliken unvermeidbar und berechtigt waren, warum wurde dann
mit aller Macht am terrirorialen und multiethnischen Status quo
Bosniens festgehalten? Alle beteiligten internationalen Akteure
haben bis zum heutigen Tag höchst unterschiedliche Ansichten
zu diesen Fragen. So kann es kaum verwundern, daß auch
Deutschland und Frankreich gegensätzliche Lösungsansätze
entwickelten, um den Konflikt zu beenden. Nicht nur Deutsche
und Franzosen, sondern auch Russen, Griechen, Türken, Italiener oder Amerikaner verbanden mit dem Thema »Jugoslawien«
ganz verschiedene historische Erfahrungen und politische Vorstellungen.

Natürlich war es erschreckend zu sehen, wie schnell das sogenannte deutsch-französische Tandem in der zweiten Jahreshälfte
1991 aus dem Tritt geriet, seine europäische Schrittmacherrolle
aus den Augen verlor und die Elite Frankreichs vor dem Hintergrund der geopolitischen »Unordnung« in Osteuropa – Wiedervereinigung Deutschlands, Auflösung des Warschauer Paktes,
Zusammenbruch der Sowjetunion – den »Rückgriff auf die Geschichte zum Zweck der Selbstvergewisserung suchte«. Die sich
bis Ende 1995 hinziehenden Konflikte im ehemaligen Jugoslawien brachten im Hinblick auf die Zusammenarbeit zwischen
Bonn und Paris dann auch zwei gegensätzliche Konstanten zutage: Einerseits haben historische Voreingenommenheiten noch
immer ihre Bedeutung, eine Tatsache unter der die deutsch-
französische Jugoslawienpolitik ganz massiv bis zum Sommer
1992 zu leiden hatte, ja sogar unterschwellig heute auch noch.
Andererseits verblaßten diese historischen Reminiszenzen aber
auch schnell wieder sowohl dank des grenzüberschreitenden
CNN-Effekts als auch aufgrund der Sorge um den Erhalt des
»Ranges« der beiden Länder auf internationaler Ebene, der vor
dem Hintergrund des »Versagens der internationalen Gemeinschaft« deutsch-französische Kompromisse unerläßlich machte.

Obwohl sich das Scheitern der innerjugoslawischen Verhand-

lungen und damit auch der Krieg zwischen den einzelnen Teilstaa-
ten bereits seit Jahren abzeichnete, reagierte die »internationale
Gemeinschaft« nur sehr spät auf die Spannungen, die sich aus den
schwelenden Nationalitätenkonflikten und dem teilweisen Zusammenbruch der kommunistischen Gesellschaftsordnung ergaben. Noch im Mai 1991, zu einem Zeitpunkt, als die *FAZ* bereits
das Ende des Bundesstaates Jugoslawien gekommen sah, unter-
strich das Elysée (anläßlich des Besuches des jugoslawischen Pre-
miers Ante Markovic in Paris) den »Reichtum und die Diversität
dieses einheitlichen Staates« und hob die traditionelle Freundschaft zwischen Frankreich und Jugoslawien hervor, die Belgrad
und Paris nicht nur durch die Waffenbrüderschaft in den beiden
Weltkriegen verband. Aus den Pariser Vorortverträgen 1919/
1920 hervorgegangen, war Jugoslawien innerhalb der »kleinen
Entente« mit Rumänien und der Tschechoslowakei das zentrale
Bindeglied der französischen Ostpolitik während der Zwischenkriegszeit. Nach 1945 wurde Jugoslawien zum führenden Han-
delspartner Frankreichs in Mittel- und Südosteuropa, einer Region, in der die französische Industrie bis zum heutigen Tag nur
mühsam Fuß fassen konnte. Das französische Festhalten an dem
staatlichen Zusammenhalt Jugoslawiens erklärte sich obendrein
aber auch aus der Furcht des damaligen Präsidenten François
Mitterrand, die zu diesem Zeitpunkt in Osteuropa zu beobach-
tende Dynamik der staatlichen Zersplitterung könnte in eine un-
kontrollierte Kleinstaaterei münden, in der jeder »Volksstamm«
(Mitterrand sprach in diesem Zusammenhang von »tribu«) sein
Recht auf einen eigenen Staat mit allen Mitteln durchzusetzen
versucht. Die Neuordnung Europas durfte aus französischer Sicht
nicht die Aufgabe des Prinzips der Unverletzbarkeit der Grenzen
zugunsten des von den Deutschen im Zusammenhang mit der
Wiedervereinigung eingeklagten Selbstbestimmungsrechts der
Völker bedeuten, auf das sich nun plötzlich auch Slowenen und
Kroaten beriefen und die Bundesrepublik damit in Zugzwang
brachten. Aber auch unterschiedliches Staatsverständnis äußerte
sich hier: die Tradition des zentralistisch regierten Nationalstaates auf der einen Seite, Ausbildung von Souveränität durch territoriale Vielfalt und politische Zersplitterung auf der anderen.

So begann im Sommer 1991 eine zwei Jahre andauernde
Phase, in der die unterschiedlichen Interessen und Sichtweisen
Deutschlands und Frankreichs bezüglich des Jugoslawienkon-
flikts zu erheblichen Mißverständnissen zwischen Bonn und Paris führten. Die Bundesparteien und die deutsche öffentliche
Meinung (von Beginn des Krieges an sehr viel besser über die
Vorgänge im ehemaligen Jugoslawien informiert als die französische) verurteilten die in ihren Augen an menschenverachtenden
Zynismus grenzende Serbophilie François Mitterrands ebenso
wie die von Frankreich initiierte »humanitäre Politik« in Bosnien, in deren Windschatten die Serben ihre Kriegsziele unge-
hindert verwirklichen konnten. Die Presse und die politische
Klasse Frankreichs verurteilten ihrerseits vehement Deutschlands Eintreten zugunsten der Unabhängigkeitsbestrebungen
Sloweniens und Kroatiens, das sie als Ausdruck deutscher Hege-
monialpolitik werteten. Was die Bundesrepublik in den achtziger Jahren durch die Kreation der Alpen-Adria-Gruppe eingeleitet und mit der einseitigen Anerkennung Sloweniens und
Kroatiens Ende Dezember 1991 vollendet hatte, nahm nun für
viele Franzosen feste Formen an: Deutschland schien im Begriff
zu sein, sich auf den Ruinen Jugoslawiens eine exklusive Ein-
flußsphäre in Mitteleuropa zu schaffen.

Mit der einseitigen Anerkennung Sloweniens und Kroatiens
durch die Bundesrepublik, Ende 1991, war aber auch der Höhepunkt der deutsch-französischen Divergenzen über Jugoslawien
erreicht. 1992 und vor allem nach dem Regierungswechsel in Paris 1993 kam es schließlich zu einer gewissen Annäherung zwischen beiden Ländern. Angesichts der Ohnmacht der »internationalen Gemeinschaft«, ihrem Unvermögen, dem Gemetzel
ein Ende zu machen, und den fehlenden Einflußmöglichkei-
ten Deutschlands und Frankreichs auf die kroatischen bzw.
serbischen Extremisten, wurde der gegenseitige Vorwurf der
»Schutzmachtpolitik« zunehmend haltlos. Deutschland konnte
die Kroaten nicht von ihrem Krieg gegen die Muslime abhalten
und Paris Belgrad nicht dazu zwingen, die bosnischen Serben zur
Vernunft zu bringen. Nachdem im Frühjahr 1992 Serbien seine
Politik der »ethnischen Säuberung« auf Bosnien ausgedehnt

hatte und dort im Sommer 1992 serbische Todeslager entdeckt worden waren, ergriffen Künstler und Intellektuelle in Frankreich Partei für die bosnischen Muslime, forderten die Aufhebung des Waffenembargos und verurteilten die serbenfreundliche Haltung ihrer Regierung. Wochenlang waren im Winter 1992–1993 in Paris Plakate zu sehen, auf denen Milosevic mit Hitler und die serbischen Internierungslager mit den Nazi-Konzentrationslagern gleichgesetzt wurden. Zählt man dann noch die Arbeit zahlreicher privater und halbstaatlicher Hilfsorganisationen vor Ort hinzu, kann man sich des Eindrucks nicht erwehren, daß die Mobilisierung zugunsten Bosniens in Frankreich sehr viel mehr Menschen betraf als in Deutschland, das im Gegensatz zum französischen Nachbarn zwar seine Grenzen für die bosnischen Flüchtlinge öffnete, dessen Bevölkerung und Intellektuelle aber sich eher gegen Atommülltransporte auflehnen als gegen Völkermord. Bosnien war für die deutsche Friedensbewegung zu keiner Zeit ein Thema, für das es sich zu demonstrieren lohnte.

Obwohl der CNN-Effekt die öffentliche Meinung beider Länder stark beeinflußte und somit eine gewisse Annäherung der Standpunkte in Bonn und Paris bewirkte, waren nicht alle Streitpunkte ausgeräumt. Frankreich und Großbritannien, die ihre Blauhelme nicht der Gefahr serbischer Vergeltungsangriffe aussetzen wollten, widersetzten sich dem Drängen der Bundesrepublik, zumindest indirekt (durch die Aufhebung des Waffenembargos und die Verteidigung der Schutzzonen) militärischen Druck auf die Serben auszuüben. Durch diese Haltung verloren Paris und London jedoch die Möglichkeit, die Serben wieder an den Verhandlungstisch zu bringen. Mit dem Fiasko der »Politik der Sicherheitszonen« sah sich die von der Bundesregierung abgelehnte (weil auf Neutralität bedachte) Friedenspolitik der Vereinten Nationen, die Frankreich weitgehend diktiert hatte, vom Scheitern bedroht. So war der Weg frei für eine deutsch-französische Initiative zum ehemaligen Jugoslawien: dem sogenannten Kinkel-Juppé-Plan vom November 1993. Unter dem Druck beider Länder wurde im Spätwinter 1994 die »Kontaktgruppe« ins Leben gerufen, die schließlich anderthalb Jahre spä-

ter das auf den Prinzipien des »Juppé-Kinkel-Plans« beruhende
Dayton-Abkommen ausarbeitete, das seinerseits dem Krieg ein
(vorläufiges?) Ende machte.

Die Entstehung der Kontaktgruppe, bestehend aus Deutschland, Großbritannien, Frankreich, Rußland und den Vereinigten Staaten, entpuppte sich als der beiden Ländern einzig wirklich gemeinsame Nenner, auf dessen Basis die Regierungen
Bonn und Paris ihre nach wie vor bestehenden Meinungsverschiedenheiten überwinden konnten. Letztere galt es dem Ziel
der Schadensbegrenzung unterzuordnen. Das Versagen der internationalen Organisationen im ehemaligen Jugoslawien hatte
ja auch Konsequenzen für das Prestige der Staaten, deren Außenpolitik in diesen multinationalen Strukturen verankert war.
Die Entstehung der Kontaktgruppe war der erfolgreiche Versuch, sich aus diesen Zwängen zu befreien und, wie einst zwischen 1648 und 1918, einen Krieg wie den Jugoslawienkonflikt
im exklusiven Rahmen des »Konzertes der Nationen« zu beenden, dessen Zugang den europäischen »Großmächten« und
Amerika vorbehalten ist. Wie bereits im Zug der »2 + 4«-Ver-
handlungen (und, wenn es nach Frankreich gegangen wäre, auch
der NATO-Erweiterungsfrage) handelt es sich hier um eine un-
bürokratische Kompromißformel, die Einflußnahme garantiert,
deutsch-französische Gegensätze zu überwinden verspricht, und
die Vereinigten Staaten bzw. Großbritannien einbindet, ohne
Rußland auszugrenzen. Aber mit den Grundsätzen der europäischen Integration und der multinationalen Zusammenarbeit ist
sie kaum vereinbar. Der deutsch-französische Ausgleich bezüglich Bosnien ist daher brüchig und im Gemeinschaftsrahmen keineswegs abgesichert. Aber die Verdächtigungen und Vorwürfe
der Jahre 1991 / 1992 gehören der Vergangenheit an.

Rémy Leveau
Frankreich, Deutschland und das Mittelmeer

Selbst wenn der heilige Ludwig ebenso wie Barbarossa auf einem Kreuzug ums Leben kam und die beiden Völker aus dieser Epoche eher die Auseinandersetzungen mit dem Islam in Erinnerung haben als die Bilder vom Zusammenleben der Kulturen am Hofe Friedrichs II. in Palermo, sehen die Deutschen und die Franzosen das Mittelmeer nicht auf dieselbe Weise. Um beim Vergleich von den richtigen Voraussetzungen auszugehen, wäre es wahrscheinlich sinnvoller, das Bild, das die Deutschen von dem anderen Binnenmeer – der Ostsee – haben, mit dem Mittelmeerbild der Franzosen zu vergleichen. Dann spielen auch das historische Handels- und Kulturerbe sowie die Bemühungen, eine Machtbasis zu errichten, die sich in Konfliktsituationen mit den Nachbarländern bewährt, eine Rolle. Auch die Beziehungen Frankreichs zum Osmanischen Reich und Preußens zu Rußland könnten ein Bezugspunkt sein, und in beiden Ländern haben diese Meere viel zum Aufbau der nationalen Identität beigetragen.

Auf das Mittelmeer bezogen, ist diese Übung nicht unbedingt sinnvoll. Deutschland war dort im 19. Jahrhundert durchaus präsent, vor allem ab 1871. Es unterstützte Frankreich dabei, in Tunesien Fuß zu fassen, um keine revanchistischen Gedanken aufkommen zu lassen. Wilhelm II. veranstaltete in Tanger wie in Damaskus, in Istanbul und in Jerusalem glanzvolle Auftritte, um im Orient wie im Okzident mehr politische Präsenz zu zeigen. Frankreichs Interessen dagegen waren älter und gewichtiger. Durch Geographie und Geschichte war Frankreich zu einer Mittelmeermacht geworden, die sich mit Spanien und im 19. Jahrhundert dann auch mit Großbritannien um den ersten Platz stritt. Die Italienkriege, der Feldzug Napoleons, die Eroberung Algeriens 1830, die Unterstützung Muhammed Alis, der Schutz der Christen im Libanon 1860, die Eröffnung des Suez-Kanals 1869 und der Einzug in Tunesien waren Etappen einer auf Dauer angelegten Einflußnahme und des Aufbaus eines Reichs, das beispielhaft sein sollte – ein Werk der Zivilisation und der Eroberung gleichermaßen, ein Reich nach dem Bildnis Roms. Noch zu Beginn des 20. Jahrhunderts wurde dieses Abenteuer mit dem Einzug in Marokko, das den Traum von einem neuen Kalifornien verkörpern sollte, Libanon und Syrien fortgesetzt. Mehr als eineinhalb Millionen Bürger französischen Ursprungs, zumeist aus den benachbarten Mittelmeerländern, sollten dazu beitragen, diesem Reich Bestand zu verleihen, das in Nordafrika aufgebaut wurde. Zu diesem Zweck wurde die arabisch-muslimische Bevölkerung einer zutiefst ungerechten Herrschaft unterstellt, die die Usache der Aufstände der fünziger Jahre war.

Die erste Hälfte des Jahrhunderts, die unter dem Einfluß dieses Versuches stand, der das politische und militärische Leben des Landes nach den Kriegen der Französischen Revolution und des Napoleonschen Reiches prägte, war gekennzeichnet von einem Traum vom Anderswo, der den Ausgleich für die nicht realisierbare Beherrschung des Kontinents darstellte; diese war nach 1871 noch weniger möglich als nach 1815. Aus dieser Sicht war das Mittelmeer ein Fluß, der das Reich durchzog wie die Seine Paris. Prosaischer gesagt, glichen dessen Truppen die demographischen Defizite aus, die die Franzossen Deutschland gegenüber im Ersten Weltkrieg hatten. Bei der Niederlage von 1940 spielte das Reich zunächst nicht die erwartete Rolle eines strategischen Raums, der die Fortsetzung des Kampfes ermöglicht hätte. Erst mußten die Amerikaner 1942 in Marokko landen, bis das »freie Frankreich« wieder einen von Autonomie gekennzeichneten Raum erhalten konnte. Symbolisch hierfür waren der Einzug General de Gaulles in Algier, die Teilnahme der marokkanischen Truppen von General Juin an der Schlacht um Monte Cassino und die Landung in der Provence. Das Mittelmeerreich löschte die Niederlage zwar nicht aus, ermöglichte es Frankreich aber, im Konflikt wieder einen anderen Platz einzunehmen. Dies sollte sich nach dem Krieg in dem eisernen Willen niederschlagen, sich an die Spuren der Vergangenheit zu klammern und die Entkolonisierung aus Angst zu verzögern, die Identität der Nation zu gefährden. So erklären sich die heftigen Reaktionen auf den Aufstand von Setif am 8. Mai 1945, die Ab-

setzung des Sultans von Marokko oder die Unabhängigkeit, vor
der Rückkehr de Gaulles eine Lösung für das Algerienproblem
zu finden.

Der Bruch mit dieser imperialen Vergangenheit wird durch
zwei Jahreszahlen symbolisiert: 1956 und 1962. Die erste steht
für das Ende einer Zeit, die von der Rivalität Frankreichs und
Großbritanniens hinsichtlich der Kontrolle über den Mittelmeerraum und der Teilung dieser Kontrolle gekennzeichnet
war. Die Verstaatlichung des Suez-Kanals und das klägliche
Scheitern der britisch-französischen Militäraktion verkörperten
das Ende dieses Einflusses im Nahen Osten und eine Ablösung
durch eine russisch-amerikanische Rivalität, die vom israelisch-
arabischen Konflikt und vom Streben nach der Kontrolle über
die Erdöleinkünfte polarisiert wurde. Die zweite Jahreszahl
markiert das Ende des imperialen Traums und eine nationalistische Entkolonisierung, die vollzogen wurde, indem dem Land
wie auch der Armee neue Ziele vermittelt wurden. Der Widerspruch zu den Vereinigten Staaten, das vom Ausscheiden aus der
integrierten Kommandostruktur der NATO symbolisiert wird,
der Aufbau der atomaren Rüstung und das Engagement in Europa sollten zum Bruch mit einer Vergangenheit führen, in der
die Macht auf der Kontrolle über die Gebiete südlich des Mittelmeers beruhte. Die Umstellung war brutal und erfolgte durch
die Umsiedlung von mehr als einer Million Menschen, die ohne
größere innere Krise ablief. Die Umorientierung sollte es Frankreich ermöglichen, europäisch zu werden, ohne zehn Millionen
Muslime mitzuziehen, die sonst ebenfalls zu dem Europa gehört
hätten, das der Vertrag von Rom 1957 skizzierte.

Für Deutschland bedeutete 1945 ebenfalls den Bruch mit einem
Engagement im Mittelmeerraum, das mit dem Spanischen Bürgerkrieg begonnen hatte und mit den Balkanfeldzügen, der Eroberung Kretas – die von den deutschen Fallschirmspringern
heute noch gefeiert wird – sowie den Feldzügen Rommels in
Libyen fortgesetzt wurde, die bis heute mit dem Mythos eines
ritterlichen Krieges verbunden sind. Doch die Niederlage führte
zu territorialen Sachzwängen und Bevölkerungsverlagerungen,
durch die diese Visionen vom Süden ihren Sinn verloren. Noch

dazu führte die französische Armee bei ihren Feldzügen und
in ihrem Kontrollbereich maghrebinische Truppenkontingente
mit, die an einer Art Strafbesatzung teilnehmen mußten, welche
in der kollektiven Phantasie ein negatives Islambild verankerte,
von dem später noch die Rede sein wird.

Während Frankreich erst 1962 mit seiner imperialen Vergangenheit brach, dem Mittelmeer den Rücken kehrte und sich für
den Aufbau Europas engagierte, vollzog Deutschland diese
Wendung viel früher. Die sowjetische Bedrohung und die Ber-
lin-Krise beeinflußten die Festschreibung der politischen und
strategischen Prioritäten, die auf Mitteleuropa ausgerichtet waren, in hohem Maße. Die Rückkehr in den Mittelmeerraum war
von diesen Sachzwängen geprägt. Während Frankreich sich im
Algerienkrieg engagierte, befürchtete Deutschland, daß die
Kräfte, die für die Verteidigung Mitteleuropas eingesetzt werden sollten, in einem Kolonialkrieg verschlissen würden, den es
damals nicht als Teil des Ost-West-Konflikts zu betrachten bereit war. Für den Westteil des Mittelmeers interessierte sich
Deutschland vor dem Fall der Mauer, abgesehen vom Fremden-
verkehr in Richtung Süden, der sich von den sechziger Jahren an
entwickelte, allerdings kaum. Anders beim östlichen Mittelmeer. Die Beziehungen, die sich im Rahmen der Wiedergutmachung des Völkermords zu Israel entwickeln sollten (Vertrag
von Luxemburg 1952, Aufnahme diplomatischer Beziehungen
1965), und die Wiederaufnahme der engen Beziehungen mit der
Türkei durch das Abkommen über Arbeitskräfte 1961 erweckten neues Interesse für diese Region. Im Unterschied zu früher
hatte die Bundesrepublik Deutschland weder die Mittel noch
den Ehrgeiz, den politischen Einfluß einer Großmacht oder auch
nur einer Regionalmacht auszuüben. Sie entwickelte sich zwar
zum wichtigsten europäischen Exportland im Nahen Osten,
zeigte sich aber auch bestrebt, besondere Verantwortung für die
Sicherheit Israels zu übernehmen. Die Erinnerung an den Holocaust erzeugte bei den deutschen Politikern die moralische Verpflichtung, den Staat Israel zu unterstützen. Von 1973 an betrieb
die Bundesrepublik eine Aussöhnungsdiplomatie, bei der sie
sich auf ihre Stärke im Handel und ihre Einbindung in eine euro-

päische politische Zusammenarbeit stützte, die auf der Suche
nach ihrer eigenen internationalen Rolle war. Der europäische
Rahmen sollte Bonn die Möglichkeit eröffnen, sein Engagement
für die Sicherheit Israels mit einer neuen Politik für die arabischen Länder in Einklang zu bringen, die auch das Palästinen-
serproblem einschloß. Die Erklärung von Venedig von 1981
steht für das Gelingen dieser Aktion, die in enger Zusammenarbeit mit Frankreich durchgeführt wurde. Der Verzicht auf ein
Hegemonialstreben und die Stärke des deutschen Handels erwiesen sich als vorteilhaft für verschiedene Vermittlungsmissio-
nen in Iran bzw. in den Geiselaffären in Libanon im Falle Sy-
riens. Die Grenzen dieser Haltung wurden jedoch im zweiten
Golfkrieg deutlich, als Deutschland sich weitgehend aus dem
Konflikt heraushielt und diese Zurückhaltung mit der von seiner
Verfassung vorgegebenen Selbstbindung begründete, aus der es
nicht mehr Verantwortung auf sich nehmen konnte, als die Intervention des westlichen Bündnisses finanziell zu unterstützen.

Die Beziehungen zur Türkei bilden eine andere Dimension
der deutschen Beziehungen zum Ostmittelmeer. Zwei Faktoren
beeinflussen hier etwas, das ursprünglich lediglich eine auf wechselseitigen Interessen gründende Beziehung sein sollte, die auf
einem Abkommen über Arbeitskräfte beruhte. Von 1974 an
wurde die Einwanderung von Türken zur festen Einrichtung,
ohne daß diese jedoch das Recht auf Einbürgerung erhalten hätten. Da die Türkei seit Ende der sechziger Jahre den Beitritt zur
Europäischen Union anstrebt, würde ihre Aufnahme die zwei
Millionen in Deutschland lebenden Türken zu europäischen
Bürgern machen, die in ihren Rechten den Deutschen gleichge-
stellt wären. Diese Perspektive wird die Aufnahme der Türkei in
die Union wahrscheinlich noch lange hinauszögern.

Die Einwanderung der Türken hat in den deutschen Raum
außerdem Spannungen und Konflikte hineingetragen, die sich in
der anatolischen Hochebene nicht lösen ließen. So haben sich
das Kurdenproblem und die islamistischen Gruppen in den deutschen Städten eingenistet. Die in der Vergangenheit lediglich begrenzte Einbeziehung Deutschlands in diese Thematik bzw. die
derzeitigen Probleme der Türkei schützen es vor Gewalt gegen

die deutsche Bevölkerung, nicht aber vor den Unruhen, die sich aus den Zusammenstößen von Türken und Kurden auf seinem Boden ergeben. Indirekt wird es so unfreiwillig zu einem nahöstlichen Akteur im Konflikt zwischen Staaten und Minderheiten und bald auch zwischen Staaten und islamischen Gruppen, was ihm langfristig ebensoviele Unannehmlichkeiten einbringen wird wie Frankreich seine Verwicklung in den algerischen Bürgerkrieg.

Dieses Beispiel zeigt, daß zwischen Europa und seinem Mittelmeerumfeld seit dem Fall der Berliner Mauer neuartige Beziehungen entstehen. Das Ende des Ost-West-Konflikts hat andersgeartete Verhältnisse der Mittelmeerländer zueinander geschaffen, bei denen der Akzent auf Fragen der kollektiven Sicherheit liegt, die mit der inneren Stabilität der Staaten verbunden sind. Abgesehen von dem israelisch-palästinensischen Konflikt, bei dem die Akteure keinen Gewaltverzicht geübt haben, sind die anderen Gewaltursachen auf innere Konflikte, die mit Minderheitenrechten zu tun haben, oder auf eine bestimmte Ausdrucksform der Infragestellung der politischen Macht auf religiöser Ebene (Islamismus) zurückzuführen. Aus dieser Entwicklung ergab sich im Mittelmeerraum eine Art Grenze zwischen den beiden Ufern, vor allem infolge der Durchführung des Schengener Abkommens, durch das die Ausstellung von Visa für Staatsbürger der südlichen Länder besonders erschwert worden ist. Dadurch wurde die im Ausland niedergelassene Bevölkerung (Türken in Deutschland, Algerier in Frankreich) in gewisser Weise von ihrem Herkunftsland abgeschnitten. Das Sicherheitsmodell, das man bei den Unruhen in Albanien wirken sieht, ist an die Stelle des Beziehungsmodells getreten, das während der Ost-West-Konfrontation vorherrschte. Im Mittelmeerraum besteht keine Gefahr einer militärischen Nord-Süd-Konfrontation, doch ist eine Militarisierung der Sicherheitsrisiken aufgrund der inneren Instabilität der Staaten festzustellen, für die Algerien ein Beispiel darstellt. Das Fortbestehen der Konfrontation hat zur Folge, daß politische Gewalt auf europäisches Territorium exportiert wird.

Die Konferenz von Barcelona, die im November 1995 die Län-

der der Europäischen Union und die zwölf südlichen und östlichen Mittelmeerländer zusammenführte, sollte einen wirtschaftlichen und kulturellen Entwicklungsprozeß einleiten und
den Standard dieser Länder heben. Indirekt hatte sie das Ziel,
durch langfristige Partnerschaft eine Stabilitätszone im Mittelmeerraum zu schaffen. Abgesehen von guten Absichten hängen
die erwarteten Ergebnisse von den Bemühungen ab, die möglich
sein werden, um die innere Stabilität von Staaten wie Algerien
oder Albanien wiederherzustellen oder Fortschritte im Nahost-
friedensprozeß zu erreichen, die auch durch eine europäische
Mittlerrolle in Ergänzung zu den amerikanischen Bemühungen
zustande kommen könnten. Die griechisch-türkische Rivalität,
die bis nach Zypern reicht, stellt ebenfalls ein Konfliktpotential
im Ostmittelmeerraum dar, während der Krieg im ehemaligen
Jugoslawien nicht über die Südflanke des Balkans hinausgetra-
gen worden ist und dank der Intervention Amerikas stabilisiert
und auf den kontinentalen Raum begrenzt wurde. Die durch den
Fall der Berliner Mauer bedingte Öffnung nach Osten brachte
zum Ausgleich die Bekräftigung einer Mittelmeerpolitik Europas mit sich, in der die Initiativen Frankreichs und Deutschlands
miteinander verschmelzen sollen. Die Konferenz von Barcelona
oder die Nominierung eines Sonderbeauftragten der Europäischen Union für den Friedensprozeß im November 1996 sind
Beispiele für den Ausgleich einer europäischen Politik nach Süden hin, die durch ein gemeinsames deutsch-französisches Vorgehen erreicht wurde, das die Anliegen der südeuropäischen
Länder aufgreift. Doch Frankreich könnte im Nahen Osten oder
in Algerien immer noch versucht sein, eigene Initiativen zu ergreifen, die es dann gerne im nachhinein von Europa übernommen sähe. In dieser Hinsicht ist das Mittelmeer nach wie vor ein
Raum, in dem die Entwicklung einer gemeinsamen europäischen Politik nicht ohne Schwierigkeiten ist.

Freimut Duve
Kulturpolitik – auswärtig

Frankreich und Deutschland werden künftig auch Partner sein in einer europäischen gemeinsamen Kulturpolitik nach außen. Sie wird es geben, wenn diese beiden ein solches Projekt auch tragen, sonst nicht. Um etwas gemeinsam zu tun, muß man jedoch auch die Differenzen herausarbeiten.

Voltaire lebte zwar eine Weile bei Friedrich in Potsdam, aber Franzose ist diese geistige Weltfigur allemal geblieben. Große Philosophen bieten sich fabelhaft an für die Suche nach den Unterschieden. Die so unterschiedliche Geschichte unserer Staatswesen auch. Und so bieten Frankreich und Deutschland für die Art, wie wir uns außerhalb unserer Grenzen darstellen, ein Lehrstück für wichtige Unterschiede bei vergleichbaren Partnern.

Zwei demokratische Industriestaaten entfalten außerhalb der Landesgrenzen friedliche Aktivitäten, von denen die übergroße Mehrheit der Mitgliedstaaten der UNO nicht einmal träumen kann. Und auch die europäischen Partner treten, verglichen mit diesen beiden, auf diesem Gebiet eher bescheiden auf.

Geschichte. Zurückgekehrt aus den zwei Kriegen und der Hitler-Diktatur wollten die Deutschen im Ausland über das reden, was auch Auschwitz nicht hatte zerstören können: die Kultur- und Kunsttraditionen der Vergangenheit und die künstlerische Kraft der neuen demokratischen Gegenwart.

Zurückgekehrt aus einem politisch verlorenen aber kulturell nicht beendeten Empire, wollten die Franzosen im Ausland auch über die kulturelle und philosophische Weltgeltung der »Grande Nation« reden. Rückkehr aus dem Krieg in Vietnam und dem in Algerien konnte für die große Kulturnation Frankreich kein Zurückziehen auf sich selbst bedeuten.

So entstehen in den fünfziger und sechziger Jahren zwei Konzepte der Auswärtigen Kulturpolitik dieser beiden Demokratien, die sich eng aus ihrer Geschichte erklären lassen, deren Un-

terschiede sehr markant Bewußtsein und Selbstbewußtsein zum
Ausdruck bringen:

Frankreich sieht in seinen kulturellen Beziehungen zu anderen Völkern den Auftrag, das Gewebe der großen frankophonen
Welt – das in den vergangenen Jahrhunderten in Asien, in Nordamerika, in Ozeanien und vor allem in Afrika entstanden war –
kulturell über die Sprache zusammenzuhalten. Wobei die Sprache, die Frankophonie, in Wahrheit den oft mißverstandenen
Ausdruck für die politische und kulturelle Weltgeltung Frankreichs sowohl als Nationalstaat als auch als Übersee-Macht darstellt.

Frankreich wollte und konnte sich seiner aus der Kolonialzeit
rührenden Verantwortung nicht entziehen. Die Schulen, die
nach französischem Muster aufgebaut worden waren, sollten erhalten und auch nach der Unabhängigkeit der ehemaligen Kolonien fortgeführt werden. Das stark leistungs- und eliteorientierte
Schulsystem mit seiner oft beneideten ENA-Spitze sollte auch
weiterhin Maßstab sein für das »frankophone« Afrika. Hier liegt
der vielleicht entscheidende historische Unterschied zur deutschen Auswärtigen Kulturpolitik: Der säkulare Zivilisationsauf-
trag, den die französische Wort- und Denktradition aus der Aufklärung und aus der republikanischen Revolution herausgelesen
hatte, blieb der Dreh- und Angelpunkt für das Verständnis des
Begriffes »Frankophonie«. Nur in diesem Geist war es möglich,
daß der Ägypter und ehemalige UNO-Generalsekretär Bou-
thros Ghali zum Beauftragten für die Frankophonie ernannt
worden ist.

So war es für das moderne Frankreich eine kaum kritisierte
Selbstverständlichkeit, wichtige Zeichen der eigenen Kultur
außerhalb der eigenen Grenzen zu fördern und zu pflegen.

Anderes Deutschland. Wenn es ein Politikfeld gibt, wo nach 1945
wirklich eine Zäsur und ein radikaler Neuanfang stattgefunden
hat, dann bei der Motivation und der Gestaltung unserer kulturellen Beziehungen zum Ausland: Ein großes Land hatte fast
alles verloren, einen Großteil seines Territoriums, sein Ansehen

in der Welt, der wichtigste Teil seiner Autoren und Wissenschaftler war in die Flucht getrieben oder umgebracht worden.
Deutschland sah nach dem Krieg wenig Veranlassung, sich in
erster Linie als globales Netz für die »Deutschsprachigkeit« zu
empfinden. Vierzehn Millionen Deutsche hatten ihre alten Sied-
lungsgebiete in Osteuropa verlassen müssen. Kolonien hatte
man schon lange nicht mehr – und daß es in Kamerun immer
noch ein paar sehr sympathische alte Menschen mit gutem
Deutsch gab, war wahrlich kein Grund, dort besonders viele
Goethe-Institute einzurichten.

Anders schon in Lateinamerika, wo es keine politischen Kolonien je gegeben hatte, aber etwa in Brasilien, Argentinien und
Chile große deutschstämmige Gemeinden lebten: Dort wollte
man dem deutschen (privat organisierten) Schulwesen unter die
Arme greifen – und es entstanden oder wurden fortgeführt viele
wichtige deutschsprachige Schulen im Rahmen des jeweils nationalen Schulsystems. Eine darüber hinausgehende »Schulpolitik«, die auch das nationale Schulwesen in seinen Strukturen
»deutsch« hätte beeinflussen wollen, gab und gibt es nicht.

Der neue Ansatz der deutschen Auswärtigen Politik wurde
zum Erfolg: Das Nachdenken über die eigene Geschichte wurde
umgesetzt in ein politisches Konzept, ein Stil entwickelte sich,
der auch von klug handelnden Personen geprägt war: Zurückhaltung, kein Auftrumpfen, Offenheit im Umgang mit dem Spiegel, der uns weltweit vorgehalten wurde, und dem Bild, das wir
in den Köpfen der anderen erwarten mußten.

Das kulturpolitische Auftreten der Bundesrepublik war geprägt von den traumatischen Erfahrungen der unmittelbaren
Vergangenheit und zeigte zugleich, mit zurückhaltendem Selbstbewußtsein, was sich nach 1945 entwickelt hatte. Weit mehr im
Wettlauf mit den eigenen Spiegelbildern als mit den zagen Versuchen etwa der DDR, nun auch so etwas aufzubauen. Es wurde
nicht alles ideal. Aber es ließ sich sehen und konnte sich sehen
lassen. Selbständig handeln und entscheiden, das war für die
richtigerweise »Mittler« genannten Organisationen der Schlüssel für Arbeit und Erfolg. Daß diese Arbeit nicht direkt den
Stempel des Staates tragen dürfe, aus dessen Steuermitteln sie

finanziert wird, darüber gab es trotz heftiger Debatten um Inhalte Konsens. Denn diese Arbeit wollte ja die Vielfalt der politischen und künstlerischen Kultur spiegeln, und sie sollte die tiefe Staffelung kulturellen Lebens eines förderativen Staates erkennen lassen: Bei fast achtzig Musiktheatern im ganzen Lande kann es nicht Aufgabe von Beamten des Außenministeriums sein zu bestimmen, welches Orchester wo mit welchem Programm auftritt.

Und inhaltlich – so die bundesdeutsche Tradition – kann auch der Staat nicht einfach bestimmen, was aus und über Deutschland außerhalb der Grenzen gelesen, gesehen, gesagt, gesungen und was kritisiert wird – eine starke Autonomie der Repräsentanten in den Kulturhäusern (Goethe-Institut) war gewollt. Die damit verknüpfte harte Kritik an Einzelveranstaltungen (besonders in den siebziger Jahren von der konservativen Opposition – Günter Grass sollte doch im Ausland nicht Deutschland kritisieren dürfen!) förderte die öffentliche Debatte und stabilisierte die Autonomie. Solche Debatten wurden oft mit dem Hinweis auf Nachbarn gewürzt: So etwas hätten die Franzosen nie erlaubt. Gelegentlich gesellte sich zum selbstkritischen Nachbarvergleich die in einer kritischen Historiographie absurde Kategorie der »Normalen Nation«, eben Frankreich oder England.

Frankreich betreibt seine Kulturarbeit im Ausland über den Quai d'Orsay, die Mitarbeiter der Kulturinstitute haben beim Außenministerium ihre Arbeitsverhältnisse – sie sind Angestellte beim Staat.

So wie französische Beobachter es in den siebziger Jahren bemerkenswert fanden, daß gerade die Goethe-Institute Referenten zu Vorträgen einluden, die ausgesprochen kritisch mit der deutschen Geschichte und Gegenwart umgingen, so erzeugt bis heute Frankreichs Sprachenpolitik deutsches Erstaunen. Und gelegentlich unkritischen Neid.

Eine Nation, die sich aus ihrer kulturellen – also auch sprachlichen – Geschichte definiert, die weiß, daß die Französisierung des eigenen Landes ein revolutionärer politischer Prozeß war,

der von der Zentrale her forciert wurde, und die in der Sprache
und nicht in der Abstammung ihr lebendiges Nationalgewebe
empfindet, für die ist die Vermittlung der französischen Sprach-
kultur, eben Pflege der Frankophonie, weit mehr als bloßer
Sprachexport.

Deutschland hatte eine sehr viel »weichere Sprachge-
schichte«. Um 1800 gab es noch über hundert Staaten, in denen
Deutsch als Landessprache gesprochen wurde. Die Sprache
selbst war kein Anlaß für Zersplitterung, eher Motiv für den
äußeren Zusammenschluß unterschiedlicher Staaten mit sehr
verschiedenen Staatsformen. Gründe für Kulturkrieg – das waren die zwei Religionen im Dreißigjährigen Krieg, nicht die
Sprachen.

Der Vergleich der Sprachenpolitik beider Völker reproduziert
immer wieder Mißverständnisse, die der Bedeutung beider Sprachen und beider Völker unangemessen sind. Sprachenpolitik im
elektronischen 21. Jahrhundert wird immer weniger politische
oder ökonomische als vielmehr kulturelle Bedeutung haben. Die
absurde Miniolympiade, wie viele Menschen lernen Deutsch,
und wie viele Französisch, muß überwunden werden durch ein
Selbstbewußtsein zweier europäischer Völker mit so unterschiedlichen Sprachen und so unterschiedlicher Bedeutung für
die Geschichte ihrer Länder.

Beide Staaten müssen darauf achten, sich von ihren traditionell so unterschiedlichen Sprachphilosophien nicht dazu verführen zu lassen, die Frankophonie aus Paris und den neuen
Deutschexport zu einem zentralen ökonomisch-politischen Element bei der künftigen Auswärtigen Kulturpolitik zu machen.
Sprache fördert den Dialog zwischen Menschen, nicht den Export von Waren. (Das merken die Japaner und Koreaner immer
wieder.)

Zwei Kulturnationen mit ihrer durch kulturelle Wechselbezie-
hungen geprägten gemeinsamen Kulturgeschichte wollen auch
im elektronischen Jahrhundert die Welt der Kulturen mit prägen. Sie wollen – hoffentlich gemeinsam – die guten Traditionen,
auch die Irrtümer und Sackgassen Europas nutzen für die neuen

Dialoge der Aufklärung mit anderen Kulturen in Asien oder den islamischen Staaten. (Nirgends außerhalb der islamischen Welt leben so viele Moslems wie in Deutschland und Frankreich!) Beide Staaten haben mit ihrer je anderen Auswärtigen Kulturpolitik Dialogformen entwickelt, die für das Europa des 21. Jahrhunderts gebraucht werden.

Zu den Autoren

ARDAGH, John, Autor zahlreicher Bücher, darunter *France today*, *Germany and the Germans*. Spezialist für Europafragen und Mitglied des Conseil Franco-Britannique.

BOCK, Hans Manfred, Prof. Dr., geb. 1940, Professor für Politikwissenschaft (Komparatistik) an der Universität-Gesamthochschule Kassel. Forschungsgebiete: Politische Soziologie und Sozialgeschichte Deutschlands und Frankreichs sowie der deutsch-französischen Beziehungen im 20. Jahrhundert.

CHRISTADLER, Marieluise, Prof. Dr., geb. 1934, lehrt Politische Wissenschaft an der Gerhard-Mercator-Universität – Gesamthochschule Duisburg.

DELSOL, Chantal, Prof. Dr., geb. 1947, Professor für Philosophie an der Universität Marne-La-Vallée (Paris).

DUPUY, Pierre-Marie, Prof. Dr., geb. 1946, Professor an der Universität Paris (Panthéon-Assas, Paris 2); Direktor des Institut des Hautes Etudes Internationales in Paris, Direktor der Revue Générale de Droit International Public.

DUVE, Freimut, geb. 1936, seit 1980 Mitglied des Deutschen Bundestages (Außenpolitik, Auswärtige Kulturpolitik, Menschenrechte u. a.). Mitglied der Parlamentarischen Versammlung der OSZE. Jüngste Publikation: *Vom Krieg in der Seele*.

FRANÇOIS, Etienne, Prof. Dr., geb. 1943, Direktor des Centre Marc Bloch (Deutsch-Französisches Forschungszentrum für Sozialwissenschaften, Berlin); Professor an der Universität Paris-I (Panthéon-Sorbonne); Honorarprofessor an der Freien Universität Berlin.

FRITSCH-BOURNAZEL, Renata, Dr. habil., geb. 1941, Forscherin und Lehrbeauftragte an der Fondation Nationale des Sciences Politiques.

GEPHART, Werner, Prof. Dr. jur., geb. 1949, Professor für Soziologie an der Universität Bonn, Alfred Grosser-Gastprofessur am I. E. P. Paris, 1994/95. Publikationen: Soziologische Theorie, Deutsch-französische Soziologiebeziehungen, Kunst- und Kultursoziologie.

GUERIN-SENDELBACH, Valérie, geb. 1965, Leiterin der Arbeitsstelle Frankreich/Deutsch-französische Beziehungen im Forschungsinstitut der Deutschen Gesellschaft für Auswärtige Politik, Bonn.

GÜNTHER, Horst, geb. 1945, lehrt Philosophie an der Freien Universität Berlin und forscht regelmäßig an der MSH, Paris. Zuletzt erschienen: *Le Temps de l'Histoire* (Paris 1995).

HARTWEG, Frédéric, geb. 1941, Prof. Dr., Universitätsprofessor in Straßburg. Veröffentlichungen zur Geschichte der deutschen Sprache, des Elsaß, der Hugenotten-Refuge in Berlin, der DDR, des deutschen und französischen Protestantismus.

HERRMANN, Rudolf, geb. 1942, Koordinator des Deutsch-Französischen Jugendwerkes; Studium der Geschichte und Politischen Wissenschaften, Publizistische Beiträge in deutschen und französischen Medien.

HOFFMANN-MARTINOT, Vincent, Dr. hab., geb. 1957, CNRS-Forscher, Stellvertretender Direktor des CERVL (Pouvoir, Action, Publique, Territoire) am Institut d'Etudes Politiques Bordeaux. Politikwissenschaft.

HUDEMANN, Rainer, geb. 1948, Professor für neuere und neueste Geschichte an der Universität des Saarlandes. 1996/96 Alfred Grosser-Lehrstuhl am Institut d'Etudes Politiques, Paris.

JOPP, Mathias, Dr. phil., geb. 1950, Direktor des Instituts für Europäische Politik (Bonn) und Gastdozent am Europakolleg Brügge; Veröffentlichungen zu Fragen der europäischen Integration, insbesondere einer europäischen Sicherheits- und Verteidigungspolitik.

JURT, Joseph, Dr., geb. 1940, Professor für französische Literaturwissenschaft; Vorsitzender des Vorstands des Frankreich-Zentrums der Universität Freiburg i. Breisgau; Mitglied des Deutsch-Französischen Kulturrates. Veröffentlichungen zur französischen Literatur, zu literatursoziologischen und rezeptionsästhetischen Fragen.

KAELBLE, Hartmut, Prof. Dr., geb. 1940, Professor für Sozialgeschichte an der Humboldt-Universität zu Berlin; Veröffentlichungen zum französisch-deutschen und zum europäischen Vergleich.

KOLBOOM, Ingo, Prof. Dr., geb. 1947, Professor für Frankreichstudien und Frankophonie an der TU Dresden, Geschäftsführender Direktor des Instituts für Romanistik und des Centrums für interdisziplinäre Franko-Kanadische Forschungen / Québec-Sachsen (CIFRAQS), Mitglied im Deutsch-Französischen Kulturrat.

KRUMEICH, Gerd, Prof. Dr., geb. 1945, Professor für Neuere und Neueste Geschichte an der Universität Freiburg; Forschungsgebiete: Geschichte der internationalen Beziehungen, insbesondere im 19. Jahrhundert, Geschichte des Ersten Weltkriegs und der zivil-militärischen Beziehungen.

LALLEMENT, Rémi, geb. 1962, ehemaliger wissenschaftlicher Mitarbeiter des Centre d'Information et de Recherche sur l'Allemagne Contemporaine (CIRAC, Paris / Levallois) und des Instituts für Wirtschaftsforschung Halle (IWH, Halle / S.); zur Zeit Doktorand und Forscher im IREPD (Université Grenoble 2).

LASSERRE, René, Prof. Dr., geb. 1946, Professor für Deutschlandstudien an der Universität Cergy-Pontoise. Direktor des Centre d'Information et de Recherche sur l'Allemagne Contemporaine (CIRAC), Paris / Levallois. Forschungsschwerpunkt: Deutsch-französischer Vergleich in Wirtschaft und Arbeitsbeziehungen.

LEENHART, Jacques, geb. 1942, Soziologe und Kunstkritiker, Directeur d'Etudes an der Ecole des Hautes Etudes en Sciences Sociales Paris, Präsident von Crestet Centre d'Art.

LEQUESNE, Christian, Dr., geb. 1962, Politikwissenschaftler, spezialisiert auf Europäische Integration. Forscher bei der Fondation Nationale des Sciences Politiques (C. E. R. I.), Paris; Professor am Institut d'Etudes Politiques de Paris und am Europakolleg in Brügge.

LEVEAU, Rémy, geb. 1932, Professor am Institut d'Etudes Politiques Paris. Stellvertretender Direktor des Centre Marc Bloch, Berlin.

LOTH, Wilfried, Prof. Dr., geb. 1948, Professor für Neuere Geschichte an der Universität-Gesamthochschule Essen. Veröffentlichungen zur Geschichte des 19. und 20. Jahrhunderts.

MAIER, Hans, Dr. phil., Dr. h. c. mult., geb. 1931, Professor für Religions- und Kulturtheorie an der Universität München. Veröffentlichungen zur Verfassungs-, Verwaltungs- und Religionsgeschichte.

MASTROPAOLO, Alfio, Professor für vergleichende Politikwissenschaft an der Universität Turin. Veröffentlichungen zum politischen System Italiens, zur Theorie des Staates und der Demokratie.

MENUDIER, Henri, Prof. Dr., geb. 1940, Professor an der Universität Paris-III. Politikwissenschaftliche Deutschlandstudien und deutsch-französische Beziehungen.

MONAR, Jörg, Prof. Dr. Dr., Direktor des Centre for European Politics and Institutions, Universität Leicester (Großbritannien).

MOREAU, Patrick, geb. 1951, Dr. phil., pol., habil., Wissenschaftler im Centre d'Etudes Germaniques in Straßburg (CNRS), Mitglied der Enquête-Kommission »Überwindung der Folgen der SED-Diktatur im Prozeß der deutschen Einheit«.

NEUMANN, Wolfgang, geb. 1947, Studium der Politikwissenschaft, Volkswirtschaft und Soziologie, Wissenschaftlicher Mitarbeiter am Deutsch-Französischen Institut Ludwigsburg. Veröffentlichungen zum deutsch-französischen Systemvergleich.

PATEAU, Jacques, Prof. Dr., geb. 1953, Professor Agrégé für interkulturelle Kommunikation an der T. U. Compiègne. Unternehmensberater für Deutsch-Französisches Interkulturelles Management.

PICHT, Robert, Prof. Dr., geb. 1937, Leiter des Deutsch-Französischen Instituts Ludwigsburg, Professor für europäische Soziologie am Europakolleg, Brügge.

REIBNITZ, Ute, geb. 1951, Scenarios + Vision, seit 1982 selbständige Unternehmensberaterin, Szenario- und Strategieprojekte für Unternehmen in Europa und im Mittleren Osten. Autorin mehrerer Bücher über Szenario-Technik.

ROGALL, Joachim, Dr. phil., geb. 1959, Historiker, Osteuropareferent der Robert Bosch Stiftung, Stuttgart.

ROVAN, Joseph, Prof. Dr., geb. 1918, Professor Emeritus für Geschichte und Politik deutschsprachiger Länder an der Universität Sorbonne, Paris-III. Herausgeber der *Questions allemandes*.

RÜHL, Lothar, Prof. Dr., geb. 1927, Staatssekretär a. D., Professor für Internationale Beziehungen am Forschungsinstitut für Politische Wissenschaft und Europäische Fragen der Universität zu Köln.

SAFRAN, William (Ph. D. Columbia University), Professor für Politologie an der University of Colorado, Boulder (USA). Veröffentlichungen über französische und vergleichende Politik.

SCHILD, Joachim, geb. 1962, Studium der Politikwissenschaft und Romanistik, wissenschaftlicher Mitarbeiter am Deutsch-Französischen Institut Ludwigsburg, Arbeitsschwerpunkte: Wertewandel, politische Kultur; französische Europa- und Sicherheitspolitik.

SCHMID, Klaus-Peter, Dr. rer. pol., geb. 1942, Redakteur im Berliner Büro der ZEIT, davor deren langjähriger Frankreich- und Europa-Korrespondent.

SCHMIDT, Manfred G., Prof. Dr., geb. 1949, Professor für Politische Wissenschaft an der Ruprecht-Universität Heidelberg.

SCHRÖTER, Eckhard, Dr. phil., geb. 1963, Diplom-Politologe, MSc (Econ), Politik- und Verwaltungswissenschaftler, Wissenschaftlicher Assistent an der Humboldt-Universität zu Berlin.

SEILER, Daniel-Louis, geb. 1943, Professor für politische Wissenschaften am Institut d'Etudes Politiques Bordeaux. Herausgeber der *Revue Internationale de Politique Comparée*.

SONTHEIMER, Kurt, Prof. Dr., geb. 1928, Professor für Politikwissenschaft an der FU Berlin (1960–1969) und der Universität München (1970–1993). Alfred-Grosser-Gastprofessor am I. E. P., Paris. Lebt als Emeritus in Murnau, Oberbayern.

STARK, Hans, geb, 1961, Generalsekretär des Deutsch-Französischen Studienkomitees (CERFA) am Institut Français des Relations Internationale (IFRI), Paris.

THADDEN, Rudolf, Prof. Dr., geb. 1932, Professor für Neuere Geschichte an der Universität Göttingen; Directeur d'Etudes Associé an der Pariser Ecole des Hautes Etudes en Sciences Sociales; Direktor des »Berlin-Brandenburgischen Instituts für deutsch-französische Zusammenarbeit in Europa« in Genshagen bei Berlin.

THALMANN, Rita-Renée, Prof. Dr., geb. 1927, Professor Emeritus der Universität Paris 7 – Denis Diderot.

THEINER, Peter, Dr. phil., geb. 1951, Leiter des Bereichs Völkerverständigung der Robert Bosch Stiftung GmbH, Stuttgart.

THRÄNHARDT, Dietrich, Prof. Dr. rer. Soc., geb. 1941, Professor für Politikwissenschaft, Universität Münster. Veröf-

fentlichungen zur Geschichte und Politik der Bundsrepublik
Deutschland, zur komparativen Migrationsforschung, Bildungspolitik und Kommunalpolitik.

UTERWEDDE, Henrik, Dr., geb. 1948, Politikwissenschaftler,
seit 1996 Kodirektor des Deutsch-Französischen Instituts Ludwigsburg. Veröffentlichungen zur Wirtschaftspolitik in Frankreich und Deutschland.

WENGER, Klaus Rudolf, Dr. phil., geb. 1947, Geschäftsführer
ARTE Deutschland TV GmbH und ARD-Koordinator für
ARTE.

WOLLMANN, Hellmut, Dr. jur., Ass. jur., geb. 1936, seit 1993
Professor für Verwaltungslehre an der Humboldt-Universität zu
Berlin.

Register

Gilles Kepel

Das Schwarzbuch des Dschihad

Aufstieg und Niedergang des Fundamentalismus. Aus dem
Französischen von Berthold Galli, Thorsten Schmidt und
Reiner Pfleiderer. 532 Seiten. Geb.

Der Islamismus, den die westliche Welt als religiös-poli-
tisches Phänomen erst durch den Anschlag auf das World
Trade Center und das Pentagon im Herbst 2001 richtig zur
Kenntnis genommen hat, existiert in Wahrheit schon mehr
als ein Vierteljahrhundert. Seit dem Ende der sechziger
Jahre die ersten Schriften einen erneuerten, radikalen Islam
forderten, hat sich die Bewegung weltweit ausgedehnt.
Gilles Kepel untersucht in seinem Standardwerk, wie auf
den Trümmern des arabischen Nationalismus in Ägypten
ein exemplarischer Islamismus entstand, der zur
Ermordung Anwar as-Sadats führte. In einem großen
Bogen durchmißt Kepel die gesamte islamische Welt, von
den arabischen Ländern und dem Sudan über Iran und Irak
bis Malaysia und Indonesien und skizziert die Situation
zwischen Gewalt und Demokratisierung. Die Expansion
des militanten Islamismus hat ihren Höhepunkt überschritten, so sein ermutigendes Fazit. Der Weg zur muslimischen
Demokratie ist möglich.

MALIK

Nicolas Vanier

Das Schneekind

Eine Familie unterwegs durch die Schneewüsten von
Kanada und Alaska. Aus dem Französischen von Reiner
Pfleiderer. 352 Seiten mit 24 Seiten Farbbildteil. Geb.

Schon immer war Nicolas Vanier fasziniert von den
Schnee- und Eiswelten des Nordens. Er durchquerte Lapp-
land, Sibirien und immer wieder Alaska und Kanada.
Weltberühmt wurde er mit der ersten Durchquerung des
amerikanischen Kontinents mit seinem Schlittenhunde-
gespann. Aber sein größtes Abenteuer war ein anderes:
Mit seiner Frau und seiner anderthalbjährigen Tochter
Montaine zog er für ein Jahr in die Wildnis im hohen
Norden Kanadas. Im kurzen arktischen Sommer baut sich
die Familie ein Blockhaus. Ganz auf sich allein gestellt
müssen sie den grimmigen Winter bestehen. Wie die
Menschen in alten Zeiten ernähren sie sich von Jagen,
Fischen und Sammeln; was sie brauchen, müssen sie aus
der Natur gewinnen. Überleben heißt hier Einswerden mit
der Natur – es ist ein Leben von wunderbarer Einfachheit,
Klarheit und Poesie.

PIPER ORIGINAL

Jean Rouaud
Meine alten Geliebten

Roman. Aus dem Französischen von Josef Winiger.
202 Seiten. Klappenbroschur

Endlich sind sie vereint: Fast vierzig Jahre, nachdem der
Große Joseph, dieser geniale Erfinder und zärtliche Vater,
dieser einsame Handlungsreisende und diskrete Charmeur,
in einer stürmischen Weihnachtsnacht einen Herzanfall erlitt und die kleine Annick mit drei Kindern zurückließ, ist
sie ihm gefolgt – unauffällig, demütig, selbstverständlich.
Ihre Liebe war groß, aber still: Nicht nur die Briefe aus
der Brautzeit, auch die vielen kleinen Szenen aus den gemeinsamen Jahren bestätigen dies. Und Jean, ihr Jüngster,
der dazu geboren wurde, von der Familie zu erzählen, der
die Chronik dieser »kleinen Leute« fortschreibt, nimmt in
diesem Band seinen Dialog mit der verstorbenen Mutter
auf – und erfährt dabei mehr von ihren wahren Gefühlen,
als er sich zu ihren Lebzeiten je erhofft hätte. Nun kann er
endgültig Abschied nehmen und die Liebenden sich selbst
überlassen.